알기쉬운

회사경리와 세무실무

안 상 근

코페하우스

이 책은 기업 등의 사업장에서 필요한 회계처리와 세무 실무지식을 경리초보자가 알기 쉽고 이해하기 쉽게 경리업무의 전개과정에 따라 실무중심으로 저술하였다.

최근 기업 등의 경리업무는 전산회계프로그램을 사용하여 간단하게 일반전표와 매입매출전표를 입력하면 전산프로그램이 자동으로 장부를 작성한다. 하지만 경리담당자가 입력하는 내용의 정확한 회계처리 전개과정을 이해하지 못하고 단순히 전산 입력만 한다면 이는 경리업무를 수행하는 것이 아닌 단순노동에 지나지 않는다. 그러므로 경리담당자는 회계에 대한 정확한 이해와 실무지식이 절대적으로 필요하다.

이 책은 전표작성에서 결산정리까지 회계와 세무 지식을 체계적으로 습득하여 실무에 바로 적용할 수 있도록 다음과 같이 중점을 두고 저술하였다.

첫째, 회계업무를 처음 접하는 사람도 이해하기 쉽게 회계처리 전개과정과 회계의 이해, 복식부기에 대하여 도표와 함께 설명하였다.

둘째, 경리업무의 기본인 전표작성, 전표분개를 입금거래, 출금거래, 대체거래 등의 거래형태별로 도표와 함께 그 전개과정을 사례를 제시하여 설명하였다. 또한, 경리장부 작성에 대하여 일계표, 월계표, 계정별원장, 총계정원장, 보조부를 도표와 사례를 들어 설명하였다. 합계잔액시산표가 도출되는 과정을 설명하고 사례를 제시하였다.

셋째, 재무상태표와 구성항목의 회계처리에 대하여 설명하였다. 재무상태표의 자산과 부채 및 자본 항목에 대하여 각각의 계정별로 개요와 회계처리에 대하여 도표와 사례, 참고사항을 예시하여 설명하였다.

넷째, 손익계산서와 구성항목의 회계처리에 대하여 설명하였다. 매출항목의 계정별 개요와 회계처리방법과 매출원가에 대하여 설명하고, 판매비와 관리비에 대하여 관리비와 제조경비의 배부기준을 설명하고, 계정별로 사례를 들어 회계처리방법을 설명하였다. 영업외수익과 영업외비용에 대하여 계정별로 회계처리사항을 설명하였다.

다섯째, 결산절차와 결산정리에 대하여 결산전표유형과 발생에 대하여 설명하고, 계정별 결산정리방법을 사례를 들어 설명하였다. 또한, 제조업과 도매업의 원가계산방법, 재무제표 작성연습을 사례를 들어 설명하였다.

여섯째, 기업에서 가장 많이 사용하는 부가가치세와 원천세에 대하여 과세대상, 과세거래, 과세표준, 세율, 납부세액, 환급세액 등의 계산방법과 신고사항을 중심으로 설명하였다.

마지막으로, 근로소득의 연말정산에 대하여 개정된 소득공제, 세액공제 등을 중심으로 회사의 연말정산절차와 근로자의 연말정산절차, 연말정산신고서류, 연말정산신고방법 등을 도표와 함께 설명하였다.

끝으로 이 책이 기업과 경리실무자와 초보자, 회계와 세무 실무를 배우는 학생에게 조금이라도 도움이 될 수 있다면 저자로서 큰 보람이겠습니다.

이 책이 나오기까지 애써 준 가족과 세무사무소 직원, 한국재정경제연구소 출판센터 코페하우스 편집자 여러분에게 감사드립니다.

2015. 3. 20.

공인회계사 안 상 근

차례

1절 부채의 이해 ············· 127

2절 유동부채 ············· 129

3절 비유동부채 ············· 136

7장 손익계산서의 이해 172

8장 매출과 매출원가의 경리실무 185

10장　영업외손익의 경리실무　222

11장　결산절차와 결산정리　240

12장   원가계산과 경리실무   260

13장   재무제표 작성연습   279

14장 부가가치세의 경리실무 298

15장   원천세와 원천징수   363

16장　근로소득의 연말정산　　424

1장
회계의 이해

Ⅰ. 회계의 이해

회계란 기업의 경제경영 활동에서 일어나는 수익과 비용, 자산과 부채의 변동결과를 일정한 원리(복식부기)에 의하여 기록·계산·분류·요약하여 재무제표 이용자에게 전달·보고하는 것을 말하며 부기 또는 경리와 같은 의미로 쓰인다.

❶ 재무제표 이용자

재무제표 이용자는 일반적으로 기업과 직간접적으로 이해관계가 밀접한 주주와 채권자 경영자를 들 수가 있다. 그리고 과세당국, 종업원, 금융기관 등도 필요에 따라 재무제표 정보를 요구하게 된다.

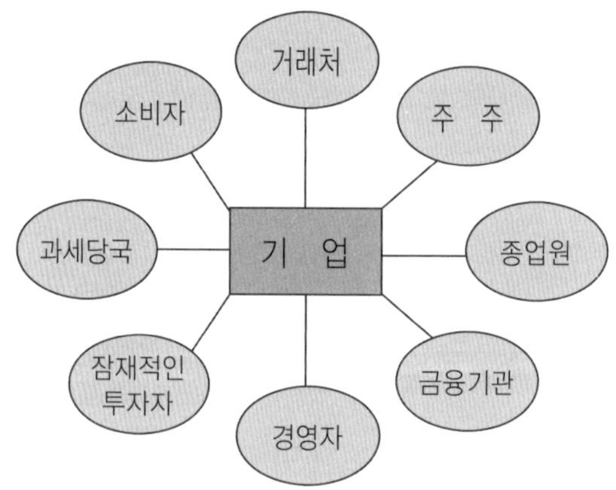

❷ 복식부기와 단식부기

경리를 기록·계산하는 방법은 복식부기와 단식부기가 있으며 그 방식은 다음과 같다.

(1) 복식부기

기업의 경영성과와 자산의 상태를 수익 대 비용, 자산 대 부채·자본으로 분류하여 하나의 거래가 수익 대 비용 또는 자산 대 부채·자본의 양편에 동시에 영향을 미치게끔 기록하여 왼쪽과 오른쪽(차대)의 균형을 유지하면서 기록하고 하나의 거래가 이중적 성격을 띠어 차·대에 기록되므로 복식부기라 하며 이러한 복식부기 계산방식은 영리를 목적으로 하는 기업에 사용되며 약 500년 전 이탈리아의 루카·빠찌오리가 처음으로 자신의 저서에서 소개하고 있다.

이러한 복식부기제도는 현재까지 수정되고 이론화됐으나 대차평균에 의한 복식 기장원리가 수정된 것은 아니며 오늘날까지 기업의 경영성과나 재산상태를 기록·측정·요약하는데 복식부기를 능가하는 기장 방법이 없으므로 현재까지 복식부기를 기업에서 사용하고 있다.

(2) 단식부기

단식부기란 거래를 수입과 지출을 장부에 적어 현금출납부의 형태로 적는 것을 말하며 주로 비영리단체인 가계·학교·종교단체·공공기관 등에서 사용한다.

그러나 이러한 비영리단체들도 복식부기시스템으로 변환하고 있다.

③ 회계단위

회계단위란 기업 등 경제주체가 그들의 경제활동을 동일하게 파악·기록하기 위하여 설정하는 회계의 대상을 말한다.

예를 들면 기업은 기업주와는 별개로 존재하는 회계 실체로서 구분경리 하는 것이며 본사나 지점, 본사나 공장, 사업부 등을 별개의 회계단위로 하여 정리·기록 보고할 수 있다.

④ 회계연도

기업 등 경제주체의 경영성과를 정기적으로 계산하기 위한 기간으로서 일반적으로 1년 기준을 대부분 사용하며 회사의 영업성격에 따라 1월1일부터 12월31일 또는 4월1일부터 이듬해 3월31일 또는 7월1일부터 이듬해 6월30일, 10월1일부터 이듬해 9월30일 등을 사용하며, 개인기업은 소득세의 신고로 무조건 1월1일부터 12월31일까지를 한 회계연도로 하여 과세소득을 계산하도록 세법에서 강제로 규정하고 있다.

Ⅱ. 회계의 목적

❶ 경영정보의 제공

회계의 목적은 기업의 이해관계자에게 기업의 경영정보를 제공하는데 그 목적이 있으며 구체적으로는 다음과 같다.

① 일정시점의 기업의 재무상태에 관한 정보(재무상태표)

② 일정기간의 기업의 경영성과에 관한 정보(손익계산서)를 제공하는 것이며 이러한 재무상태와 경영성과에 관한 정보를 바탕으로

③ 경영의사결정을 위한 정보의 제공

④ 경제적 자원의 보존 및 관리에 관한 보고

⑤ 사회적 직능(과세자료, 소송, 분쟁 등)을 수행할 수 있는 정보를 제공하는 것이다.

⑥ 미래현금흐름의 크기와 시기 및 불확실성을 평가할 수 있는 정보제공

⑦ 경제적 자원과 그 청구권, 그리고 그들의 변동을 초대하는 거래 등에 관한 정보제공

❖ 재무제표

이러한 정보의 제공을 위해 재무제표를 작성하는데 재무제표는 아래의 보고서와 이에 첨부된 주석을 포함하고 있다.

① 재무상태표

② 손익계산서

③ 이익잉여금처분계산서

④ 자본변동표

⑤ 현금흐름표

❷ 재무회계 개념 체계

(1) 개념체계의 목적

재무회계 개념 체계란 재무회계의 뼈대를 이루는 기본 틀을 말한다. 개념체계는 재무보고의 목적과 기초 개념을 체계화함으로써 일관성 있는 회계기준을 제정케 하고, 아울러 재무제표의 성격 등에 관한 규범을 제공하는 토대가 된다.

재무회계 개념체계의 목적은 다음과 같다.

① 회계기준제정기구가 회계기준을 제·개정함에서 준거하는 재무회계의 개념과 개념의 적

용에 관한 일관성 있는 지침을 제공한다.

② 재무제표의 이용자가 회계기준에 의해 작성된 재무제표를 해석하는 데 도움이 되도록 재무제표 작성에 기초가 되는 기본가정과 제 개념을 제시한다.

③ 재무제표 작성자가 회계기준을 해석·적용하여 재무제표를 작성·공시하거나, 특정한 거래나 사건에 대한 회계기준이 미비한 경우에 적용할 수 있는 일관된 지침을 제공한다.

④ 외부감사인이 감사의견을 표명하기 위하여 회계기준 적용의 적정성을 판단하거나, 특정한 거래나 사건에 대한 회계기준이 미비한 경우 회계처리의 적정성을 판단하면서 의견 형성의 기초가 되는 일관된 지침을 제공한다.

개념체계는 회계기준이 아니므로 구체적 회계처리방법이나 공시에 관한 기준을 정하는 것을 목적으로 하지 않는다. 개념체계의 내용이 특정 회계기준과 어긋날 때에는 그 회계기준이 개념체계에 우선한다.

(2) 재무보고의 목적

재무보고의 목적은 재무회계개념체계의 최상위 개념으로서 기업 실체의 재무정보를 가장 많이 사용하는 외부정보이용자들인 투자자와 채권자의 의사결정에 유용한 정보를 제공하는 데 있다. 구체적으로, 재무보고의 목적은 투자 및 신용의사결정에 유용한 정보의 제공, 미래 현금흐름 예측에 유용한 정보의 제공, 재무상태·경영성과·현금흐름 및 자본변동에 관한 정보의 제공, 경영자의 수탁책임 평가에 유용한 정보를 제공하는 것을 목적으로 한다.

③ 회계정보의 질적 특성

재무보고의 목적이 달성되기 위해서는 재무제표에 의해 제공되는 정보가 정보이용자들의 의사결정에 유용한 질적 특성을 소유하여야 한다. 회계정보의 질적 특성이란 회계정보가 유용하기 위해 갖추어야 할 주요 속성을 말하며, 회계정보의 유용성의 판단기준이 된다.

이는 회계기준제정기구가 회계기준을 제정 또는 개정할 때 대체적 회계처리방법들을 비교·평가할 수 있는 판단기준이 된다. 또한, 회계정보의 질적 특성은 경영자와 감사인이 회계정책을 선택 또는 평가하거나, 회계정보이용자가 기업 실체가 사용한 회계처리방법의 적절성 여부를 평가할 때 판단기준을 제공한다.

주요 질적 특성은 목적 적합성과 신뢰성이다. 질적 특성 중의 하나인 비교가능성은 목적 적합성과 신뢰성을 갖춘 정보가 기업 실체 간에 비교 가능하거나 또는 기간별 비교가 가능할 때 제고될 수 있다. 또한, 질적 특성은 비용과 효익, 그리고 중요성의 제약요인 아래에서 고려하여야 한다. 회계정보의 유용성은 궁극적으로 정보이용자에 의해서 판단되며, 회계기준제정기구는 정보이용자의 정보이해능력과 재무제표 작성자의 부담을 동시에 고려하여 다양한 정보이용자에게 유용한 정보가 제공될 수 있도록 회계기준을 제정하여야 한다.

(1) 목적 적합성과 신뢰성

회계정보의 주요질적 특성은 목적적합성과 신뢰성이다. 일반적으로 이들을 기본적 특성 혹은 일차적 특성이라고도 하는데, 이 두 가지 특성을 갖춘 정보는 유용성이 있는 것으로 본다.

❸ 목적 적합성

회계정보의 정보력을 강조하는 개념으로서, 특정 정보가 없는 경우와 비교하여 더 유리한 차이를 낼 수 있는 능력을 말한다. 이러한 회계정보는 예측가치와 피드백가치를 가진 정보를 산출하고 이를 적시에 전달함으로써 의사결정에 차이를 발생하게 한다.

목적 적합성의 세 가지 하부속성은 다음으로 정의한다.

① 예측가치란 사건의 결과를 예측하는 데 도움을 주는 능력을 의미한다.

② 피드백가치(feedback value)란 과거에 예측했던 기대치를 확인하거나 수정하는 데 도움을 주는 능력을 의미한다.

③ 적시성이란 정보능력을 상실하기 전에 의사결정자에게 전달하여야 한다는 속성을 의미한다.

❸ 신뢰성

신뢰성이란 회계정보의 증거력을 강조하는 개념으로서, 첫째 회계정보는 그 정보가 나타내고자 하는 대상을 충실히 표현하고 있어야 하고, 둘째 객관적으로 검증 가능하여야 하며, 셋째 중립적이어야 한다.

① 표현의 충실성이란 재무제표상의 회계 수치가 회계기간 말 현재 기업 실체가 보유하는 자산과 부채의 크기를 충실히 나타내야 하고, 또한 자본의 변동을 충실히 나타내고 있어야 함을 의미한다. 표현의 충실성을 확보하기 위해서는 회계처리대상이 되는 거래나 사건의 형식보다는 그 경제적 실질에 따라 회계처리하고 보고하여야 한다.

② 검증가능성이란 동일한 경제적 사건이나 거래에 대하여 동일한 측정방법을 적용할 때 다수의 독립적인 측정자가 유사한 결론에 도달할 수 있어야 함을 의미한다.

③ 중립성이란 회계정보가 특정 이용자 또는 이용자 집단의 영향을 받아서는 안 된다는 것으로 의도된 결과를 유도할 목적으로 회계기준을 제정하거나 재무제표에 특정 정보를 표시함으로써 정보이용자의 의사결정이나 판단에 영향을 미쳐서는 안 된다는 것이다.

❸ 질적 특성 간의 상충관계

회계정보가 유용하기 위해서는 목적 적합성과 신뢰성을 모두 충족하는 것이 이상적일 것이다. 하지만, 정보력과 증거력을 대변하는 이 두 가지 특성은 서로 어긋날 경우가 많다. 어긋나는 질적 특성 간의 선택은 재무보고의 목적을 최대한 달성할 수 있는 방향으로 이루어져야 하며, 질적 특성 간의 상대적 중요성은 상황에 따라 판단하여야 한다.

(2) 비교가능성

기업 실체의 재무상태, 경영성과, 현금흐름 및 자본변동의 추세 분석과 기업 실체 간의 상대적 평가를 위하여 회계정보는 기간별 비교가 가능해야 하고, 기업 실체 간의 비교가능성도 있어야 한다. 비교가능성은 단순한 통일성을 의미하는 것은 아니며, 발전된 회계기준의 도입에 장애가 되지 말아야 한다. 또한, 목적 적합성과 신뢰성을 높일 수 있는 회계정책의 선택에 장애가 되어서도 안 된다.

● 기업 간 비교가능성

특정기업의 정보를 다른 기업의 유사정보와 비교할 수 있는 특성으로서 횡단면분석을 가능하게 한다. 특히, 동종산업에 속하는 기업 간 정보비교에 요구되는 속성이다.

● 기간별 비교가능성

동일 기업 내에서 특정기간의 정보를 다른 기간의 유사한 정보와 비교할 수 있는 특성으로서 시계열분석을 가능하게 한다.

(3) 회계정보의 제약 요건

질적 특성을 갖춘 정보라 하더라도 정보의 제공 및 이용에 소요될 사회적 비용이 그에 따른 사회적 효익을 초과한다면 그러한 정보 제공은 정당화될 수 없다. 따라서, 회계기준의 제·개정에 대한 포괄적인 제약으로서 비용 대 효익의 문제를 고려하여야 하며, 추가적 제약요건으로서 회계항목의 성격 및 크기의 중요성이 고려하여야 한다.

● 효익과 비용 간의 균형

회계정보를 이용함에 따른 효익이 회계정보를 산출하는 비용을 초과해야 한다는 조건이다. 이 관계를 분석할 때의 문제점은 주관적 판단과 정보 효익을 누리는 이용자가 반드시 그 비용을 부담하는 것이 아니므로 비용과 효익에 대한 관계를 측정하기가 매우 어렵다는 것이다. 비용-효익 관계(cost-benefit relationship)는 효율성 혹은 정보의 경제성이라고도 하며, 회계정보가 유용하기 위한 포괄적 제약조건이다.

● 중요성

특정 정보가 생략되거나 잘못 표시될 때 정보이용자의 판단을 오도할 가능성이 있으면 그 정보는 중요한 것이며, 금액의 상대적 비중이나 정보의 성격에 의해 결정이 된다. 이와 같은 정보는 생략해서는 안 되며 회계원칙에 따라 엄격하게 회계처리해야 한다. 반면, 중요성이 없는 정보는 더 실용적인 방법에 따라 회계처리할 수 있으며 별도로 공시할 필요성도 없다.

중요성은 정보가 유용하기 위하여 갖춰야 할 질적 특성이 아니라 인식을 위한 출발점을 제시하는 것이며, 건전한 판단과 상식에 의존하는 상대적 개념이다. 즉, 회계환경이나 경제적 실체의 여건에 따라 서로 다르게 평가한다. 중요성을 판단하는 기준으로는 대개 다음 두 가지를 제시하고 있다.

① 양적인 중요성 : 특정 항목의 상대적인 금액
② 질적인 중요성 : 특정 항목의 상대적인 성격

Ⅲ. 회계의 분류

1 회계의 분류체계

회계의 목적이 다양하므로 회계는 목적에 따라 분류방법이 다양하나 일반적으로 다음과 같이 분류한다.

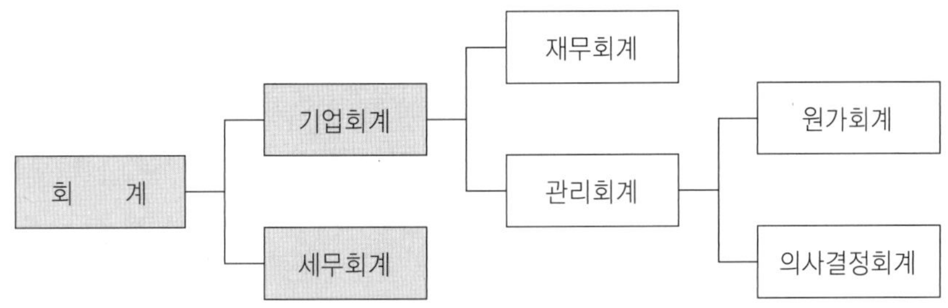

이러한 분류는 회계의 절대적 분류는 아니며 실무자가 기업회계와 세무회계의 관계를 파악하는데 유용한 분류기준이다.

2 기업회계

(1) 재무회계

회계의 첫째 목적은 기업의 내·외부에 있는 각종의 이해관계자 등이 합리적이고 경제적인 의사결정을 하는 데 필요한 정보제공이며 이러한 이해관계자들이 기업에서 궁극적으로 관심이 있는 부분은 기업의 일정기간의 경영성과(당기순이익)에 가장 관심이 있으며 이러한 당기순이익을 측정하기 위한 도구로서 재무상태표와 손익계산서를 작성하는 것이며, 이러한 재무제표가 기업의 경영성과와 재무적 상태를 압축요약하고 있는 것이다. 따라서 재무회계는 기업의 경영성과와 재무적 상태를 나타내는 회계라 할 수 있다.

그리고 이러한 목적을 달성하기 위해서는 다음의 재무제표를 작성하여야 한다.

① 재무상태표

② 손익계산서

③ 이익잉여금처분계산서

④ 현금흐름표

더 쉽게 설명하면 재무회계란 기업의 경리 전산시스템에서 출력되는 재무상태표, 손익계산서 등 작성의 일련의 과정이 재무회계인 것이다.

(2) 관리회계

관리회계란 기업 내부의 관리부서에서 경영계획이나 판매의사결정, 경영의사결정, 업적평가 등의 특정 목적을 위한 회계를 말하며, 경영관리와 통제활동을 수행하는데 주요한 관리회계의 한 부분으로서 원가회계가 주를 이루므로 이 때문에 원가회계라 부르기도 한다.

3 세무회계

세무회계는 기업이 벌어들인 수익에서 부담하여야 할 산출세액을 계산하는 것이 그 목적이며 따라서 세무회계는 재무회계상의 당기순이익에서 산출세액을 계산해가는 과정을 세무회계라 하며 세무회계는 그 계산근거의 기준이 세법이므로 세법에 따라 회계처리하여야 한다.

4 기업회계와 세무회계의 관계

기업회계란 세무회계를 설명할 때 사용하는 세무회계의 반대개념으로 실무적으로 사용하는 용어이며 기업회계 자체가 하나의 회계의 분류는 아니다. 궁극적으로 기업에서 하는 회계가 기업회계이며 세무회계도 기업회계 일부로 볼 수 있기 때문이다.

그러나 기업회계란 용어를 세무회계의 반대개념으로 사용하지 않으면 세법에 따른 회계처리를 할 때 용어의 혼동과 세무회계의 정의가 명확해지지 않으므로 기업회계란 용어를 사용한다.

따라서 실무적으로 사용하는 기업회계의 개념은 기업에서 복식부기인 회계원리에 따라 전표를 발생시켜 회계의 목적인 재무상태표와 손익계산서를 작성하는 절차를 기업회계라 한다. 곧 기업회계가 재무회계와 관리회계를 포함하고 있다.

그러나 세무회계란 그 목적이 1과세기간(회계연도)의 과세소득과 납부할 세액의 계산이 그 목적이므로 세무회계는 기업회계에서 계산한 당기순이익에서 출발하여 기업이 부담할 세액을 계산하는 과정을 세무회계라 한다.

더 단순히 표현하면 기업회계상의 장부란 회사의 경리부서에서 작성하는 장부와 장부의 결과로 작성된 재무상태표, 손익계산서, 이익잉여금처분계산서, 현금흐름표가 기업회계의 결과보고서이며 세무회계는 이를 근거로 당기순이익에서 산출세액을 계산해 가는 과정이다. 따라서 기업회계나 세무회계는 독립적으로 존재하는 것이 아니라 기업회계를 바탕으로 그 연장선상에 세무회계가 존재하는 것이다.

또한, 특별히 기업의 재무제표상 당기순이익에서 산출세액 또는 납부할 세액을 계산하는 과정을 세무조정이라 한다.

〈 세무회계와 기업회계의 관계 〉

기업회계	세무조정	세무회계
재무상태표 손익계산서	익 금 산 입	각　사 업 연 도 소 득 (-) 소 득 공 제 · 비 과 세 공 제 (-) 10년 내 발생이월결손금(세무상) (=) 과　　세　　표　　준 (×) 세　　　　　　　율 (=) 산　　출　　세　　율
당기순이익	손 금 불 산 입 손 금 산 입 익 금 불 산 입	

〈 기업회계와 세무회계의 용어구분 〉

기 업 회 계	세 무 회 계	
	법인세법(법인)	소득세법(개인사업자)
매　　출　　액 영　업　외　수　익 등　의　수　익	익　금	수 입 금 액
매　출　원　가 판　관　비 영업외비용등의비용	손　금	필 요 경 비
이　자　수　익 고 정 자 산 처 분 이 익	익　금	해당사항 없음 (수입금액 제외)
이　자　비　용 고 정 자 산 처 분 손 실	손　금	사업관련자금의 이자만 해당. 고정자산처분손실은제외

※ 기업회계와 세무회계에서의 수익·비용, 익금·손금, 수입금액·필요경비의 사용 용어가 서로 대응되는 개념으로 사용되므로 혼동하지 않기 바란다.

IV. 회계의 기준

① 거래의 기록과 단위

회계의 최소 거래 기록 단위는 회계사실을 장부에 기록할 하나의 거래단위를 말하며 "거래"라고 표현하며 실무에서는 한 개의 전표를 발생시킬 수 있는 거래를 말한다. 따라서 거래란 기업에서 발생한 경제적 사건으로서 장부상의 자산, 부채, 자본, 수익, 비용의 증감 변화를 가져오는 것을 말하며 이러한 거래가 발생하면 이를 기록하기 위해 전표를 발생시키는 것이다.

경리실무자가 경리업무를 하면서 맨 처음 해야 하는 것이 전표의 발생이므로 전표발생을 위해서는 무엇보다 거래의 식별능력이 요구된다. 거래의 식별능력은 부단한 연습과 실무적 경험에 의해 축적되므로 지속적인 노력이 요구된다고 하겠다.

따라서 거래를 일반적인 상거래와 회계상의 거래로 구분할 때 다음과 같이 구분된다.

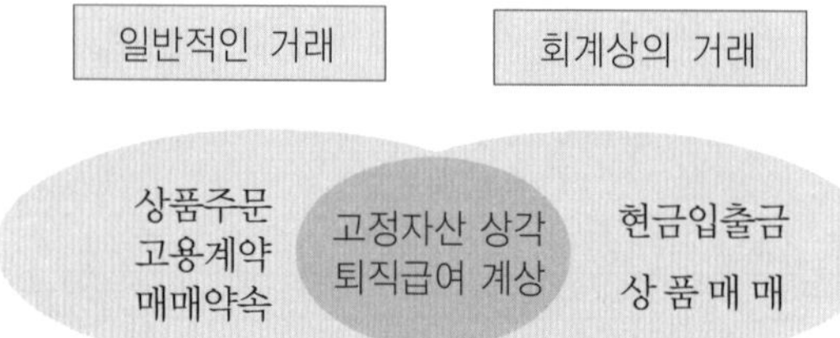

그림에서 보듯이 고용계약처럼 거래라고는 불리지만 회계상의 거래는 아니므로 전표를 발생시킬 수는 없어서 장부에 기록하지 않는다. 그러나 현금입출금, 상품매매 등은 회계상의 거래이므로 전표를 발생시켜야 한다.

따라서 경리 상의 거래이기 위해서는

① 측정가능성(계량화 가능성)
② 자산·부채·수익·비용의 변화

이 두 가지 조건을 충족시켜야 거래로서 기록될 수 있다.

② 거래의 분류

거래란 현금의 유출입을 기준으로 하여 입금거래·출금거래·대체거래 3가지로 분류하며 이러한 분류는 실무에서 전표의 관리, 세분화, 전산입력, 계정기재 등의 편의성을 위해 분류하는 것이며 절대적으로 이렇게 분류하는 것은 아니다. 거래의 유형을 손익발생 여부에 따라 교환

거래·손익거래, 발생장소에 따라 외부거래·내부거래, 발생시기에 따라 개시거래·영업거래·결산거래·청산거래 등으로 분류하기도 하나 실무적으로는 입금·출금·대체거래로 분류한다.

(1) 입금거래

현금을 기준으로 하여 회계단위(기업)에 현금이 입금되었을 때 작성하는 것이 입금거래에 의한 입금전표이다.

(2) 출금거래

출금은 현금을 기준으로 하여 기업에서 현금이 나갈 때 작성하는 것이 출금거래에 의한 출금전표이다. 여기서 현금이란 현금(Petty Cash), 자기앞수표, 외화, 소액환 등을 포함하는 개념이다.

(3) 대체거래

현금의 입출금과는 관계없이 회사의 자산, 부채, 수익, 비용에 측정 가능한 수치로서 영향을 미치는 거래를 말한다. 대체거래는 입출금거래와는 달리 눈에 보이지 않는 상황이지만 자산, 부채, 수익, 비용의 증감변화를 인식하여야 하므로 숙련된 실무적 경험과 고도의 회계지식이 요구된다고 하겠다.

대체거래는 어음지급, 어음수금, 미지급비용의 발생, 오류정정, 결산전표 등이 있다.

③ 거래의 작성기준

회계(장부)를 이용자에 따라 크게 세무회계와 기업회계로 구분한다. 실무적으로는 경영성과 측정인 기업회계는 주주나 이사회에 보고하고 산출세액은 과세당국에 보고하는 것이 주목적이다. 이러한 목적을 충족시키기 위해서는 기업회계와 세무회계는 그 준거 기준에 충실해야 한다.

기업회계를 지도하고 감독하는 원칙을 제정해 놓은 기준이 일반기업회계기준이며 산출세액 계산을 위한 세무회계의 기준이 세법이다.

상장기업 등은 한국채택 국제기업회계기준을 적용한다. 따라서 경리실무자들은 기업회계기준과 세법에 관해 지속적인 관심과 이해가 필요하다.

(1) 일반기업회계기준

일반기업회계기준은 회계의 대원칙인 회계공준을 바탕으로 하여 기업회계의 실무에서 관습으로 발달한 것으로부터 일반적으로 공정 타당하다고 인정된 바를 요약한 것으로 이 기준은 재무제표의 이용자가 기업 실체에 대하여 올바른 판단을 할 수 있도록 재무상의 자료를 일반적으로 인정된 회계원칙에 따라 처리하고 이에 관련되는 정보를 정확히 파악하여 적정한 보고를 할 수 있도록 하는데 그 목표를 두고 있다.

이러한 기업회계기준이 모든 기업에 강제성을 띄는 규정은 아니지만, 주식회사의 외부감사에 관한 법률에 의거 직전년도 자산총액이 120억 이상인 주식회사는 기업회계기준에 따라 회계처리를 하였는지에 대한 공인회계사의 감사를 받도록 하여 감사의견을 표명하게 되어 있으며 이로 말미암아 기업 외부의 재무제표 이용자는 정보의 신뢰성을 가질 수 있다.

그러나 직전년도 자산규모가 120억 미만인 회사는 일반기업회계기준에 따라야 하는 것은 아니지만, 기업회계가 지켜야 할 기본원칙이 기업회계기준이므로 실무자들은 충분하고 완전한 이해가 요구된다.

> **참고** 회계공준 : 회계 공준은 회계장부를 작성하는 대전제 또는 기본적인 가정 또는 대원칙으로서 "기업 실체의 공준, 계속기업의 공준, 화폐가치의 공준" 3가지를 말한다.

일반기업회계기준은 제1장 목적, 구성 및 적용에서 제32장 동일지배 거래까지 구성되어 있으며 일반기업회계기준을 보완하는 데 필요한 경우 보록을 제정한다.

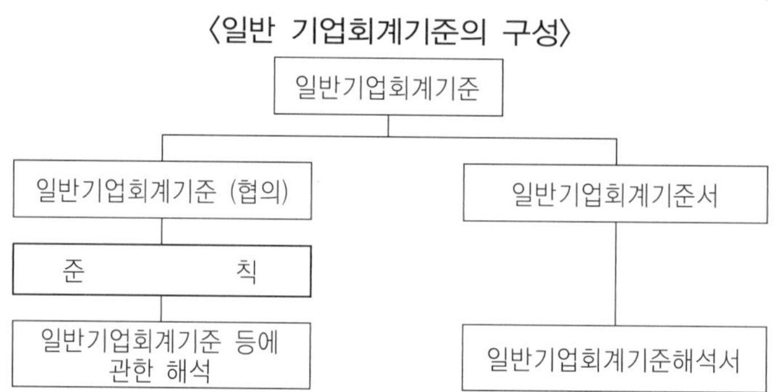

〈일반 기업회계기준의 구성〉

(2) 상법

일반기업회계기준은 법적 강제력을 갖는 것은 아니나 상법은 상인이 비치해야 할 장부, 재산평가의 원칙, 상업장부의 제출, 상업장부의 보존 등에 관해 규정하고 있으며 이들 내용은 채권자를 보호하기 위한 입장에서 마련된 것이다.

(3) 세법

세법의 기본목적은 과세의 공평과 재정수입의 확보를 위해 세액을 산출하는 것이 기본 목적이며 세무회계에서 세금을 계산하게끔 규정하는 세법은 개인기업에 대해서는 소득세법에서 규정하고 있으며 법인기업에 대해서는 법인세법에서 규정하고 있다. 세법은 법인세법과 소득세법 외의 다른 세법들이 유기적 관계를 맺은 세법의 체계이므로 경리실무자들은 세법에 대해서 전체적으로 접근하여 거시적으로 세법을 이해할 수 있는 안목이 요구된다.

(4) 제기준의 실무적 적용과 유권해석

기업회계가 작성한 재무상태표와 손익계산서를 바탕으로 하여 세무회계가 존재하므로 세무회계는 기업회계의 연장선에 있는 것으로 전술한 바 있다. 기업회계가 기업회계 기준을 완벽하게 반영하여 재무제표(재무상태표, 손익계산서)를 작성하였다 하여 세무회계가 전적으로 기업회계를 수용할 수는 없다.

왜냐면 세무회계는 부담세액의 산출과 과세의 공평 등 조세입법 취지를 달성하기 위해서는 기업회계에 의한 재무제표를 세법의 입법취지에 따라 조정이 필요하다.

이를테면 접대비의 한도를 정한다든가, 기부금은 종류별로 구분하여 한도를 정한 것, 중소기업이나 제조업의 지원을 위해 조세감면 등 지원을 하는 것 등의 정책적 배려에 의해 차이가 날 수밖에 없다. 따라서 기업회계에서는 그 준거 기준인 일반기업회계기준에 근거하여 장부 및 재무제표를 작성하고 세무회계에서는 세법에 따라 세금을 산출하는 것이다.

그러나 기업회계의 대원칙인 일반기업회계기준도 직전년도 자산총액이 100억 미만인 기업에 대해서는 임의적 규정에 불과하므로 100억 미만인 기업은 일부의 회계처리사항에 대해서는 장부작성 절차에서부터 바로 세법에 따라 회계처리하는 경우가 많다.

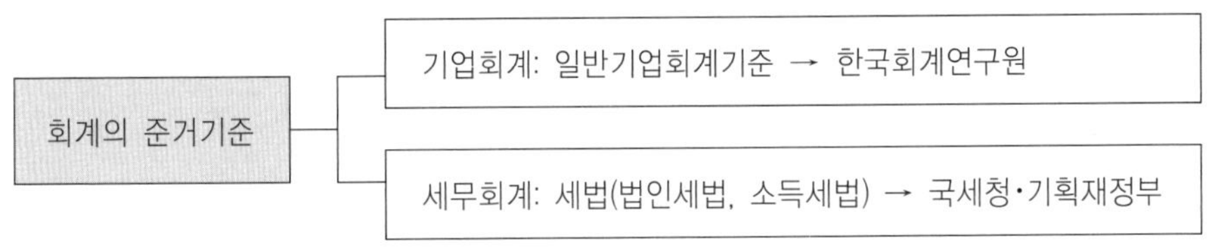

일반기업회계기준이나 세법도 수많은 회계현상에 대해 일일이 전부 규정할 수는 없으며 또한 경제현상은 나날이 복잡해지고 새로운 거래양태가 발생하는 데 반해 기업회계나 세법의 제 규정이 신속히 제정되어 경제현상에 대응할 수가 없다.

따라서 경리실무자들은 세법이나 기업회계기준에 명확한 규정이 없는 새로운 거래양태나 특수한 거래에 대해서는 기업회계기준이나 세법에 대한 유권해석을 받아서 새로운 거래양태나 회계처리에 대해 그 명확한 해답을 가지고 회계처리 한다.

경리실무자는 명확한 근거에 따라 회계처리 하여야 하므로 의문점이나 새로운 세무회계나 기업회계의 상황에 대해서는 꼭 질의하여 답변을 받아 회계처리 한다. 국세청 질의회신의 결과가 세법에 반하는 회신을 받았다 하더라도 그 회신결과에 따라 회계처리 하였다면 추후 과세당국에서는 그 회계처리가 세법을 위반하였음을 근거로 하여 세액을 경정(추가고지)할 수 없다는 것이 대법원 판례의 입장이다. 따라서 실무자로 질의회신 답변서가 회계처리의 중요한 준거 기준이 되므로 잘 활용하자.

 기업회계기준이나 회계처리사항은 의문점이나 유권해석은 한국회계연구원에 서면이나 유선으로 질의할 수 있고 세무회계처리 상의 유권해석은 일차적으로 국세청에 질의하고 국세청의 답변에 만족하지 못하는 경우는 국세청 답변서를 첨부하여 기획재정부 세제국에 질의한다.
① 기업회계에 관한 질의 : 한국회계연구원, 한국공인회계사회
② 세법에 관한 질의 : 국세청 콜센타(TEL : 126), 기획재정부

4 재무제표

재무제표란 기업에서 1회계기간(보통 1년) 동안 회계처리를 하여 장부를 작성하고 그 장부 결과를 요약한 표로서 동 재무제표가 기업의 내·외부이용자에게 보고되거나 공표되는 것이다.

장부의 결과로서 여러 유형의 보고서나 표를 만들 수도 있으나 재무제표로서 기업의 경영성과와 재무상태를 요약할 수 있으므로 재무제표는 필수적으로 작성하여야 하며 재무제표로서 보고된다. 이러한 재무제표란 재무상태표, 손익계산서, 이익잉여금처분계산서 또는 결손금처리계산서, 자본변동표와 현금흐름표 네 가지를 말한다.

재무제표는 당해 회계연도분과 직전년도 분을 비교하는 형식으로 작성하며 재무제표양식은 보고식을 원칙으로 한다. 또한, 재무제표는 이를 이용하는 이용자에게 충분한 회계정보를 제공할 수 있도록 중요한 회계방침을 필요한 사항에 대해서는 주기 및 주석*을 한다. 주석도 재무제표의 일부로 본다.

---

* 주기란 재무제표상의 해당 계정과목 다음에 그 회계사실의 내용을 간단한 자구 또는 숫자로 괄호 안에 표시하는 방법으로 한다. 주석이란 재무제표에 숫자로 표시하고 별지에 그 내용을 서술하는 것이다.

2장
전표분개와 장부작성

Ⅰ. 복식부기의 이해

복식부기는 재화나 서비스의 흐름을 입금이나 출금 또는 수입이나 지출 등을 하나의 거래 형태로 보는 것이 아니라 입금이나 출금, 수입이나 지출 등에 대해 거래의 이중적 성격인 입금이나 출금, 수입이나 지출 등의 원인거래까지 전표를 발생시켜 기록하는 것이다.

즉 하나의 거래에서 항상 차변과 대변 동시에 거래의 원천과 결과를 파악하여 2개의 전표를 발생시켜나가는 것이 복식부기 원리이다.

① 복식부기의 원리

거래의 이중성이란 비품을 구매하면 비품이 들어오면서 현금이 나가는 것 또는 현금이 들어오고 수익이 발생하는 것 등 모든 거래가 들어오고 나가는 양면적 성격을 가지는 것을 거래의 이중성이라 하며 이것을 동시에 파악하는 것이 복식부기원리이다.

복식부기를 처음 대하면 거래의 다양성이나 분개의 원리에 복잡하다는 인식이 앞선다. 따라서 아무리 쉬운 설명도 그 복잡함을 가중시킬 것이다. 그러나 복식부기를 이해할 때 다음 모형을 염두에 두고 거래의 흐름을 파악하면 복식부기 원리가 쉽게 이해될 것이다.

복식부기는 4가지 요소 자산·부채·수익·비용을 움직여 가면서 기업의 당기 순이익의 측정에 그 목적을 두고 움직인다.

〈 복식부기의 원리 〉

	차 변 (Debit)	대 변 (Credit)
(정태적)	자　　　산	부　　　채
		자　　　본
(동태적)	비　　　용	수　　　익
	합　　　계	합　　　계

❷ 복식부기의 원칙

복식부기는 다음과 같은 원칙으로 움직인다.

① 왼쪽을 차변, 오른쪽을 대변이라 한다.

② 거래를 자산·부채·수익·비용에 영향을 미치는 것으로 장부에 기재하고, 전표가 발생하기 위해서는 자산·부채·수익·비용에 영향을 미쳐야 한다.

③ 하나의 거래는 항상 차변과 대변에 동시에 같은 금액으로 영향을 미치기 때문에 차변 대변 합계금액은 항상 일치한다.

④ 차변 대변의 동시 증가 동시 감소는 가로, 대각선, 세로 등 항상 가능하다.

❸ 복식부기의 특징

복식부기가 훌륭한 이익측정의 기법인 것은 다음과 같은 이유에서이다.

① 자산·부채·자본은 정태적인 개념의 가치(이익) 측정기법이다.

즉, 자산·부채·자본은 ○○○○년 ○○월 ○○일 현재 금액이 얼마이다고 표시된다. 일정시점의 회계단위(기업)의 자산과 부채·자본의 화폐적 가치를 나타낸다. 이러한 일정시점의 상태에서 경제적 가치를 측정하는 것을 재고(Stock)개념에 의한 측정이라 한다.

② 수익과 비용은 동태적 개념으로 ○○○○년 ○○월 ○○일부터 ○○○○년 ○○월 ○○일까지의 수익과 비용을 나타낸다.

즉, 기간(Flow) 개념이다. 복식부기가 훌륭한 기술인 것은 정태적인 측정과 동태적인 측정을 결합하여 동시에 기업의 경영성과와 재무적 상태를 나타내고 정태적 개념에서 당기순이익과 동태적 개념에서 당기순이익을 일치시켜 주기 때문에 기업의 경영성과를 정태적·동태적으로 동시에 볼 수 있다.

기업에서 일정기간 복식부기가 행하여진 후 당기순이익을 측정하려면 동태적 개념에서(손익계산서 개념에서) 당기순이익은 수익에서 비용을 차감하면 일정기간의 당기순이익을 나타내며 정태적 개념에서 기업의 당기순이익과 회사의 재산상태를 알려면 자산총액에서 부채와 자본을 차감하면 재무상태표 개념의 당기순이익이 측정되며 동태적 개념의 당기순이익과 정태적 개념의 당기순이익은 항상 일치한다.

Ⅱ. 전표의 작성

거래가 발생하면 전표를 발생시켜야 한다. 거래란 회계장부기록의 최소단위이며 자산·부채·수익·비용에 영향을 미치는 것을 거래라 한다. 거래를 거래의 유형별로 분류하면 기록과 관리가 편리하다. 그리고 경리 상의 결재나 장부기장을 위해 전표를 작성한다.

장부를 작성하기 위해 대부분 전표를 작성하나, 더 중요한 것은 거래의 원천인 증빙이다. 따라서 전표 없이 증빙만 철하여 장부에 체계적으로 기재도 장부로서 유효하다.

경리업무의 전산화로 무전표시스팀이 경리에 도입되어 전표가 컴퓨터 화면에 나타날 뿐 출력되지 않으며 증빙만 보관되고 그에 따른 장부가 출력되는 것이다.

전표는 여러 형태로 분류되나 경리를 처음 대하는 사람이 복식부기를 쉽게 이해하기 위해서는 실무적으로 분류되는 현금 유·출입에 따른 입금전표, 출금전표, 대체전표 분류방식이 편리하며 이를 중심으로 설명한다.

❶ 입금전표

입금전표란 현금이 회사(회계단위)에 입금될 때 작성하는 전표이다. 입금되는 유형은 현금매출, 외상매출금의 회수, 이자수익의 발생, 어음의 할인 등 다양하다. 입금전표는 현금의 유입이 가시적으로 보이므로 현금전표임을 쉽게 알 수 있고 또 적시에 작성할 수 있다.

현금의 입금전표를 빠뜨리면 자금 시재가 차이 나므로 그 오류를 찾기도 쉽다. 여기서 현금이란 다음과 같은 것을 말한다.

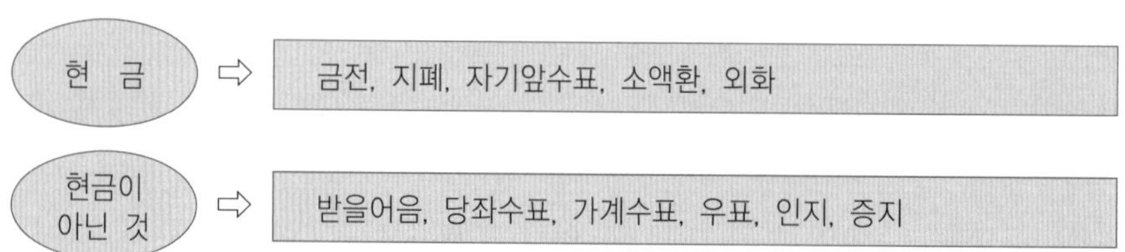

(1) 입금전표 작성요령

사례 거래 : A상품(단가 10,000원) 10개를 현금 매출하다(부가세 별도).
계정 : 손익계산서 〉 매출 〉 상품매출
분개 : 차) 11,0000원　대) 상품매출 10,000원 부가세예수금 1,000원

<table>
<tr><td rowspan="2">No.______</td><td colspan="3" align="center">입 금 전 표
20×1년 1월 10일</td><td>담당</td><td>과장</td><td>부장</td><td>이사</td><td>사장</td></tr>
<tr><td></td><td></td><td></td><td></td><td></td></tr>
<tr><td>과 목</td><td colspan="2">매 출</td><td>항 목</td><td colspan="5">상품매출</td></tr>
<tr><td colspan="4" align="center">적　　　　　　　　　　　요</td><td colspan="2">금</td><td colspan="3">액</td></tr>
<tr><td colspan="4" align="center">A상품 @10,000×10</td><td colspan="5">1 0 0 0 0 0</td></tr>
<tr><td colspan="4"></td><td colspan="5">1 0 0 0 0</td></tr>
<tr><td colspan="4">대국실업</td><td colspan="5"></td></tr>
<tr><td colspan="4" align="center">합　　　　　　　　　　　계</td><td colspan="5">1 1 0 0 0 0</td></tr>
</table>

작성
날짜 : 거래가 발생한 날을 기재한다(입·출금이 된 날).
번호 : 전표의 당해연도의 일련번호를 적는다(기재안해도 무방).
과목 : 중분류 계정과목을 적는다.
항목 : 해당 계정과목을 적는다.
적요 : 거래 사실을 요약해서 적는다(거래품목, 종류, 거래처 계산근거, 기간).
금액 : 해당 금액을 적고 합계란에 합계 금액을 적는다.
결재 : 담당부원과 사장이 결재한다. 중간관리자가 전결권이 있는 경우 결재할 수 있다.

입금전표에서 과목은 중분류 계정과목을 적고 항목에는 소분류 계정과목을 적는다. 날짜는 거래발생 즉 입금일자를 기재하고 적요란은 거래의 내역을 간결하고 구체적으로 기재하며 맨 마지막에 거래처를 기재한다.

(2) 입금전표 증빙요령

입금전표의 증빙은 잘 붙이지 않는 경우가 많다. 왜냐하면, 입금 자체가 상대계정에 매출이나 어음의 결제 등의 부수 거래를 수반하기 때문에 세금계산서나 매출일보 등이 입금전표의 증빙이 되며 또한 거래의 현금입금은 통장에 입금되므로 부수 증빙이 따르게 마련이다.

입금 증빙과 관련하여 가수금입금의 유형인 대표이사나 주주 임원 등의 입금은 그 증빙을 분명히 해두는 것이 좋다. 가수의 원천과 증빙이 분명해야 가수금의 인출이 제한을 받지 않으며 가수금은 주주 임원 등의 차입금이므로 가능한 법인통장을 통해 입금하는 것이 추후 분쟁의 소지를 없애고 또한 차입에 대한 약정사항(차용증) 등도 문서로 만들어 증빙처리 하는 것이 바람직하다.

② 출금전표

출금전표는 현금 등이 회사에서 인출될 때 작성된다. 따라서 현금의 시재액은 입금전표와 출금전표를 비교하여 그 잔액이 항상 맞아야 하며 전표나 증빙이 없이 출금되어서는 안 된다. 출금의 유형은 재고자산 구매, 고정자산 구매, 각종 비용의 지급 등 다양하다.

(1) 출금전표 작성요령

사례 거래 : 거래처 담당자에게 식사 접대로 17,000원을 현금 지출하다.
　　　계정 : 손익계산서 〉 판매관리비 〉 접대비
　　　분개 : 차) 접대비 17,000원　　대) 현금 17,000원

<table>
<tr><td colspan="2">No._______</td><td colspan="3" align="center">출 금 전 표
20×1년 1월 29일</td><td>담당</td><td>과장</td><td>부장</td><td>이사</td><td>사장</td></tr>
<tr><td>과　목</td><td>판매비와 관리비</td><td colspan="2">항　목</td><td colspan="6">접대비</td></tr>
<tr><td colspan="2" align="center">적</td><td colspan="2" align="center">요</td><td colspan="2">금</td><td colspan="4">액</td></tr>
<tr><td colspan="4">무악건설 수주관계 식사 대접</td><td></td><td></td><td>1</td><td>7</td><td>0</td><td>0 0</td></tr>
<tr><td colspan="4"></td><td></td><td></td><td></td><td></td><td></td><td></td></tr>
<tr><td colspan="10">한강설렁탕</td></tr>
<tr><td colspan="2" align="center">합</td><td colspan="2" align="center">계</td><td></td><td></td><td>1</td><td>7</td><td>0</td><td>0 0</td></tr>
</table>

출금전표는 입금전표와 작성방법은 같다. 출금전표 대신 지출결의서를 사용해도 무방하며 지출결의서를 출금전표 이면에 붙이기도 한다.

(2) 출금전표 증빙요령

증빙의 문제점은 주로 자금의 인출과 관련하여 발생하므로 특히 출금전표의 증빙에 정확을 기하여야 한다. 기업의 대부분 전표는 출금전표이고 매출에서 거액의 자금이 발생하여 소액의 출금이 발생하는 것이 현금의 흐름이다. 따라서 소액현금의 출금전표에는 다음과 같은 방법으로 증빙을 준비한다.

⊕ 구체적이고 완벽한 증거를 구한다.

구매거래에 대해서는 세금계산서, 입금표, 거래명세서 등을 갖추며 대금지급은 가능한 무통장입금표에 의해 지급한다. 광고나 외부행사 등은 사진촬영에 의해 그 근거를 반드시 첨부하며 접대비는 가능한 신용카드를 사용한다.

특히 상대방이 사업자가 아니거나 과세특례자 또는 간이과세자인 경우는 무통장입금을 사

용한다.

⬢ 외부증빙을 구할 수 없는 경우

증빙은 크게 발생 장소에 따라 기업 외부에서 발생한 외부증빙과 기업 외부에서 증빙할 수 없어 기업 내부에서 증빙할 수가 있다. 대부분은 기업 외부증빙을 구할 수 있지만, 교통비(택시, 버스), 거래처 부의금 등은 증빙을 구하는 경우가 불가능하다. 이때 세법이나 기업회계에서 사회통념상 인정되는 범위 내의 금액은 내부증빙인 지출결의서에 의한 금액을 인정하고 있다.

⬢ 증빙의 구비요건

사업자가 사업자로부터 거래 건당 금액이 5만원 초과인 재화 또는 용역을 공급받는 경우 정규영수증을 수취하여야 한다. 불이행 시 증빙불비가산세가 증빙미수취금액의 2%가 적용된다.

참고 정규영수증 : 계산서, 세금계산서, 신용카드매출전표, 현금영수증

(3) 지출결의서 작성요령

지출결의서는 일정한 양식은 없으나 그 내용에는 육하원칙에 의해서 구체적으로 그 사용내역을 기재하고 대금의 수령자(사용자)가 기명날인하면 된다.

① 지출결의서 또는 지급결의서는 같은 것으로 지급품의서 라고도 한다.

② 금액은 꼭 한글이나 한자로 기재하고 그 밑이나 옆에 아라비아 숫자로 금액을 적고 금액 앞에 ₩을 적어 변조를 방지한다.

③ 날짜는 실제청구일자로 적는다.

④ 청구인은 가능한 실제 수령인이 이름을 쓰고 도장을 찍어 경리부서나 자금부서를 거쳐 결재한다.

⑤ 영수청구와 영수증첨부

　지급결의는 선 결재 후사용 하는 경우와 선사용 후 결재하는 때도 있다. 선 결재 후사용은 실제 사용 후 사용금액이 결제금액과 불일치하므로 사용 후 영수증을 첨부하여 과부족액을 정산할 수 있게끔 양식에 '정산' 난을 두는 것이 편리하다. 이런 때 실제 전표를 장부에 기재할 때는 정산 후 기재하도록 한다. 이 경우 선지급한 금액을

　　1. 비망기록하는 방법(장부상의 금액이 아닌 단순한 메모형식의 내부자료이다)

　　2. 전도금처리하는 방법

　　3. 선급금 처리하는 방법

　　4. 가지급금 처리하는 방법

이 있으며 가지급 처리는 가능한 피하는 것이 좋다. 선사용 후 결재하는 것은 사용금액

을 결재하므로 과부족이 없다.

⑥ 선사용 후 결재의 경우나 정산하는 경우에는 지급결의서 뒤에 반드시 사용금액의 증빙이 첨부하여야 하며 교통비 등 영수증 청구가 불가능한 경우 수령자의 서명으로 대신할 수 있다. 이런 때에는 목적지, 사유, 교통수단(예: 명동에서 광화문까지 택시) 등 구체적으로 기재하도록 한다.

⑦ 지급결의서는 각 부서에 배부하여 주고 실제 대금 필요자가 작성하여 해당 부서의 장을 거쳐 경리부서로 넘기도록 한다.

⑧ 지급결의서 자체가 출금전표가 되므로 지급결의서가 있으면 출금전표는 없어도 무방하다. 이런 경우는 지급결의서 안에 해당 계정과목 난을 두어 해당 계정과목을 직접 기안자가 기재하여 경리부서에 계정과목의 적정성을 검토한다. 그리고 대부분 회사가 장부를 전산화하므로 계정과목 옆이나 밑에 계정과목코드 번호란을 넣어서 경리부에서 전표 검토 시 코드 번호를 검토하여 바로 기재한다.

<table>
<tr><td colspan="2" rowspan="2">지 출 결 의 서

(주)코페 (품의부서 :　　　　)</td><td colspan="6">결
재</td></tr>
<tr><td>담당</td><td>과장</td><td>부장</td><td>이사</td><td>사장</td><td></td></tr>
<tr><td>지급액</td><td colspan="7">일금 육백구십팔만칠천사백구십 원정</td></tr>
<tr><td>지급처</td><td colspan="7"></td></tr>
<tr><td>일　자</td><td colspan="4">20×1년 2월 6일</td><td>청구자</td><td colspan="2">홍 길 동 ㊞</td></tr>
<tr><td rowspan="5">지
급
사
유</td><td colspan="7">20×1년 1월분 생산직 급여(이순학외 18명)

　　　지급총액　6,987,490
　　　공제액　　　399,980
　　───────────────
　　　차인지급액 ₩6,587,510

　　　　※공제내역
　　　의료보험　　92,250
　　　국민연금　266,800
　　　갑근세　　　38,140
　　　주민세　　　 2,790
　　───────────────
　　　　　　　₩399,980</td></tr>
<tr><td>정　산</td><td colspan="4">20×1 년　　월　　일</td><td rowspan="2">경
리</td><td>출납</td><td>과장</td><td>부장</td></tr>
</table>

<table>
<tr><td rowspan="2" colspan="4" style="text-align:center"><h2>지 출 결 의 서</h2></td><td>담당</td><td>과장</td><td>부장</td><td>이사</td><td>사장</td></tr>
<tr><td></td><td></td><td></td><td></td><td></td></tr>
</table>

(주)코페   (품의부서 :   )

금액	일금 육만육천오백원 (₩66,500)			발 의	년 월 일 ㉮
				결 재	년 월 일 ㉮
				지 출	20×1년 1월 11일 ㉮

품 명	수 량	단 가	금 액	비 고
중식(1/11)			43,000	변대철. 권용태
석식			3,000	〃
주차			3,000	〃
중식			5,700	〃
접대			11,800	한정희
				×

위 금액을 영수(청구)한다.

20×1 년 1월 11일

(영수자) 연 놀 부 ㉮

(4) 지급결의서 작성과 절차

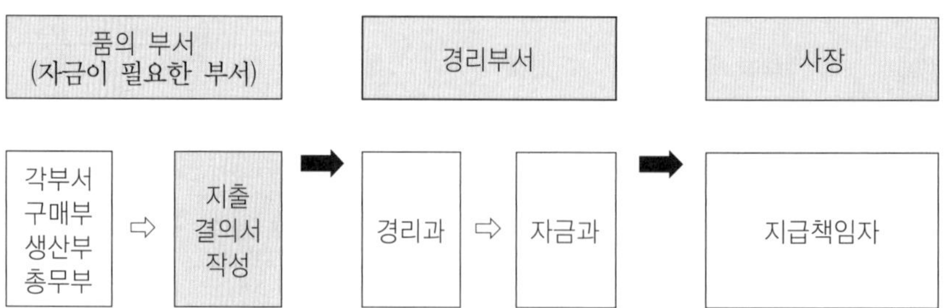

● 유의사항

① 자금과에서는 지출결의서에 '지급필'(PAID) 도장을 찍어 이중 지급을 방지한다.

② 품의 부서에서 3부를 작성하여 1부 보관하고 2부를 경리과에 보내면 경리과에서 1부 보관하고 1부를 자금과에 보내기도 한다(이상적이나 중소기업에 부적합).

③ 중소기업은 경리부서가 자금부서를 통괄하는 것이 보통이므로 품의 부서와 경리부서로 구분하여 관리한다.

④ 지급결의서를 해당 부서에서 작성하여 자금의 소요명세를 구체적으로 기재하여 경리부서의 부담을 줄인다.

⑤ 지급결의서 작성 시 해당 계정과목코드 등을 적게 하고 경리부서는 검토만 한다.

⑥ 결재란 지급금액(원 W) 지급처, 일시, 청구자, 해당 계정과목, 코드번호, 정산일자, 정산금액, 지급사유, 출납부서결재란「지급필(PAID)」 등이 기재되도록 회사의 특성에 맞게 도안한다.

③ 대체전표

대체전표는 현금의 입출금이 없이 회사의 자산·부채·수익·비용의 증감변화가 있는 경우 작성한다.

대체전표는 그 내용이 가시적으로 나타나지 않으므로 언제 기표하여 장부에 기재해야 하는지 초보자는 잘 알 수가 없다. 따라서 거래에 대한 명확한 이해와 회계상 거래의 요건(측정가능성, 자산·부채·수익·비용의 변화)을 숙지해야 한다.

(1) 대체전표의 작성

대체전표는 실무적으로 다음과 같은 경우에 발생시켜야 한다.

① 거래처에서 대금의 청구가 있는 경우

② 원시 증빙이 발생한 경우

③ 회사가 타사에 대금의 청구를 한 경우

④ 세금계산서를 발행 또는 받았을 때

⑤ 어음을 받았거나 어음을 지급하였을 때

⑥ 금전과 관련된 영수증이 발생한 경우

사례 거래 : A제품 10개를 7,700,000원에 한강상회에 외상매출하다.
계정 : 손익계산서 〉 매출 〉 제품매출
분개 : 차) 외상매출금 7,7000,000원 대) 제품매출 7,000,000원 부가세예수금 7,00,000원

<table>
<tr><td colspan="3">No.</td><td colspan="3" align="center">대 체 전 표
20×1년 1월 31일</td><td>담당</td><td>과장</td><td>부장</td><td>이사</td><td>사장</td></tr>
<tr><td>(차 변)</td><td></td><td></td><td></td><td></td><td></td><td colspan="5" align="right">(대 변)</td></tr>
<tr><td>과 목</td><td>적 요</td><td colspan="2">금　　　액</td><td>과 목</td><td>적 요</td><td colspan="5">금　　　액</td></tr>
<tr><td>외상매출금</td><td>한강상회</td><td colspan="2">7 7 0 0 0 0 0</td><td>매 출</td><td>A제품10개</td><td colspan="5">7 7 0 0 0 0 0</td></tr>
<tr><td></td><td></td><td colspan="2"></td><td></td><td></td><td colspan="5"></td></tr>
<tr><td>합 계</td><td></td><td colspan="2">7 7 0 0 0 0 0</td><td>합 계</td><td></td><td colspan="5">7 7 0 0 0 0 0</td></tr>
</table>

작성 1. 대체전표는 현금 입·출금과는 관계없이 계정 간의 대체에만 사용하므로 과목란에 해당 계정
　　과목(소분류 과목)을 기재하고 적요란은 간략하게 적는다.
2. 적요기재시 매출란은 매출내용이 중요하며 외상매출란은 어느 거래처에 판매한 것인가가 중
요함. 즉 매출을 보고 품목별 매출을 파악할 것이며 외상매출장을 보고 거래처별 외상매출금
잔액을 파악하는 것이다.
3. 대체전표는 후술하는 복식부기의 분개형태로 계정과목 간의 대체이므로 소분류 계정과목을
기재하며 적요란에 특별히 기재할 것이 없으므로 계정 대체, 또는 결산 대체 등으로 간략하
게 대체의 원인이나 이유를 기재하기도 한다.

(2) 대체전표 증빙요령

대체전표는 계정과목 간의 대체이므로 전표 자체가 증빙을 겸한다고 할 수 있겠으므로 별
도의 증빙을 붙이지는 않는다. 그러나 대체의 계산근거 등은 별도로 철해 두거나 전표 이면에
붙여야 후에도 그 내용을 알 수 있을 것이다.

거 래 형 태	증 빙 종 류		
현금·예금의 입·출금	예 금 통 장 사 본 무 통 장 입 금 전 표 이 자 계 산 서	예금차입금 잔액증명서 받을어음 할인료 계산서 이 자 비 용 계 산 서	지 출 결 의 서 급 여 대 장 입 금 표
매 출 외 상 매 출 금 받 을 어 음	세 금 계 산 서 매 매 계 약 서 추 심 어 음 통 장 잔 액 조 회 회 신 서	납 품 서 입 금 표 매 출 에 누 리 청 구 서	송 장 어 음 사 본 받 을 어 음 할 인 계 산 서
유가증권 취득·처분	매 매 계 약 서 주 식 매 입 보 고 서 이 사 회 의 사 록	실 물 사 본 정 관 주 식 매 각 보 고 서	배 당 금 청 구 서 주 주 총 회 의 사 록
상 품 매 입 원 재 료 구 입 외 상 매 입 지 급 어 음	주 문 서 사 본 대 금 청 구 서 검 수 보 고 서 원 가 계 산 표 공산품발생보고서 입 금 표 당 좌 통 장 사 본	입 고 증 영 수 증 운 임 청 구 서 재 고 조 사 실 사 표 제 조 경 비 배 부 계 산 서 무 통 장 입 금 증	납 품 서 세 금 계 산 서 경 비 대 체 전 표 제 조 지 시 서 수 입 면 장 지 급 어 음 사 본
유 형 자 산 처 분 취 득 감 가 상 각	구 입 품 의 서 공 사 계 약 서 매 매 계 약 서	세 금 계 산 서 입 금 표 이 사 회 의 사 록	견 적 서 감 가 상 각 계 산 서
은 행 차 입 금	차 입 계 약 서	차 입 금 통 장	차 용 증 서
비 용 지 급 (판관비, 제조경비)	간 이 세 금 계 산 서 영 수 증 신 용 카 드 매 출 전 표 영 수 증	세 금 계 산 서 입 금 표 고속도로통행료영수증	지 출 결 의 서 금 전 등 록 기 영 수 증 전 화 카 드

① 입금전표의 분개

(1) 입금전표의 발생

입금전표가 발생한다는 것은 기업에 현금이 들어오는 경우이다. 현금이 기업에 들어오는 경우와 그와 관련된 분개는 다음과 같다. 입금전표가 발생하는 경우가 상당히 많을 수 있겠으나 그 유형별로 보면, 현금이 회사에 들어오는 경우는 다음 세 가지뿐이다.

① 현금증가 / 부채증가

② 현금증가 / 자산감소

③ 현금증가 / 수익증가

복식부기 틀에서 입금전표를 설명하면 다음과 같다.

차　변	대　변
현　　금(＋)	부　　채(＋)
자　　산(－)	자　　본(＋)
비　　용	수　　익(＋)
(합 계)	(합 계)

(2) 입금전표의 분개형태

입금거래	복식부기의 변동		분　　개	
1. 현금으로 상품 판매	차)현　금(자산)증가	대)수익증가	차)현　금 ××	대)매　　　출 ××
2. 은행에서 현금 차입	차)현　금(자산)증가	대)부채증가	차)현　금 ××	대)차　입　금 ××
3. 자본금 유상증자 실시	차)현　금(자산)증가	대)자본증가	차)현　금 ××	대)자　본　금 ××
4. 외상매출금의 회수	차)현　금(자산)증가	대)자산감소	차)현　금 ××	대)외상매출금 ××
5. 화물차의 처분	차)현　금(자산)증가	대)자산감소	차)현　금 ××	대)차량운반구 ××
6. 계약금의 수령	차)현　금(자산)증가	대)부채감소	차)현　금 ××	대)선　수　금 ××

(3) 입금전표의 분개사례

입금전표의 분개형태를 분개사례로 예시하면 다음과 같다.

❶ A상품 1개를 550,000원에 용산상회에 현금으로 판매하다.

- 손익계산서 〉 매출액 〉 상품매출

| 차) 현금 | 550,000원 | 대) 상품매출 | 500,000원 |
| | | 부가가치세 | 50,000원 |

❷ 서울은행에서 1,000,000원을 단기로 현금 차입하다.

- 재무상태표 〉 부채 〉 유동부채 〉 단기차입금

| 차) 현금 | 1,000,000원 | 대) 단기차입금 | 1,000,000원 |

❸ 자본금 50,000,000원을 유상증자하고 현금으로 받다.

- 재무상태표 〉 자본 〉 자본금

| 차) 보통예금 | 50,000,000원 | 대) 자본금 | 50,000,000원 |

❹ 외상매출금 1,000,000원을 현금으로 회수하다.

- 재무상태표 〉 자산 〉 유동자산 〉 당좌자산 〉 매출채권 〉 외상매출금

| 차) 현금 | 1,000,000원 | 대) 외상매출금 | 1,000,000원 |

❺ 화물차를 5,000,000원에 매각하고 현금으로 받다.

- 재무상태표 〉 자산 〉 고정자산 〉 유형자산 〉 차량운반구

| 차) 현금 | 5,000,000원 | 대) 차량운반구 | 5,000,000원 |

❻ 상품판매 계약금으로 6,000,000원을 현금으로 받다.

- 재무상태표 〉 부채 〉 유동부채 〉 선수금

| 차) 현금 | 6,000,000원 | 대) 선수금 | 6,000,000원 |

② 출금전표의 분개

(1) 출금전표의 발생

회사에서 현금을 출금하는 경우 대부분이 출금전표이다. 이는 매출 등의 입금자금이 매입이나 각종 비용지출로 분산되어 지출되기 때문에 출금전표가 기업에서 발생하는 전표 대부분을 차지한다.

출금의 경우를 대분류하면 다음의 세 가지이다.

① 부채를 상환하는 경우

② 각종 비용을 지급하는 경우

③ 자산을 구매하는 경우

복식부기 틀에서 출금전표를 설명하면 다음과 같다.

차　　　　변	대　　　　변
현　　금　(－)	❶❷　　부　　채　(－)
자　　산(＋)	자　　본
비　　용(＋)	수　　익
(합　　계)	(합　　계)

(2) 출금전표의 분개형태

출금에 대한 분개형태는 다음과 같다.

출금거래	복식부기의 변동	분　　개
1. 외상매입금의 지급	차)부채감소　대)현금(자산)감소	차)외상매입×× 대)현금××
2. 차입금의 상환	차)부채감소　대)현금(자산)감소	차)차 입 금×× 대)현 금××
3. 접대비의 지급	차)비용증가　대)현금(자산)감소	차)접 대 비×× 대)현 금××
4. 이자비용의 지급	차)비용증가　대)현금(자산)감소	차)이자비용×× 대)현 금××
5. 화재손실의 발생	차)비용증가　대)현금(자산)감소	차)재해손실×× 대)현 금××
6. 비품의 구매	차)자산증가　대)현금(자산)감소	차)비　품 ×× 대)현 금××

(3) 출금전표의 분개사례

출금전표의 분개형태를 분개사례로 예시하면 다음과 같다.

❶ 용산상회의 외상매입금 500,000원 지급하다.
- 재무상태표 〉 부채 〉 유동부채 〉 외상매입금

차) 외상매입금	500,000원	대) 현금	500,000원

❷ 서울은행에서 차입한 단기차입금 1,000,000원 상환하다.
- 재무상태표 〉 부채 〉 유동부채 〉 단기차입금

차) 단기차입금	1,000,000원	대) 현금	1,000,000원

❸ 접대비 1,000,000원 지급하다.
- 손익계산서 〉 판매관리비 〉 접대비

차) 접대비	1,000,000원	대) 현금	1,000,000원

❹ 서울은행 단기차입금의 이자비용 1,000,000원 지급하다.
- 손익계산서 〉 영업외비용 〉 이자비용

차) 이자비용	1,000,000원	대) 현금	1,000,000원

❺ 화재로 상품손실이 1,000,000원 발생하다.
- 손익계산서 〉 특별손실 〉 재해손실

차) 재해손실	1,000,000원	대) 현금	1,000,000원

❻ 사무용 책상 500,000원 주고 구매하다.
- 재무상태표 〉 자산 〉 고정자산 〉 유형자산 〉 비품

차) 비품	500,000원	대) 현금	500,000원

③ 대체전표의 분개

(1) 대체전표의 발생

대체전표는 회계단위(기업)에 현금의 유출입이 없으면서 자산·부채·수익·비용의 변동에 영향을 미치는 거래를 말한다. 현금 유출입이 없으므로 가시적으로 보이지는 않지만, 입·출금전표와 비교하면 경우의 수가 더 다양하고 복잡하므로 복식부기에 숙련된 사람이 아니면 거래의 형태를 파악하기가 쉽지 않다.

대체거래가 발생하는 경우는 다음과 같이 크게 네 가지로 분류된다.

    ① 자산증가 / 수익증가

    ② 자산증가 / 부채증가

    ③ 비용증가 / 부채증가

    ④ 자산·부채·수익·비용 내에서 이동

〈 대체전표 발생유형 〉

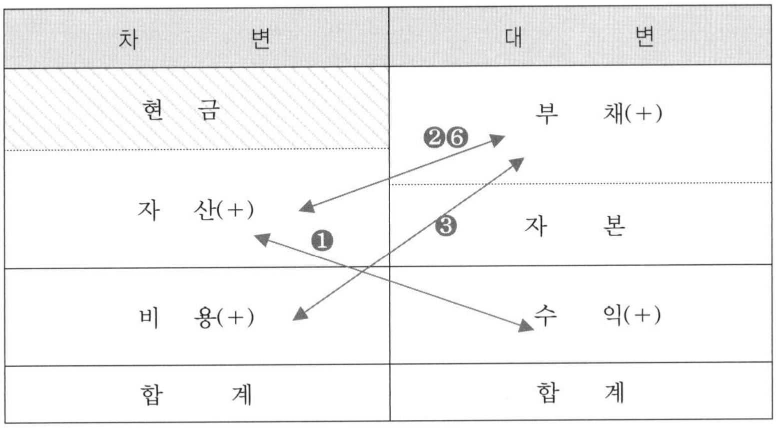

차　　변	대　　변
현　금	부　　채(+)
자　산(+)	자　본
비　용(+)	수　익(+)
합　　계	합　　계

대체전표는 좀 까다로운 것이

첫째는 대체전표를 발생시켜야 하는(인식해야 하는) 시점을 정확히 알 수 없고,

둘째는 대체전표에 해당 여부를 판단하기가 쉽지 않다.

대체전표의 발생시기나 해당 여부는 일률적으로 규정할 수 없지만, 이론적으로 복식부기 구성요소인 자산·부채·수익·비용에 영향을 미치는 때이다.

실무적으로는 기업에서 일어나는 경제적 사건이 자산·부채·수익·비용에 영향을 미쳐 그 영향이 화폐단위에 의한 측정이 가능한 때는 대체전표를 발생시켜야 하며 그러한 실무적 시점은 다음과 같다.

❋ 대체전표 발생의 실무적 시점

① 거래처에서 대금의 청구가 있는 경우

② 원시증빙이 발생한 경우

③ 회사가 타사에 대금의 청구를 한 경우

④ 세금계산서를 발행 또는 받았을 때

⑤ 금전과 관련된 영수증이 발생한 경우

⑥ 장래에 지급해야 할 채무가 확정되었거나 장래에 받을 채무가 확정된 때

⑦ 회사에서 결산을 위해 장부를 정리할 때(결산분개)

(2) 대체전표의 분개형태

대체전표에 대한 경우와 그와 관련된 분개는 다음과 같다.

거래형태	복식부기의 변동	분　개
1. 상품의 외상판매	차)자산증가　대)수익증가	차)외상매출금 ×× 대)매　　출 ××
2. 차입금의 예금	차)자산증가　대)부채증가	차)예　　금 ×× 대)차 입 금 ××
3. 접대비의 청구	차)비용증가　대)부채증가	차)접 대 비 ×× 대)미 지 급 금 ××
4. 자산의 이동(채권의 어음수금)	차)자산증가　대)자산감소	차)받 을 어 음 ×× 대)외상매출금 ××
5. 부채의 이동(어음지급)	차)부채감소　대)부채증가	차)외상매입금 ×× 대)지 급 어 음 ××
6. 차입금의 상환	차)부채감소　대)자산감소	차)차 입 금 ×× 대)예　　금 ××
7. 오류정정	차)비용증가　대)비용감소	차)복리후생비 ×× 대)접 대 비 ××

(3) 대체전표의 분개사례

대체전표에 의한 분개형태를 전표에 기재하면 다음과 같다.

❶ 상품을 외상으로 1,000,000원에 매도하다.

- 재무상태표 〉 자산 〉 유동자산 〉 당좌자산 〉 매출채권 〉 외상매출금
- 손익계산서 〉 매출액 〉 상품매출

차) 외상매출금	1,000,000원	대) 상품매출	1,000,000원

❷ 서울은행에서 단기차입한 10,000,000원이 보통예금에 입금되다.

- 재무상태표 〉 자산 〉 자산 〉 유동자산 〉 당좌자산 〉 현금및현금등가물 〉 보통예금
- 재무상태표 〉 부채 〉 유동부채 〉 단기차입금

차) 보통예금	10,000,000원	대) 단기차입금	10,000,000원

❸ 접대식당에 미지급한 접대비 1,000,000원을 청구하다.

- 손익계산서 〉 판매관리비 〉 접대비
- 재무상태표 〉 부채 〉 유동부채 〉 미지급금

| 차) 접대비 | 1,000,000원 | 대) 미지급금 | 1,000,000원 |

❹ 외상매출금 1,000,000원을 어음으로 받다.

- 재무상태표 〉 유동자산 〉 당좌자산 〉 매출채권 〉 외상매출금
- 재무상태표 〉 유동자산 〉 당좌자산 〉 매출채권 〉 받을어음

| 차) 받을어음 | 1,000,000원 | 대) 외상매출금 | 1,000,000원 |

❺ 외상매입금 5,000,000원을 어음으로 지급하다.

- 재무상태표 〉 부채 〉 유동부채 〉 매입채무 〉 외상매입금
- 재무상태표 〉 부채 〉 유동부채 〉 매입채무 〉 지급어음

| 차) 외상매입금 | 5,000,000원 | 대) 지급어음 | 5,000,000원 |

❻ 단기차입금 1,000,000원을 보통예금에서 이체하여 상환하다.

- 재무상태표 〉 부채 〉 유동부채 〉 단기차입금
- 재무상태표 〉 자산 〉 유동자산 〉 당좌자산 〉 현금및현금등가물 〉 보통예금

| 차) 단기차입금 | 1,000,000원 | 대) 보통예금 | 1,000,000원 |

❼ 접대비로 회계처리 한 200,000원 중에서 100,000원은 복리후생비이다.

- 재무상태표 〉 판매관리비 〉 복리후생비
- 손익계산서 〉 판매관리비 〉 접대비

| 차) 복리후생비 | 1,00,000원 | 대) 접대비 | 1,00,000원 |

Ⅳ. 장부의 작성

1 장부작성의 절차

장부란 경제적 사건인 거래에 따라 발생한 전표들을 회계원리(복식부기)에 따라 각각의 계정
과목별로 정리·기재한 것을 말한다. 따라서 장부는 복식부기원리에 따라 기재하여야 하고 회
사가 필요한 정보를 언제든지 볼 수 있도록 회사특성에 맞게 설계하여야 한다. 일반적으로 회
사가 갖추는 장부형태와 그 활용도는 다음과 같다.

회계가 추구하는 궁극적인 목적은 기업의 일정기간의 경영성과인 당기순이익의 측정이며
또한 회사 재무상태의 측정이다. 이익 측정과 재무상태의 파악이 회계의 궁극적인 목표이다.
이러한 회계적인 작업은 전표의 작성에서 출발한다.

〈 장부작성의 기본 틀 〉

차 변	대 변
현 금	부 채
자 산	자 본
비 용	수 익
합 계	합 계

결국, 전표를 작성하여 장부를 작성하는 것도 전표상의 각 계정과목의 금액을 복식부기 틀
에서 발생한 순서대로 계정과목별로 집계한 것을 날짜별로 장부에 펼쳐 놓은 것에 불과하며
이것을 복식부기 틀에서 집계하면 자산·부채·자본이 파악되므로 특정시점에서 기업의 재무적
상황을 나타내는 재무상태표가 되며 수익과 비용은 일정기간의 경영성과를 나타내므로 손익
계산서가 되는 것이다.

따라서 복식부기는 단순 반복된 전표상의 계정과목별로 금액을 집계하고 분류하여 이용자
가 원하는 수준의 회계적 정보를 제공해 주므로 단순 반복적이어서 기업의 장부시스템의 전

산화가 쉽다.

　결국, 장부라고 하는 것도 앞 표의 장부기재 기본 틀(복식부기 틀)에 전표를 차변·대변 계정과목별로 한 회계기간 동안 집계하면 손익계산서·재무상태표가 작성되는 것이며 날짜별로 펼쳐 놓으면 장부가 되는 것이다.

　이러한 과정을 쉽게 하려고 전표 → 분개장 → 일계표 → 원장 → 총계정원장의 작성순서를 따르는 것이다.

② 분개장의 작성

분개장은 모든 거래를 분개 형식에 의해 전표발생순서대로 기재하여 나가는 것이다.

　분개란 　차) 현금　×××　　　대) 매출　×××　　형식으로 차변과 대변을 같은 금액으로 거래의 이중적 성격(양면적 형태)을 동시에 표현하는 것을 분개라 한다. 분개장을 작성하는 이유는 다음과 같다.

① 거래의 발생내용 또는 전표내용을 쉽게 찾을 수 있다.

② 일계표를 작성하는 경우 그날의 모든 전표를 뒤져보지 않고 분개장에 의해 쉽게 합산할 수 있다.

③ 업무의 전산화는 분개장을 출력하여 입력전표와 대조하여 입력 오류를 쉽게 찾을 수 있다.

분개장은 회사가 비치해야 할 필수적인 장부는 아니다. 그러나 상기와 같은 이유로 업무전산화가 되었더라도 분개장은 작성된다.

❋ 분개장의 형식

전표번호	차 변		대 변	
	금 액	계정과목	계정과목	금 액
		분 개 장		
4-1	16,500	차 량 유 지 비	현　　　　　금	16,500
4-2	272,250	외 상 매 입 금	현　　　　　금	272,250
4-3	5,150	부 가 세 대 급 금		
4-3	51,500	상　　　　　품	현　　　　　금	56,650
4-4	396,000	외 상 매 출 금	부 가 세 예 수 금	36,000
4-4			상 　품 　매 　출	360,000
4-5	31,640	미 지 급 금	현　　　　　금	31,640
4-6	114,730	현　　　　　금	외 상 매 출 금	114,730
4-7	39,000	받 을 어 음	외 상 매 출 금	39,000
4-8	6,500	복 리 후 생 비	현　　　　　금	6,500
4-9	150,000	상　　　　　품	외 상 매 입 금	165,000
4-9	15,000	부 가 세 대 급 금		
4-10	100,000	외 상 매 입 금	지 급 어 음	100,000
4-11	50,000	비　　　　　품	현　　　　　금	50,000
4-12	10,000	접 　대 　비	미 지 급 금	10,000
4-13	300,000	현　　　　　금	장 기 차 입 금	300,000
4-14	10,000	미 지 급 금	현　　　　　금	10,000
4-15	20,000	현　　　　　금	받 을 어 음	20,000
4-16	10,000	세 금 과 공 과	현　　　　　금	10,000
4-17	10,000	소 모 품 비	현　　　　　금	10,000

(주)코페 20×1년 12월 31일

③ 일계표의 작성

　장부란 경영성과와 재무상태를 측정하는 것이 목적이므로 이는 기업에서 발생하는 모든 거래에 대해 경리 상의 측정 가능한 거래로 압축하여 이러한 데이터를 전표라는 양식에 분개형태로 표준화하고 또 이 전표데이타는 효율적 활용을 위해 분개장에 기재되며 분개장에 기재된 정보는 좀 더 완축되어 데이터 통제의 효율화를 위해 일계표에 집계된다.

　즉 장부를 작성해 나가는 과정은 데이터를 정리하고 합산하고 압축하여 유형별로 분류하고 집계해 나가는 과정이다. 일계표는 그 과정 중에서 분개장 작성 후 작성하는 것으로 각각의 계정별로 그날에 발생한 동일계정과목의 모든 금액을 집계한 표이다.

● 일계표의 형식

일 계 표

회사명 : (주)코페   20×1년 4월 4일

차 변			계 정 과 목	대 변		
계	대 체	현 금		현 금	대 체	계
396,000	396,000		외 상 매 출 금	114,730	39,000	153,730
39,000	39,000		받 을 어 음	20,000		20,000
20,150	15,000	5,150	부 가 세 대 급 금			
201,500	150,000	51,500	상 품			
50,000		50,000	비 품			
372,250	100,000	272,250	외 상 매 입 금		165,000	165,000
			지 급 어 음		100,000	100,000
41,640		41,640	미 지 급 금		10,000	10,000
			부 가 세 예 수 금		36,000	36,000
			장 기 차 입 금	300,000		300,000
			〈 매 출 〉		360,000	360,000
			상 품 매 출		360,000	360,000
53,000	10,000	43,000	〈 판 매 관 리 비 〉			
6,500		6,500	복 리 후 생 비			
10,000	10,000		접 대 비			
10,000		10,000	세 금 과 공 과 금			
16,500		16,500	차 량 유 지 비			
10,000		10,000	소 모 품 비			
1,173,540	710,000	463,540	[금 일 소 계]	434,730	710,000	1,144,730
−28,810		−28,810	[금 일 잔 고 / 전 일 잔 고]			
1,144,730	710,000	434,730	[합 계]	434,730	710,000	1,144,730

　　일계표는 그날에 발생한 모든 거래의 계정과목별 집계이므로 일계표를 보면 그날의 거래상황을 한눈에 알 수 있다. 또한, 일계표는 다른 장부를 통제하는 기능을 가진다. 즉각 계정별 원장에서 당일의 매출이나 비용 등의 합계금액은 일계표의 계정금액과 일치해야 하기 때문이다. 그러나 일계표는 회계상의 필수적인 장부는 아니다.

　　다만, 회사가 기장의 통제나 편의성을 위해 작성할 뿐이며, 기업의 규모가 작고 유능한 경리자라면 일계표 없이도 장부를 작성할 수 있을 것이다. 그러나 회사에서 일계에 대한 정보가 필수적이라면 당연히 일계표를 작성하여야 한다. 대부분의 전산화된 회계시스템에서는 일계표는 필수적으로 출력된다.

④ 총계정원장의 작성

　총계정원장은 일계표에 기재된 계정과목별 일별 합계금액을 장부상에서 통제하는 장부이므로 필수적인 장부이다. 보조부나 원장이나 회사가 비치하는 경리 상의 모든 장부는 총계정원장 상의 금액을 전표별로 풀어서 기재한 것이다.

　총계정 원장은 원장이나 여타장부를 통제함과 아울러 총계정원장은 계정과목별 일자별 집계금액뿐만 아니라 월별금액, 누계금액을 요약해서 표시해 주므로 회계의 목적인 경영성과(당기순익)나 재무상태(재무상태표)를 회계의 목적에 가장 가깝게 나타내 준다. 따라서 총계정원장은 경리업무 상의 필수적인 장부이다.

총 계 정 원 장

(주)코페　　　　　　　　　　　　　　　　　　　　　　　　　(외상매출금총계정원장)

월	일	적　요	차　변	대　변	잔　액	비　고
		(전월이월)	14,300,000	12,450,000	1,850,000	
3	1	일계표에서 이기	3,501,000	1,230,000	4,121,000	
	2	〃	1,549,300	594,200	5,076,100	
	3	〃	3,410,000	3,210,000	5,276,100	
	5	〃	1,123,000	2,450,000	3,949,100	
	6	〃	1,590,000	1,240,000	4,299,100	
	8	〃	4,000,000	3,500,000	4,799,100	
	10	〃	3,100,000	2,500,000	5,399,100	
	·	·	·	·	·	
	·	·	·	·	·	
	·	·	·	·	·	
	28	일계표에서 이기	2,300,000	1,900,000	5,799,100	
	29	〃	1,200,000	1,000,000	5,999,000	
	30	〃	1,450,000	3,000,000	4,449,100	
	31	〃	3,210,000	2,900,000	4,759,100	
월계			26,433,300	23,524,200	2,909,100	
누계			40,733,300	35,974,200	4,759,100	

5 원장의 작성

　원장은 총계정원장의 통제하에 각각의 계정과목별로 거래 즉 전표가 발생한 순서대로 전표의 요약 내용이 기재되는 장부이다. 총계정원장을 보면 계정과목별 당일의 집계 내용만 알 수 있으나 원장에서는 그날 당일의 전표별로 기록되어 있으므로 계정과목별 전표내용을 보려면 원장을 본다.

　따라서 장부란 분개장에서 일계표, 총계장원장, 원장을 총칭하는 말로 사용되나 엄밀한 의미에서 회사의 거래내역을 직접적으로 요약해서 볼 수 있는 장부는 원장이다. 원장에서는 회사에서 발생한 모든 거래가 요약되어 기재되어 있는 것이다. 그리고 원장을 보고서 그 거래내용의 더 세부적인 사항을 원한다면 증빙이 붙여진 전표를 찾아보면 거래의 내용을 전부 알 수 있다.

　이러한 원장은 계정과목별 당일의 집계금액이 총계정원장의 계정별 당일금액과 일치하면 전표가 누락되지 않고 장부에 전부 이기 되었음을 알 수 있으며 이 금액은 또한 일계표의 계정과목금액과 일치한다. 그리고 원장의 월계금액이나 누계금액은 총계정원장의 계정별 월계금액이나 누계금액과도 일치한다. 따라서 원장은 경리 상의 필수적인 장부이다.

<table>
<tr><td colspan="7" align="center">외상매출금 원장</td></tr>
<tr><td colspan="7">(주)코페</td></tr>
<tr><td>월</td><td>일</td><td>적　　　요</td><td>차　변</td><td>대　변</td><td>잔　액</td><td>비고</td></tr>
<tr><td></td><td></td><td>(전월이월)</td><td>12,459,630</td><td>9,187,130</td><td>3,272,500</td><td></td></tr>
<tr><td>3</td><td>7</td><td>586PC(주)흥성산업</td><td>2,706,000</td><td></td><td>5,978,500</td><td></td></tr>
<tr><td></td><td>7</td><td>잉크젯 신우설계</td><td>3,410,000</td><td></td><td>9,388,500</td><td></td></tr>
<tr><td></td><td>7</td><td>프린터 동신제강</td><td>2,850,000</td><td></td><td>12,238,500</td><td></td></tr>
<tr><td></td><td>24</td><td>외상대회수 유토피아</td><td></td><td>1,028,500</td><td>11,210,000</td><td></td></tr>
<tr><td></td><td>26</td><td>〃 세은전자</td><td></td><td>2,244,000</td><td>8,966,000</td><td></td></tr>
<tr><td></td><td>28</td><td>586PC (주) 세아</td><td>1,050,000</td><td></td><td>10,016,000</td><td></td></tr>
<tr><td></td><td>30</td><td>외상대회수
(주)흥성산업</td><td></td><td>1,900,000</td><td>8,116,000</td><td></td></tr>
<tr><td></td><td></td><td>〃　동신제강</td><td></td><td>1,850,000</td><td>6,266,000</td><td></td></tr>
<tr><td></td><td></td><td>〃　신우설계</td><td></td><td>2,400,000</td><td>3,866,000</td><td></td></tr>
<tr><td></td><td></td><td></td><td></td><td></td><td></td><td></td></tr>
<tr><td></td><td></td><td></td><td></td><td></td><td></td><td></td></tr>
<tr><td>월계</td><td></td><td></td><td>10,016,000</td><td>9,422,500</td><td>593,500</td><td></td></tr>
<tr><td>누계</td><td></td><td></td><td>22,475,630</td><td>18,609,630</td><td>3,866,000</td><td></td></tr>
</table>

6 보조부의 작성

보조부는 경리 상의 필수적인 장부는 아니지만, 회사에서 또는 정보이용자에게 필요한 정보를 제공하기 위해 작성한 별도의 장부를 말한다.

외상매출금이나 외상매입금 등은 보조부를 작성하지 않고 외상매출금, 외상매입금 원장에서 관리하면 거래처별로 받을 금액이나 지급할 금액의 변동내용을 알 수가 없다.

따라서 외상매출금의 보조부로 거래처별로 외상매출금의 수수내역을 나타내고 별도의 장부를 관리하므로 이를 외상매출금, 또는 외상매입금 원장의 보조부라 한다.

이러한 보조부는 매출에 대한 상품별 보조부, 어음수표의 수불부 등 회사의 정보이용 요구에 맞게 다양하게 작성할 수 있다.

제품·상품·원재료 등에 대해서도 품목별로 입·출고 수량을 나타내는 장부를 재고수불부라 한다. 재고수불부는 재고자산의 보조부이지만 재고현황 파악을 위해 필수적으로 있어야 하므로 필수적 장부이다. 또한, 각각의 유형자산의 현황을 나타내는 비품대장, 건물대장 등도 유형자산의 보조부이다.

❖ 보조부 작성사례

<table>
<tr><td colspan="6" align="center">외상매출금 거래처 원장</td></tr>
<tr><td colspan="2">거래처명 : 삼화컴퓨터</td><td colspan="4" align="right">기간 : 20×1.3.1~3.31</td></tr>
<tr><td>월/일</td><td>적　　요</td><td>차　변</td><td>대　변</td><td colspan="2">잔　액</td></tr>
<tr><td></td><td>(전월이월)</td><td>7,200,000</td><td></td><td colspan="2">7,200,000</td></tr>
<tr><td>3/7</td><td>소프트웨어</td><td>2,750,000</td><td></td><td colspan="2">9,950,000</td></tr>
<tr><td>3/9</td><td>한글프로그램</td><td>840,000</td><td></td><td colspan="2">10,790,000</td></tr>
<tr><td>3/17</td><td>외상대금 현금회수</td><td></td><td>3,700,000</td><td colspan="2">7,090,000</td></tr>
<tr><td>3/21</td><td>진한글, 고은글</td><td>1,060,000</td><td></td><td colspan="2">8,150,000</td></tr>
<tr><td>3/24</td><td>Digitizer</td><td>900,000</td><td></td><td colspan="2">9,050,000</td></tr>
<tr><td>3/29</td><td>외상대금 어음회수</td><td></td><td>5,000,000</td><td colspan="2">4,050,000</td></tr>
<tr><td>3/30</td><td>소프트웨어</td><td>1,370,000</td><td></td><td colspan="2">5,420,000</td></tr>
<tr><td>3/31</td><td>외상대금회수</td><td></td><td>1,400,000</td><td colspan="2">4,020,000</td></tr>
<tr><td></td><td></td><td></td><td></td><td colspan="2"></td></tr>
<tr><td></td><td></td><td></td><td></td><td colspan="2"></td></tr>
<tr><td>계</td><td></td><td>14,120,000</td><td>10,100,000</td><td colspan="2">4,020,000</td></tr>
</table>

 월계표의 작성

일계표는 당일 발생한 모든 거래의 계정과목별 집계이다. 따라서 일계표는 당일 발생한 거래내용을 가장 요약해서 보여주는 표이다. 당일 발생한 매출, 현금수금액, 비목별 비용지급액 등 자산·부채·수익·비용을 집계해서 보여주며 그러한 계정과목별 상세내용은 보조부나 원장을 본다.

월계표의 이해

그러나 그날그날 일계표가 작성된다는 것은 기업에서 발생한 당일의 모든 거래가 빠짐없이 기록되어 집계표로서의 일계표가 작성되므로 회계정보의 신속성과 이로 말미암은 신속한 경영의사결정에 연결되어 업무의 효율화를 꾀한다. 그러나 일계표를 특정한 달 한 달 치를 합하면 한 달간의 거래명세의 집계가 되는데 이를 월계표라 한다.

월계표는 한 달간의 거래실적을 요약해서 보여주는 표이다. 월계표는 일계표를 한 달간 합산해서 구할 수 있다. 그러나 더 쉽게 구하는 방법은 총계정원장에서 월계금액을 월계표 양식에 옮겨적으면 된다. 총계정원장의 월계는 원장의 월계금액과 당연히 일치한다.

월계표의 형식

월계표는 상단에 자산에 대한 계정과목별 차변과 총계정원장 대변의 합계금액을 그리고 차변에 잔액을 기재하며 다음 부채·자본·수익·비용 순으로 월계금액의 합계액을 기재하고 잔액을 기재한다.

월 계 표

(주)코페 · 20×1년 2월 · (단위 : 원)

차 변		계 정 과 목		대 변		
잔 액	합 계	자 산	합 계			
	합 계	부 채	합 계	잔 액		
	합 계	자 본	합 계	잔 액		
	합 계	수 익	합 계	잔 액		
잔 액	합 계	비 용	합 계			
잔 액	합 계			합 계	잔 액	

월 계 표

(주)코페 · 20×1년 8월 · (단위 : 원)

차변 계	차변 대체	차변 현금	계정과목	대변 현금	대변 대체	대변 계
500,000		500,000	정　기　예　금			
15,087,000		15,087,000	제　　　예　　　금	15,093,278		15,093,278
82,699,823	82,699,823		외　상　매　출　금	116,016,320	17,904,043	133,920,363
9,428,388	9,428,386		받　을　어　음	9,250,548	77,838	9,428,386
59,400,000		59,400,000	상　　　　　품		135,559,600	135,559,600
291,668,548	291,668,548		제　　　　　품		291,668,548	291,668,548
21,493,868		21,493,868	원　　　재　　　료		207,468,185	207,468,185
8,089,950		8,089,950	부　가　세　대　급　금		11,957,523	11,957,523
9,295,000	7,349,500	1,945,500	외　상　매　입　금			
			지　급　어　음		7,349,500	7,349,500
266,140		266,140	예　　　수　　　금	279,860		279,860
11,957,523	11,957,523		부　가　세　예　수　금	132,778	6,747,647	6,880,425
105,250,000		105,250,000	가　　　수　　　금	89,900,000		89,900,000
			〈매　　　　　출〉	1,327,778	67,476,519	68,804,297
			상　품　매　출	1,327,778	13,635,883	14,963,681
			제　품　매　출		22,594,759	22,594,759
			상　품　매　출(잡화)		31,245,877	31,245,877
718,896,696	718,896,696		〈매　출　원　가〉		291,668,548	291,668,548
135,559,600	135,559,600		상　품　매　출　원　가			
291,668,548	291,668,548		제　　　　　조		291,668,548	291,668,548
291,668,548	291,668,548		제　품　매　출　원　가			
207,468,185	207,468,185		〈재　　　료　　　비〉		207,468,185	207,468,185
207,468,185	207,468,185		원　재　료　비		207,468,185	207,468,185
8,954,210		8,954,210	〈노　　　무　　　비〉		80,422,623	80,422,623
7,770,910		7,770,910	임　　　　　금		56,256,073	56,256,073
228,500		228,500	상　　　여　　　금		647,900	647,900
954,800		954,800	잡　　　　　급		23,518,65	23,518,650
204,880		204,880	〈 제　조　경　비 〉		3,777,740	3,777,740
9,000		9,000	복　리　후　생　비		1,204,490	1,204,490
6,000		6,000	여　비　교　통　비		295,300	295,300
			통　　　신　　　비		3,520	3,520
			수　　　선　　　비		28,000	28,000
103,500		103,500	차　량　유　지　비		923,500	923,500
21,700		21,700	운　　　반　　　비		366,750	366,750
64,680		64,680	소　모　품　비		939,230	939,230
			소　모　공　구　비		16,950	16,950
9,958,360		9,958,360	〈 판 매 비 와　관 리 비 〉			
1,770,000		1,770,000	임　원　급　여			
4,634,060		4,634,060	직　원　급　여			
832,830		832,830	상　　　여　　　금			
784,000		784,000	복　리　후　생　비			
42,000		42,000	여　비　교　통　비			
27,350		27,350	통　　　신　　　비			
1,800,000		1,800,000	지　급　임　차　료			
34,000		34,000	차　량　유　지　비			
3,920		3,920	사　무　용　품　비			
5,800		5,800	소　모　품　비			
24,400		24,400	지　급　수　수　료			
772,358	177,838	594,520	〈 영　업　외　비　용 〉			
772,358	177,838	594,520	이　자　비　용			
1,561,390,927	1,329,646,499	231,744,428	[금　월　소　계]	232,000,562	1,329,646,499	1,561,647,061
683,685		683,685	[금 월 잔 고 / 전 월 잔 고]	427,551		427,551
1,562,074,612	1,329,646,499	232,428,113	[합　　　　　계]	232,428,113	1,329,646,499	1,562,074,612

8 합계잔액시산표

합계잔액시산표는 사업개시일부터 일정시점까지의 전표내용의 모든 계정과목별 누계치의 정보를 나타내준다. 따라서 일정시점의 합계잔액시산표는 사업개시일부터 작성시점까지의 전표상의 모든 거래를 빠짐없이 포함한 금액이므로 회사의 재무상태와 경영성과를 나타내주는 재무상태표나 손익계산서 작성의 전 단계 작업이다.

합계잔액시산표와 월계표의 차이점은 월계표는 당월 발생부분만 나타낸 표인데 반해 합계잔액시산표는 개시일부터 일정시점까지의 계정과목별 누계금액을 나타내는 표라는 점이다. 즉 6월 말 합계잔액시산표는 개시자료에서 1월부터 6월 말까지의 모든 거래를 누계한 계정과목별 금액 합산표인데 6월 월계표는 6월분의 거래만 계정과목별 합산한 표이다.

따라서 개시 재무상태표에서 일정시점까지의 모든 전표를 계정과목별로 합산하면 합계잔액시산표이며 일계표를 당월분만 합산하면 월계표이고 개시 재무상태표에 당월분까지의 매 월계표를 합산하면 당월까지의 합계잔액시산표가 된다.

합계잔액시산표의 작성요령은 월계표 작성요령에 따르면 된다.

합계잔액시산표는 합계잔액시산표 양식에 총계정원장의 차변과 대변의 누계금액을 옮겨적으면 된다.

⊕ 합계잔액시산표 사례

합계잔액시산표
20×1년 8월

회사명 : (주)코페 (단위 : 원)

차 변 잔 액	차 변 합 계	계 정 과 목	대 변 합 계	대 변 잔 액
683,685	1,411,359,355	현　　금　　예　　금	1,410,675,670	
13,990,211	15,905,211	정　　기　　적　　금	1,915,000	
13,051	156,318,067	제　　　예　　　금	156,305,016	
60,000	60,000	유　　가　　증　　권		
82,699,823	767,774,745	외　상　매　출　금	685,074,922	
	86,318,099	받　　을　　어　　음	86,318,099	
	325,620	미　　　수　　　금	325,620	
107,828,161	243,387,761	상　　　　　품	135,559,600	
	291,668,548	제　　　　　품	291,668,548	
30,000,000	237,468,185	원　　　재　　　료	207,468,185	
	41,668,854	부　가　세　대　급　금	41,668,854	
42,760	42,760	선　　납　　세　　금		
1,251,600	1,251,600	전　신　전　화　가　입　권		
5,000,000	8,000,000	임　차　보　증　금	3,000,000	
9,780,273	9,780,273	비　　　　　품		
1,945,500	1,945,500	시　　설　　장　　치		
	106,829,664	외　상　매　입　금	106,829,664	
	3,655,800	지　　급　　어　　음	11,005,300	7,349,500
	501,620	미　　지　　급　　금	891,620	390,000
	2,410,690	예　　　수　　　금	2,690,550	279,860
	56,666,577	부　가　세　예　수　금	59,814,937	3,148,360
	584,380,000	가　　　수　　　금	713,618,987	129,238,987
	50,000,000	장　기　차　입　금	150,000,000	100,000,000

차 변		계 정 과 목	대 변	
잔 액	합 계		합 계	잔 액
		자 본 금	60,000,000	60,000,000
77,198,535	77,198,535	이 월 결 손 금		
		〈매 출〉	541,138,108	541,138,108
		상 품 매 출	155,146,773	155,146,773
		제 품 매 출	304,922,691	304,922,691
		상 품 매 출(잡화)	80,577,731	80,577,731
		소 매 매 출	490,913	490,913
427,228,148	427,228,148	〈매 출 원 가〉		
135,559,600	135,559,600	상 품 매 출 원 가		
	291,668,548	제 조	291,668,548	
291,668,548	291,668,548	제 품 매 출 원 가		
	207,468,185	〈재 료 비〉	207,468,185	
	207,468,185	원 재 료 비	207,468,185	
	80,422,623	〈노 무 비〉	80,422,623	
	56,256,073	임 금	56,256,073	
	647,900	상 여 급	647,900	
	23,518,650	잡 급	23,518,650	
	3,777,740	〈 제 조 경 비 〉	3,777,740	
	1,204,490	복 리 후 생 비	1,204,490	
	295,300	여 비 교 통 비	295,300	
	3,520	통 신 비	3,520	
	28,000	수 선 비	28,000	
	923,500	차 량 유 지 비	923,500	
	366,750	운 반 비	366,750	
	939,230	소 모 품 비	939,230	
	16,950	소 모 공 구 비	16,950	
73,964,904	73,964,904	〈 판 매 비 와 관 리 비 〉		
18,816,000	18,816,000	임 원 급 여		
37,249,583	37,249,583	직 원 급 여		
1,617,730	1,617,730	상 여 금		
700,000	700,000	퇴 직 금		
2,253,280	2,253,280	복 리 후 생 비		
887,251	887,251	여 비 교 통 비		
797,700	797,700	접 대 비		
2,062,600	2,062,600	통 신 비		
404,810	404,810	수 도 광 열 비		
41,000	41,000	세 금 과 공 과 금		
5,785,000	5,785,000	지 급 임 차 료		
25,100	25,100	수 선 비		
452,400	452,400	차 량 유 지 비		
698,500	698,500	운 반 비		
194,150	194,150	도 서 인 쇄 비		
267,790	267,790	사 무 용 품 비		
192,790	192,790	소 모 품 비		
1,093,120	1,093,120	지 급 수 수 료		
426,100	426,100	광 고 선 전 비		
		〈 영 업 외 수 익 〉	216,807	216,807
		이 자 수 익	216,784	216,784
		잡 이 익	23	23
10,074,971	10,074,971	〈 영 업 외 비 용 〉		
9,973,187	9,973,187	이 자 비 용		
101,784	101,784	잡 손 실		
841,761,622	5,249,522,583	[합 계]	5,249,522,583	841,761,622

⑨ 장부작성의 유의사항

장부를 작성할 때 전표를 보고 그 내용을 간략하게 요점만 기재한다. 전표의 내용을 옮겨적음에서 적요의 난이나 칸이 제한되어 있으므로(전산화는 더 제한됨) 기재상의 다음의 요령에 따라 기재하면 되겠다.

① 장부의 월일은 전표상의 날짜를 기재한다.

② 장부상의 적요는 전표상의 적요를 적되 해당 계정의 장부에는 상대 계정과 관련된 적요를 기재한다. 따라서 적요만 보면 상대 계정이 무엇인지 알 수 있게 적는 것이 좋다.

③ 거래처가 관련된 적요 ⇨ 거래처 기재

　　1. 매출과 관련된 적요 ⇨ 매출의 내용, 상품의 종류, 제품종류

　　2. 어음수표와 관련된 적요 ⇨ 거래처, 어음수표번호

　　3. 예금, 차입금 지급, 이자수익 적요 ⇨ 해당 금융기관 계산내용

　　4. 자산 취득과 관련된 적요 ⇨ 자산의 종류(계정과목, 거래처)

　　5. 비용의 지급과 관련된 적요 ⇨ 비용의 종류(계정과목, 거래처), 계산근거

④ 전표에 일련번호가 기재되어 있다면 장부에도 전표번호를 기재하는 것이 향후 전표를 찾을시 도움이 된다.

⑤ 전표는 날짜순으로 철하되 같은 날짜에는 입금, 출금, 대체전표 순으로 철하는 것이 찾을 때 유리하다. 그리고 전산 입력 시에 편리하다.

⑥ 장부의 잔액란은 하루에 기재건이 여러 건이면 마지막에 한 번만 적는다.

⑦ 장부에는 페이지가 인쇄되어 있으므로 잘못 기재하였을 때 적색으로 전체를 대각선으로 지우고 도장을 찍는다. 한 줄 오류 시에도 적색으로 2줄로 지우고 도장을 찍고 가능한 수정액으로 수정하지 않는 것이 좋다.

⑧ 장부는 연필로 쓰면 변조 가능성이 있으므로 볼펜이나 잉크로 작성한다.

⑨ 장부의 한 건 한 건이나 당일의 기재사항에 대해 기재자와 장부결재 전결권자의 결재를 받는 것이 좋은 장부다.

⑩ 장부의 마감

장부의 마감이란 일정기간(1개월 또는 1년) 장부에 동 기간 발생한 전표를 기록한 후 정해진 기간이 지나면 당해 기간의 금액을 합산하여 월계와 누계금액을 기재하여 그 기간의 금액을 확정 짓는 절차를 말한다.

장부가 마감되면 동 기간의 전표가 빠졌어도 더는 기록할 수가 없기 때문이다. 빠진 전표가

있다면 다른 기간에 기재하여야 한다.

현 금 출 납 부

월/일	적 요	입 금	출 금	잔 금
전월이월				10
2 / 1	보통예금인출	100		110
2	사무비지출		50	60
·	·			·
·	·			·
28	예금인출	500		560
월 계		600	50	550
누 계		1,000	440	560

상기와 같이 2월 장부를 마감하면 비록 어떤 전표가 빠졌더라도 2월 장부에는 더는 기록할 수가 없다. 따라서 빠진 전표는 현재 장부를 하는 달에 삽입해야 한다. 그러나 업무의 전산화로 빠진 전표를 쉽게 추가할 수 있다.

특히 전산화된 회계시스템 하에서는 전표입력이 항시 가능하므로 마감된 후에는 승인된 전표만이 입력될 수 있도록 마감된 후는 전표추가에 대해 철저한 통제가 필요하다.

⑪ 전산시스템의 회계처리 절차

전산시스템의 장부 전산화는 거래발생에서 전표부터 재무제표가 생성되는 과정이 가시적으로 보이지 않으므로 경리 흐름을 추적할 수가 없다. 따라서 경리의 흐름을 쉽게 이해할 수가 없으므로 결과(Out-Put)에 대해 오류나 만족스럽지 못할 때 수기장부 시보다 더 명확한 복식부기의 이해와 기본적인 전산화에 대한 이해가 필요하다.

일반적으로 회계업무의 전산화는 전표 또는 원시 증빙에 대해 계정과목별 코드번호를 부여하여 코드번호별로 데이터를 복식부기 원리에 맞게 가공하여 결과를 출력하는 것이다. 따라서 출력결과를 보고 전표나 증빙에 입력 오류가 발견되면 입력 오류를 수정입력하여 수정결과를 얻을 수 있다. 그러므로 경리전산화에 의해 원시작성의 입력물 및 결과 (출력물)의 이해능력이 더 많이 요구된다.

〈전산시스템의 회계처리 절차〉

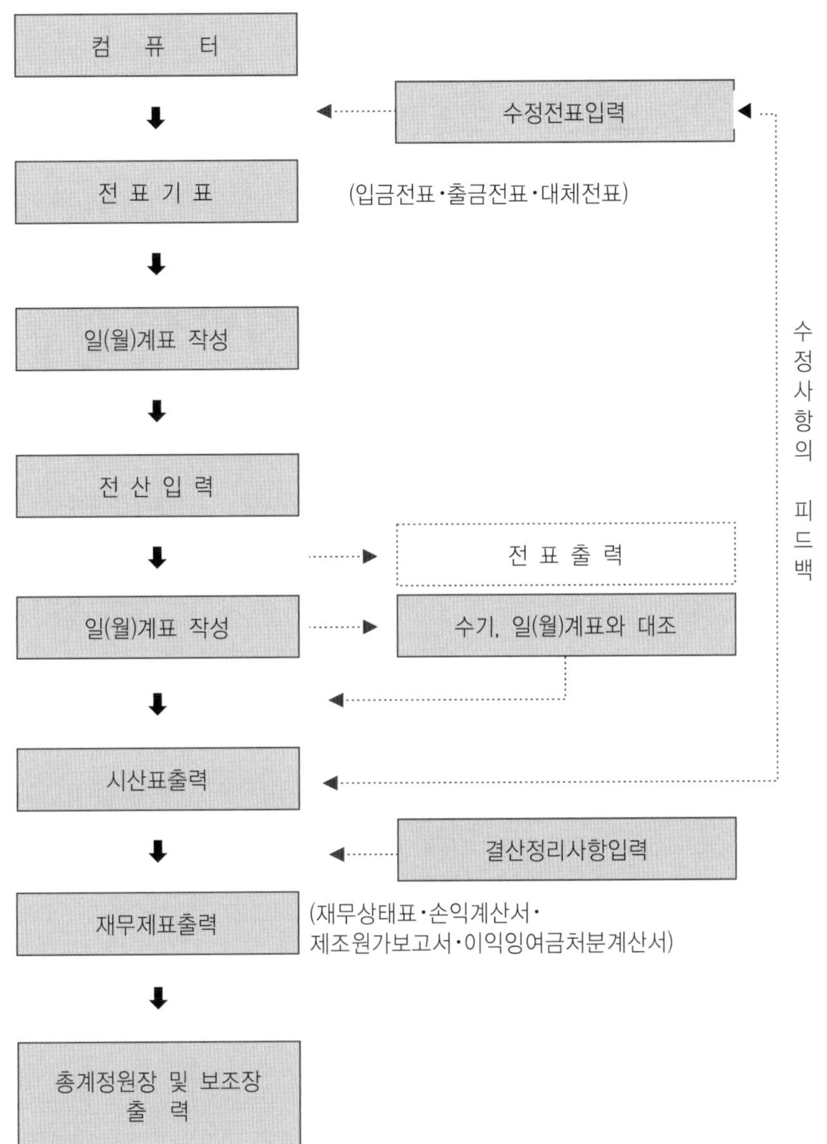

컴 퓨 터
수정전표입력
전 표 기 표
(입금전표·출금전표·대체전표)
일(월)계표 작성
전 산 입 력
전 표 출 력
일(월)계표 작성
수기, 일(월)계표와 대조
수정사항의 피드백
시산표출력
결산정리사항입력
재무제표출력
(재무상태표·손익계산서·
제조원가보고서·이익잉여금처분계산서)
총계정원장 및 보조장
출 력

3장
재무상태표의 이해

Ⅰ. 재무제표의 이해

　재무상태표는 일정 시점 현재 기업이 보유하고 있는 경제적 자원인 자산과 경제적 의무인 부채, 그리고 자본에 대한 정보를 제공하는 재무보고서로서, 정보이용자들이 기업의 유동성, 재무적 탄력성, 수익성과 위험 등을 평가하는데 유용한 정보를 제공한다.

　재무상태표는 회사의 일정 기간에 기록한 장부의 결과로서 작성하는 재무제표 중의 하나로 회사의 일정시점의 자산과 부채 및 자본의 상태, 즉 재무상태를 나타내는 표이다.

　예를 들면 현재 회사가 일정시점(STOCK)에서 소유하고 있는 총재산이 100원인데 이것은 그 구성을 보면 빌려 온 돈(부채)이 30원이고 출자한 자본이 70원이라는 뜻이다. 일정시점(STOCK) 개념은 우리가 현재 저축이 얼마다 하면 이것은 주식개념이며 내 연봉이 얼마이다. 혹은 내가 1년에 얼마 저축한다 하면 이것은 기간개념(FLOW)의 의미를 포함하는 것이다. 즉 재무상태표는 시점(STOCK)개념이다.

　그리고 부채구성비율이 높을수록 위험한 회사이고 부채구성비가 낮을수록 안전한 회사인데 전자를 재무구조가 부실하다고 하고 후자를 재무구조가 건실하다고 한다.

재 무 상 태 표
20×1년 12월 31일 현재

(주)코페　　　　　　　　　　　　　　　　　　　　　　　　　　　　　(단위 : 원)

자　　　　산	100	부　　　　채	30
		자　　　　본	70
자 산 총 계	100	부 채 · 자본 총계	100

▲　　　　　(항상　일치　함)　　　　　▲

Ⅱ. 재무제표의 구성

(1) 재무상태표의 구성

재무상태표는 자산, 부채, 자본으로 다음과 같이 구성한다.

① 자산은 유동자산과 비유동자산으로 구분한다. 유동자산은 당좌자산과 재고자산으로 구분하고, 비유동자산은 투자자산, 유형자산, 무형자산, 기타유동자산으로 구분한다.

② 부채는 유동부채와 비유동부채로 구분한다.

③ 자본은 자본금, 자본잉여금, 자본조정, 기타포괄손익누계액 및 이익잉여금(또는 결손금)으로 구분한다.

④ 자산과 부채는 유동성이 큰 항목부터 배열하는 것을 원칙으로 한다.

(2) 재무상태표의 표시

◉ 명시

① 기업의 명칭

② 작성연월일

③ 보고서 명칭 : 재무상태표(표제)

◉ 항목구분

① 자산 항목은 왼쪽(차변)

② 부채와 자본 항목은 오른쪽(대변)

③ 차변과 대변은 항상 일치하여야 한다.

◉ 자산의 구분

다음과 같은 자산은 유동자산으로 구분한다.

① 사용의 제한이 없는 현금 및 현금성자산

② 기업의 정상적인 영업주기 내에 실현될 것으로 예상하거나 판매목적 또는 소비목적으로 보유하고 있는 자산

③ 단기매매 목적으로 보유하고 있는 자산

④ ①내지 ③외의 재무상태표로부터 1년 이내에 현금화 또는 실현될 것으로 예상하는 자산

◉ 부채의 구분

다음과 같은 부채는 유동부채로 구분한다.

① 기업의 정상적인 영업주기 내에 상환 등을 통하여 소멸할 것이 예상되는 매입채무와 미

지급비용 등의 부채

② 재무상태표로부터 1년 이내에 상환하여야 하는 단기차입금 등의 부채

◉ 항목구분과 통합표시

자산, 부채, 자본 중 중요한 항목은 재무상태표 본문에 별도 항목으로 구분하여 표시한다. 중요하지 않은 항목은 성격 또는 기능이 유사한 항목에 통합하여 표시할 수 있으며, 통합할 적절한 항목이 없는 경우에는 기타항목으로 통합할 수 있다. 이 경우 세부 내용은 주석으로 기재한다.

◉ 자산과 부채의 총액표시

자산과 부채는 원칙적으로 상계하여 표시하지 않는다. 다만, 이 기준서 외에 다른 기업회계 기준에서 요구하거나 허용하는 경우에는 예외로 한다.

Ⅲ. 재무제표의 검토

(1) 예제

다음의 재무상태표를 보면 (주)코페는 20×1년 1월 1일 재무상태표는 차입금 5,000,000원과 자본금 6,000,000원으로 자금을 조달하여 현재 자산구성이 현금 1,000,000원과 토지 10,000,000원이라는 의미이다.

<table>
<tr><td colspan="5" align="center">재 무 상 태 표
20×1년 1월 1일 현재</td></tr>
<tr><td>(주)코페</td><td></td><td></td><td></td><td align="right">(단위 : 원)</td></tr>
<tr><td colspan="2" align="center">자　　　산</td><td></td><td colspan="2" align="center">부채와 자본</td></tr>
<tr><td>현　　　　금</td><td align="right">1,000,000</td><td></td><td>차　입　금</td><td align="right">5,000,000</td></tr>
<tr><td>토　　　　지</td><td align="right">10,000,000</td><td></td><td>자　본　금</td><td align="right">6,000,000</td></tr>
<tr><td>자 산 총 계</td><td align="right">11,000,000</td><td></td><td>부채 · 자본총계</td><td align="right">11,000,000</td></tr>
</table>

그런데 20×1년 1월 1일부터 20×1년 12월 31일까지 사업을 하고 12월 31일 현재 시점에서 결산을 해보니까 자산이 현금 2,000,000원, 토지 10,000,000원인데 12월 31일 현재 차입금 5,000,000원과 자본금 6,000,000원을 제외하고 1,000,000원이 남으므로 이 금액이 한 결산기간 (1월 1일부터 12월 31까지)에 벌어들인 당기순이익이다.

<table>
<tr><th colspan="5" align="center">재 무 상 태 표
20×1년 12월 31일 현재</th></tr>
<tr><td>(주)코페</td><td></td><td></td><td></td><td align="right">(단위 : 원)</td></tr>
<tr><td colspan="2" align="center">자　　산</td><td colspan="3" align="center">부채와 자본</td></tr>
<tr><td>현　　　금</td><td align="right">2,000,000</td><td>차　입　금</td><td></td><td align="right">5,000,000</td></tr>
<tr><td>토　　　지</td><td align="right">10,000,000</td><td>자　본　금
당 기 순 이 익</td><td></td><td align="right">6,000,000
1,000,000</td></tr>
<tr><td>자 산 총 계</td><td align="right">12,000,000</td><td>부채 · 자본총계</td><td></td><td align="right">12,000,000</td></tr>
</table>

(2) 재무상태표의 등식

　재무상태표에서 자본금은 사업개시 시점에서 출자한 금액을 말하며 자본은 자산총계에서 부채를 뺀 금액을 자본이라 한다. 그러면 다음 등식이 성립됨을 알 수 있다.

- 기초자산 ＝ 부채＋자본
- 기말자산 ＝ 부채＋기초자본＋당기순이익
- 자산총계 ＝ 부채＋기말자본
- 기말자본 ＝ 기초자본＋당기순이익

(3) 계정식과 보고식

위의 등식을 이용하여 재무상태표 양식은 계정식과 보고식으로 다음과 같다.

<table>
<tr><th colspan="4" align="center">재무상태표 (계정식)
20×1년 12월 31일 현재</th></tr>
<tr><td>동양주식회사</td><td></td><td></td><td align="right">(단위 : 원)</td></tr>
<tr><td align="center">자　　산</td><td align="center">금　　액</td><td align="center">부채 및 자본</td><td align="center">금　　액</td></tr>
<tr><td>현　　　금</td><td align="right">6,800,000</td><td>차　입　금</td><td align="right">6,000,000</td></tr>
<tr><td>당 좌 예 금</td><td align="right">17,800,000</td><td>자　본　금</td><td align="right">20,000,000</td></tr>
<tr><td>대　여　금</td><td align="right">4,000,000</td><td>당 기 순 이 익</td><td align="right">2,600,000</td></tr>
<tr><td>자 산 총 계</td><td align="right">28,600,000</td><td>부채 및 자본총계</td><td align="right">28,600,000</td></tr>
</table>

재무상태표 (보고식)
20×1년 12월 31일 현재

동양주식회사 (단위 : 원)

〈자　　　　산〉	
현　　　　　　금	6,800,000
당　좌　예　금	17,800,000
대　　여　　금	4,000,000
자　산　총　계	28,600,000
〈부 채 및 자 본 〉	
차　　입　　금	6,000,000
자　　본　　금	20,000,000
당 기 순 이 익	2,600,000
부 채 및 자 본 총 계	28,600,000

　상기 표에서 기말의 재무상태표에서 기말자본액(22,600,000)은 기말자본금(20,000,000)과 당기순이익(2,600,000)을 구분 표시하고 있다.

　이것은 기초의 자본금액(출자액)을 명백히 밝힘으로써 회계기간 중의 기업의 경영성적을 표시하기 위한 것이다. 이처럼 표시된 당기순이익은 어떤 자산의 증가나 부채의 감소가 있었음을 의미한다.

4장
자산의 경리실무

1 자산의 요건

자산은 기업이 영업활동 등을 목적으로 소유하고 있는 경제적 자원이다. 그러나 회계학적 관점에서 자산은 다음과 같은 요건을 갖추어야 한다.

- 경제적 자원
- 소유권 독립
- 측정 가능 자산

(1) 경제적 자원

자산은 경제적 자원이어야 한다. 즉, 이를 소유하고 있는 기업에 대해 장래에 경제적 효익을 제공할 수 있는 능력(용역잠재력)을 말한다.

이것은 다음 중에서 어느 하나를 충족해야 한다.

① 현금전환능력
② 판매가능성
③ 영업활동의 활용가능성

(2) 소유권 독립

자산은 소유권이 있어야 한다. 이것은 자산의 배타적 사용권을 가지는 것을 말한다. 한 기업이 일정자산에 대해 독립적 사용권을 가져야 자산으로 기록할 수 있다.

(3) 측정 가능 자산

자산은 자산의 통일된 기준에 의한 기록을 위해 화폐 가치로써, 자산의 취득금액을 객관적으로 측정할 수 있어야 한다.

② 자산의 분류

구 분		분 류		
유동자산	① 당좌자산	현금및현금성자산 매 출 채 권 기　　　　타	선 급 비 용	단 기 투 자 자 산 이 연 법 인 세 자 산
	② 재고자산	상　　　　품 제　　　　품 반　제　품	재　공　품 원　재　료 부　재　료	저　장　품 소　모　품
비유동자산	① 투자자산	투 자 부 동 산 장 기 대 여 금	장 기 투 자 증 권 기　　　　타	지 분 법 적 용 투 자 주 식
	② 유형자산	토　　　　지 건　　　　물 구　축　물	기 계 장 치 선　　　　박 차 량 운 반 구	비　　　　품 건 설 중 인 자 산 기　　　　타
	③ 무형자산	영　업　권	산 업 재 산 권	개　발　비 기　　　　타
	④기타비유동자산	이 연 법 인 세 자 산	보　증　금	기　　　　타

* 유동자산 : 1년 이내에 현금화되는 것

1 개요

유동자산은 그 변동속도가 빨라서 성질상 1년 이상 동일형태를 지속하지 못하고 빈번하게 변동하는 성질의 자산이다. 이에는 현금·예금·상품·외상매출금·받을어음 등이 있다.

이에 비해서 고정자산(비유동자산)은 그 변동하는 속도가 늦어 그 성질상 원칙적으로 형태의 변화에 1년 이상이 소요되는 자산이다.

그러므로 장기간 소유하고 사용하게 되는 설비·영업용의 토지·건물·비품 등과 그밖에 특허권·영업권과 같은 무형자산은 모두 고정자산에 속한다. 이와 같이 유동자산과 고정자산을 1년을 기준으로 구분하는 방법을 1년 기준법이라 한다.

2 종류

유동자산은 당좌자산과 재고자산으로 분류한다.
① 당좌자산
② 재고자산

구 분		분 류		
유동자산	① 당좌자산	현금및현금성자산 매 출 채 권 기 타	선 급 비 용	단 기 투 자 자 산 이 연 법 인 세 자 산
	② 재고자산	상 품 제 품 반 제 품	재 공 품 원 재 료 부 재 료	저 장 품 소 모 품

　당좌자산은 유동자산의 한 분류이다. 당좌자산은 당장 현금화될 수 있는 자산으로 구성되어 있으며 금융기관에서 단기지급능력을 판단하는 기준으로 사용한다. 또한, 당좌자산은 판매나 제조 등 별도의 경영활동이 필요 없이 현금화가 가능한 자산이다.

　따라서 "당좌자산 / 총자산"의 비율을 "당좌비율"이라 하여 단기자금결재능력을 판별하는 기준으로 사용한다.

1 자산의 종류

① 현금 및 현금등가물

② 단기투자자산

③ 유가증권

④ 외상매출금

⑤ 받을어음

⑥ 단기대여금

⑦ 미수금

⑧ 미수수익

⑨ 선급금

⑩ 이연법인세자산

⑪ 기타의 당좌자산

2 현금과 현금성 자산

　통화 및 타인발행수표 등 통화대용증권과 당좌예금·보통예금 및 현금성 자산으로 한다. 이 경우 현금성 자산이라 함은 큰 거래비용 없이 현금으로 전환이 쉽고 이자율변동에 따른 가치변동의 위험이 중요하지 않은 유가증권 및 단기금융상품으로서 취득 당시 만기(또는 상환일)가 3개월 이내에 도래하는 것을 말한다.

(1) 현금

　현금(Cash on Hand)은 지급수단으로 곧 이용될 수 있고 재화 또는 용역과 쉽게 교환될 수 있는 것으로서 채권과 채무의 결제에 충당될 수 있는 자산을 말한다. 따라서 현금의 기본적인 성질은 ① 교환수단으로서의 이용성과 ② 다른 항목의 측정수단으로서의 이용성을 들 수 있다. 현금의 구성내용을 보면 다음과 같다.

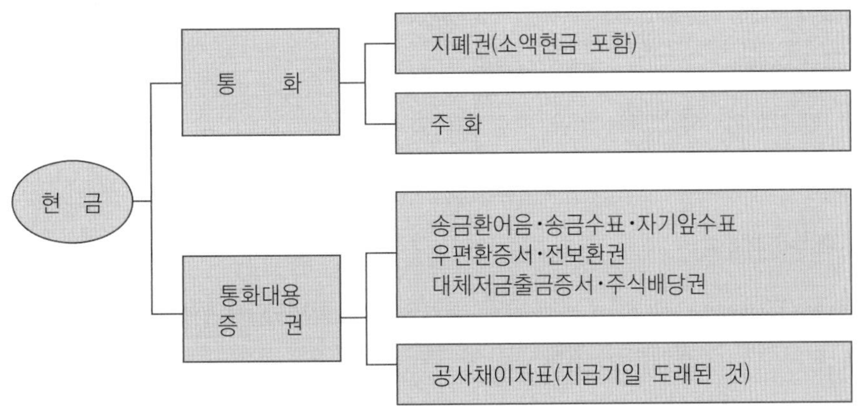

회사에 따라서는 우표·수입인지 등을 현금으로 계상하나 이러한 사항들은 선급비용으로 처리하는 것이 타당한 것으로 판단되며, 소액현금전도제도를 채택하지 않고 지점이나 영업소에 "가지급금" 형태로 자금이 필요한 경우에만 송금할 때 재무상태표일 현재 가지급금의 집행내용을 파악하여 비용으로 처리된 것은 비용으로 계상하고 현금형태로 보유하고 있는 부분은 현금계정으로 처리하여야 한다.

※ 현금이 아닌 것 : 우표, 인지, 당좌수표, 어음, 가계수표

(2) 현금성 자산

현금성 자산은 큰 거래비용 없이 현금으로 전환이 쉽고 이자율변동에 따른 가치변동의 위험이 중요하지 않은 유가증권 및 단기금융상품으로서 취득 당시 만기(또는 상환일)가 3개월 이내에 도래하는 것을 말한다.

유가증권은 시장성 있는 주식·채권 등으로 단기적 자금운용목적으로 소유한 것으로 하며 단기금융상품은 금융기관이 취급하는 정기 예·적금 등 기타 정형화된 금융상품 등으로 단기적 자금운용목적으로 소유한 기한이 1년 이내 도래하는 예금을 말한다(유가증권, 단기금융상품 참조).

현금과 당좌자산 중 예금은 '현금 및 현금성 자산'이라는 하나의 계정과목을 쓰게 되어 있다. 그러나 이것을 하나의 계정과목으로 쓰면 불편하므로 평소에는 예금별 계정과목이나 현금계정을 분리하여 사용하고 결산기에만 '현금 및 현금성 자산' 계정과목으로 통합하도록 한다.

사례　❶ 20×1.1.2 현금 1,000,000원을 보통예금에서 인출하다.

차) 현 금	1,000,000원	대) 보통예금	1,000,000원

* 보통예금과 현금을 통합하여 '현금 및 현금성 자산'으로 처리하는 경우 분개가 필요 없으나 실무에서는 분리하여 처리하는 것이 편리하다.

❷ 20×1.2.1 접대비 1,000,000원 지출하다.

차) 접대비	1,000,000원	대) 현금	1,000,000원

* 현금과 관련된 전표는 입금, 출금전표 외에는 발생하지 않는다.

(3) 소액현금제도

소액현금제도(Pretty Cash Fund System)란 소액자금의 빈번한 지출에 대해서 결재, 승인의 번거로움을 피하고자 일정액의 소액현금을 지출담당자에게 지출하고 동 금액이 소진된 경우 일정금액을 즉시 보충해 주는 제도이다.

사례 ❶ 20×1.1.2 소액현금 1,000,000원을 지출한다.

차) 전도금	1,000,000원	대) 보통예금	1,000,000원

❷ 20×1.1.10 전도금 사용내역은 다음과 같고 즉시 보충한다.
[사용내역]

복리후생비	200,000원
접 대 비	200,000원
차량유지비	300,000원
여비교통비	300,000원
계	1,000,000원

[전도금 사용할 때]

차) 복리후생비	200,000원	대) 전도금	1,000,000원
접 대 비	200,000원		
차량유지비	300,000원		
여비교통비	300,000원		

[전도금 보충시]

차) 전도금	1,000,000	대) 보통예금	1,000,000원

(4) 은행계정 조정표

당좌예금계정 또는 보통예금계정 등은 일정시점(예: 12.31)에서 장부상의 금액과 일치하지 않는바, 그 이유는 입금, 출금, 이자계상 등이 일정시점에서 미기재되어 통장에 지연되어 기록되는 경우이다. 이럴 때 장부상의 금액에서 통장 상의 금액으로 또는 그 반대로 조정하는 표를 은행계정조정표(Bank Reconciliation)이라 하여 이러한 조정은 결산 시 반드시 조정하여 빠짐이 없어야 한다.

예제 다음 내용에 의해 은행계정조정표를 작성한다.

❶ 보통예금 은행통장 잔액은 1,000,000원이다.
❷ 거래처 입금액 100,000원이 은행통장에 미기록되었다(회사장부계상).
❸ 회사발행 당좌수표 300,000원을 발행하여 결제하였으나 추심되지 않았다.

(은행잔액)	1,000,000원
(은행미통지예금)	+100,000원
(미결재발행수표)	−300,000원
(조정잔액)	800,000원

❹ 회사잔액은 799,000원이다.
❺ 은행수수료 10,000원이 장부에 미계상되었다.
❻ 거래처 받을어음 10,000원 그 이자 1,000원이 은행입금 되었으나 회사에 미통지되어 빠졌다.

(회사장부 잔액)	799,000원
(은행 수수료)	−10,000원
(미통지예금 및 이자)	+11,000원
(조정잔액)	800,000원

해설 회사가 빠뜨린 것을 분개하면

차) 지급수수료	10,000	대) 보통예금	10,000원

| 차) 보통예금 | 11,000 | 대) 받을어음 | 10,000원 |
| | | 이자수익 | 1,000원 |

3 단기투자자산

금융기관이 취급하는 정기예금, 정기적금, 사용이 제한된 예금 및 기타 정형화된 상품 등으로 단기적 자금운용목적으로 소유하거나 기한이 1년 내에 도래하는 것으로 하고, 사용이 제한된 예금에 대해서는 그 내용을 주석으로 기재한다.

정형화된 상품에는 양도성예금증서(Certificates of Deposits, CD), 기업어음(Commercial Paper, CP), 어음관리계좌(Cash Management Account, CMA), 환매조건부채권, 기업 금전신탁, 표지어음 등이 있다. 그리고 개정 기업회계기준서에서는 단기매매증권, 단기대여금 및 유동자산으로 분류되는 매도가능증권과 만기보유증권 등의 자산을 포함한다.

4 유가증권

유가증권은 단기투자자산에 포함되는 계정이나 중요하고 복잡하다.

상법상 유가증권은 재산적 가치가 있는 사권을 표상하는 증권으로서 그 권리의 발생, 행사 또는 이전의 모든 경우 또는 일부는 증권의 점유를 요하는 어음·수표·화물상환증·창고증권· 주권·채권·선하증권 등을 말한다.

회계학상으로는 상법보다는 협의의 개념으로 주된 영업활동에서 발생한 어음수표(당좌)는 받을어음계정으로 분류되고 주식·채권이 유가증권 대부분이다.

(1) 유가증권의 정의

당좌자산 중 유가증권은 시장성 있는 주식(증권거래소, 코스닥등록), 채권 등과 같은 단기적 자금운용 목적으로 소유한 것으로 한다. 다만, 특수관계자가 발행한 주식과 1년 이후에 처분 할 투자유가증권은 포함하지 아니한다.

취득한 유가증권은 만기보유증권, 단기매매증권, 그리고 매도가능증권 중의 하나로 분류한 다.

◉ 만기보유증권

만기가 확정된 채무증권으로서 상환금액이 확정되었거나 확정할 수 있는 채무증권을 만기 까지 보유할 적극적인 의도와 능력이 있을 때에는 만기보유증권으로 한다.

◉ 단기매매증권

단기매매증권은 주로 단기간 내의 매매차익을 목적으로 취득한 유가증권으로서 매수와 매 도가 적극적이고 빈번하게 이루어지는 유가증권을 말한다.

◉ 매도가능증권

단기매매증권이나 만기보유증권으로서 분류되지 아니하는 유가증권은 매도가능증권으로 분류한다.

(2) 유가증권의 평가 및 감액손실

유가증권 중 주식 및 채권은 매입액에 부대비용을 가산하고 이에 총평균법·이동평균법을 적용하여 취득원가를 산정하고, 공정가액을 재무상태표 가액으로 계상한다. 그리고 유가증권 의 단가를 산정하면서 총평균법 또는 이동평균법은 유가증권의 종목별로 적용한다. 이 경우 시가를 공정가액으로 보면 재무상태표일 현재의 종가에 의한다. 다만, 재무상태표일 현재의 종가가 없는 경우에는 직전거래일의 종가에 의한다.

사례 ❶ 20×1.1.2 A사의 주식 10,000주를 주당 1,000원에 사고 수수료 500,000원 증권거래세 300,000원 등 총 10,800,000원을 현금으로 지급했다.

차) 유가증권	10,800,000원	대) 현금	10,800,000원

❷ 20×1.12.31 A사의 주식 5,000주를 주당 2,000원(10,000,000원)에 처분한다. 수수료 200,000원다(20×1.12.31 A사의 주가는 거래소에서 주당 2,000원이다).

[처분이익]

차) 현금	10,000,000원	대) 유가증권	5,400,000원
		유가증권처분이익	4,600,000원

[지급수수료]

차) 유가증권처분이익	200,000원	대) 현금	200,000원

[평가이익]

차) 유가증권	4,600,000원	대) 유가증권평가이익	4,600,000원

❸ A사 회사채 액면 10,000,000원을 8,800,000원에 취득하고 수수료 100,000원 지급하고 액면이자율은 연리 12%이며, 20×1.7.1 취득하여 2006.12.31 현재 보유하고 있으며 만기는 20×1.6.30이다.

[20×1.7.1 취득]

차) 유가증권	8,900,000원	대) 현금	8,900,000원

❹ 20×1.12.31 보유

차) 유가증권	600,000원	대) 이자수익	600,000원

* 10,000,000원×12%×6÷12＝600,000원

(3) 유가증권의 분류·평가·감액손실 순서도

유가증권은 채무증권, 단기매매증권, 시장성 있는 지분증권의 분류에 따라 평가손실을 인식하는 방법과 그 평가손실의 계산방법 순서도는 다음과 같다.

① 유가증권의 분류 순서도

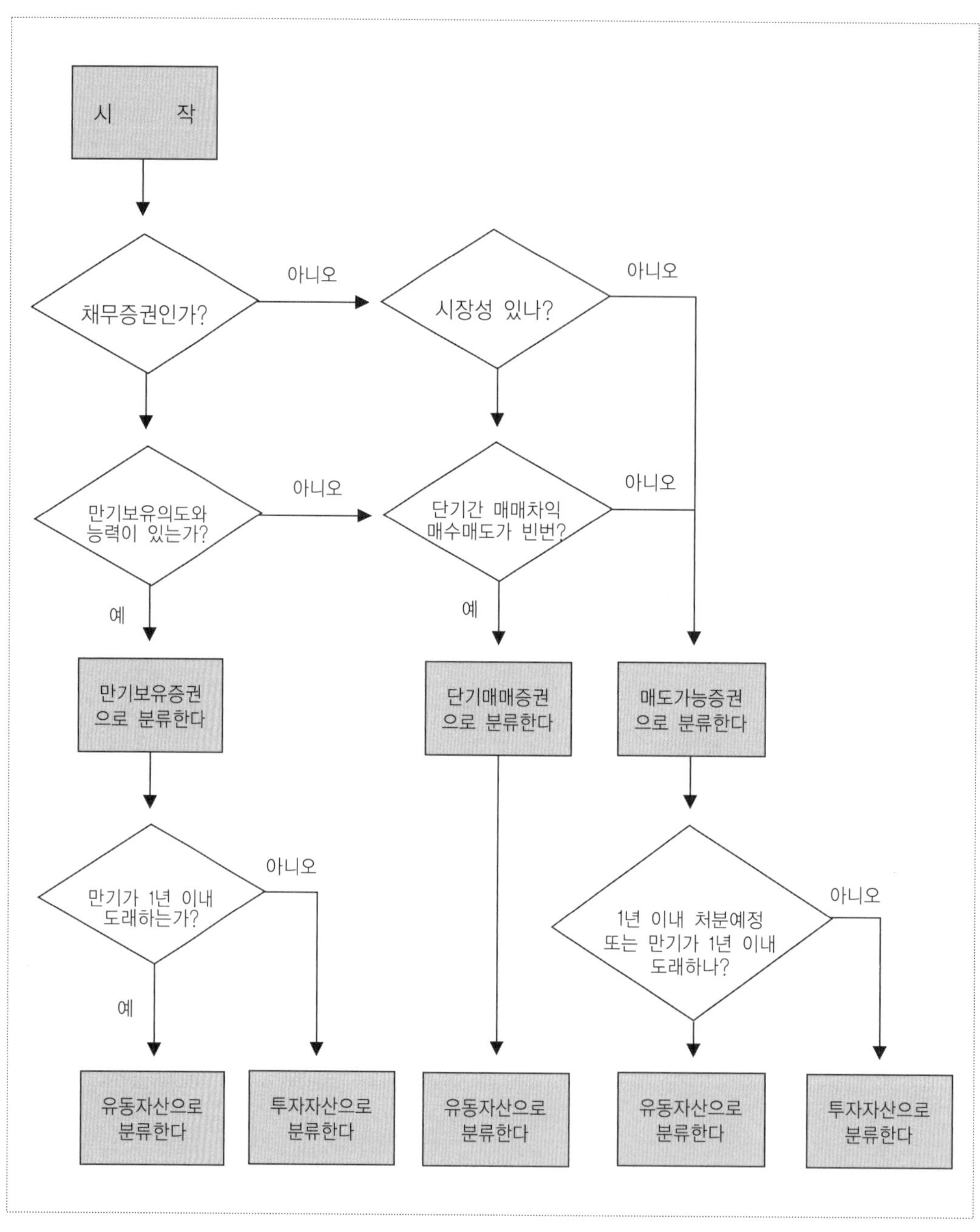

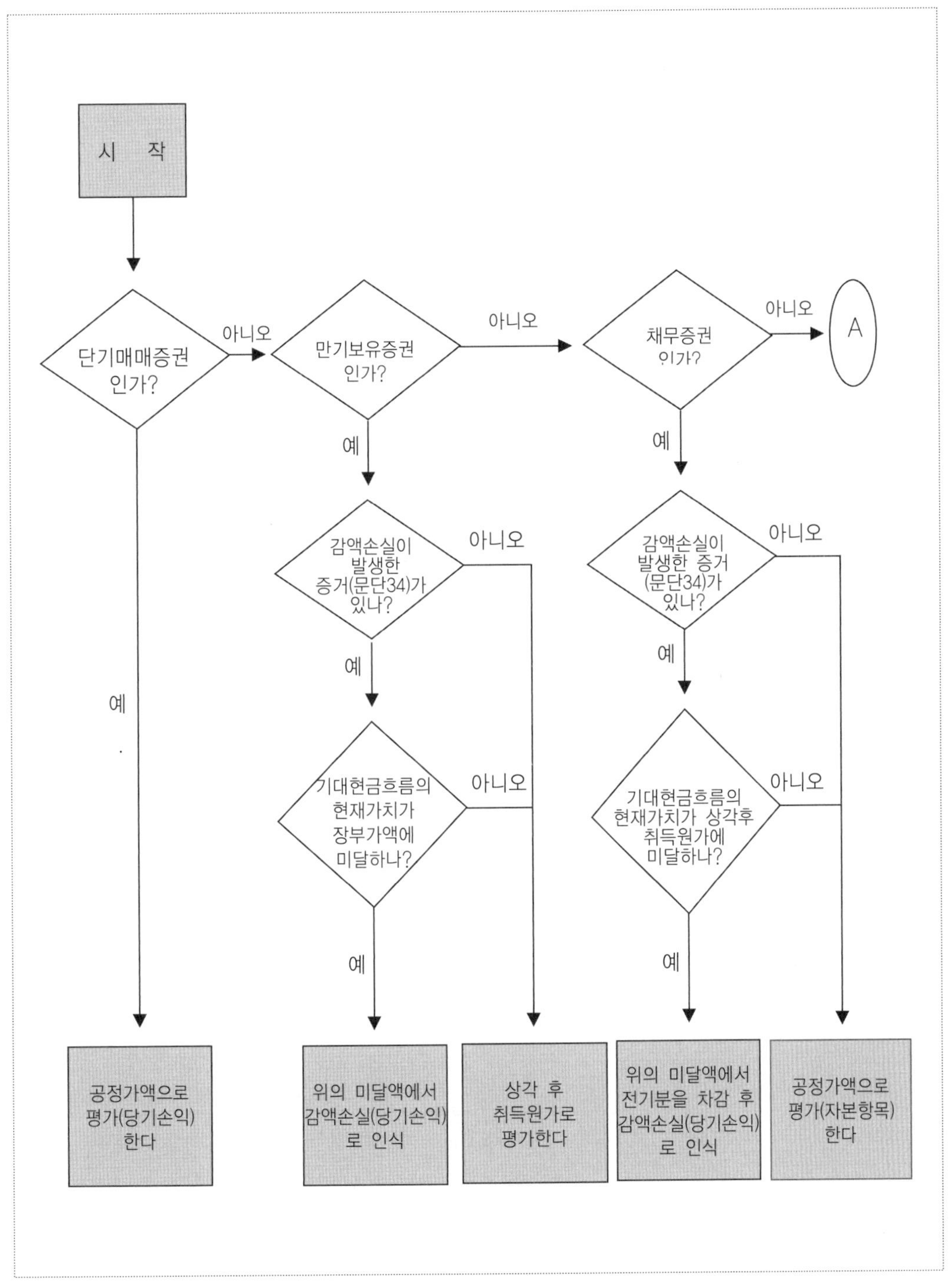

② 유가증권의 평가 순서도

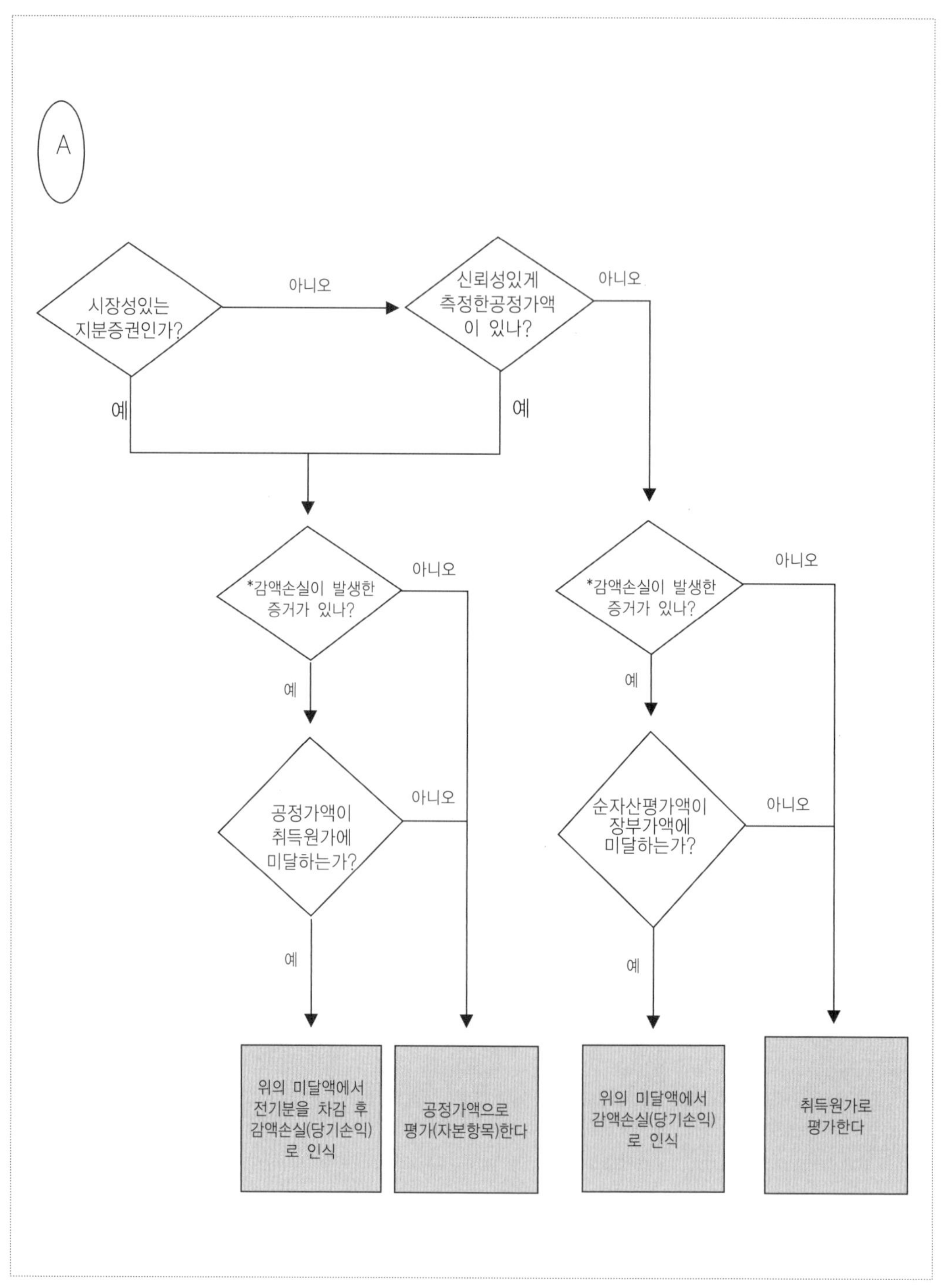
A
시장성있는
지분증권인가?
아니오
예
신뢰성있게
측정한공정가액
이 있나?
아니오
예
*감액손실이 발생한
증거가 있나?
아니오
예
*감액손실이 발생한
증거가 있나?
아니오
예
공정가액이
취득원가에
미달하는가?
아니오
예
순자산평가액이
장부가액에
미달하는가?
아니오
예
위의 미달액에서
전기분을 차감 후
감액손실(당기손익)
로 인식
공정가액으로
평가(자본항목)한다
위의 미달액에서
감액손실(당기손익)
로 인식
취득원가로
평가한다

① 은행법에 의하여 설립된 금융기관으로부터 당좌거래 정지처분을 받은 경우, 청산중에 있거나 1년이상 휴업중인 경우, 또는 완전자본잠식상태에 있는 경우와 같이 유가증권 발행자의 재무상태가 심각하게 악화된 경우
② 이자지급과 원금상환의 지연과 같은 계약의 실질적인 위반이나 채무불이행이 있는 경우
③ 회사정리법에 의한 정리절차개시의 신청이 있거나 정리절차가 진행중인 경우, 또는 타의법에 의한 타의개시절차의 신청이 있거나 타의절차가 진행중인 경우와 같이 유가증권발행자의 재무적 곤경과 관련한 경제적 또는 법률적인 이유 때문에 당초의 차입조건의 완화가 불가피한 경우
④ 유가증권발행자의 파산가능성이 높은 경우
⑤ 과거에 그 유가증권에 대하여 감액손실을 인식하였으며 그 때의 사유가 계속 존재하는 경우
⑥ 유가증권발행자의 재무상태가 악화되어 그 유가증권이 시장성을 잃게 된 경우
⑦ 표시이자율 또는 유효이자율이 일반적인 시장이자율보다 비정상적으로 높거나 낮은 채무증권(예 : 후순위채권, 정크본드)을 법규나 채무재조정 협약 등에 의해 취득한 경우
⑧ 기업구조조정촉진법에 의한 관리절차를 신청하였거나 진행중인 경우
⑨ 기타 (가)내지 (아)의 존재에 준하는 사유

5 매출채권

(1) 외상매출금

외상매출금이란 기업의 주된 영업활동에서 발생한 매출대금의 미회수된 금액이다. 여기서 주된 영업활동이란 법인의 정관이나 등기부등본에 사업목적으로 명시된 사업이나 사업자등록에 업태·종목에 명시된 사업을 말하며 주된 영업활동이 아닌 고정자산의 매각 혹은 재고자산이 아닌 투자자산의 매각대금은 외상매출금이 아닌 미수금계정을 사용한다.

부동산임대업을 주업으로 영위하는 법인의 임대료나 관리비 미회수액도 원칙적으로 외상매출금이나 미수금계정을 사용할 수가 있다. 이것은 상품이나 재고자산의 매출에 대해서 외상매출금을 사용하는데 익숙하나, 용역(서비스)의 매출에 대해서는 무형의 매출이므로 외상매출금을 사용하는 것이 익숙하지 않기 때문이다. 기업회계기준서 제21호에서 매출채권이란 일반적 상거래에서 발생한 매출채권으로 한다고 하였기 때문에 매출과 관련된 미회수채권은 매출채권으로 본다.

외상매출금을 어음으로 결제받았을 때 어음상의 채권을 받을어음계정으로 표시한다. 받을어음은 외상매출금과 그 성격이 유사하지만, 채권이 어음표면상에 구체적으로 표시되어 있기 때문에 금융기관에 대한 할인, 배서양도, 담보제공 등에 더 유용하게 사용되는 장점을 가지고 있다. 따라서 유동성배열법에 의하면 외상매출금 앞에 기재하는 것이 바람직하다. 그러나 받을

을어음이 외상매출금 때문에 파생되는 자산이란 점에서 외상매출금 다음에 기재한다.

받을어음은 정상적인 영업거래에서 발생하는 받을어음만 기재하므로 정상적인 영업거래가 아닌 고정자산매각 등에서 발생하는 받을어음은 유가증권이나 미수금계정에 표시하고 주기 표시하는 것이 바람직하다.

이러한 외상매출금과 받을어음을 (구)기업회계기준에서는 별개의 계정과목으로 회계처리하였으나 (개정)기업회계기준에서는 '매출채권'이라 하여 하나의 계정과목으로 통합하였다.

⊕ 매출에누리

매출에누리는 수량부족, 파손, 품질불량, 납기지연 등에 의한 매출액에서 차감한다. 따라서 매출에누리는 외상매출금에서 차감된 금액으로 발생한다.

⊕ 매출할인

외상매출금을 일정기한 내에 현금 지급하게 되면 매출액의 일정률을 그 대금에서 차감시켜 주는 금액을 매출할인이라 한다. 매출할인도 매출액에서 차감표시한다.

다만, 세법상 임의적인 매출할인은 접대비로 간주한다.

⊕ 매출환입

매출환입은 매출 된 제품이 반품된 경우로 실무상 환입시점에서 매출액과 상계처리한다.

> **사례** 일반A제품을 2,000,000원에 매출하고 대금지급기한은 60일이며 10일 이내 지급하는 경우 5%의 할인이 인정된다(5/10, n/60). 이 경우 50%씩 나누어서 입금된 경우 분개는 다음과 같다.

❶ 매출시(총액법)

차) 외상매출금	2,000,000원	대) 매출	2,000,000원

❷ 50% 입금시

차) 현금	950,000원	대) 외상매출금	1,000,000원
매출할인	50,000원		

*매출할인은 손익계산서 매출액에서 차감 표시한다.

❸ 나머지 50% 입금시

차) 현금	1,000,000원	대) 외상매출금	1,000,000원

⊕ 외상매출금의 처분

매출채권 등을 타인에게 양도 또는 할인하는 경우 당해 채권에 대한 권리와 의무가 양도인과 분리되어 실질적으로 이전되는 때에는 동 금액을 매출채권에서 차감하고 그 외는 매출채권 등을 담보 제공한 것으로 본다. 이러한 규정을 적용함에서 매출채권 등의 양도 또는 할인에 관한 내용은 주석으로 기재한다.

외상매출금의 양도는 상환청구불능양도와 상환청구 가능 양도로 구분한다.

● 상환청구 불가 양도

외상매출금의 이전을 양수받은 자가 그 대금을 회수하거나 재무상 위험을 부담하는 것으로서 외상매입자가 그 대금을 지급하지 않게 되면 그 양수자가 외상매출금의 이전자에게 해당 대금을 청구할 수 없는 경우이다.

사례 10,000,000원의 외상매출금을 상환청구불능양도조건으로 매각하고 매출할인 등에 대비한 팩터 선급금을 5%로 하고 외상매출금 이전 재무비용 5% 추정 대손충당금은 1%이다. 실제 매출할인은 3%이다.

❶ 외상매출금 이전 시

차) 외상매출금매각손실	500,000원	대) 외상매출금	10,000,000원
팩터선급금	500,000원		
대손충당금	100,000원		
현금	8,900,000원		

❷ 매출할인 발생

차) 매출할인	300,000원	대) 팩터선급금	300,000원

❸ 팩터선급금 회수

차) 현금	200,000원	대) 팩터선급금	200,000원

바. 상환청구 가능 양도

외상매출금 이전 양수자가 그 대금을 회수하지 못하는 경우 그 이전자가 대금지급을 보증해 주는 조건으로 양도하는 것을 말한다.

사례 위의 예에서 분개는 다음과 같다.

❶ 외상매출금 이전 시

차) 팩터선급금	500,000원	대) 외상매출금담보차입금	
이자비용	500,000원		10,000,000원
현금	9,000,000원		

❷ 매출할인 발생

차) 매출할인	300,000원	대) 외상매출금	300,000원

❸ 팩터 선급금 회수

차) 현금	200,000원	대) 팩터선급금	500,000원
외상매출금	300,000원		

(2) 받을어음

외상매출금에 대해서 어음으로 받았을 때 이를 받을어음이라 하며 외상매출금과 합산하여 매출채권이라 한다. 이 경우 매출채권에는 각종 유·무형자산의 처분으로 받을어음은 제외된다. 받을어음을 처분하는 경우 또는 할인하는 경우의 회계처리는 전자는 상환청구불능양도이고 후자는 상환청구 가능 양도로 볼 수 있다.

사례 20×1.1.1 받을어음 10,000,000원을 양도하였으며 이자로 800,000원을 지급했으며 만기는 20×1.8.31이다. 이 경우 양도와 담보차입으로 나누어 분개해 보자.

〈양도 · 상환청구불능양도〉

❶ 양도 시

차) 현금	9,200,000원	대) 받을어음	10,000,000원
받을어음처분손	800,000원		

*받을어음처분손은 영업외비용으로 이자비용으로 간주된다.

〈담보차입 · 상환청구가능 양도〉

❶ 담보차입 시

차) 현금	9,200,000원	대) 단기차입금	10,000,000원
이자비용	800,000원		

❷ 만기일에 어음부도 시

차) 단기차입금	10,000,000원	대) 현금	10,000,000원
차) 부도어음	10,000,000원	대) 받을어음	10,000,000원

❸ 만기일에 지급 시

차) 단기차입금	10,000,000원	대) 받을어음	10,000,000원

6 선급비용

선지급 된 비용 중 1년 이내에 손익계산서에 차기 비용으로 계상되는 금액을 말한다. 즉 이자비용이나 보험료 등을 당기에 지급하였으나 일할계산하여 차기의 비용 해당분을 선급비용으로 계상한다.

선급금과 선급비용의 구분은 구매대상이 재화로서 재무상태표에 기재되어 차기 이후의 비용으로 배분되는 경우는 선급금으로 기재되고 구매대상이 재화 또는 용역으로서 취득 후 자산으로 기재되지 않고 손익계산서에 비용으로 계상되어 차기 이후의 비용으로 배분되는 것은 선급비용으로 처리한다.

실무적으로 이자비용, 보험료, 보증료 등 기간계산에 의해 선지급하는 비용 중 차기연도 해당분을 선급비용 처리한다.

사례 20×1.6.30 보험료 1,000,000원 1년분 지급하고 20×1.12.31 결산을 맞다.

〈6월 30일 지급 시〉

차) 보험료	1,000,000원	대) 현금	1,000,000원

〈12월 31일 결산 시〉

차) 선급비용	500,000원	대) 보험료	500,000원

7 미수수익

당기에 속하는 매출수익 중 미수금은 매출채권으로 계상하는데 반하여 매출 이외의 수익으로서 당기에 실현되었으나 회수되지 아니한 부분은 미수수익으로 처리한다.

예제 당기에 정기예금이 1억 원이고 매월 이자수익이 1백만 원이고 이자수령기간이 3개월에 한 번씩 지급되며 이자의 최종수령일이 10월 31일이다. 12월 31일 결산 시 반영해야 할 미수수익은 얼마인가?
⇨ 11월분 12월분 이자수익은 발생하였으나 수령일 미경과로 미수령하였으므로 다음과 같이 회계처리하여 미수수익을 반영한다.

(결산 시)

차) 미수수익	2,000,000원	대) 이자수익	2,000,000원

8 미수금

일반적 상거래에서 발생한 매출채권은 재고자산의 매출과 같이 회사가 주 영업으로 영위하는 수익활동으로부터 발생한 채권을 의미한다. 이에 반하여 미수금은 유형자산처분 미수금이나 투자자산처분 미수금과 같이 회사가 주 영업활동으로 운영하지 않는 재화의 공급으로부터 발생하는 채권이다.

기업회계기준에 의하면, 어음상의 채권은 주기 하도록 규정하고 있는데 이는 일반적 상거래 이외에서 발생하는 받을어음은 매출채권에 포함시키지 않고 미수금계정에 계상하되, 주기 하도록 정하고 있는 것이다. 미수금은 확정된 채권이다.

사례 토지를 처분하고 그 대금 1억원을 6개월 후에 받기로 했다.

차) 미수금	100,000,000원	대) 토지	100,000,000원

9 선급금

선급금(Advance Payments)은 상품이나 원재료 고정자산 등의 구입을 위해 선지급한 금액을 말한다.

사례 　4월 1일 상품을 구매하기 위해 부가세 포함 5,500,000원을 지급하다.

〈선지급 4월 1일〉

차) 선급금	5,500,000원	대) 현금	5,500,000원

〈상품수령 5월 1일〉

차) 상품	5,000,000원	대) 선급금	5,500,000원
선급부가세	500,000원		

10 가지급금

가지급금은 기표(기장)일 현재 해당 계정과목이 미확정된 금액으로 미결산 항목을 말한다. 그러나 가지급계정은 회계기간 중에는 미결산항목으로 사용할 수 있지만, 결산 시에는 그 내용을 나타내는 적절한 과목으로 표시하여야 한다.

실무에서는 가지급계정이 나타나는 이유는 2가지인데,

첫째는 미결산항목으로 계정과목이 확정되지 않은 지출(예: 급여가불, 업무상 가불 등)이고,

둘째는 회사에서 주주, 임원, 대표이사 등이 회사자금을 대여 또는 인출한 금액을 가지급계정을 사용한다. 결산기에는 전자는 선급금, 전도금, 종업원 대여금 등으로 표기하고 후자는 주주 및 임원대여금으로 표시하여야 한다. 특히, 후자는 주주 및 임원 대여금은 세무상 다음과 같은 불이익이 있음에 유의해야 한다.

❖ 유의사항

첫째는 인정이자계산으로 대여금에 대해 당좌대출이자율과 가중평균차입이자율 중 선택하여 이자를 이자수익으로 받은 것으로 보고 세금을 계산하는데 이를 인정이자계산이라 한다.

둘째는 회사의 총차입금에서 가지급금이 차지하는 비율만큼 이자비용을 비용으로 인정하지 않는다. 이를 '이자비용손금불산입이자'라고 하는데 수식으로 표시하면 다음과 같다.

$$\text{이자비용부인대상액} = \frac{\text{가지급금 적수}}{\text{총차입금 적수}} \times \text{이자비용}$$

따라서 경리실무자는 가지급금이 발생하지 않도록 하여야 한다.

셋째는 가지급금이 발생한다면 첫 번째와 같은 세무상 불이익이 발생하지 않는 가지급금과 두 번째와 같은 세무상 불이익이 발생하는 가지급금을 구분표시하여야 한다.

사례   사원의 지방출장비로 100,000만원을 지급하였다.

❶「지급」

차) 가지급금	100,000원	대) 현금	100,000원

❷「정산」

차) 현금	50,000원	대) 가지급금	100,000원
여비교통비	50,000원		

Ⅰ. 재고자산의 이해

　재고자산은 판매나 제조를 목적으로 기업이 주된 영업활동 및 그 부대수익을 발생시키기 위해 일시적으로 보유하고 있는 자산이다.

　기업의 형태를 도소매업과 제조업으로 구분하면 전자는 판매를 위해 상품을 보유하고 있으며 후자는 제품의 제조를 위해 원재료를 보유하게 된다. 그러나 후자는 공장가동을 위해 공장기계부품이나 유류 등을 보관하게 되는 바 이러한 것을 저장품이라 하는데 이러한 것도 대부분 1년 이내에 제조를 위해 소비되기 때문에 저장품이라 하여 재고자산에 포함한다. 또한, 각종 소모자재를 소모품이라 하여 재고자산에 포함한다.

　재고자산의 종류는 다음과 같다.

　① 상품 ② 제품 ③ 반제품 ④ 재공품 ⑤ 원재료 ⑥ 저장품 ⑦ 기타의 재고자산

❶ 상품

　판매를 목적으로 구매한 상품·미착상품·적송품 등으로 하며, 부동산매매업에서 판매를 목적으로 소유하는 토지·건물 기타 이와 유사한 부동산은 이를 상품에 포함하는 것으로 한다.

❷ 제품

　판매를 목적으로 제조한 생산품·부산물·작업폐물 등으로 한다.

사례　① 제품과 매출원가 : 기초제품 1,000,000원, 기말제품 2,000,000원
　　　② 제조경비 : 노무비 2,000,000원, 제조경비 400,000원
　　　③ 제조원가 : 5,400,000원 (재료비 3,000,000원＋노무비 2,000,000원＋제조경비 400,000원)

차) 제조	5,400,000원	대) 재료비	3,000,000원
		노무비	2,000,000원
		제조경비	400,000원

| 차) 매출원가 | 4,400,000원 | 대) 기초제품 | 1,000,000원 |
| 기말제품 | 2,000,000원 | 제조 | 5,400,000원 |

3 반제품

자가 제조한 중간제품과 부분품 등으로 한다. 반제품은 현 상태에서 판매시장이 형성되어 판매가능한 재공품을 말한다.

| 차) 반제품매출원가 | 200,000원 | 대) 반제품 | 200,000원 |
| 현금 | 1,000,000원 | 반제품매출 | 1,000,000원 |

4 재공품

제품 또는 반제품의 제조를 위하여 제조공정에 있는 것으로 한다.

「기초」

| 차) 제조(전기 이월액) | ○○○원 | 대) 재공품(전기 이월액) | ○○○원 |

「기말」

| 차) 재공품(차기 이월액) | ○○○원 | 대) 제조(차기 이월액) | ○○○원 |

5 원재료

원료·재료·매입부분품·미착원재료 등으로 한다.

「공장용 소모품 구매(제조경비로 처리)」

| 차) 원재료 | 100,000원 | 대) 외상매입금 | 60,000원 |
| 부가세대급금 | 10,000원 | 현금 | 50,000원 |

6 저장품

저장품은 소모품·소모공구기구비품·수선용부분품 및 기타저장품으로 한다.

❶ 사무용품 구매(판매비와 관리비)

| 차) 소모품비 | 100,000원 | 대) 현금 | 100,000원 |

❷ 기말 미사용

| 차) 소모품 | 30,000원 | 대) 소모품비 | 30,000원 |

7 기타의 재고자산

"상품"과 "제품"에 속하지 아니하는 재고자산이다.

Ⅱ. 특수한 경우의 재고자산

1 운송품

일반적으로 상품의 매매는 인도기준에 의해서 소유권이 이전되는 것으로 간주한다. 그러나 수출입과 같이 운송기간이 장기를 요하는 예도 있기 때문에 판매인의 출고와 구매인의 입고 에는 상당한 기간이 요하여 판매시점을 확정하기가 곤란한 경우가 가끔 있다.

이때는 결산일 현재를 기준(Cut-off)으로 소유권이 어느 쪽에 있는지를 파악해서 재고자산에 포함할 것인지를 결정해야 한다.

즉, F.O.B (Free on Board) Shipping point 조건일 경우에는 운송 중인 원재료나 상품에 대하 여 매입일 경우에는 재고자산에 포함시키고, 반대로 판매일 경우에는 재고자산에서 제외하여 매출로 인식하면 될 것이다.

반대로 F.O.B destination 조건일 경우에는 운송 중인 원재료나 상품에 대한 매입일 경우에는 재고자 산에서 제외시키며 판매일 경우에는 재고자산에 포함해야 한다.

2 적송품(위탁판매)

위탁자는 수탁자로부터 판매되었다는 통지가 있기 전에 적송품으로서 재고자산에 포함해야 하고 수탁자는 재고에 포함하지 않고 수탁품에 대하여 적당한 주의만을 기울일 책임이 있을 따름이지 소유권이 이전되는 것은 아니므로 부채로서도 계산하여 넣지 않는다. 다만, 수탁품 을 판매하고 난 후 회수한 대금은 수탁자에게 일정액의 수수료를 차감한 후 지급해야 할 책임 을 진다.

3 할부상품

할부판매는 장기간에 걸쳐 대금이 회수되기 때문에 일반거래보다 회수불능 위험성이 훨씬

높다고 하겠다. 그래서 대금 회수가 완료되기 이전까지는 판매인의 소유로 되어 있으며, 소유권을 이전하지 않는 것이 보통이다. 그래서 계약사항이 완전히 이행되기 이전까지는 판매자의 재고자산에 포함해야 한다.

그러나 대손예상액이 합리적으로 추정될 수 있고 대손예상액이 소액일 때는 인도 시에 매매된 것으로 보고 판매자의 재고자산에서 제외해야 한다.

기업회계기준서 제4호에 의하면 보면 할부판매는 인도기준에 의하여 매출로 인식하는 것을 원칙으로 보며, 단지 장기할부판매는 이자상당액은 기간의 경과에 따라 수익으로 인식하도록 규정하고 있어, 인도기준에 의하여 매매가 성립된 것으로 보기 때문에 인도시점에 판매자의 재고자산에서 제외하는 것을 원칙으로 하며, 특수한 경우에만 인도 후에도 판매자의 재고자산으로 처리할 수 있다.

4 시송품

시송품의 경우에는 거래처에서 구매하겠다는 의사를 표명하기 전에는 판매자의 재고자산에 해당한다. 다만, 거래처에서 시송품으로 계상된 금액 이상을 추가 주문한 경우에는 그 초과한 부분에 대해서는 인도기준원칙에 따라 매매가 이루어진 것으로 본다.

5 저당상품

저당으로 제공한 상품의 소유권은 담보제공자에게 있다. 저당상품(Pledged Goods)은 담보제공자의 기말재고에 포함하고 이 사실을 재무제표의 추가정보로서 주기나 주석으로 표시한다.

6 매입주문품

계약금을 선지급한 매입주문상품은 상품매매거래가 성립되지 않았기 때문에 기말재고에 포함되지 않는다.

Ⅲ. 재고자산의 취득원가

취득원가는 취득과정에서 정상적으로 발생한 부대비용을 포함한 매입원가 또는 제조원가로 측정한다.

1 매입원가

매입가격에 재고자산의 취득에 직접적으로 관련된 정상적인 매입운임, 하역료 및 보험료 등을 가산하며, 관련된 할인, 매입에누리 등은 차감한다. 또한, 성격이 다른 재고자산을 일괄 구매한 때에는 각 공정가치 비율로 총매입원가를 배분하여 매입원가를 측정한다.

◉ 매입부대비용

매입부대비용에 포함하는 항목	매입부대비용에 포함하지 않는 항목
1. 매입운임, 하역료 및 보험료 2. 수입과 관련한 수입관세 및 제세금 3. 매입수수료, 통관비용, 관련금융비용	1. Usance 또는 D/A와 같은 연불조건으로 원자재를 수입하는 경우의 이자비용 2. 추가 생산단계에 투입하기 전에 필요한 경우 외에 보관비용 3. 판매비와 관리비 및 비효율적 사용으로 인한 비용

◉ 종전기준과 비교

구 분	기업회계기준서 제10호	종전 기업회계기준
매입부대비용	Usance Bill 또는 D/A Bill로 구입하는 원자재에서 발생하는 이자는 금융비용으로 처리	D/A Bill 또는 Shipper's Usance의 이자는 취득원가로, Banker's Usance의 이자는 당기비용으로 처리

*법인세법에서 취득원가로 보며, 단, 결산시 비용 계상시 인정함

2 제조원가

제품, 반제품 및 재공품 등 재고자산의 제조원가는 재무상태표 일까지 제조과정에서 발생한 직접재료비, 직접노무비, 제조와 관련된 변동 및 고정 제조간접비의 체계적인 배부액으로 한다.

① 실제 전부원가계산방법에 의하여 산정한다.

② 표준원가계산제도 사용 시에도 재무상태표 가액은 실제원가이어야 한다.

③ 고정제조간접비 배부방법

• 단위당 고정제조간접비 배부액은 정상조업도에 기초하여 배부하여야 한다.

④ 변동제조간접비의 배부

• 실제조업도에 기초하여 배부한다.

⑤ 포함될 수 없는 항목

• 재료비, 노무비 및 기타의 제조원가 중 비정상적으로 낭비된 부분

• 추가생산단계에 투입하기 전에 보관이 필요한 경우 외의 재고보관비용

• 판매비와 관리비

◉ 종전기준과 비교

구 분	기업회계기준서 제10호	기업회계기준
제조원가의 처리	기준서에 구체적으로 계산원칙을 규정	규정 없음

3 서비스기업의 재고자산 원가

서비스기업의 재고자산 원가는 서비스 제공에 직접 종사하는 인력의 인건비와 기타 직접 관련된 재료비 및 경비로 구성된다.

서비스 제공과 직접 관련이 없는 판매 및 일반 관리업무에 종사하는 인력의 인건비와 기타 관련경비는 포함되지 않고 발생기간의 비용으로 인식한다. 한편, 서비스기업의 재고는 재공품으로 계상할 수 있다.

비유동자산이란 사업에 이용할 목적으로 법인 내부에 장기간 보유하는 내용자산으로서 판매목적이 아니라 법인의 영업활동에 사용하기 위한 것이다.

1 비유동자산의 분류

자산을 유동자산과 비유동자산으로 분류하는 기준으로는 당해 자산 자체가 가지는 실체적 속성(예를 들어, 동산 또는 부동산 등)을 가지고 판단하나, 기업회계나 법인세법상에서는 당해 자산과 그 소유자 간에서의 기능적인 관계에 착안한 개념으로 이를 구분한다. 즉, 같은 부동산이라 하더라도 부동산매매업자가 매매목적으로 소유하는 것은 재고자산에 해당하고, 생산활동 또는 영업활동에 사용하기 위한 것은 비유동자산으로 분류된다.

비유동자산은 다음과 같이 분류한다.

<비유동자산>

비유동자산	계정과목 및 비유동자산		
① 투자자산	투 자 부 동 산 장 기 대 여 금	장 기 투 자 증 권 기　　　　　　　타	지 분 법 적 용 투　자　주　식
② 유형자산	토　　　　　　지 건　　　　　　물 구　　축　　물	기　계　장　치 선　　　　　박 차　량　운　반　구	비　　　　　품 건 설 중 인 자 산 기　　　　　타
③ 무형자산	영　　　업　　　권	산 업 재 산 권	개　　발　　비 기　　　　　타
④ 기타비유동자산	이 연 법 인 세 자 산	보　　　증　　　금	기　　　　　타

2 비유동자산의 자본적 지출

법인이 소유하는 감가상각자산의 내용연수를 연장하거나 당해 자산의 가치를 현실적으로 증가시키기 위하여 지출한 수선비를 말한다.

법령상에는 '법인이 소유하는 감가상각자산'에 대한 지출로 명시하고 있으나 그 보유단계에 한정하는 것이 아니라 취득단계에서도 자본적 지출이라는 용어를 빈번히 사용하고 있으며, 따라서 실무적으로는 자본적 지출이라는 용어를 매입부대비용 등의 개념과 혼용하여 사용하고 있다.

비유동자산에 대한 자본적 지출의 범위

자본적 지출은 다음과 같은 예에 따라 처리하는 것을 포함한다.

① 토지만을 사용할 목적으로 건축물이 있는 토지를 취득하여 그 건축물을 철거하거나, 자기소유의 토지상에 있는 임차인의 건축물을 취득하여 철거한 경우 철거한 건축물의 취득가액과 철거비용은 당해 토지에 대한 자본적 지출로 한다(97.4.1 개정).

② 토지구획정리사업의 결과 무상 할당하게 된 체비지를 대신하여 지급하는 금액은 토지에 대한 자본적지출로 한다.

③ 도시계획에 의한 도로공사로 인하여 공사비로 지출된 수익자부담금은 토지에 대한 자본적지출로 한다.

④ 공장 등의 시설을 신축 또는 증축함에 있어서 배수시설을 하게 됨으로써 공공하수도의 개축이 불가피하게 되어 그 공사비를 부담할 경우 그 공사비는 배수시설에 대한 자본적 지출로 한다.

⑤ 설치 중인 기계장치의 시운전을 위하여 지출된 비용에서 시운전기간 중 생산된 시제품을 처분하여 회수된 금액을 공제한 잔액은 기계장치의 자본적 지출로 한다.

⑥ 수입기계장치를 설치하기 위하여 지출한 외국인 기술자에 대한 식비 등 체재비는 기계장치에 대한 자본적 지출로 한다.

⑦ 영 제68조 제3항의 규정에 의한 장기할부조건으로 자산을 취득함에 있어서 이자상당액을 가산하여 매입가액을 확정하고 그 지불을 연불방법으로 한 경우의 이자상당액은 당해 자산에 대한 자본적 지출로 한다. 이 경우 당초 계약시 이자상당액을 당해 자산의 가액과 구분하여 지급하기로 한 때에도 또한 같다. 다만, 영 제72조 제3항 제1호의 규정에 의하여 계상한 현재가치할인차금과 매입가액 확정 후 연불대금 지급시에 이자상당액을 변동이자율로 재 계산함에 따라 증가된 이자 상당액은 그러하지 아니한다(2001.11.1 개정).

⑧ 부가가치세 면세사업자의 유형자산 취득에 따른 매입세액은 당해 자산에 대한 자본적 지출로 한다.

⑨ 사역용, 종축용, 착유용, 농업용 등에 사용하기 위하여 소, 말, 돼지, 면양 등을 사육하는 경우 그 목적에 사용될 때까지 사육을 위하여 지출한 사료비, 인건비, 경비 등은 이를 자본적 지출로 한다.

⑩ 목야지(초지)의 조성비 중 최초의 조성비는 토지에 대한 자본적 지출로 한다.

⑪ 토지, 건물만을 사용할 목적으로 첨가 취득한 기계장치 등을 처분함에 따라 발생한 손실은 토지, 건물의 취득가액에 의하여 안분계산한 금액을 각각 당해 자산에 대한 자본적 지출로 한다(85.1.1 신설).

⑫ 부동산 매매업자(주택신축판매업자를 포함한다)가 토지개발 또는 주택신축 등 당해 사업의 수행과 관련하여 그 토지의 일부를 도로용 등으로 국가 등에 무상으로 기증한 경우 그 토지가액은 잔존 토지에 대한 자본적 지출로 한다(97.4.1 신설).

⑬ 기계장치를 설치함에 있어서 동 기계장치의 하중에 의한 지반침하와 진동을 방지하기 위하여 당해 기계장치 설치장소에만 특별히 실시한 기초공사로서 동 기계장치에 직접적으로 연결된 기초공사에 소요된 금액은 이를 동 기계장치에 대한 자본적 지출로 한다(2001.11.1 신설).

③ 비유동자산의 수익적 지출

다음 각각의 지출은 자본적 지출에 해당하지 아니하는 것으로 한다.

① 건물 또는 벽의 도장

② 파손된 유리나 기와의 대체

③ 기계의 소모된 부속품 또는 벨트의 대체

④ 자동차 타이어의 대체

⑤ 재해를 입은 자산에 대한 외장의 복구·도장 및 유리의 삽입

⑥ 기타 조업 가능한 상태의 유지 등 ① 내지 ⑤와 유사한 것

이러한 비용은 발생 즉시 법인의 수익적 지출로 처리한다.

이러한 지출금액에 대하여는 그 지출의 구분에 불구하고 법인의 임의에 따라 직접 수익적 지출로 계상할 수 있다.

비유동자산에 대한 수익적 지출의 범위

수익적 지출에는 다음과 같은 예에 따라 처리하는 것을 포함한다(법 규칙 제17조), (2001.11.1 개정).

① 제조업을 영위하던 자가 새로운 공장을 취득하여 전에 사용하던 기계시설·집기비품·재고자산 등을 이전하기 위하여 지출한 운반비와 기계의 해체, 조립 및 상하차에 소요되는 인건비는 수익적 지출로 한다(85.1.1 개정).

② 임대차계약을 해지한 경우 임차자산에 대하여 지출한 자본적 지출 해당액의 미상각 잔액은 수익적 지출로 한다.

③ 분쇄기에 투입되는 강구(Steel Ball)비는 수익적 지출로 한다.

④ 유리제조업체의 병형(틀)비는 수익적 지출로 한다.

⑤ 23－31…1 제1호 이외의 사유로서 기존건축물을 철거하는 경우 기존 건축물의 장부가액과 철거비용은 수익적 지출로 한다(2001.11.1 개정).

④ 세무조정과 소득처분

(1) 자본적 지출을 수익적 지출로 계상한 경우

자본적 지출에 해당하는 비용을 법인이 수익적 지출로 계상한 경우에는 당해 금액을 즉시 손금불산입하는 것이 아니라 이를 즉시 상각한 것으로 본다. 따라서 법인의 감가상각비 계상액과 합산하여 감가상각비 시부인 계산을 하여 상각범위액 내라면 손금산입하고 상각부인액이 발생하면 손금 부인되는 효과를 가져온다.

(2) 수익적 지출을 자본적 지출로 계상한 경우

수익적 지출금액을 법인이 자본적 지출로 계상한 경우에는 먼저 당해 금액을 세무조정상 손금산입·유보처분한다.

그리고 당해 자산이 감가상각대상자산이라면 당해 자산에 대하여 수익적 지출금액을 가산하기 전의 상각기초액을 기준으로 계상한 감가상각비와 장부상 상각기초액을 기준으로 계상한 감가상각비와의 차액을 손금불산입·유보처분하여 종전의 유보금액과 점차 상계하여 가며, 이를 차기사업연도 이후의 상각부인액으로 이월할 것은 아니다.

❶ 개요

투자자산은 장기적인 투자수익을 위해 가진 채무증권과 지분증권, 지분법적용투자주식, 영업활동에서 사용되지 않는 토지와 설비자산, 설비확장 및 채무상환 등에 사용할 특정목적의 예금을 포함한다.

투자자산은 다음과 같다.

① 투자부동산
② 장기투자증권
③ 지분법 적용 투자주식
④ 장기대여금
⑤ 기타 투자자산

❷ 투자부동산

투자의 목적 또는 비영업용으로 소유하고 있는 투자건물 및 기타의 부동산을 말한다. 투자목적 또는 비영업용으로 소유하고 있는 부동산은 영업활동을 위하여 보유하고 있는 부동산과는 구분하여 표시하여야 한다.

아울러 투자부동산은 유형자산과 같이 감가상각비를 계상하여서는 안된다. 물론 시간이 지남에 따라서 감가가 될 수도 있지만, 수익·비용대응의 원칙에 따라 투자부동산을 처분할 때 그 취득원가와 처분가액과의 차이는 이익으로 인식해야 한다.

❸ 유가증권

당좌자산 중 유가증권은 매입액에 부대비용을 가산하고 이에 총평균법, 이동평균법을 적용하여 취득원가를 산정하고 공정가액을 재무상태표기액으로 표시한다. 여기서 공정가액이란 시가를 말하며 시가란 거래소나 코스닥의 재무상태표일 가격이나 제삼자 간의 교환 가능가액을 말한다. 즉 시가법으로 평가한다.

(1) 세법상 유가증권 평가방법

◉ 주식 및 국공채 등

유가증권의 평가는 원가법으로 다음의 방법으로 평가한다.

① 개별법(채권)

② 총평균법

③ 이동평균법

◉ 창투사의 창업자 및 벤처기업주식

투자회사가 부도가 나면 보유주식총액을 시가에 의하여 평가하여 감액할 수 있으며 1,000
원은 남겨둔다.

(2) 유가증권 평가방법 요약

평가대상자산	평가방법		
	신고시 (신고한 방법)	무신고시	신고방법 외 방법으로 평 가 시 변경신고 없이 신 고방법 변경 시
•제품 및 상품 •반제품 및 재공품 •원재료 •저장품	•원가법 　개별법, 선입선출법, 후입선출법, 　총평균법, 이동평균법, 매가환 　원법 •저가법 　원가법과 기업회계기준에 따 　라 시가로 평가한 가액중 낮 　은 가액	•부동산: 개별법 •기타자산: 선입선 　출법	•선입선출법·신고한 평가방 　법 중 큰 금액의 평가방법 •매매용부동산은 개별법
•유가증권	•원가법 중 개별법(채권의 경우 　에 한함), 총평균법, 이동평균법	•원가법 중 총평균 　법	•총평균법·신고한 평가방법 　중 큰 금액의 평가방법

(3) 기타평가방법

◉ 파손품 등의 평가

재고자산 중에서 파손·부패 기타 사유로 인하여 정상가액으로 판매할 수 없는 것은 처분
가능한 시가로 평가할 수 있음

◉ 창업투자회사 출자한 벤처기업 주식의 평가

중소기업창업투자회사와 신기술사업금융회사가 보유하는 창업자 또는 신기술회사 발행주
식 중 주식발행 법인이 부도가 발생한 경우 시가에 의한 평가차손을 손금산입 함.

※ '시가'란 상속세 및 증여세법의 규정을 준용하여 평가한 가액을 말하고, 창업자별로 보유주식총액을

시가로 평가한 금액이 1,000원 이하인 경우 1,000원을 시가로 본다.

(4) 유가증권 평가손익 세무조정

● 시장성 있는 유가증권평가 손익

유가증권평가이익은 익금불산입(△유보) 하며 유가증권평가손실은 손금불산입(유보) 처리한다.

● 시장성 있는 투자주식의 평가손익

시가가 장부가액을 초과하며 투자주식평가이익이 발생한 경우(회사에서 자본조정으로 처리한다.)

차) 투자주식	×××	대)투자주식평가이익(자본조정계정) ×××

① 투자주식 손금산입(△유보) – 자산감액처리
② 투자주식평가이익 손금불산입(기타)
③ 이후 평가손실로 상계된 경우 또는 주식매각 시 동 금액을 손금불산입(유보) 동시에 손금산입(기타) 처분한다.

(5) 회계사례

예제 다음의 시장성 있는 투자주식의 평가내역을 보고 회계처리 해 보자.

① 20×0년 12월 31일 현재

종목별 주식	취득원가	시장가치	차 이
갑주식	1,000,000	2,000,000	1,000,000
을주식	3,000,000	2,000,000	(1,000,000)
병주식	5,000,000	6,000,000	1,000,000
계	9,000,000	10,000,000	1,000,000

② 20×1년 7월 1일에 갑주식을 2,500,000원에 처분하였다.
③ 20×1년 12월 31일 현재

종목별 주식	취득원가	시장가치	차 이
을주식	3,000,000	2,500,000	(500,000)
병주식	5,000,000	4,500,000	(500,000)
계	8,000,000	7,000,000	(1,000,000)

 ❶ 20×0년 12월 31일 시장성 투자주식의 평가

차) 투자유가증권평가손실 1,000,000원	대) 투자유가증권평가이익　2,000,000원
(자본조정)	(자본조정)
투자유가증권　　　　1,000,000원	

투자유가증권 평가손익을 상계하여 표시하면 다음과 같다.

차) 투자유가증권　　　　1,000,000원	대) 투자유가증권평가이익 1,000,000원
	(자본조정)

❷ 20×1년 7월 1일 갑주식 매각

차) 현금　　　　　　　2,500,000원	대) 투자유가증권　　　2,000,000원
투자유가증권 평가이익　1,000,000원	투자유가증권 처분이익　1,500,000원

❸ 20×1년 12월 31일 시장성 투자주식의 평가

차) 투자유가증권평가손실 1,000,000원	대) 투자유가증권　　　　1,000,000원

투자유가증권 평가이익 잔액이 있으면 우선 상계한다.

예제　다음 사항에 대해 지분법 적용 투자주식을 평가하여 분개하자.
① 20×0년 1월 3일 B사의 주식 50%를 주당 10,000원씩 10,000주를 취득하다.
② 20×0년 12월 31일 B사의 당기순이익이 100,000,000원이고 자본잉여금이 50,000,000원 증가하였다.
③ 20×1년 3. 31일 주총에서 현금배당 10,000,000원 결의한다.

해설　❶ 20×0년 1월 3일 주식취득 시

차) 투자유가증권　　100,000,000원	대) 현금　　　　　100,000,000원

❷ 20×0년 12월 31일 당기순이익 및 자본잉여금의 증가

차) 투자유가증권　　75,000,000원	대) 지분법평가이익　　　50,000,000원
	투자유가증권평가이익　25,000,000원

❸ 20×1년 3월 31일 현금배당결의

차) 미수배당금　　5,000,000원	대) 투자유가증권　　5,000,000원

4 투자유가증권

투자유가증권이란 유가증권에 속하지 아니하는 유가증권으로서 투자목적(수익목적)으로 소유하는 주식, 사채 및 국·공채, 출자금 등을 말한다. 투자유가증권은

① 시장성이 없거나

② 장기간 현금화하지 않겠다는 의도를 가진 유가증권을 말한다.

③ 특수관계인 간의 지배목적투자주식 등으로 유가증권에 속하지 아니하는 것을 말한다.

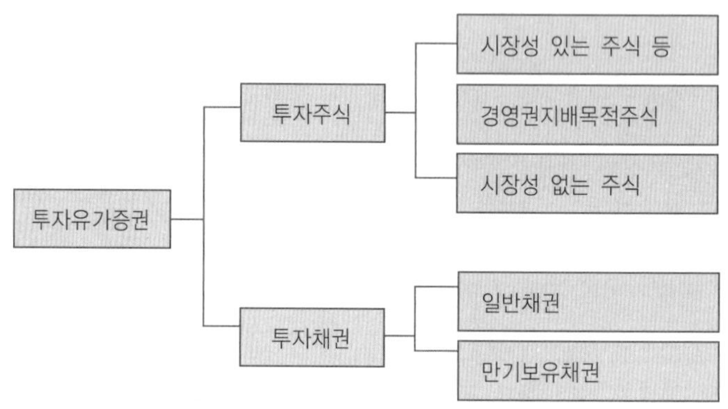

(1) 시장성 있는 주식

시장성 있는 주식 등은 거래소 코스닥 등에서 거래되는 주식을 말하며 이는 매입가에 부대비용을 가산한 가액으로 하고 공정가액을 재무상태표기액으로 한다. 여기서 공정가액이란 거래소·코스닥 등에서 거래되는 가액을 말한다. 이때 시가와 장부가액과의 차액은 투자유가증권 평가손익으로 하여 자본조정계정으로 처리한다.

지분법 적용 제외되는 시장성 있는 투자주식의 공정가액이 하락하여 회복가능성이 없는 경우 투자유가증권 감액손실의 계정과목으로 당기순손실로 처리하며 동 투자유가증권의 투자유가증권평가손익을 합산하며 차기 이후 동 투자유가증권감액손실을 계상한 동 투자주식의 평가에 따라 발생한 평가차액은 자본조정항목으로 처리한다.

(2) 경영권 지배목적 주식

지분법을 적용하여 평가한 가액을 재무상태표가액으로 하고 장부가액과 재무상태표가액과의 차이가 피투자회사의 당기순이익 또는 당기순손실 때문에 발생하였으면 지분법평가이익 또는 지분법평가손실의 과목으로 하여 당기순이익의 증가 또는 감소로 처리하고, 이익잉여금의 증가 또는 감소에 따른 경우에는 이익잉여금의 증가 또는 이익잉여금의 감소로 하고, 자본잉여금 및 자본조정의 증가 또는 감소에 따른 경우에는 투자유가증권평가이익 또는 투자유가

증권평가손실의 과목으로 하여 자본조정의 증가 또는 감소로 처리한다.

여기서 중대한 영향력을 행사할 수 있는 주식이란 발행주식 총수의 20% 이상의 주식을 소유하고 있는 경우로서 특별한 사유가 없는 한 중대한 영향력이 있는 것으로 본다.

(3) 시장성 없는 투자주식

경영권 소유를 목적으로 하지 않는 시장성 없는 투자주식은 원가법으로 평가한다. 그러나 순자산가액으로 하락하여 회복할 가능성이 없는 경우에는 당해 투자주식의 취득원가를 순자산가액으로 조정하고, 애초의 취득원가와 조정된 가액과의 차액을 투자유가증권감액손실의 과목으로 하여 당기순손실로 처리한다.

다만, 차기 이후에 감액한 투자주식의 순자산가액이 회복된 경우에는 감액 전 장부가액을 한도로 하여 회복된 금액을 투자유가증권감액손실 환입의 과목으로 하여 당기 이익으로 처리한다. 이 경우 순자산 가액의 산정은 당해 주식발행회사의 재무상태표 상 순자산가액에 의한다.

(4) 일반채권의 평가

투자채권의 장부가액이 공정가액과 다른 경우에는 공정가액을 재무상태표 액으로 하며 그 차액을 투자유가증권평가이익 또는 투자유가증권평가손실의 과목으로 하여 자본조정으로 처리한다. 위의 규정을 적용에서 투자채권의 공정가액이 하락하여 회복할 가능성이 없는 경우에는 당해 투자채권의 장부가액과 공정가액의 차액을 투자유가증권 감액손실의 과목으로 하여 당기손실로 처리하며, 동 투자채권과 관련된 투자유가증권평가이익 또는 투자유가증권평가손실은 투자유가증권 감액손실에서 차감하거나 부가한다. 다만, 차기 이후 투자유가증권 감액손실을 계상한 동 투자채권에 대한 평가에 따라 발생한 차액은 자본조정항목으로 처리한다.

(5) 만기보유목적으로 취득하고 실질적으로 만기까지 보유할 수 있는 경우

투자채권 중 만기보유목적으로 취득하고 이를 실질적으로 만기까지 보유할 수 있을 때에는 위 규정에 불구하고 취득원가를 재무상태표 가액으로 한다. 다만, 취득원가와 액면가가 다른 것은 그 차액을 상환기간에 걸쳐 유효이자율법을 적용하여 가감한 금액을 재무상태표 가액으로 한다.

위의 규정을 적용에서 투자채권의 공정가액이 하락하여 회복할 가능성이 없는 경우에는 당해 투자채권의 장부가액을 공정가액으로 조정하고, 당초의 장부가액과 공정가액과의 차이를 투자유가증권감액손실의 과목으로 하여 당기손실로 처리한다. 다만, 차기 이후에 감액한 투자채권의 공정가액이 회복된 경우에는 당해 투자채권이 감액되지 않았을 경우의 장부가액을 한

도로 하여 회복된 금액을 투자유가증권 감액손실 환입의 과목으로 하여 당기이익으로 처리한
다.

5 장기대여금

유동자산에 속하지 아니하는 장기의 대여금으로 한다.

6 이연법인세차

일시적 차이로 법인세법 등의 법령에 따라 내야 할 금액이 법인세 비용을 초과하는 경우 그
초과하는 금액과 이월결손금 등에서 발생한 법인세 초과액을 말한다.

7 장기성 매출채권

유동자산에 속하지 아니하는 일반적 상거래에서 발생한 장기의 외상매출금 및 받을어음으
로 한다. 장기성 매출채권에 대하여는 대손충당금을 설정하여 평가하고 그 대손상각비는 판매
비와 관리비로 처리한다.

장기성 매출채권의 액면가액(명목가액)과 현재가치의 차이가 중요한 경우에는 이를 현재가
치로 평가하며 그 차액은 현재가치할인차금의 과목으로 하여 유효이자율법을 적용하여 상각
또는 환입하고, 이를 이자비용 또는 이자수익의 과목으로 계상한다.

사례 갑 회사는 20×3. 1월 1일 A 제품을 30,000,000원에 매출하고 그 대금은 매연도 말 10,000,000원
씩 3년간 회수하기로 하였다. 유효이자율법에 따라 회계처리하고 유효이자율은 연 10%이다.

❶ 20×3. 1월 1일 제품매출 시

차) 장기성매출채권	30,000,000원	대) 매출	24,868,520원
		현재가치할인차금	5,131,480원

$$현재가치 = \frac{10,000,000}{(1+0.1)} + \frac{10,000,000}{(1+0.1)^2} + \frac{10,000,000}{(1+0.1)^3} = 10,000,000 \times 2.486852 = 24,868,520$$

❷ 20×3. 12월 31일 외상채권 회수 시

차) 현금	10,000,000원	대) 장기성매출채권	10,000,000원
현재가치할인차금	2,486,852원	이자수익	2,486,852원

이자수익 : 24,868,520×10% = 2,486,852

❸ 20×0년 12월 31일 외상채권 회수 시

| 차) 현금 | 10,000,000원 | 대) 장기성매출채권 | 10,000,000원 |
| 현재가치할인차금 | 1,735,537원 | 이자수익 | 1,735,537원 |

*〈20,000,000 − (5,131,480 − 2,486,852)〉×10% = 1,735,537

❹ 20×1년 12월 31일 잔금 회수 시

| 차) 현금 | 10,000,000원 | 대) 장기성매출채권 | 10,000,000원 |
| 현재가치할인차금 | 909,091원 | 이자수익 | 909,091원 |

*(10,000,000 − 909,091)×10% = 909,091

8 기타 투자자산

그 밖의 투자자산으로 콘도회원권, 골프회원권, 스포츠시설이용권 등이 있다.

유동자산과 투자자산의 관계

- 회사의 자산을 유동자산으로 운용하거나 투자자산으로 운영하는 것은 회사경영자의 의사에 따라 구성할 수 있다. 유동자산은 당좌자산, 재고자산으로 그 자체가 수익을 많이 발생시키지는 않는다. 즉 기업의 영업활동을 위해 불가피하게 보유하는 자산이다. 그러나 투자자산은 보유 그 자체가 투자수익을 목적으로 투자한 자산이다.
- 유동자산을 많이 보유하면 당좌자산은 기업의 불시 자금지급요구에 여유있게 대처할 수 있고 재고자산은 재고고갈을 방지하여 원활한 영업활동을 할 수 있는 것이다. 그러나 과도한 당좌자산의 보유는 기업의 투자수익력을 떨어뜨리고 과도한 재고보유는 외부자금의존도를 심화시켜 금융비용을 증가시킬 것이다.
- 기업의 재무담당자는 기업자금을 유동자산과 투자자산에 적절히 안분하여 기업의 투자수익력을 높여야하고 유동자산에 적절히 분배하여 기업의 원활한 영업활동이 이루어질 수 있도록 하여야 한다. 일반적으로 유동자산과 투자자산의 최적배분이 이루어진 상태에서 투자자산이 총자산에서 차지하는 비율이 많다면 여유자금이 많다는 것을 알 수 있다.

유형자산과 무형자산과의 구분

- 유·무형자산은 기업이 영업목적을 달성하기 위하여 판매목적이 아닌 장기적 이용목적에 제공된 또는 장기간 소유하게 되는 자산을 총칭한다. 유·무형자산은 유형자산과 무형자산으로 구분되는데 유형자산은 실물의 형체가 육안으로 확인되어 구체적이고 물질적인 자산으로 부동산은 등기에 의해, 동산은 인도에 의해 소유권이 취득되는 자산이다.
- 무형자산은 유형자산이 갖는 구체적 물질적 특수성을 가지고 있지 않으면서 동 자산을 소유함으로써 장기간에 걸쳐 특수한 효력을 누릴 수 있는 권리로서 특허권이나 지상권, 상품권 등과 같이 등기등록에 의해 보호되거나 영업권이나 기술적 노하우처럼 양도에 의해 취득된다.

1　개요

유형자산은 상각자산과 비상각자산으로 구분하며, 상각자산은 사용 또는 시간이 경과함에 따라 가치가 점차로 감소하기 때문에 감가상각의 방법에 따라 그에 관계된 비용을 배분하지 않으면 안 되는 자산을 말한다.

◉ 상각자산

상각자산에 속하는 주요의 항목은 다음과 같은 것이 있다.
①건물 ② 축물 ③기계장치 ④선박 ⑤차량운반구 ⑥공구와 기구 ⑦비품

◉ 비상각자산

비상각자산은 상각이 되지 않는 자산으로 다음과 같은 것이 있다.
①토지 ②건설중인(고정)자산 ③미가동자산.

◉ 유형자산의 종류

유형자산은 다음과 같이 분류할 수 있다.
① 토지
② 건물
③ 구축물
④ 기계장치
⑤ 건설중인 자산
⑥ 기타자산 (차량운반구, 선박, 비품, 공기구 등)

2　토지

대지·임야·전답·잡종지·공장유지 등으로 구분처리 한다. 토지는 영구자산(Permanent Property)으로서 감가상각의 대상에서 제외되나, 광업용 토지, 특수한 화학공업용 토지 등을 상각자산으로 취급되는 예도 있다.

특히, 광산자원이 소진된 때에는 광산용 토지는 거의 그 가치를 상실하고 말게 되는 경우가 많으며, 또 화학공업회사가 장기간 사용한 공장의 부지는 공장을 다른 곳으로 이전시킨 뒤에도 다른 목적으로 사용하기가 곤란하여 사용가치가 현저하게 하락하게 되는 것이 보통이다.

❸ 건물

건물과 냉난방·조명·통풍 및 기타의 건물부속설비로 한다.

사례 ❶ 건물과 토지를 50,000,000원에 구매하다.

| 차) 토지 | 30,000,000원 | 대) 현금 | 50,000,000원 |
| 건물 | 20,000,000원 | | |

※ 토지·건물을 기준시가에 의해 나눈다.

❷ 건물을 200,000,000원에 구매

| 차) 건물 | 200,000,000원 | 대) 현금 | 200,000,000원 |

❸ 기말결산 시 감가상각 계상(가정: 정액법, 내용연수 5년)

| 차) 건물감가상각비 | 40,000,000원 | 대) 감가상각누계액 | 40,000,000원 |

❹ 건물을 190,000,000원에 처분하다(가정: 감가상각누계액 40,000,000원).

| 차) 현금 | 190,000,000원 | 대) 건물 | 200,000,000원 |
| 감가상각누계액 | 40,000,000원 | 유형자산처분이익 | 30,000,000원 |

❹ 구축물

선박·교량·안벽·부교·궤도·저수지·갱도·굴뚝·정원설비, 폐수처리시설, 조명시설, 담장 및 기타의 토목 설비 또는 공작물 등으로 한다.

사례 ❶ 공장의 조명시설을 갖추는데 10,000,000원을 지출하다.

| 차) 구축물 | 10,000,000원 | 대) 현금 | 10,000,000원 |

❷ 공장의 조명시설 철거하다(감가상각누계액: 8,000,000원).

| 차) 감가상각누계액 | 8,000,000원 | 대) 구축물 | 10,000,000원 |
| 유형자산폐기손실 | 2,000,000원 | | |

❺ 기계장치

기계장치·운송설비(콘베어·호이스트 기중기 등)와 기타의 부속설비로 한다.

 ❶ 기계장치를 20,000,000원에 구매하면서 부가세 2,000,000원 운송비 100,000원을 지급하다.

차) 기계장치	20,100,000원	대) 현금	22,100,0000원
부가세	2,000,000원		

❷ 기계장치를 5,800,000원에 매각하다. (가정: 감가상각누계액: 10,000,000원)

차) 현금	5,800,000원	대) 기계장치	20,100,000원
감가상각누계액	10,000,000원		
유형자산처분손실	4,300,000원		

6 건설 중인 자산

유형자산의 건설·제작을 위한 재료비, 노무비 및 경비로 하되, 건설을 위하여 지출한 도급금액 또는 취득한 기계 등을 포함한다. 또한, 유형자산 취득을 위한 계약금, 중도금을 포함한다.

7 차량운반구

차량운반구는 주로 육상운송용 차량을 말하며 소유권 등기를 하여야 한다.

8 선박

선박과 기타의 수상운반구 등으로 한다(선박은 법률상 부동산으로 인정되어 취득 시 선박등기부에 소유권등기를 하여야 한다).

 ❶ 모래운반선 10,000,000원을 주고 구매하다.

차) 선박	10,000,000원	대) 현금	10,000,000원

❷ 결산 기말에 감가상각비를 계상하였다(가정: 감가상각비 계상 2,000,000원).

차) 감가상각비	2,000,000원	대) 감가상각누계액	2,000,000원

9 비품

비품은 공장이나 사업현장에서 사용되기보단 주로 사무용이나 영업용도로서 원활한 관리활동을 위해 사용되는 도구들로서 팩시밀리, 컴퓨터, 책상, 의자, 소파, 사무용 가구, 금고, 에어

컨, 자동판매기, 냉장고, TV, 비디오, 전화기, 복사기, 서화, 골동품, 정수기, 세탁기, 침대, 간판 등이 이에 해당한다.

내용연수가 1년 이상이고 상당액 이상의 것으로 한다.

사례 ❶ 복사기를 1,000,000원과 부가세 100,000원을 주고 샀다.

차) 비품	1,000,000원	대) 현금	1,100,000원
부가세대급금	100,000원		

❷ 복사기를 440,000원(부가세 포함)에 매각하였다(가정: 감가상각누계액 500,000원).

차) 현금	440,000원	대) 비품	1,000,000원
감가상각누계액	500,000	부가세예수금	40,000원
원			
유형자산처분손실	100,000원		

10 공구와 기구

내용연수가 1년 이상이고 상당액(보통 100만원 이상) 이상의 것으로 한다. 그 이하의 금액은 일반적으로 소모품비 계정으로 즉시 비용처리 한다.

(1) 공구

공구는 기계나 장치로 공장의 현장 작업에 직접적으로 사용되는 것을 말한다.
①측정 ②검사 ③절삭공구 등이 해당한다.

(2) 기구

기구는 일정한 기능을 가지고 공장의 현장 작업에 간접적으로 사용되는 것을 말한다.
①전압계 ②온도계 ③속도계 ④실험기 ⑤계산기 ⑥소화기 등이 있다.

사례 공구와 기구는 자산항목으로 증가는 차변에, 감소는 대변에 기록한다.
절삭용 공구를 1,000,000원, 부가세 100,000원을 주고 구매하다.

차) 공구와 기구	1,000,000원	대) 현금	1,100,000원
부가세대급금	100,000원		

11 유형자산의 취득원가

유형자산의 취득원가는 당해 자산의 제작원가 또는 매입액에 취득부대비용을 가산한 금액으로 한다.

(1) 토지의 취득원가

토지의 취득원가는 취득원가, 취득세, 등록세, 교육세, 농특세, 등기비, 중개수수료, 정지비용, 토지개량비용, 포장비, 배수장치 등의 비용을 포함한다.

(2) 건물의 취득원가

건물의 취득원가는 취득원가, 취득세, 등록세, 교육세 등으로 하며 자가 건설하는 경우는 건설에 소요된 재료비, 노무비, 제조경비, 건설자금이자 등으로 한다.

(3) 기계장치의 취득원가

기계장치의 취득원가는 그 구매원가와 사용·준비에 소요되는 원가로 나누며 그 내용은 구매원가, 운임, 보험료, 분해, 조립비용, 시운전비, 기타 비용 등이 있다.

참고 유형자산은 기업의 생산능력을 의미하므로 유형자산이 증가하는 것은 기업의 생산능력이 향상하였다는 것을 의미하므로 유형자산이 증가하면 매출의 증가를 기대할 수 있다. 또한, 유형자산투자 금액만큼의 자금이 자본금과 고정부채 등 장기자금에서 전달되었다면 기업의 자금조달이 안정적이라고 할 수 있다.

무형자산

1 개요

무형자산은 유형자산이 갖는 구체적·물리적 특수성은 없으나 장기간에 걸쳐 경영에 이용됨으로써 특수한 효익을 얻을 수 있는 권리이다.

따라서 무형자산이 갖는 특질로서 다음과 같이 분류할 수 있다.

① 비물질성(Immateriality)

② 장래에 향유할 효익에 대한 불확실성(Uncertainty)

③ 기업 전체의 가치로부터 분리 불가능

④ 물리적 상태나 현재 시장가치의 확정으로 자산가치의 측정 불가능

⑤ 대체하여 사용 또는 전용이 불가능

⑥ 장래 효익에 대한 가치를 도출할 자산결정의 곤란 등을 들 수 있다.

⊕ 무형자산의 종류

①영업권 ②산업재산권 ③개발비 ④기타

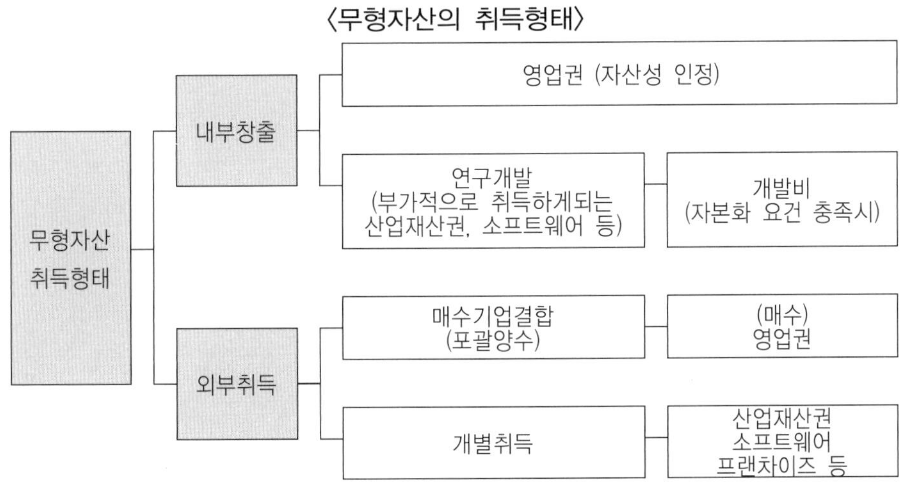

② 영업권

영업권은 합병·영업양수 및 전세권 취득 등은 유상으로 취득한 것으로 한다.

[사례] ❶ 당사는 (주)놀부의 정보통신 보안분야 사업부문을 40,000,000원에 인수하다.
[취득]

차) 영업권	40,000,000원	대) 현금	40,000,000원

❷ 기말에 영업권을 상각하다(5년 균등상각).
[상각]

차) 영업권상각	8,000,000원	대) 영업권	8,000,000원

* 상법과 세법에서는 5년간에 균등액을 상각하도록 하고 있으며 영업권은 무형자산의 차감항목으로 한다.

세법에서 규정하는 영업권

① 피합병법인 또는 분할법인의 상호·거래관계 기타 영업상의 비밀 등으로 사업상 가치가 있어 대가를 지급한 것에 한하여 이를 감가상각자산으로 함
② 사업의 양도·양수과정에서 양도·양수자산과는 별도로 양도사업에 관한 허가·인가 등 법률상의 지위·사업상 편리한 지리적 여건, 영업상의비법, 신용 명성거래선 등 영업상의 이점 등을 감안하여 적절한 평가방법에 따라 유상으로 취득한 금액
③ 설립인가, 특정사업의 면허 사업의 개시 등과 관련하여 기금·입회금 등으로서 반환청구를 할 수 없는 금액과 기부금 등

③ 산업재산권

산업재산권은 법률에 따라 일정기간 독립적 배타적으로 이용할 수 있는 권리로서 특허권, 실용신안권, 의장권 및 상표권 등을 처리하는 계정이다.

(1) 특허권

특수한 발명이나 사실에 대하여 특허법상 그 발명인과 소유자에게 일정기간 그 발명품의 제조 및 판매에 관하여 부여하는 특권이다. 세법상 내용연수는 10년이다.

(2) 실용신안권

물품에 관하여 형상·구조 또는 그 결합에서 실용성 있는 신규의 공업적 고안을 하였을 때 실용신안법에 따라 등록함으로써 발생하는 권리이다. 세법상 내용연수는 5년이다.

(3) 의장권

물품의 모양·색채 또는 이들의 결합으로써 미감을 일으켜 상품의 판매를 촉진할 수 있는 전용권을 말하는 것으로 신규 의장의 공업적 고안을 하였을 때 의장법에 따라 등록함으로써 발생한다. 세법상 내용연수는 5년이다.

(4) 상표권

동종의 타인 상품과 구별하기 위하여 특정상품에 문자·도형·기호·색채 등에 대하여 표창하는 상표의 전용권을 말하며, 상표법에 따라 등록함으로써 발생하는 권리이다. 세법상 내용연수는 5년이다.

참고

❶ 특허출원을 하면서 관련 비용으로 1,000,000원을 지급하다.
[특허출원]

차) 선급금	1,000,000원	대) 현금	1,000,000원

❷ 특허권을 취득하였다.
[출원 후 취득]

차) 특허권	1,000,000원	대) 선급금	1,000,000원

❸ 기말에 출원한 기술이 특허로 취득 가능성이 없다고 판단되었다(이후 실제 기각됨).
[특허기각]

차) 특허권출원료	1,000,000원	대) 특허권(산업재산권)	1,000,000원

❹ 특허권을 상각하였다(10년 균등상각).
[특허권의 상각]

차) 특허권상각	100,000원	대) 특허권	100,000원
(무형자산상각비)		(산업재산권)	

❺ 특허권을 9,000,000원에 양도하였다(양도시까지 정액법으로 상각한 금액은 5,000,000원이다).

차) 현금	9,000,000원	대) 특허권(산업재산권)	5,000,000원
		무형자산처분이익	4,000,000원

4 개발비

개발비란, 신제품 신기술 등의 개발과 관련하여 발생한 비용(소프트웨어 개발과 관련된 내용을 포함한다)으로서 개별적으로 식별 가능하고 미래의 경제적 효익을 확실하게 기대할 수 있는 것으로 한다(판매·사용 가능한 시점부터 5년에서 20년 이내의 기간에 균등 상각한다. 세법 동일, 2003년 개정).

(1) 개발비

개발활동 관련비용 중 다음의 요건을 개발비의 무형자산으로 처리한다.
① 제품 등이 명확히 정의되고 개발과 관련된 비용을 개별적으로 식별하여 측정할 수 있는 경우
② 제품 등을 생산하는 것이 기술적으로 실현 가능하다는 사실을 입증할 수 있는 경우

(2) 경상개발비

위의 요건 이외는 경상개발비로 제조원가 또는 판매비와 관리비로 처리한다.

사례

❶ 신제품 개발에 10,000,000원을 지급하다.
[지급]

차) 개발비	10,000,000원	대) 현금	10,000,000원

❷ 결산기에 10,000,000원을 상각하다(5년 균등상각).
[상각]

차) 무형자산상각	2,000,000원	대) 개발비	2,000,000원

5 광업권

광업권은 광구 내에 있어서 등록을 받은 광물 및 이와 동종의 광구 상에 존재하는 다른 광물을 채굴하여 그것을 취득할 수 있는 권리로서 광업권에 의하여 등록함으로써 부여되는 독점적·배타적 권리이다.

광업권은 세법상 20년의 내용연수가 인정되며, 상각방법은 정액법 또는 생산량비례법을 선택하여 적용할 수 있으나 무신고 시 생산량비례법을 적용하도록 하고 있다.

⑥ 어업권 (입어권 포함)

어업권은 수산업법에 따라 등록된 일정한 수면에서 어업을 경영할 권리를 말하며, 특정 어장을 대상으로 독점적·배타적으로 어업을 할 수 있는 권리이다. 세법에는 어업권을 10년간 상각하도록 하고 있다.

⑦ 차지권 (지상권 포함)

임차료 또는 지대를 지급하고 타인이 소유하는 토지를 사용·수익할 수 있는 권리로 한다. 차지권은 임차권과 지상권, 지역권을 유상으로 취득한 경우 무형자산으로 처리한다.

사례 토지를 임차하고 50,000,000원을 지급하였다(25,000,000원은 만기에 회수되며 권리금은 25,000,000원이다).

차) 임차보증금(투자자산)	25,000,000원	대) 현금		50,000,000원
차지권	25,000,000원			

(참고) 차지권은 내용연수표 상 상각 기간이 지정되어 있지 않다. 그리고 기업회계기준상 차지권은 무형자산이나 만기에 일부만 회수되므로 대개 권리금같이 소요된 경우 영업권으로 계상하기도 한다.

⑧ 기타 무형자산

기타무형자산은 사용권과 프랜차이즈, 저작권, 컴퓨터소프트웨어, 임차권리금 등을 포함한다. 다만, 이들 항목이 중요한 경우에는 개별 표시한다.

1 개요

기존 "기업회계기준"은 이연법인세자산이나 임차보증금같이 성격이 모호하여 다른 자산으로 분류하기 어려운 자산들을 투자자산에 포함했으나, 기업회계기준서 제21호 "재무제표의 작성과 표시 I"에서 이와 같은 자산들을 비유동자산의 기타비유동자산으로 분류하도록 하였다.

이러한 분류는 투자수익을 목적으로 보유하는 것으로 볼 수 없는 자산들을 투자자산에 포함하여 재무정보이용자를 오도할 수 있다는 문제를 해결하기 위한 것이다.

기타 비유동자산의 종류

기타비유동자산은 투자자산, 유형자산, 무형자산에 속하지 않는 비유동자산으로서 다음의 자산이다.

① 임차보증금
② 이연법인세자산(유동자산으로 분류되는 부분 제외)
③ 장기매출채권 및 장기미수금
④ 장기선급비용과 장기선급금

2 이연법인세자산

이연법인세자산은 차감할 일시적 차이와 이월공제가 가능한 세무상 결손금, 세액공제 및 소득공제 등으로 미래에 경감될 법인세부담액을 말한다. 이연법인세자산이 장기의 성격을 가지고 있더라도 현재가치평가를 하지 아니한다.

이연법인세자산 중 재무상태표일로부터 1년 이내에 경감될 법인세부담액은 유동자산의 당좌자산으로 분류한다. 이연법인세자산은 차감할 일시적 차이 등으로 미래에 경감될 법인세부담액으로서 미래의 현금흐름을 예측하는 데 유용한 정보를 제공하므로 구분 표시한다.

3 장기매출채권과 장기미수금

장기매출채권 및 장기미수금은 정상적인 영업주기를 지나서 회수될 것으로 예상하는 일반적 상거래 등에서 발생한 장기의 외상매출금, 받을어음 및 미수금으로 한다.

정상적인 영업주기 내에 회수될 장기매출채권과 장기미수금은 유동자산의 당좌자산으로 분류하되 1년 이내에 실현되지 않을 금액은 주석으로 기재한다.

이와 같은 장기매출채권 등은 형식적으로는 이자를 받지 않더라도 실질적으로는 이자가 발생하게 되어 있다. 장기성 매출채권은 실질적인 이자를 반영하기 위하여 현재가치로 기록하여야 한다.

4 임차보증금 등

전세권, 전신전화가입권, 임차보증금 및 영업보증금 등으로 한다.

5 장기선급비용과 장기선급금

장기선급비용과 장기선급금 등을 포함한다. 이들 자산은 투자수익이 없고 다른 자산으로 분류하기 어려워 기타로 통합하여 표시한다. 다만, 이들 항목이 중요한 경우에는 별도 표시한다.

5장
부채의 경리실무

1 부채의 특성

부채란 장래에 기업 외부의 개인·기업 또는 기타 조직체에 대하여 금전·재화 또는 용역을 제공해야 할 기업의 채무 또는 의무로서 정의할 수 있으며 다음과 같은 특성을 지니고 있다.

① 채무는 과거의 거래나 경제적 사건으로 발생하여 현재의 시점에 존재해야 한다. 채무는 재화와 용역의 조달 또는 현재 부채를 지고 있거나 장래에 부채를 질 것이 확실시되는 손실로부터 발생한다. 그러므로 우발채무로서 미래에 채무로서 확정될 수 있는 사건이 발생할 가능성을 합리적으로 판단할 수 없는 것은 채무로 계상하여서는 아니 된다.

② 양호한 사업관계를 하기 위해서 미래에 지급할 필요가 있거나 기업의 관행에 따라서 지급하는 유지적인 채무(Equitable Obligations)나 의무(Duties)도 부채로 계상하여야 한다.

③ 무조건의 상살권이 있는 계약상의 채무는 부채로 계상할 수 없다. 그러나 판매자가 자산을 계약의 대상으로만 구속시킨 경우에는 무조건의 상살권은 없다.

④ 현재로서는 정확히 그 시점을 파악 못 할 수도 있는 특정한 미래에 지급이 요구되는 금액으로서 확정된 만기지급금액이나 합리적으로 예측할 수 있는 채무상당액은 채무로 계상하여야 한다.

⑤ 정상적으로 볼 때 채무자는 확실하게 밝힐 수 있고 개인 또는 집단으로서 확정할 수 있어야 한다. 그러나 채권자는 현재 그의 청구권을 표명하거나 그 청구권이 존재한다는 사실을 꼭 알 필요가 없다. 즉, 채권자와 관련 없이 채무자를 확정할 수 있으면 부채는 존재하는 것이다.

2 부채의 분류

부채는 담보 여부, 이자발생 여부, 그 부채의 확정성 또는 증서 유무에 따라서도 분류할 수 있지만, 유동성 정도에 따라서 유동부채와 고정부채로 분류하는 것이 회계상 중요하다.

기업회계기준에서는 1년 이내에 상환하는 부채는 유동부채로 분류하고 있다. 이 방법을 장·단기 분류기준으로 1년 기준이라고 한다.

그러므로 결산일로부터 1년 이내에 상환해야 할 부채는 유동부채 또는 단기부채로 분류하고 1년 이후에 상환할 부채는 비유동부채 또는 장기부채로 분류하여야 한다.

유동부채와 비유동부채라 할지라도 일시상환이 아니고 분할 상환할 때 결산일 이후 1년 이내에 만기가 도래하는 부분은 유동부채로 분류하여야 한다.
① 유동부채 : 1년 이내 상환하는 부채
② 비유동부채 : 1년 이후 상환하는 부채

③ 부채의 계정과목

부채의 계정과목은 다음과 같다.

⟨부채의 계정과목⟩

부채	계정과목
유동부채	매입채무
	단기차입금
	미지급금
	선수금
	예수금
	미지급비용
	미지급법인세
	유동성장기부채
	선수수익
	가수금
	주주임원종업원의 단기차입금
	이연법인세 부채
	기타 등
비유동부채	사채
	장기차입금
	주주임원종업원의 장기차입금
	장기성매입채무
	퇴직급여충당금
	이연법인세대
	충당부채
	기타 등

1 개요

유동부채와 비유동부채의 구분은 상환기일이 재무상태표일로부터 1년을 경과하는 가의 여부에 따라 판단한다. 유동부채란 재무상태표일로부터 1년 이내에 상환될 것으로 기대되는 채무이다. 그러므로 기업의 부채 중 상환기일이 재무상태표일로부터 1년 이내의 부채는 모두 유동부채로 대분류한다.

❖ 유동부채의 종류

유동부채의 종류는 다음과 같다.

① 매입채무
② 단기차입금
③ 미지급금
④ 선수금
⑤ 예수금
⑥ 미지급비용
⑦ 미지급법인세
⑧ 미지급배당금
⑨ 유동성 장기부채
⑩ 선수수익
⑪ 단기부채성 충당금
⑫ 이연법인세 부채
⑬ 기타

2 매입채무

외상매입금은 일반적 상거래에서 발생한 매입채무로 한다. 그리고 실무적으로 외상매입금은 일상적인 거래관계에 의해서 상품·원재료 등과 같은 재고자산을 외상으로 매입하고 그 대금을 지급하지 아니한 채무를 말한다. 외상매입금은 재고자산의 구매와 대금지급의 시차에 의해서 발생하며, 보통 채무로서 존속기간이 짧으므로 유동부채로 분류한다.

일반적 상거래란 기업의 주된 영업활동과 관련된 매출과 대응된 매입(원가)에 의해서 발생한 매입채무를 말한다. 따라서 제조업이나 건설업의 외주가공비나 용역비, 극장의 영화사에 지급하고 있는 부금 등도 미지급금이 아닌 외상매입금계정에 기록하여야 한다.

지급어음은 일반적 상거래에서 발생한 어음상의 채무를 말한다. 이 금액은 외상매입금이 대부분 지급어음으로 결제되는 금액이다. 따라서 자금의 융통을 위해 발행한 융통어음이나 정상적인 매입채무가 아닌 고정자산구매 미지급금 등은 단기차입금과 미지급계정에 계상하여야 한다.

※ 계정과목을 개정된 기업회계기준에서는 "매입채무"라 하여 "외상매입금"과 "지급어음"을 동일시하여 하나의 계정과목으로 통합하였다.

사례

❶ (주)코페는 상품 10,000,000원을 부가세 별도로 외상매입 하였다.

차) 상품	10,000,000원	대) 외상매입금	11,000,000원
부가세대급금	1,000,000원	(또는 매입채무)	

❷ (주)코페는 상기의 상품매입대금에 대해 지급어음을 발행하여 결제하였다.

차) 외상매입금	11,000,000원	대) 지급어음	11,000,000원

※ 결산재무제표에서는 외상매입금과 지급어음을 합한 금액을 "매입채무"로 표시한다.

③ 단기차입금

단기차입금은 지급기한이 1년 미만의 차입금을 말한다. 차입형식에 따라 단기차입금은 증서차입·어음차입·당좌차월 등으로 구분한다.

이 중에서도 어음에 의한 차입금은 금융어음 또는 융통어음이라고 하여 상업어음(진성어음)과 구별하여 사용한다. 단기차입금이라 하더라도 주주·임원·종업원 또는 관계회사로부터 차용한 것은 일반 단기차입금과 구분하여 표시하여야 한다.

단기차입금에서 어음차입금 등은 주기표시 한다. 주기표시 예는 아래와 같다.

재 무 상 태 표

(주)코페	(단위 : 원)
① 단기차입금 (어음상의 차입금 100,000,000원)	200,000,000

 〈어음담보 차입〉

❶ [차입] 어음을 발행하고 200,000,000원의 선이자 2,000,000원을 차감하고 받았다.

차) 현금	198,000,000원	대) 단기차입금	200,000,000원
이자비용	2,000,000원	(어음상의 채무)	

❷ [결산] 미경과 이자가 1,200,000원이다.

차) 선급비용	1,200,000원	대) 이자비용	1,200,000원

❸ [상환]

차) 단기차입금	200,000,000원	대) 현금	200,000,000원
이자비용	1,200,000원	선급비용	1,200,000원

◐ 〈예금담보 차입〉

❶ [차입] 정기예금을 담보로 은행으로부터 운영자금 20,000,000원을 차입하다.

차) 현금	20,000,000원	대) 단기차입금	20,000,000원

❷ [상환] 차입금을 원금 20,000,000원과 이자 500,000원을 상환하다.

차) 단기차입금	20,000,000원	대) 현금	20,500,000원
이자비용	500,000원		

4 미지급금

외상매입금이 외상으로 상품 또는 원재료 등의 재고자산을 취득하는 경우에 계상되는 채무인데 반하여 미지급금은 재고자산 이외의 재무상태표상의 자산을 외상으로 취득함으로 인해 발생하는 채무이다.

예를 들면 건물을 외상으로 취득한 경우의 채무는 미지급금으로 계상하여야 한다. 미지급금은 구매대상이 무엇인가에 따라 외상매입금과 구분될 따름이지 기타 내용은 모두 같다.

또한, 어음으로 결제한 미지급금은 매입채무계정이 아닌 미지급계정에 합산하고 주기표시한다. 주기표시 예는 아래와 같다.

재 무 상 태 표

(주)코페	(단위 : 원)
① 미지급금 (어음상의 채무 200,000,000원)	500,000,000

 컴퓨터를 2,200,000원에 부가세를 포함하여 대금은 한달뒤에 주기로 하였다.

❶ [구매 20×1.7.1]

차) 비품	2,000,000원	대) 미지급금	2,200,000원
부가세대급금	200,000원		

❷ [지급 20×1.7.30]

차) 미지급금	2,200,000원	대) 현금	2,200,000원

5 선수금

선수금은 상품·제품·수주공사에 대한 대금의 전부 또는 일부를 미리 받았을 때 발생하였다가, 후일에 물품을 인도한다든가 또는 공사를 완료함으로써 소멸하는 부채이다. 선수금은 물품을 인도한다든가 또는 청부공사가 완료됨으로써 전액 수익으로 대체된다. 그러므로 선수금은 장래의 수익항목이다.

 ❶ [주문] 상품값 1,000,000원을 미리 받았다.

차) 현금	1,000,000원	대) 선수금	1,000,000원

❷ [납품] 주문받은 상품을 3,000,000원에 납품하였다.

차) 현금	2,000,000원	대) 매출	3,000,000원
선수금	1,000,000원		

6 예수금

예수금은 현금으로 반환하여야 할 영업상 또는 영업 외의 예수금액을 말한다. 예수금에는 예수보증금·예수유가증권·종업원예치금·종업원신원보증금·갑근세·지방소득세(주민세)·국민연금·의료보험예수금 등이 있다.

 ❶ 회사는 사원 7월분 급여 10,000,000원을 지급하고, 갑근세 1,000,000원, 지방소득세(주민세) 100,000원, 국민연금 300,000원, 의료보험료 400,000원을 예수하였다. 회사부담분 국민연금 300,000원 의료보험료 400,000원을 부담하다.

[7월 25일]

차) 급여	10,000,000원	대) 현금	8,200,000원
		예수금	1,800,000원

※ 차) 예수금·갑근세   1,000,000원   국민연금   300,000원
　　　지방소득세   100,000원   의료보험료   400,000원

❷ [7월 30일]

| 차) 복리후생비 | 400,000원 | 대) 미지급금 | 700,000원 |
| 세금과공과 | 300,000원 | | |

※ 복리후생비 : 회사부담국민연금 300,000원, 의료보험료 400,000

❸ [8월 10일] 갑근세 등 예수금 익월 10일 납부

| 차) 예수금 | 1,800,000원 | 대) 현금 | 2,500,000원 |
| 미지급금 | 700,000원 | | |

※ 상기 ❷번 분개를 구분 분개하는 경우

❹ 의료보험 납부시(사원부담금 400,000원, 회사부담금 400,000원)

| 차) 예수금 | 400,000원 | 대) 현금 | 800,000원 |
| 복리후생비 | 400,000원 | | |

❺ 국민연금납부시(사원부담금 300,000원, 회사부담금 300,000원)

| 차) 예수금 | 300,000원 | 대) 현금 | 600,000원 |
| 세금과 공과 | 300,000원 | | |

❻ 고용보험료 납부시

| 차) 예수금 | ××× | 대) 현금 | ××× |
| 복리후생비 | ××× | | |

7 미지급비용

미지급비용은 이미 발생한 비용으로서 손익계산서에 계상하였지만 대금을 지불하지 아니한 채무액이다. 그러므로 결산일에 수정분개할 때 나타나는 과목으로서 결산일 현재 비용을 발생시킨 해당 용역을 받고 있는가 아니면 이미 다 받은 상태인가에 관계없이 비용과 관련되는 채무는 모두 미지급비용이다.

사례　차입금이 1억원이며 매월 이자가 1백만원 씩 3개월마다 3백만원 지급하는데 10월 31일에 8, 9, 10월분 이자 3백만원을 지급하고 12월 31일 결산기를 맞았다.
[미지급비용: 11,12월분 이자 2,000,000원]

| 차) 이자비용 | 2,000,000원 | 대) 미지급비용 | 2,000,000원 |

8 미지급법인세

회계이론 상 법인세 등을 비용으로 보는 견해와 비용으로 보지 않는 견해가 있다. 기업회계
기준에서 법인세 등은 모든 수익과 비용을 대응시켜 발생한 법인세비용차감전순이익으로부터
차감하도록 한 것은 이를 반영하는 것이다. 이렇게 비용과 법인세 등의 본질상 차이가 있으므
로 미지급비용과 미지급법인세는 구분표시하고 있다. 법인세·주민세에 대한 미지급액을 포함
한다.

사례 　❶ 12월 결산법인으로 중간예납세액 2,000,000원을 납부
[예납 20×1.8.31]

차) 선급법인세	2,000,000원	대) 현금	2,000,000원

❷ 20×1 사업연도 법인세가 3,000,000으로 확정
[결산, 20×2.2.30, 20×1년 12월 31일자 전표발행)

차) 법인세비용	3,000,000원	대) 선급법인세	2,000,000원
		미지급법인세	1,000,000원

❸ 3월 말 법인세 1,000,000원을 납부 (20*6년 3월 31일자 전표발행)

차) 미지급법인세	1,000,000원	대) 보통예금	1,000,000원

9 유동성 장기부채

이미 언급한 바와 같이 분할상환하는 장기부채의 경우 결산일 현재 1년 이내에 상환해야
할 부분은 유동부채로 구분하여야 한다. 이 부분을 유동성 장기부채라 한다.

10 선수수익

일정기간 계속하여 기업이 외부에 용역을 제공하기로 계약한 경우, 그 용역제공에 앞서 미
리 대가를 수취하였을 때 선수수익이란 회계상의 부채가 생긴다. 이에는 선수이자·선수임대
료·선수수수료·선수가공비 등이 있다.

11 가수금

가수금은 현금을 수취하였으나 이것을 처리할 과목이 미확정인 일시적인 수입액을 말한다.
이것은 계정과목이 확정되는 경우에 해당 계정에 대체하여 처리하게 되며, 비망계정으로 재무

상태표에 표시하여서는 아니 된다. 결산 재무제표에서는 가수금계정은 적절한 계정과목으로
대체하여야 한다.

⑫ 주주·임원·종업원과 관계회사의 단기차입금

이러한 유형의 채무는 외부인이 아닌 특수관계인에 대한 채무이므로 상환조건과 이자지급
조건 등이 외부인에 대한 일반채무와는 차이가 날 수도 있기 때문에 별도 표시한다. 주주·임
원·종업원에 대한 채무와 관계회사에 대한 채무 중 1년 이내에 지급기간이 도래하는 채무는
주주·임원·종업원 단기채무와 관계회사 단기차입금으로 분류한다.

⑬ 이연법인세 부채

일시적 차이로 법인세비용이 법인세법 등의 법령에 따라 내야 할 금액을 초과하는 경우 초
과하는 금액으로 한다.

① 개요

비유동부채는 1년 기준에 따라 과거에 발생한 거래에 대해 계상된 현재의 채무액으로 결산일로부터 1년 이내에 만기가 도래하지 아니하는 부채이다. 고정부채는 유동부채와 비교하여 금융에 의한 기업성장을 위한 다소간 장기적 수단으로서 또는 주주에게 귀속되는 이익을 늘리기 위하여 활용된다.

장기채무자는 기업의 경영에 참가할 수 없으며, 이익발생 여부에 관계없이 약속된 금리 이자만 받으므로 내부수익률이 채무 상 표시된 이자율보다 높을 때 그 차액은 주주의 이익에 귀속된다. 반면에 내부수익률이 표시이자율보다 낮을 때 주주이익을 감소시키는 결과를 가져오므로 위험을 내포하고 있는 것도 사실이다.

비유동부채의 차입은 공식적인 절차를 밟아서 이루어진다. 보통 회사의 정관에는 사채를 발행되거나 기타 장기차입금을 차입할 때는 주주총회나 이사회의 승인을 받도록 규정하고 있다.

⚙ 종류

비유동부채의 종류는 다음과 같다.

① 사채

② 신주인수권부사채

③ 전환사채

④ 장기차입금

⑤ 퇴직급여충당부채

⑥ 장기제품보증충당부채

⑦ 이연법인세 부채

⑧ 기타

② 사채

사채는 장기채무를 수많은 단위로 분할함으로써 일반대중이 적은 자금을 가지고도 쉽게 구매할 수 있도록 하여 기업의 장기자금조달을 쉽게 하는 수단이다. 즉, 주식회사가 일반대중으로부터 장기간에 걸쳐 거액의 자금을 조달하기 위하여 회사의 확정채무임을 표시한 증권을 발행하고 계약에 따라 일정한 이자를 지급함과 동시에 일정시점에 원금을 상환할 것을 계약하고 차입한 채무를 사채라 한다.

이 경우는 수많은 일반대중으로부터 자금을 조달하기 때문에 한 개 차입처로부터 조달하는 것보다는 비교적 큰 자금을 조달할 수 있다. 사채와 관련하여 회계처리상 유의할 사항은 다음과 같다.

(1) 사채이자

사채는 이자비용이 발생하므로 결산기에는 사채이자에 대한 전표를 발생시켜야 한다. 일반적으로 사채이자 지급일이 결산일과 일치하지 않으므로 최종이자지급일과 결산일 간의 발생이자를 기간 계산하여 다음과 같이 전표를 발생시킨다.

차) 이자비용	×××	대) 미지급비용	×××

(2) 사채발행비

사채를 발행하면 금융기관에서 주관하여 일괄인수하거나 일반인에게 매각하므로 주관사 인수비용이나 사채권인쇄비 등이 발생하는바, 이러한 사채발행비는 사채발행가액에서 차감표시된다. 또한, 사채발행비는 사채할인발행차금에 합산하거나 할증발행차금에 차감되어 사채발행차금으로 합산되어 사채액면가에 차감표시되거나 합산되어 표시된다.

(3) 사채발행차금의 상각

사채의 발행가액은 액면가와 일치하지 않는 것이 대부분이다. 이는 사채 액면이자율이 금융시장의 실질이자율과 다르므로 발생한다. 대부분 사채 액면이자율이 시장이자율보다 낮으므로 사채를 할인발행하여 그 차액을 보전해주고 있다. 만약 액면이자율이 시장이자율보다 크다면 사채는 액면가 이상으로 발행되어 할증발행된다.

사채의 액면과 사채의 발생가액과의 차액을 사채할인(할증)발행차금이라 하여 사채에서 차감(합산) 표시하고 동 할인발행차금은 사채의 상환기간에 따라 적정하게(유효이자율법) 상각하여야 한다.

[결산 시 다음과 같이 전표 발생]

차) 사채할인발행차금상각	×××	대) 사채할인발행차금	×××

예제 (주)코페의 사채발행과 유효이자율법에 의한 사채할인발행차금을 상각하라
20×0년 1월 1일 액면 10,000,000원, 액면이자율 9%, 시장 이자율 10%일 때 사채를 발행한다. 사채발행비는 300,000원이고 3년 만기 회사채이다.

<풀이>

사채의 현재가치는 9,751,120원이다.

$$\frac{900,000}{(1+0.1)} + \frac{900,000}{(1+0.1)^2} + \frac{10,900,000}{(1+0.1)^3}$$

$$= 900,000 \times 2.^{4868} + 10,000,000 \times 0.^{7513} = 9,751,120$$

❶ [20×0년 1월 1일／사채 발행시]

차) 현금	9,751,120원	대) 사채	10,000,000원
사채할인발행차금	248,880원		
사채발행비	300,000원	현금	300,000원

*사채발행비는 사채 액면에 차감표시 한다.

❷ [20×0년 12월 31일／1차 연도 이자 지급 시]

액면이자＝10,000,000×9%＝900,000 지급

실질이자＝9,751,120×10%＝975,112

차) 사채이자비용	975,112원	대) 현금	900,000원
		사채할인발행차금	75,112원
사채발행비상각	100,000원	사채발행비	100,000원

※ 사채발행비상각은 사채이자비용으로 합산한다.

❸ 20×1년 12월 21일／2차 연도 이자 지급 시

실질이자＝(9,751,120＋75,112)×10%＝982,623

차) 사채이자비용	982,623원	대) 현금	900,000원
		사채할인차금	82,623원
사채발행비	100,000원	사채발행비	100,000원

* 3차연도 할인차금은 91,145원이다(248,880-75,112-82,623=91,145).

③ 장기차입금

장기차입금은 결산일로부터 1년 이후에 상환하면 되는 장기성 차입금이다. 장기차입금을 빌릴 때는 부동산담보를 제공하여야 하는 경우가 대부분이다.

장기차입금은 단기부채보다는 비교적 장기에 걸친 안정된 자금의 공급원이 된다. 장기성 금융어음을 발행한 경우에는 단기차입금에서의 경우와 마찬가지로 장기차입금에 포함하고 주기 함으로써 구분하여 준다.

장기차입금은 계속하여 고정부채로 남아 있는 것이 아니고 시간이 지남에 따라서 유동부채화한다.

당초에 장기차입금으로 빌린 경우에도 시간이 지나면 언제인가는 지급기한이 1년 미만으로 되는데 일시상환은 단기차입금으로 분류하고 분할상환하는 경우에는 결산일 현재 1년 이내에 상환해야 할 부분만을 '유동성 장기부채'로 분류하여야 한다.

❶ 설비자금 10,000,000원을 은행으로부터 5년 만기, 연 9% 이자 조건으로 차입하였다.

차) 현금	10,000,000원	대) 장기차입금	10,000,000원

❷ 상기 장기차입금 중 5,000,000원은 상환기일이 1년 유동성 장기부채로 대체하였다.

차) 장기차입금	5,000,000원	대) 유동성장기부채	5,000,000원

4 관계회사와 주주·임원·종업원의 장기차입금

이러한 유형의 장기차입금은 외부인이 아닌 특수관계인에 대한 채무이므로 이자 지급과 상환 등의 차입조건이 일반채무와 다를 가능성이 많으므로 별도과목으로 구분해 줌으로써 재무제표 이용자의 이해를 도와야 한다. 관계회사 및 주주·임원·종업원 장기차입금에 대한 차입조건은 재무제표 이용자의 주요 관심거리가 되므로 주석에 상세하게 표시해 주어야 한다.

5 장기성 매입채무

지급어음은 보통 일반 상거래에서 발생한 어음상의 채무이기 때문에 아무리 길어도 발행 후 1년 이내에 만기가 도래하는 경우가 일반적이다. 그러나 예외적으로 발행 후 1년 이후에 만기가 도래하는 어음을 발행하는 때도 있다. 장기성 지급어음으로서 금융어음에 해당하는 것은 장기차입금에 포함하고 주기로서 어음상의 채무임을 밝힌다.

그리고 장기성 매입채무의 명목가치와 현재가치의 차이가 중요한 경우에는 현재가치를 평가하게 된다.

코페(주)는 20×0년 1월 1일 상품을 90,000,000원에 매입하고 3년간 매 연도 말에 3분의 1씩 지급하기로 하였다. 유효이자율은 10%이다.

❶ 20×0년 1월 1일 [상품매입]

차) 상품	74,605,560원	대) 장기성매입채무	90,000,000원
현재가치할인차금	15,394,440원		

*현재가치 : 30,000,000×2.486852＝74,605,560

❷ 20×0년 12월 31일 [1차 이자 지급]

<table>
<tr><td>차) 장기성매입채무</td><td>30,000,000원</td><td>대) 현금</td><td>30,000,000원</td></tr>
<tr><td>이자비용</td><td>7,460,556원</td><td>현재가치할인차금</td><td>7,460,556원</td></tr>
</table>

*이자비용 : 74,605,560×10%＝7,460,556

❸ 20×1년 12월 31일 [2차 이자지급]

<table>
<tr><td>차) 장기성매입채무</td><td>30,000,000원</td><td>대) 현금</td><td>30,000,000원</td></tr>
<tr><td>이자비용</td><td>8,206,611원</td><td>현재가치할인차금</td><td>8,206,611원</td></tr>
</table>

*이자비용 : (74,605,560＋7,450,556)×10%＝8,206,611

6 퇴직급여충당부채 (부채성 충당금)

부채성 충당금은 당기의 수익에 대응하는 비용으로서 장래에 지출될 것이 확실한 것과 당기의 수익에서 차감되는 것이 합리적인 것에 대하여는 그 금액을 추산하여 부채성 충당금으로 계상하여야 한다. 그 대표적인 것이 퇴직급여충당부채이다.

(1) 퇴직급여충당부채

회사는 사내규정 또는 근로기준법에 따라 근무 중인 임직원이 퇴직할 때 일정한 퇴직금을 지급할 의무를 지게 된다. 퇴직금은 근속연수를 기준으로 산출한다. 입사 후 기간이 지나면 퇴직금은 증가하고 그에 따른 회사의 부담액이 증가하기 때문에 매 결산기에는 동 기간에 증가한 퇴직금 부담액은 퇴직금을 지급할 때의 의무에 대비하여 당기 비용과 퇴직급여충당부채를 설정한다. 그러나 사내규정 또는 근로기준법상에 규정하는 퇴직금 이상으로 준비되는 퇴직금은 경영상의 은혜적인 성격을 갖는 것으로 비용으로 계상 할 수 없고 이익처분으로서 적립해야 한다.

회사가 기말현재 퇴직급여충당부채로 계상해야 할 금액은 결산일 현재의 전 임직원이 결산일을 기준으로 전원 퇴직할 때 지급해야 할 금액이다. 이 경우 퇴직금추계액은 근로기준법 또는 기타 법령과 회사의 퇴직금지급규정에 따라 각각 계산한 금액 중 가장 많은 금액으로 한다.

(2) 퇴직급여충당부채의 범위

매 결산기 말 계상 할 수 있는 퇴직급여충당부채의 범위는 다음과 같다.

당기 말 현재 전 임직원이 일시에 퇴직할 때 지급해야 할 퇴직금추계액

−

전기 말 현재 전 임직원이 일시에 퇴직할 때 지급해야 할 퇴직금추계액

+

당기 중 실제 퇴직급여충당부채 중 지급된 퇴직금

사례 ❶ 20×1년 12월 31일 (주)놀부는 당기의 전 임직원이 일시에 퇴직하는 경우 지급해야 할 퇴직금이 1억원으로 추산된다. 전기 말 현재 퇴직급여부채는 80,000,000원이다. 기 중에 퇴직자는 없다.

| 차) 퇴직급여 | 20,000,000원 | 대) 퇴직급여충당부채 20,000,000원 |

* 회사는 전 임직원이 일시에 퇴직하는 경우 지급해야 할 퇴직금을 퇴직급여충당부채로 계상하여야 하므로 추가로 이천만원을 계상하였다.

❷ 퇴직금 지급 시
20×1년 5월 5일 직원 2명이 퇴사하여 퇴직금 30,000,000원을 지급하다.

| 차) 퇴직급여충당부채 | 30,000,000원 | 대) 현금 | 30,000,000원 |

(3) 퇴직금추계액계산

퇴직금추계액이란 전임직원이 일시에 퇴직할 때 지급하여야 할 퇴직금이다. 동 금액은 다음의 공식에 의한 임직원별 금액을 합산한 금액이다.

총급여에는 실비변상적, 복리후생적 즉 근로자가 받는 모든 급여가 포함되며 근무연수는 일할 계산하며 인원별 퇴직금이 상기공식에 의한 금액보다 사규에 의한 금액이 많을 때는 사규에 의한 금액으로 한다.

(4) 단체퇴직급여충당부채

미래에 지급할 퇴직금에 대비하기 위해서 퇴직을 사유로 하여 퇴직금을 지급하는 단체퇴직신탁에 가입할 수도 있다. 약정에 의하여 단체퇴직보험료를 납입할 경우 임직원의 퇴직시에 약정된 퇴직금을 지급하는 제도이다.

단체퇴직신탁에 가입하고 퇴직보험료를 납입할 경우 납입한 금액에서 금융회사가 사업비로 충당하는 금액을 차감한 후의 잔액을 자산으로 처리하고 사업비는 비용으로 처리해야 한다. 이때 전입할 금액은 당기 말 현재 퇴직급여추계액에서 기설정된 퇴직급여충당부채와 단체퇴

직급여충당부채를 차감한 금액을 한도로 한다. (*퇴직신탁제도: 2010.12.31 종료)

 ❶ [가입] (주)코페는 퇴직신탁에 가입하여 10,000,000원을 예치하다.

차) 퇴직보험예치금	10,000,000원	대) 현금	10,000,000원

❷ [기말결산] 이자수익이 1,000,000원 발생하다.

차) 퇴직보험예치금	1,000,000원	대) 이자수익	10,000,000원

❸ [계상] 단체퇴직급여 및 단체퇴직보험충당부채를 계상하다.

차) 단체퇴직급여	11,000,000원	대) 단체퇴직보험충당부채	11,000,000원

❹ [퇴직] 기 중에 종업원이 퇴직하여 퇴직신탁금 1,000,000원을 수령하여 퇴직금으로 2,000,000원을 지급하였다. 퇴직급여충당부채 잔액은 10,000,000원이다.

차) 단체퇴직보험충당부채	1,000,000원	대) 현금	2,000,000원
퇴직급여충당부채	1,000,000원	단체퇴직신탁예치금	1,000,000원
현금	1,000,000원		

단체퇴직신탁예치금은 투자자산의 과목으로 하고 예치금에 대한 이자수익과 특별배당금은 받을 때 영업외수익으로 계상하고 동 금액을 납입할 퇴직신탁금으로 대체할 경우는 신탁금납부에 준하여 회계처리한다. 단체퇴직신탁예치금은 퇴직급여충당부채에서 차감표시한다.

7 퇴직연금

퇴직금신탁제도가 2010.12.31로 종료되고 퇴직연금제도가 도입되었다. 퇴직연금제도는 매년 증가하는 퇴직금소요액 상당액을 금융기관의 연금에 가입하여 납부하는 제도이다. 퇴직연금은 회사가 퇴직 시 정산차액 부담 여부에 따라 "확정급여형"과 "확정기여형"으로 구분한다.

(1) 확정급여형 퇴직연금제도

확정급여형 퇴직연금제도에서 지급하는 퇴직급여와 관련된 부채는 다음의 두 가지 경우로 나누어 각각 회계처리 한다.

가. 퇴직급여와 관련된 부채의 회계처리

❖ 종업원이 퇴직하기 전의 경우

현재 종업원이 퇴직하면 지급하여야 할 퇴직일시금에 상당하는 금액을 측정하여 「퇴직급여충당부채」로 계상한다. 종업원이 아직 퇴직하지는 않았으나 퇴직연금에 대한 수급 요건 중 가입기간 요건을 갖춘 경우에도, 재무상태표일 현재 종업원이 퇴직하면서 퇴직일시금의 수령을 선택한다고 가정하고 이때 지급하여야 할 퇴직일시금에 상당하는 금액을 측정하여 퇴직급여충당부채로 계상한다.

> (차) 퇴직급여 ××　　　　　　(대) 퇴직급여충당부채 ××

● 종업원이 퇴직하고 퇴직연금수령을 선택한 경우

① 퇴직연금 미지급금 계상

종업원이 퇴직연금에 대한 수급요건 중 가입기간 요건을 갖추고 퇴사하였으며 퇴직연금의 수령을 선택한 경우 재무상태표일 이후 퇴직 종업원에게 지급하여야 할 예상퇴직연금합계액의 현재 가치를 측정하여 "퇴직연금 미지급금"으로 계상한다.

> (차) 퇴직급여충당부채　××　　　(대) 퇴직연금 미지급금 ××
> 　　퇴직급여　　　　　　××

예상퇴직연금합계액은 퇴직 후 사망률과 같은 보험수리적 가정[참고]을 사용하여 추정하고, 그 현재가치를 계산할 때에는 만기가 비슷한 국공채의 매 재무상태표일 현재 시장이자율에 기초하여 할인한다.

> **참고** 일반적으로 퇴직 전 종업원에 대하여 퇴직급여와 관련된 채무를 국제회계기준에 따라 보험수리적 방법을 적용하여 측정할 때에는 임금상승률, 퇴사율, 사망률 등의 기초변수에 대한 가정이 필요하지만 퇴직 후 종업원에 대한 퇴직연금미지급금을 산정할 때에는 사망률 이외의 이러한 가정이 불필요하게 된다. 그러나 물가지수 등이 연계되는 등 복잡한 급여산정식을 포함하는 확정급여형퇴직연금제도의 경우에는 향후 물가수준에 대한 예상 등의 보험수리적 가정이 필요하게 될 것이다.

② 퇴직연금 미지급금 증감액 처리와 유동성 대체 여부

사망률과 같은 보험수리적 가정이 바뀌거나 할인율이 바뀜에 따라 발생하는 퇴직연금 미지급금 증감액과 시간의 경과에 따른 현재가치 증가액은 퇴직급여(비용)로 회계처리한다. 퇴직연금 미지급금 중 결산일로부터 1년 이내의 기간에 지급되는 부분이 있더라도 유동성 대체는 하지 아니한다.

나. 퇴직급여와 관련하여 운용되는 자산의 회계처리

확정급여형 퇴직연금제도에서 운용되는 자산은 기업이 직접 보유하고 있는 것으로 보아 회계처리한다. 재무상태표에는 운용되는 자산을 하나로 통합하여 "퇴직연금운용자산"으로 표시하고, 그 구성내역을 주석으로 공시한다. 이 경우 주석으로 공시하는 구성내역이라 함은 재무상태표에 하나로 통합하여 표시하지 않고 각각 구분하여 표시할 경우에 계상될 계정과목과 금액을 말한다.

| (차) 퇴직연금운용자산 ×× | (대) 현금및현금등가물 ×× |

다. 퇴직급여와 관련된 자산과 부채의 재무상태표 표시

확정급여형퇴직연금제도에서 퇴직급여와 관련된 자산과 부채를 재무상태표에 표시할 때에는 퇴직급여와 관련된 부채(퇴직급여충당부채와 퇴직연금미지급금)에서 퇴직급여와 관련된 자산(퇴직연금운용자산)을 차감하는 형식으로 표시한다. 퇴직연금운용자산이 퇴직급여충당부채와 퇴직연금미지급금의 합계액을 초과하는 경우에는 그 초과액을 투자자산의 과목으로 표시한다.

```
                    [부분 재무상태표의 표시]
퇴직급여충당부채          ××
퇴직연금미지급금          ××
퇴직연금운용자산    (-) ××
퇴직보험예치금     (-) ××                    ××
```

라. 퇴직금제도와 확정급여형 퇴직연금제도가 병존하는 경우

퇴직금제도와 확정급여형 퇴직연금제도가 병존하는 경우에는 다음과 같이 회계처리한다.

◉ 각 제도의 퇴직급여와 관련된 자산·부채의 구분표시 여부

각 제도의 퇴직급여충당부채는 합산하여 재무상태표에 표시한다. 그러나 퇴직금제도에서 경과적으로 존재하는 퇴직보험 예치금은 확정급여형 퇴직연금제도의 퇴직연금운용자산과 구분하여 퇴직급여충당부채에서 차감하는 형식으로 표시하고 퇴직보험에 대한 주요 계약 내용을 주석으로 공시한다.

◉ 특정 제도하의 초과자산이 발생하는 경우 다른 제도의 부채와 상계 여부

어떤 제도에서 초과자산이 발생하는 경우 다음의 요건 중 하나 이상을 충족한다면 다른 제도의 부채와 상계한다.

① 회사에는 어떤 제도의 초과자산을 다른 제도의 부채를 결제하는 데 사용할 수 있는 법적 권한이 있고 실제로 사용할 의도도 있다.

② 회사에는 어떤 제도의 초과자산을 다른 제도의 부채를 결제하는 데 사용하여야 하는 법적 의무가 있다.

(2) 확정기여형 퇴직연금제도의 회계처리

확정기여형 퇴직연금제도를 설정한 경우에는 당해 회계기간에 대하여 회사가 납부하여야 할

부담금(기여금)을 퇴직급여(비용)로 인식하고, 퇴직연금운용자산, 퇴직급여충당부채 및 퇴직연금 미지급금은 인식하지 아니한다.

| (차) 퇴직급여 ×× | (대) 현금및현금등가물 ×× |

8 이연법인세대

일시적 차이 때문에 법인세 비용이 법인세법 등의 법령에 따라 내야 할 금액을 초과하는 경우 그 초과하는 금액으로 한다.

9 전환증권

전환 우선주, 전환사채, 교환사채 그리고 신주인수권부사채의 소유자가 보통주청구에 대한 권리를 행사하면 보통주가 추가로 된다. 이러한 증권을 '전환증권'이라고 하며, 이 같은 특성이 있는 금융상품을 발행한 경우 이를 부채로 분류할 것인지, 자본으로 분류할 것인지에 대한 회계처리 문제가 된다.

(1) 회계처리 논점

가. 전환권 등의 분리인식

전환증권을 발행한 경우 발행자가 전환권의 가치를 부채와 별도로 인식할 것인지가 문제가 된다. 왜냐하면, 전환사채의 발행자는 소유자가 전환권을 행사하면 사채가 소멸하고 주식이 발행되어, 전환사채는 부채와 자본의 성격을 동시에 지니고 있기 때문이다.

2002년 1월 25일 제정된 "전환증권" 기준서에서는 전환권의 가치를 자본부분과 부채부분을 분리하는 전환권의 가치인식법을 채택하였다.

〈종전 기준과의 비교〉

구 분	기업회계기준서 제9호	기업회계기준(해석 26-28의 2가)
전환권 등의 분리인식	전환사채나 신주인수권부사채를 발행한 경우에 발행가액을 부채부분과 자본부분으로 분리하여 인식한다.	전환사채·신주인수권부사채의 발행 때에 전환권 등의 가치는 인식하지 아니하고, 일반사채와 동일하게 회계처리한다.

그러나 전환우선주의 경우에는 우선주에 부여된 보통주 전환권은 별도로 분리하여 인식하지 않는다.

나. 전환권 대가 및 상환할증금의 회계처리

전환사채나 신주인수권부사채는 일반사채와 전환권 또는 신주인수권의 두 가지 요소로 구성되는 복합적 성격을 지닌 증권이다. 따라서 전환사채 또는 신주인수권부사채를 발행한 경우에는 발행가액을 일반사채에 해당하는 부채부분과 전환권 또는 신주인수권에 해당하는 자본부분으로 분리하여 자본부분의 가치를 전환권 대가 또는 신주인수권대가로 인식한다.

전환권 대가 또는 신주인수권대가는 당해 전환사채 또는 신주인수권부사채의 발행가액에서 전환권 또는 신주인수권이 없는 일반사채의 공정가치를 차감하여 계산한다. 이 경우 일반사채의 공장가치는 만기일까지 기대되는 미래 현금흐름(상환할증금이 있으면 이를 포함)을 사채발행일 현재 발행회사의 전환권 또는 신주인수권이 없는 일반사채의 유효이자율로 할인한 금액이다.

다. 주식발행가액

전환사채나 신주인수권부사채의 소유자가 전환권이나 신주인수권의 권리를 행사하여 주식이 발행되는 경우 주식의 발행가액을 장부금액으로 할 것인지, 시가로 할 것인지에 대해 논란이 있을 수 있다. 예를 들어, 전환사채의 보통주 전환으로 발행되는 주식의 발행가액을 시가로 하는 경우(시가법)에는 발행시점 현재 전환사채 또는 주식의 시가로 주식의 발행가액을 결정하고 전환 손익을 인식한다. 이것은 신주를 발행하여 조달된 자금으로 전환사채를 상환한 것으로 보아 거래를 이원화시킨 것이다. 그러나 시가법은 주식의 발행과 같은 자본거래 과정에서 손익을 인식하게 되는 문제점이 생긴다.

이와 관련하여 기준서에서는 전환권 행사 시 주식의 발행가액은 전환권을 행사한 부분에 해당하는 전환사채의 장부금액과 전환권 대가의 합계금액으로 한다고 정하고 있다. 마찬가지로 신주인수권 행사 시 주식의 발행가액은 신주인수권을 행사함에 따라 납입한 금액과 신주인수권을 행사한 부분에 해당하는 신주인수권대가의 합계금액으로 한다.

<종전 기준과의 비교>

구 분	기업회계기준서 제9호	기업회계기준(해석 26-28의2다)
주식발행가액	전환권 행사시 주식의 발행가액은 전환권을 행사한 부분에 해당하는 전환사채의 장부금액과 전환권대가의 합계금액으로 한다.	전환권 행사시 주식의 발행가액은 전환사채의 장부금액으로 한다.

라. 전환간주일

전환증권의 전환권 또는 신주인수권이 회계연도의 중간에 행사되어 주식이 발행된 경우 장부금액법으로 주식의 발행가격을 결정하기 위해서는 사채의 장부금액을 정해야 한다. 이때 권리행사로 주식이 발행되는 날(전환 간주일)을 어느 날로 하는가에 따라서 사채이자비용과 사채의 장부금액이 달라질 수 있다. 현행 상법은 주식의 전환은 그 청구를 한 때에 효력이 생기지만, 전환권을 행사한 주식의 이익배당은 그 청구를 한 때가 속하는 기말에 전환된 것으로 보도록 하고 있다.

다만, 정관에서 별도로 정하였으면 기초에 전환된 것으로 할 수 있도록 규정하고 있다(상법 제350조 제3항). 한국 상장회사협의회에서 정한 표준정관에서는 보통 기초에 전환된 것으로 간주하여 사채이자는 지급하지 않고, 대신 배당금을 지급한다. 이처럼 전환일을 기초 또는 기말로 간주하면 사채이자비용과 사채의 장부금액은 실제 전환일과 무관하게 결정된다.

여기에 대하여 기준서는 실제 권리행사일을 기준으로 사채의 장부금액과 주식의 발행가액을 결정하도록 하고 있다. 따라서 실제로 권리가 행사된 날까지의 이자비용을 계상하고 사채의 장부금액을 계산한다고 규정하고 있다.

<종전 기준과의 비교>

구 분	기업회계기준서 제9호	기업회계기준(해석 26-28의 2-2)
주식발행가액	전환권 행사 시 주식의 발행가액은 전환권을 행사한 부분에 해당하는 전환사채의 장부금액과 전환권 대가의 합계금액으로 한다.	전환권 행사 시 주식의 발행가액은 전환사채의 장부금액으로 한다.

마. 유도전환

전환사채의 발행자가 이자비용을 절약하거나 부채비율을 개선하기 위해 전환사채를 조기에 주식으로 전환할 것을 유도하는 때도 있다. 이러면 보통 발행자는 일정한 대가(현금, 주식 등)를 추가로 제공하는데 이처럼 전환을 유도하기 위해 제공하는 대가를 어떻게 회계처리할 것인지가 문제가 된다.

만약, 전환을 유도하는 것의 성격을 부채상환거래로 본다면 이러한 지출은 발생시점의 비용으로 당기손익에 반영해야 한다.

기업회계기준서는 추가로 부여하는 대가의 공정가치를 주식의 발행금액에서 차감하도록 하여 이러한 지출의 성격을 주식발행비로 보고 있다.

<종전 기준과의 비교>

구 분	기업회계기준서 제9호	기업회계기준(해석 26-28)
유도전환	조기전환을 유도하기 위해 전환가격의 인하 등을 제안한 경우 추가로 제공하는 대가는 주식의 발행가액에서 차감한다.	규정 없음

(2) 회계처리 사례

예제 원화표시 전환사채 : 상환할증금이 없는 경우

① 12월 결산인 A회사는 20×1. 1. 1. 다음과 같은 조건으로 전환사채 발행
- 액면가액 : 10,000백만원
- 표시이자율 : 연 7%
- 일반사채 시장수익률 : 연 15%
- 발행가액 : 10,000백만원
- 이자지급방법 : 매연도말 후급
- 전환조건 : 전환으로 인하여 발행되는 주식 1주(액면금액 : 5,000원)에 대하여 요구되는 사채발행가액은 20,000원으로 한다.
- 전환청구기간 : 사채발행일 이후 1개월 경과일부터 상환기일 30일 전까지
- 상환기일(만기) : 20×3. 12. 31.
- 원금상환방법 : 상환기일에 액면가액을 일시상환
② 20×3.1.1. 액면 5,000백만원의 전환청구

전환권 대가의 계산

① 발행가 : 10,000백만원
② 일반사채의 가치 :
- 이자 현가 700×2.2832(이장율 15%, 기간 3, 1원의 연금 현가) = 1,598백만원
- 원금 현가 10,000×0.6575(이자율 15%, 기간 3,1원의 현가)　 = 6,575백만원

　　　　　　　　　　　　　　　　　　　　　　　　　　　　　　계 : 8,173백만원

- 전환권의 대가 : ① - ② = 1,827백만원

만기상환을 가정한 전환권조정상각표

(단위 : 백만원)

구 분		20×1년	20×2년	20×3년
기초장부가액(A)		8,173	8,699	9,304
사채이자비용(B=A×15%)		1,226	1,305	1,396
현금이자(C)		700	700	700
전환권조정	상각액(B-C)	526	605	696
		1,301	696	0
기말장부가액		8,699	9,304	10,000

회계 ❶ 20×1. 1. 1.(발행 시)

(단위 : 백만원)

차) 현　　　금	10,000	대) 전 환 사 채	10,000
전환권조정	1,827	전환권대가	1,827

❷ 20×1. 12. 31.(이자지급 시)

차) 이자비용	1,226	대) 현 금	700
		전환권 조정	526

〈법인세법상 세무조정〉

20×1. 1. 1 .(발 행 시)	〈손금산입〉전환권조정 1,827 (△유보) 〈익금산입〉전환권대가 1,827 (기타)
20×1. 12. 31.(이자지급 시)	〈손금불산입〉전환권조정 526 (유보)

〈20×1. 12. 31. B/S 표시〉

전환사채	10,000백만원
전환권조정	(1,301백만원)
잔액	8,699백만원
전환권대가(기타자본잉여금)	1,827백만원

❸ 20×2. 12. 31.(이자지급시)

차) 이자비용	1,305	대) 현 금	700
		전환권조정	605

〈법인세법상 세무조정〉

20×2.12.31.(이자지급시)	〈손금불산입〉	전환권조정 605(유보)

〈20×2. 12. 31. B/S표시〉

전 환 사 채	10,000백만원
전환권조정	(696백만원)
잔액	9,304백만원
전환권대가(기타자본잉여금)	1,827백만원

❹ 20×3. 1. 1.(이자지급 시)

차) 전환권대가	914	대) 주식발행초과금	914
전 환 사 채	5,000	전 환 권 조 정	348
		자 본 금	1,250
		주식발행초과금	3,402

- 전환권대가의 주식발행초과금 대체 : 1,827×5,000/10,000=914
- 전환권조정 상각 : 696×5,000/10,000 = 348
- 발행주식수 : 5,000백만원 ÷ 20,000원 = 250,000주
- 자본금 : 250,000주 × 5,000원 = 1,250

〈법인세법상 세무조정〉

20×3.1.1. (전환청구시)	〈익금산입〉	전환권조정 348(유보)
	〈손금산입〉	전환권대가 348〈유보〉

〈20×3. 1. 1. 전환 후 B/S표시〉

전환사채	5,000백만원
전환권조정	(348백만원)
잔액	4,652백만원
전환권대가(기타자본잉여금)	914백만원

❺ 20×3. 12. 31.(이자지급시)

차) 이 자 비 용	698	대) 현　　　　금	350
전 환 사 채 5,000		전 환 권 조 정	348

〈법인세법상 세무조정〉

20×3. 12. 31.(이자지급시)	〈손금불산입〉 전환권조정 348 〈유보〉

〈20×3. 12. 31. 이자지급 후 상환 전 B/S표시〉

전환사채	5,000백만원
전환권조정	(0)
잔액	5,000백만원
전환권대가 (기타자본잉여금)	914백만원

❻ 20×3. 12. 31.(만기상환시)

차) 전 환 사 채	5,000	대) 현　　　　금	5,000

〈법인세법상 세무조정〉

20×3. 12. 31.(만기상환시)	세무조정 없음

🔟 충당부채와 우발채무

(1) 개요

충당부채는 과거의 사건이나 거래의 결과로 말미암은 현재의무로서, 지출의 시기 또는 금액이 불확실하지만, 그 의무를 이행하기 위하여 자원이 유출될 가능성이 매우 크고, 또한 당해 금액을 신뢰성 있게 추정할 수 있는 의무를 말한다.

충당부채의 이러한 정의와 같이 다음과 같은 요건을 모두 충족하는 때에만 재무제표에 부채로 인식한다.

① 과거 사건이나 거래의 결과로 현재의 의무가 존재한다.

② 당해 의무를 이행하기 위하여 자원이 유출될 가능성이 매우 크다.

③ 그 의무의 이행에 소요되는 금액을 신뢰성 있게 추정할 수 있다.

한편, 우발부채는 재무제표에 부채로 인식하지 않고 주석으로 기재하는데, 다음의 ㉠ 또는 ㉡에 해당하는 부채를 말한다.

㉠ 과거 사건은 발생하였으나 기업이 전적으로 통제할 수 없는 하나 또는 그 이상의 불확실한 미래사건의 발생 여부에 의해서만 그 존재 여부가 확인되는 잠재적인 의무

㉡ 과거사건이나 거래의 결과로 발생한 현재의무이지만 그 의무를 이행하기 위하여 자원이 유출될 가능성이 매우 크지가 않거나, 또는 그 가능성은 매우 크나 당해 의무를 이행하여야 할 금액을 신뢰성 있게 추정할 수 없는 경우

(2) 충당부채의 재무제표 인식기준

충당부채로서 재무제표에 인식하느냐 아니면 우발부채로서 주석에 기재하느냐를 구분하는 인식기준은 다음과 같은 표로 만들 수 있다. 표에서와같이 재무제표의 인식기준은 금액의 추정가능성과 자원유출가능성의 두 가지이다.

만약, 자원의 유출가능성이 매우 크고, 또한 금액의 추정가능성이 있다면 이는 충당부채로서 재무제표에 부채로 인식하고 그렇지 않으면 우발부채로 주석에 기재하거나 공시하지 않아도 된다.

금액추정가능성 자원유출가능성	신뢰성 있게 추정 가능	추정 불가능
가능성이 매우 큼*	충당부채 인식	우발부채로 주석공시
가능성이 어느 정도 있음	우발부채로 주석공시	우발부채로 주석공시
가능성이 거의 없음	공시하지 않음	공시하지 않음

* 미래자원의 유출가능성이 매우 크다는 것은 대체로 발생확률이 80% 이상을 의미한다.

(3) 충당부채와 우발부채의 적용대상

충당부채와 우발부채의 적용대상이 되는 거래나 사건의 예는 다음과 같다.

① 판매 후 품질 등을 보증하는 경우의 관련 부채

② 판매촉진을 위하여 시행하는 환급정책, 경품, 포인트 적립, 마일리지 제도의 시행 등과 관련된 부채

③ 손실부담계약

④ 타인의 채무 등에 대한 보증

⑤ 계류 중인 소송사건

⑥ 구조조정계획과 관련된 부채

⑦ 복구충당부채 등의 환경관련 부채

우발상황에서 충당부채나 우발부채와 대립하는 개념으로 우발자산이 있다. 우발자산은 예측이나 예상을 할 수 없는 사건에 의하여 자원의 유입가능성이 있게 되는 경우와 관련된다.

예를 들어, 기업이 손해배상 청구소송을 제기하였으나 그 결과가 불확실한 경우는 우발자산에 해당한다. 우발자산은 전혀 실현될 수 없는 이익을 인식하게 되는 결과를 가져올 수 있기 때문에 자산으로 인식하지 않는다. 그러나 상황의 변화로 말미암아 이익의 실현이 확정되는 경우는 더는 우발자산이 아니므로 자산으로 인식하고 관련 이익도 인식한다.

우발상황하의 부채는 아니지만, 과거에는 수선충당금을 부채성 충당금으로 보고 부채로 인식하였다.

수선충당금은 기업이 소유하고 있는 자산에 따라 일상적 유지 이외에 수년에 한 번씩 대대적인 수선유지와 주요부품을 대체해야 하며, 이를 위해 상당히 큰 금액의 지출이 필요하기 때문에 재무제표에 부채로 인식하였다.

그러나 기업회계기준서 제17호에서는 이와 같은 자산과 관련해서는 어떠한 충당부채도 인식하지 않도록 규정하고 있다. 왜냐하면, 수선유지와 관련된 지출은 기업의 경영의사결정에 따라 영향을 받을 수 있기 때문에 현재의 의무라고 할 수 없기 때문이다.

〈종전 기준과의 비교〉

구 분	기업회계기준서 제17호	기업회계기준
충당부채와 우발부채	자원의 유출가능성이 크고 금액을 신뢰성 있게 추정 가능한 경우 충당부채로 인식하고, 그렇지 않은 우발부채는 인식하지 않고 주석기재	부채성 충당금은 인식하나, 우발부채는 발생가능성이 크고 금액을 신뢰성 있게 추정 가능할 때 인식
수선충당금	부채로 인식하지 않음	부채성 충당금으로 인식

(4) 충당부채의 측정

충당부채로 인식하는 금액은 재무상태표일 현재 부채의 의무를 이행하는 데 필요한 최선의 추정치이어야 한다. 필요한 경우에는 금액을 추정할 때 유사한 거래에 대한 과거의 경험, 독립적인 전문가의 보고서 및 재무상태표일 후 발생한 사건에 의해 확인할 수 있는 추가적인 증거 등을 종합적으로 고려하여야 한다.

그리고 금액을 추정할 때 불확실성과 관련된 상황에 적합한 방법을 사용할 수도 있다. 예를 들어, 현금유출이 발생 가능한 경우가 여러 가지일 때 충당부채는 각 경우의 현금유출 추정액에 각각의 발생확률을 곱한 금액의 합계액으로 인식할 수 있다.

그리고 충당부채의 명목가액과 현재가치의 차이가 중요한 경우에는 의무를 이행하기 위하여 예상되는 지출액의 현재가치로 충당부채를 평가한다. 현재가치 평가에 적용하는 할인율은 그 부채의 고유한 위험과 화폐의 시간가치에 대한 현행 시장의 평가를 반영한 세전이율을 사용한다. 적절한 할인율이 없으면 만기까지의 기간이 유사한 국공채이자율에 기업의 신용위험을 반영한 조정금리를 가산하여 산출한 이자율을 할인율로 사용할 수 있다.

❂ 제품보증 충당부채

(주)민국은 제품 구매 후 12개월 이내에 발생하는 제조상의 결함이나 다른 명백한 결함에 따라 하자에 대하여 제품보증을 하고 있다. 만약, 20×0년도에 판매된 제품에서 중요하지 않은 결함이 발견된다며 12억원의 수리비용이 발생하게 되고, 치명적인 결함이 발생하게 되면 48억원의 수리비용이 발생하게 될 것으로 예상한다.

기업의 과거 경험과 미래 예측의 결과, 판매된 제품의 75%에는 하자가 없을 것으로 예상하며 제품의 20%는 중요하지 않은 결함이 발생할 것으로 예상하며 5%는 치명적인 결함이 있을 것으로 예상한다. 이와 같은 사례에서 최선의 추정치는 4.8억원(75%×0+20%×12억원+5%×48억원)으로 계산될 수 있다.

❂ 하자보수 충당부채

하나의 현재의무를 이행하기 위한 현금유출이 여러 가지 금액으로 추정될 수 있는 경우에는 그 중 발생확률이 가장 높은 추정금액으로 충당부채를 인식할 수 있다. 다만, 그 밖의 발생 가능한 추정금액 대부분이 발생확률이 가장 높은 추정금액보다 더 큰(더 작은) 경우에는 발생확률이 가장 높은 추정금액보다 더 큰(더 작은) 추정금액이 최선의 추정치가 될 수 있다.

예를 들어, 어떤 기업이 수주한 공사를 완성한 이후에 하자보수를 한 번(1,000,000원 소요)에 그칠 확률이 10%이고, 2회(1,500,000원)에 걸쳐 하자 보수할 확률이 20%, 3회(1,700,000원)가 50%, 4회 이상(2,000,000원)이 20%라면, 충당부채는 발생확률이 가장 높은 단일추정금액인 1,700,000원)가 50%, 4회 이상(2,000,000원)이 20%라면, 하자가 발생하여 하자보수를 하여야 하는 경우에 1,000,000원을 지출하여 단 한 번에 하자보수를 완전하게 완료할 확률이 가장 높다고 하더라도 충당부채는 1,000,000원보다 더 큰 금액으로 설정하여야 한다.

❂ 복구충당부채

충당부채 인식 사례 ⑩(해저 석유채굴)에서 20×1년 1월 1일 현재 유정 굴착장치를 제거하고 원상 복구하는 경우에는 복구비로서 노무비 131,250백만원, 장비 사용 및 간접비 105,000백만원, 정상이윤 47,250백만원 등 총 283,500백만원이 지출될 것으로 예상된다. 한편, 이 석유채굴 계약기간은 10년간이다.

이 경우 현재가치에 의하여 충당부채로 인식하여야 할 금액은 다음과 같이 산정할 수 있다.

현 금 흐 름	(백만원)
· 예상노무비 지출액	131,250
· 장비 사용 및 간접비	105,000
· 정상이윤	47,250
· 인플레이션을 고려하기 전의 예상 현금 유추액	283,500
· 향후 10년간 물가상승률 4%의 승수[$(1+0.04)^{10}$]	1.4802
· 물가상승률을 반영한 후의 기대 현금흐름 :	419,637
· 시장위험프리미엄(노무비, 원재료 수급변동 등을 고려 : 5%)	20,982
· 시장위험프리미엄 조정 후의 기대 현금흐름	440,619
· 무위험이자율에 신용위험을 감안 할 할인율 8.5%로 10년 기간에 할인한 현재가치	194,879

연도	기초충당부채	할인율	당기비용	기말충당부채
20×1	194,879	8.5%	16,565	211,444
20×1	211,444	8.5%	17,973	229,417
	(이하 생략)			
2010	406,100	8.5%	34,519	440,619

⊛ 마일리지 충당부채 회계처리의 예

회사는 매출액의 일정비율에 대하여 마일리지를 적립하여 추후에 상품 구매시 마일리지를 사용할 수 있는 판매정책을 채택하고 있다. 그리고 매 결산시 마다 동 마일리지 부여에 따라 예상되는 추가적인 원가 부담액을 마일리지충당부채로 계상하고 있다. 이 경우 고객이 적립된 마일리지를 사용하여 상품을 구입할 때 회사는 다음과 같이 회계처리 한다.

예) 판매단가 10,000원, 원가 8,000원 상품을 마일리지를 사용한 고객에서 매출한 경우

매출 발생시	매출채권	10,000	매 출	10,000
	매출원가	8,000	상 품	8,000
	마일리지충당부채	10,000	매출채권	10,000
결산시	마일리지비용	×××	마일리지충당부채	×××

경기변동에 따른 가동률의 저하로 인한 설비의 감가상각 방법의 변경(정률법에서 정액법으로 변경)은 기업회계기준서 제1호 "회계변경과 오류수정"의 정당한 회계변경에 해당되지 않는다(2005. Q&A, "감가삼각방법 변경에 대한 질의").

6장
자본의 경리실무

1 개요

　자본이란 사업을 개시하기 위해 최초로 출자한 금액을 말한다. 사업을 개시할 때 순수한 자기자본으로 시작하는 때도 있고 타인자본을 조달하는 때도 있는데 자기자본을 자본이라 하고 타인자본을 부채라 한다.

　개인기업은 최초에 출자한 금액을 자본금으로 하고 1년이 지난 후 당기순이익은 차기이월 시 자본금에 합산된다. 즉 과거의 누적된 당기순이익은 자본금에 재투자 되며 대표가 자금을 인출하였을 경우는 자본금에서 직접 차감하거나 인출금계정을 사용하여 추후 자본금과 상계 처리한다.

　그러나 주식회사나 법인기업에서 자본금은 개인기업처럼 자본금변동이 법원의 등기사항으로 엄격하므로 반드시 자금의 은행납부와 등기에 의해서만 변동된다.

2 종류

　자본은 종류는 다음과 같다.
① 자본금
② 자본잉여금
③ 이익잉여금
④ 자본조정

1 개요

주식회사에서 자본금은 주식으로 분할되고 증권화되어 있어 일반대중으로부터 공개 증자나 출자를 통해 거대자금을 조성할 수 있으며 이러한 거대자금이 주식회사가 자본주의 경제발전의 원동력이 되는 것이다. 따라서 기업의 소유주인 주주는 전액 100% 주식을 소유하지 않더라도 소액주주로서 최대주주가 되면 기업의 경영권을 행사할 수 있다.

그러나 오늘날 주식회사의 주주특성상 자본금의 기초인 주식은 증권거래소에 상장되었거나 등록된 기업은 공개적으로 주식이 거래되나 비상장기업의 주식은 현실적으로 매매가 잘 이루어지지 않으며 친인척이나 특수관계인끼리 매매되는 것이 일반적이다. 이는 비상장기업의 경영은 공개되지 않고 대주주에 의해 소유와 경영이 집중되어 소액주주를 보호해 줄 제도적 장치가 미약하거나 여타의 정보에 신뢰성을 제공할 수 없기 때문이다.

◈ 자본금의 종류

자본금은 주주가 기업에 투자(또는 출자)한 금액으로서 보통주자본금과 우선주자본금 등으로 분류한다. 회사가 발행한 주식의 총수, 1주의 금액 및 발행한 주식의 수와 당해 회계연도 중에 증자, 감자, 주식배당 또는 기타의 사유로 자본금이 변동한 경우에는 그 내용을 주석으로 기재한다.

① 보통주 자본금

② 우선주 자본금

자본금은 최초 출자 때나 증자 때는 은행에 내고 동 납부증명서에 의해 법원에 등기해야만 효력이 있다. 자본금은 주식으로 분할된바, 주식의 액면가에 발행주식수를 곱하면 자본금이 된다. 같은 종류의 주식은 항상 동등한 대우를 받게 된다.

◈ 주주의 권리

주식발행 시에 특정한 제한이 없으면 다음과 같은 특정한 권한을 지분비율에 따라 부여받게 된다.

① 이익을 분배받을 권리

② 경영에 참여할 권리

③ 잔여재산을 분배받을 권리

④ 신주인수권

이러한 권리를 나타내는 자본금은 주식이라는 증권으로서 작은 단위로 분할되어 있기 때문에 회사가 자본조달을 쉽게 할 뿐 아니라 현금화하고자 하는 주주는 자본시장에서 쉽게 환금할 수 있기 때문에 장기자본조달의 주요한 원천이 되는 것이다.

2 보통주

보통주란 회사가 여러 종류의 주식을 발행하는 경우에 상대적으로 표준이 되는 주식을 말한다. 따라서 회사가 주식을 한 종류만 발행하는 경우에는 그 주식이 보통주가 된다. 결국, 보통주보다 권리 우선관계가 먼저인 주식이 우선주가 되고 후순위인 주식은 후배주가 되는 셈이다.

사례 (주)코페는 20×1년 1월 1일 액면가 5,000원인 주식 100주를 주당 8,000원에 발행하였다.

차) 현금	800,000원	대) 자본금	500,000원
		주식발행초과금	300,000원

3 우선주

우선주란 보통주에 비하여 우선적 권리를 누릴 수 있는 주식으로서 이익배당 우선주, 전환우선주, 상환우선주 등이 있다.

사례 ❶우선주의 장부가액이 보통주의 액면가를 초과하는 경우

(주)코페는 액면가 10,000원인 전환 우선주 10주를 12,000원에 발행하였다. (주)코페는 이 전환 우선주 10주를 액면가 5,000원인 보통주 10주 전환하였다.

[전환 우선주 발행 시]

차) 현금	120,000원	대) 우선주 자본금	100,000원
		주식발행초과금	20,000원

[전환 시]

차) 우선주자본금	100,000원	대) 보통주 자본금	50,000원
주식발행초과금	20,000원	주식발행초과금	70,000원

❷ 우선주의 장부가액이 보통주의 액면가에 미달하는 경우

(주)코페는 액면가 10,000원인 전환 우선주 10주를 12,000원에 발행하였다. (주)코페는 이 전환 우선주 10주를 액면가 5,000원인 보통주 30주로 전환하였다.

[전환 우선주 발행 시]

차) 현금	120,000원	대) 우선주 자본금	100,000원
		주식발행초과금	20,000원

[전환 시]

차) 우선주자본금	100,000원	대) 보통주 자본금	150,000원
주식발행초과금	20,000원		
이익잉여금	30,000원		

※ 분개 ❷의 경우에는 120,000원의 우선주를 150,000원의 보통주로 전화하는 경우 차이 30,000원을 전환 우선 주주에 대한 배당으로 보아 이익잉여금에서 차감한다.

4 유상증자

상법에서 주식회사의 자본은 주식으로 분할하여야 하고 발행하는 주식의 1주 금액은 100원 이상으로 균일하여야 한다고 규정하고 있다. 주식을 발행하는 경우에는 계약금 즉 신주청약증거금을 먼저 받고 잔액이 입금된 후에 주식을 발행하게 된다. (2009.5.28 최소자본금제도 폐지)

사례 ❶ (주)코페는 액면가 5,000원의 보통주 100주를 주당 10,000원에 발행하고 계약금으로 30%를 받다.

차) 현금	300,000원	대) 신주청약증거금	300,000원

❷ 1개월 후 주식대금잔액 전액이 납부되어 주식을 발행하다.

차) 현금	700,000원	대) 자본금	500,000원
신주청약증거금	300,000원	주식발행초과금	500,000원

5 주식발행비

한편, 주식을 발행하기 위해서는 주권인쇄비용, 주주모집 광고비, 수수료 등의 제반 경비가 발생하게 된다. 이러한 비용을 신주발행비라 하는바 신주발행비의 회계처리는 설립 시의 주식 발행과 증자 시의 주식발행 시에 따라 회계처리가 달라진다.

즉 회사설립 시에 발생하는 주식발행비는 당기에 비용으로 처리하고 회사설립 후의 증자 시 발생하는 증자비용 등 신주발행비는 주식발행 초과금에서 차감하며 기업회계, 세무회계 동일하다.

❶ 설립 시의 신주발행비

(주)코페는 20×1년 7월 1일 액면가 5,000원인 보통주 1,000주를 8,000원에 발행하여
회사를 설립하다. 단 신주발행비 500,000원이 소요되다.

차) 현금	7,500,000원	대) 자본금	5,000,000원
지급수수료	500,000원	주식발행초과금	3,000,000원

❷ 증자 시의 신주발행비

다른 사항은 앞과 같고 단지 (주)코페가 증자하는 경우에는 신주발행비를 주금납입금
액에서 차감하여야 하므로 상대적으로 주식발행초과금이 적어지는 결과가 된다.

차) 현금	7,500,000원	대) 자본금	5,000,000원
		주식발행초과금	2,500,000원

1 개요

잉여금은 그 원천에 따라 자본잉여금과 이익잉여금으로 구분되며 이익잉여금은 영업활동의 결과 발생한 이익(당기순이익)의 일부를 기업에 유보(누적)한 것이고 자본잉여금은 이익 이외의 원천에서 생긴 자본의 증가분을 말한다.

자본잉여금은 주식발행초과금, 감자차익, 합병차익, 기타자본잉여금이 있으며 이익잉여금은 이익준비금, 기업합리화 적립금, 기타 목적준비금, 차기이월이익잉여금 등이 있다. 자본잉여금은 상법이나 세법에 따라 자본전입이나 결손보전 외에는 사용할 수 없으며 주주에게 배당할 수 없다.

자본잉여금의 종류는 다음과 같다.

① 주식발행초과금

② 감자차익

③ 기타자본잉여금

④ 재평가적립금

2 주식발행초과금

주식회사에서 액면금액 이상의 발행가액으로 주식을 발행할 때 주식의 발행가액이 액면금액을 초과하는 부분을 주식발행초과금이라 한다. 주식발행초과금은 자본잉여금의 가장 일반적인 형태로서 법률상으로 자본금에 계상되지는 않지만, 주식발행에 의하여 납부된 금액이란 점에서 자본금과 다를 바 없다.

> **예제** 20×1년 1월 1일 유상증자를 하였는바, 그 내용은 다음과 같다.
>
> | ① 신주발행가액(주당) | 10,000원 | ③ 발행주식수 | 100,000주 |
> | ② 액면가액(주당) | 5,000원 | ④ 신주발행비 | 10,000,000원 |
>
> ❶ 증자 시
>
> | 차) 현금 | 1,000,000,000원 | 대) 자본금 | 500,000,000원 |
> | | | 주식발행초과금 | 500,000,000원 |

❷ 비용

차) 주식발행비	10,000,000원	대) 현금	10,000,000원
주식발행초과금	10,000,000원	주식발행비	10,000,000원

❸ 감자차익

전술한 주식발행초과금은 주식발행 시 발생하나 감자차익은 자본을 감소시킬 때 발생한다. 즉, 주식발행 시에 자본금으로 처리된 금액 중에서 주식을 소각한 후에도 주주에 환급되지 않고 불입자본에 남아 있는 부분이 감자차익이다. 따라서 감자 시에 감소한 자본액만큼 회사자산을 주주에게 환급한 경우에는 감자차익이 발생하지 않는다.

사례 ❶ 감자차익이 발생하는 경우

(주)코페는 액면가 5,000원인 발행가 8,000원인 자기주식 1주를 4,000원에 취득하다.

차) 자기주식	4,000원	대) 현금	4,000원

❷ 위 주식을 소각하다.

차) 자본금	5,000원	대) 자기주식	4,000원
		감자차익	1,000원

1 개요

자본조정은 당해 항목의 성격상 주주와의 거래에 해당하나 최종 불입된 자본으로 볼 수 없거나 자본의 차감 성격으로 자본금이나 자본잉여금으로 분류할 수 없는 항목을 말한다. 자본조정에는 다음과 같은 항목들이 있다.

자본조정에는 다음과 같은 항목들이 있다.

① 주식선택권
② 출자전환채무
③ 주식발행할인차금
④ 배당건설이자
⑤ 감자차손
⑥ 자기자본처분손실

2 주식선택권

회사의 임직원 또는 기타 외부인에게 미리 정한 가격으로 주식을 매입할 수 있는 권리를 부여한 경우 그 권리를 말하며, 이것은 임직원의 용역제공에 대한 보상을 위해 제공된다. 따라서, 이 주식선택권을 부여한 시점부터 발생하는 보상원가를 용역제공 기간 동안 비용으로 인식하고, 동시에 이를 자본조정항목으로 계상하게 된다.

3 출자전환채무

채무자가 자신의 채권을 지분증권으로 전환하기로 동의한 경우 채무자는 출자전환이 이행될 때까지 채무를 부채항목에서 자본조정항목인 '출자전환채무'로 분류한다.

4 주식할인발행차금

주식을 액면가 이하로 발행하는 경우 액면가액과 발행가액의 차이를 말한다.

⑤ 배당건설이자

회사가 영업을 시작하기 전까지의 건설기간 주에 이익이 없는 상태에서 주주에게 배당한 금액을 말한다(상법 제463조). 이는 배당이 아니라 일종의 투자 반환이다. 따라서, 기업회계기준은 이를 자본의 차감항목으로 기록한다.

⑥ 감자차손

자기주식을 감자하기 위해 매입소각하는 경우 액면가를 초과하여 자급하는 금액을 감자하는 시점에서 감자차손으로 기재된다. 이는 앞으로 감자차익이나 주식발행초과금 등 자본잉여금과 상계처리된다.

⑦ 자기주식처분손실

자기주식처분손실은 자기주식의 매입가보다 저가로 양도하는 경우 발생하는 손실이다. 자기주식처분 손은 자기주식처분이익과 상계처리되며 남은 금액은 주식발행초과금 등 자본잉여금과 상계처리한다.

⑧ 자본조정항목의 소멸형태별 분류

자본조정항목은 '자본에 가산하는 항목'과 '자본에서 차감하는 항목'으로 구분할 수 있다.

(1) 자본에 가산하는 항목

출자전환채무, 주식선택권 등은 자본에 가산하는 항목에 해당한다. 출자전환채무는 출자전환 합의에 따라 발생하고 출자전환이 이행되면 자본으로 대체되어 소멸한다. 주식선택권은 기존 주주 또는 잠재적 주주에게 주식선택권 등을 부여하는 경우에 발생하며, 주식선택권이 행사되면 자본으로 대체되어 소멸한다.

(2) 자본에서 차감하는 항목

자본에서 차감하는 항목의 가장 대표적인 과목은 자기주식이다. 자기주식은 주식을 소각하여 자본을 감소시킬 목적으로 취득되기도 하지만 일시적으로 유통주식 수를 줄여서 주식시세의 일시적인 하락을 방지하거나 주당이익이나 주당 배당을 높일 목적으로 취득하였다가 나중에 재발행되는 예도 있다. 이처럼 자기주식은 납부된 자본을 재취득한 것이므로 자본의 차감항목이기는 하지만 최종적인 자본감소로 볼 수 없다. 따라서 소각되거나 재발행되는 시점에 소멸한다.

그 밖에도 배당건설이자, 주식할인발행차금, 감자차손, 자기주식처분손실이 자본에서 차감하는 항목에 해당한다. 이 항목들은 배당건설이자의 지급, 주식의 발행, 자본의 감소, 자기주식의 재발행이라는 자본거래로부터 생기며, 자본거래의 최종 결과이므로 그 자체로는 소멸하지 않는다.

배당건설이자는 일종의 선(先) 배당이므로 이익처분을 통해 상각한다. 배당건설이자는 개업 후 연 6% 이상의 이익을 배당하는 경우에 그 6%를 초과한 금액 이상을 상각하고, 동 상각액은 이익잉여금의 처분으로 한다.

주식발행차금은 주식발행초과금과 우선으로 상계하고, 남는 잔액은 주식발행연도부터 3년 이내의 기간에 매기 균등액을 상각하고, 동 상각액은 이익잉여금의 처분으로 한다.

감자차손과 자기주식처분손실은 각각 자본잉여금에 있는 감자차익과 자기주식처분이익과 우선으로 상계한다. 그 잔액은 결손금처리순서에 따라 상각한다.

1 개요

기타포괄손익누계액은 재무상태표일 현재의 기타포괄손익잔액이다. 이는 당기순손익의 계산에는 포함되지 않으나 포괄손익을 구성하는 수익, 비용, 이익과 손실을 포함한다.

포괄손익이란 증자, 감자, 이익배당 등의 주주와의 거래가 아닌 거래나 회계사건으로 일정 회계기간 동안 발생한 순자산의 변동액을 말한다. 여기에는 당기순손익과 기타포괄손익이 있다.

기타포괄손익은 특정자산이나 부채항목을 평가(환산)하는 과정에서 생긴 미실현 손익으로 매도가능증권평가손익, 국외사업환산손익, 현금흐름위험회피파생상품평가손익 등이 이에 해당한다.

기타포괄손익누계액은 해당 자산이나 부채와 관련된 수익이나 비용이 실현(처분)되는 시점에 소멸한다. 예를 들어, 매도가능증권평가이익(손실)은 해당 유가증권이 처분되는 시점에 처분손익에 가산(차감)되어 소멸하는 것이다.

기타포괄손익누계액은 다음과 같은 것이 있다.

① 매도가능증권평가손익

② 국외사업환산손익

③ 현금흐름위험처리 파생상품평가손익

2 매도가능증권 평가손익

지분법 피투자회사의 순자산가액 변동이 당기순손익과 전기이월이익잉여금을 제외한 자본의 증가 또는 감소로 말미암아 발생하면 지분변동액은 기타포괄손익누계액(지분법 자본변동)으로 처리한다.

3 국외사업 환산손익

영업 및 재무활동이 본점과 독립적으로 운영되는 국외지점, 국외사업소 또는 국외소재 지분법 적용대상 회사는 당해의

① 자산과 부채를 재무상태표일 현재의 환율로 환산

② 자본은 발생시점의 환율로 환산

③ 손익항목은 거래발생 시점의 환율이나 당해 회계연도의 평균환율을 적용하여 환산

이때 발생하는 환산손익은 이를 상계하여 그 차액을 국외사업환산손(익)으로 기타포괄손익 누계액에 계상한다.

4 현금흐름위험처리 파생상품평가손익

기업회계기준서 '파생상품 등의 회계처리'에서 정한 바에 따라 인식하는 현금흐름위험처리 파생상품평가손익을 말한다.

1 개요

이익잉여금이란 회사의 자본 중에서 주주가 출자하지 않고 회사가 영업활동에 의하여 스스로 창출한 자본의 원천이다. 물론 기업이 당기순이익이 있어야만 이익잉여금의 창출이 가능하다. 회사가 한해를 결산하고 남은 이익 즉 당기순이익 중 일부는 주주에게 배당하고 남은 것을 적립한 것이 이익잉여금이다.

한편, 회사는 당기순이익 중에서 배당하고 난 뒤 일정금액을 준비금이나 적립금 형식으로 적립한 뒤 나머지를 미처분이익잉여금으로 남겨 차기로 이월시키게 된다. 따라서 이익잉여금도 처분된 이익잉여금과 미처분된 이익잉여금으로 구분된다. 기업회계기준에서의 이익잉여금의 과목은 다음과 같다.

이익잉여금의 종류는 다음과 같다.

① 이익준비금

② 기타 법정 적립금

③ 임의적립금

④ 차기이월잉여금(차기이월결손금)

2 이익준비금

상법 제458조에서는 「회사는 그 자본의 2분의 1에 달할 때까지 매 결산기의 금전에 의한 이익배당액의 10분의 1 이상의 금액을 이익준비금으로 적립하여야 한다」라고 규정하고 있다. 상법에서 이렇게 이익준비금의 적립을 강제하는 이유는 회사가 과도한 배당으로 말미암아 회사의 재무상태의 부실을 방지하자는 데 그 이유가 있다.

한편, 회사가 결손 때문에 또는 다른 사유로 금전에 의한 배당을 하지 않을 때에도 이익준비금을 적립할 수 있는가 하는 문제가 있을 수가 있겠으나 이익준비금의 적립은 금전배당액의 최소한을 적립하여야 할 의무사항이므로 회사가 임의로 이익준비금을 적립하는 것은 무방하다고 본다. 그러나 자본금의 1/2 이상을 적립하는 경우에는 법정적립금이 아닌 임의 적립금으로 본다.

❶ 결산기에 미처분이익잉여금 중 15,000,000원의 현금배당과 15,000,000원의 이익준비금을 적립하기로 주주총회에 결의하였다.

| 차) 이월이익잉여금 | 30,000,000원 | 대) 미지급배당금 | 15,000,000원 |
| | | 이익준비금 | 15,000,000원 |

❷ 당기에 5,000,000원의 결손이 발생하여 이익준비금 5,000,000원을 보전을 결의하였다.

| 차) 이익준비금 | 5,000,000원 | 대) 이월결손금 | 5,000,000원 |

③ 기업합리화 적립금

기업합리화 적립금은 상장법인 조세특례제한법에 적용받는다. 상장법인 재무관리규정에 의한 재무구조개선적립금이 있다.

기업합리화 적립금이란 기업이 2000년까지 조특법에 따라 소득공제, 세액공제 및 세액감면 등으로 절약한 법인세는 당기의 배당으로 사외유출 시키지 않도록 회사로 하여금 의무적으로 회사에 유보하도록 하여 이월결손금 보전, 자본전입의 두 가지 사유 외는 임의로 처분시키지 못하도록 한 적립금이다.

결국은 법인세의 절세혜택을 주주에게 배당시키지 말고 회사의 재정상태의 건전성에 도움이 되도록 한 적립금이라 하겠다. 2001년부터 적립의무를 면제하고 법인의 자율에 따라 한다.

❶ 미처분이익 잉여금 중 투자세액공제액 1,000,000원에 대한 기업합리화 적립금의 적립을 주주총회에서 결의하였다.

| 차) 이월 이익잉여금 | 1,000,000원 | 대) 기업합리화 적립금 | 1,000,000원 |

❷ 당기에 세무상 결손이 500,000원이 발생하여 기업합리화적립금으로 보전하기로 주주총회에서 결의하였다.

| 차) 기업합리화 적립금 | 500,000원 | 대) 이월결손금 | 500,000원 |

④ 재무구조개선적립금

재무구조개선적립금은 상장법인 재무관리규정에 적용받는다. 재무구조개선적립금이란 상장법인의 재무관리규정에 규정되어 있는 것으로 상장법인이 유형자산의 처분이익이 처분손실을 차감하고 해당 법인세 및 주민세를 초과하면 그 초과액의 50%를 또는 당기순이익에 이월결손금을 차감한 금액의 10%를 당해 법인의 자기자본비율이 30%가 될 때까지 적립하는 것을 말한다.

⑤ 임의적립금

임의적립금은 회사의 목적사업을 위하여 임의로 적립된 금액으로서 사업확장적립금, 감채
적립금, 배당평균적립금, 결손보전적립금 및 세법상 적립하여 일정기간이 지난 후 환입될 준
비금 등이 있다.

사례 ❶ 이익잉여금 140,000,000원 중 50,000,000원을 사업확장을 위하여 적립하다.
[적립]

차) 이월이익잉여금	50,000,000원	대) 사업확장적립금	50,000,000원

❷ 상기 사업확장적립금으로 제2공장을 건설하고 건설대금 25,000,000원을 지급하였다.
[지급]

차) 건물	25,000,000원	대) 현금	25,000,000원
사업확장적립금	25,000,0000원	이월이익잉여금	25,000,000원

⑥ 차기이월이익잉여금(결손금)

차기이월이익잉여금은 처분 전 이익잉여금과 임의적립금이입액의 합계에서 이익잉여금처
분액을 차감한 금액이다.

사례 처분 전 이익잉여금에서 현금배당금으로 10,000,000원을 이익준비금으로 5,000,000원
을 적립하다.

차) 처분전이익잉여금	15,000,000원	대) 미지급배당금	10,000,000원
		이익준비금	5,000,000원

부채비율은 부채(타인자본)/자본(자기자본)비율을 말하며 100이하를 표준비율이라 한다. 부채비율이 낮으면 재무구조가 건실하다고 하고 부채비율이 높으면 재무구조가 부실하다고 한다.

그러나 재무구조가 건실하다는 개념과 회사의 수익성이 높다는 개념은 다르다. 부채비율을 레버리지비율(Leverage Ratio)이라고도 하는데 부채비율이 증가하면 이자비용으로 인해 매출액증가에 따라 주당순이익이 확대되어 나타나는데 이를 손익확대효과(Leverage Effect)라고 한다.

이는 매출이 증가하면 이자비용을 상쇄하고 남는 이익이 주주이익으로 돌아가므로 경기가 호황이어서 매출이 증가하면 부채비율이 높은 기업이 투자수익률(주당순이익)의 증가율이 부채비율의 증가율보다 높게 나타나고 경기가 불황이어서 매출이 하락하면 이자비용으로 인해 부채비율이 낮은 기업이 투자수익률(주당순이익)이 상대적으로 높게 나타나는데 이를 부채에 의한 손익확대효과라 한다.

따라서 호황시에는 부채비율이 높은 기업의 주가수익률이 부채비율이 낮은 기업의 주가수익률보다 상대적으로 높게 나타나고 불황시에는 그 반대로 나타나므로 부채비율이 낮은 기업의 주가가 상대적으로 작게 하락하여 안정적이다. 그러므로 경영자는 호황시에는 차입을 많이하여 사업을 확장하는 것이 회사의 수익을 증대시키는 것이며 주식투자자는 상대적으로 부채비율이 높은 기업의 주식을 사는 것이 수익성을 높일 수 있다. 불황시에는 그 반대가 될 것이다.

7장
손익계산서의 이해

❶ 개요

손익계산서는 일정 회계기간의 영업활동이나 경영성과를 명확하게 표시해 주는 표로서 기업 내·외부의 이해관계자들에게 의사결정을 할 수 있도록 유용한 정보를 제공에 그 목적이 있다. 즉 손익계산서는 기업의 수익력 측정을 위한 지표를 제공해 주는데 내용상으로는 일반적으로 인정되는 회계원칙에 따라 측정된 총수익과 총비용을 비교하여 당기순이익을 나타내주는 것이다.

① 기업의 수익력을 측정한 정보의 제공
② 당기순이익 및 가용자금계획에 의한 배당정책 및 장·단기 자금조달계획 수립
③ 사업부별 업적평가 자료제공
④ 매출원가분석에 의한 조업도 결정(손익분석자료제공)
⑤ 경영분석지표에 의한 경영정책수립 자료제공

❷ 구성요소

손익계산서는 일정기간 발생한 모든 수익과 비용, 기타 그에 대한 차액이 순이익 또는 순손실을 나타내며 그 주요 구성요소는 다음과 같다.

(1) 구성요소

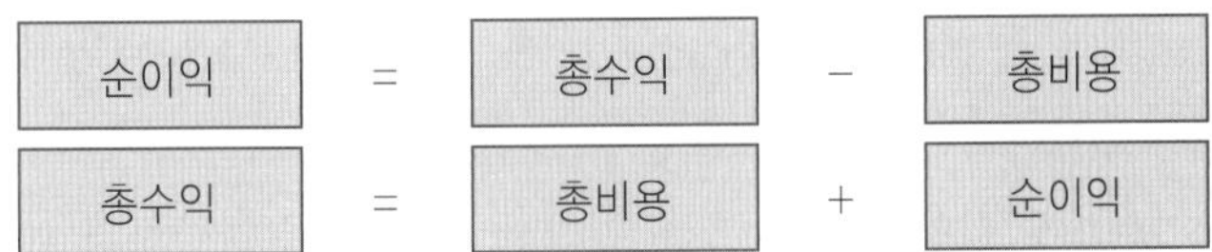

| 순이익 | = | 총수익 | − | 총비용 |
| 총수익 | = | 총비용 | + | 순이익 |

<손익계산서>

차 변(Debit)	대 변(Credit)
비 용	
이 익	수 익

(2) 구성항목

손익계산서의 구성항목은 다음과 같다.

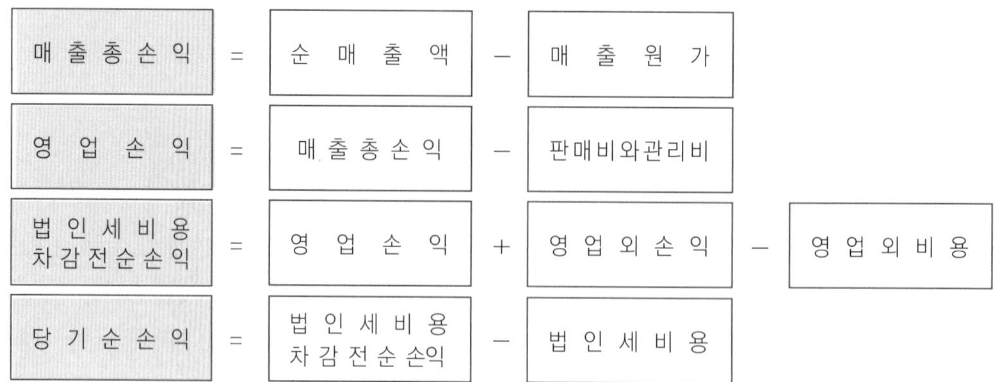

3 작성원칙

손익계산서는 기업회계기준에서 그 작성원칙을 엄격하게 규정하고 있다. 이는 당기순이익이 일정기간의 순이익이므로 기간손익에 대한 구분과 그 원칙을 분명히 하지 않으면 작성자에 따라 당기순이익이 조작될 수 있으며 다른 기업과의 비교가능성이 없기 때문이다.

(1) 작성기준

손익계산서는 다음과 같이 작성하여야 한다.

① 모든 수익과 비용은 그것이 발생한 기간에 정당하게 배분되도록 처리하여야 한다. 다만, 수익은 실현시기를 기준으로 계상하고, 미실현수익은 당기의 손익계산에 산입하지 아니함을 원칙으로 한다.

② 수익과 비용은 그 발생 원천에 따라 명확하게 분류하고 각 수익항목과 이에 관련되는 비용항목을 대응표시하여야 한다.

③ 수익과 비용은 총액에 의하여 기재함을 원칙으로 하고 수익항목과 비용항목을 직접 상계함으로써 그 전부 또는 일부를 손익계산서에서 제외하여서는 안 된다.

④ 손익계산서는 매출총손익·영업손익·법인세비용차감전순손익과 당기순손익, 주당손익으로 구분 표시하여야 한다. 다만, 제조업·판매업과 건설업 외의 기업은 매출총손익의 구분표시를 생략할 수 있다.

◉ 작성기준요약
- 발생주의와 실현주의

- 수익비용대응
- 총액주의
- 구분계산의 기준이다.

(2) 발생주의

발생주의라 함은 기간 손익을 계산하면서 현금의 수지 또는 권리와 의무의 확정 여부와는 관계없이 수익과 비용이 발생한 사실에 근거하여 회계처리함을 의미한다.

따라서 발생주의는 수익과 비용이 발생한 기간에 정당하게 배분되도록 하는 것으로 정의할 수 있다. 수익과 비용에 대한 발생사실의 판단은 수익과 비용이 반대의 성질을 가지고 있기 때문에 획일적으로 결정할 수 없으며, 회계의 저변에 깔린 보수주의 등도 발생사실의 판단에 영향을 미치게 되는 요인이 된다. 기업의 회계정보를 선택 가능한 대체안 중 당기순손익을 보다 적게 표시하는 방법을 보수주의라 한다면 그 방안은 합리적이라고 판단되는 안의 범위에서 비용은 많게 수익은 적게 계상하는 방법일 것이다. 즉, 비용은 발생주의에 따라서 인식하고, 수익은 실현주의(Realization Basis)로 인식하는 방법이 일반적이다.

(3) 실현주의

거래에서 비용은 대부분 거래의 발생과 동시에 그것이 확정적인데 반해, 수익은 대부분 계속적이고 누적적이어서 기간손익계산을 위해서는 이를 나누어야 하기 때문이다. 특히 건설공사와 같이 몇 달, 몇 년 걸리는 공사거래가 그렇다.

실현주의의 인식방법에 따라 매출형태를 다음과 같이 3가지로 나눌 수 있다.

⊕ 판매기준

매매거래와 동시에 이를 수익으로 인식하는 형태다. 대부분 기업이 통상 판매하는 상품매출이나 제품매출 등이 모두 여기에 포함된다. 특수한 것으로는 위탁판매, 시용판매, 예약판매 등이 있다.

⊕ 회수기준

매매거래에서 대금을 몇 회로 분할하여 받기로 하고 이 분할된 대금을 회수했을 때 이를 수익으로 인식하는 형태다. 대표적인 것이 장기할부매출이다.

⊕ 생산기준

생산 또는 공사의 진행기준이나 진척도에 따라 이를 수익으로 인식하는 형태다. 대표적인 것이 건설업이나 시설업의 공사수입이다.

그러나 세법에서는 수익과 비용의 인식기준은 기업회계기준과는 달리 "익금과 손금의 귀속 사업연도는 그 익금과 손금이 확정된 날이 속하는 사업연도"로 하도록 함으로써 감가상각의 경우와 같이 각 기간에 비용으로서 배부시키는 것과 같은 대내적인 것을 제외하고 대외적인 것은 '권리의무확정주의'에 의하여 손익을 계상 하도록 하였다.

(4) 수익과 비용의 대응원칙

수익비용 대응이란 발생주의에 따라 실현된 수익을 창출하는데 기여한 비용은 수익이 계상되는 기간에 비용으로 계상하여야 한다는 것이다. 즉 실현된 수익은 발생한 비용과 인과관계가 있어야 한다.

구체적으로 대응개념은 직접대응과 간접대응의 다음과 같이 두 가지로 나누어질 수 있다.

⬤ 직접대응(대상적 대응)

이는 특정재화나 용역의 생산을 위하여 기업의 자산을 소비시킴에 따라 전환된 가치를 원가로 표시한 것은 당해 재화나 용역을 판매하여 수익이 실현되는 시점에서 비용이 되며, 이 비용은 수익과 직접대응이 되는 것이다.

⬤ 간접대응(기간대응)

수익을 창출하기 위하여 필연적으로 소요하는 비용이지만 특정의 수익과 관련을 맺지 못하고 있는 경우의 대응형태를 뜻하고 있다. 이 경우의 비용을 기간비용이라 하며, 이 기간비용은 발생한 시점이 속하는 회계연도의 비용이 된다.

이와 같은 간접대응은 이론적으로 수익과 관련성을 적게 가지고 있는 것이나 기간 손익의 계산 그 자체가 인위적으로 설정한 하나의 회계규범인 이상 그러한 논리에 따라 기간비용의 계상을 발생시점으로 하는 것은 합리적이라 생각한다.

현행 기업회계기준에서 나타난 대응의 형태는 다음과 같으며, 이러한 사항은 "구분계산"과 서로 관련될 수 있다.

```
┌┄┄┄ 〈수익과 비용의 대응〉 ┄┄┄┄┄┄┄┄┄┄┄┄┄┄┄┄┄┄┄┄┄┐
┆  ① 매 출 액 ⇔ 매출원가                              ┆
┆  ② 매출총이익 ⇔ 판매비 및 관리비                      ┆
┆  ③ 영업외수익 ⇔ 영업외비용                           ┆
┆  ④ 법인세 비용 차감전 순이익 ⇔ 법인세비용              ┆
└┄┄┄┄┄┄┄┄┄┄┄┄┄┄┄┄┄┄┄┄┄┄┄┄┄┄┄┄┄┄┄┄┄┄┄┄┄┘
```

(5) 총액주의 원칙

기업의 모든 수익과 비용은 실현되었거나 발생한 총액을 손익계산서에 반영하여야 하며, 성질이 유사하거나 동일거래처라 하여 수익과 비용을 상계처리하여서는 아니 된다.

이것은 기업의 이해관계자들에게 회계 수치를 완전공개(Full Disclosure) 한다는 의미에서 중요성을 지니고 있는 것이다. 즉 특정 거래항목이 상계된 후의 잔액으로 계상되었다면 이해관계자들은 당기순손익은 적정하여도 충분하지 못한 회계자료를 접하게 되어 의사결정에서 오류를 범하게 될 가능성이 크다.

참고 상품 또는 제품의 매출에서 일반적으로 매출에누리 또는 매출할인 등의 과목이 자주 나타나게 되는데 경우에 따라서는 매출에 대하여 직접 차감하여 매출액을 계상하고 있으나 이와 같은 회계처리방법은 잘못된 회계 처리방법이다.

매출의 총액주의 계상과 관련하여 매출환입, 매출에누리, 매출할인 등이 발생한다.

🌐 매출환입

성립된 매출이 거래상 조건의 불일치나 상품의 하자로 반품되는 것이 있는데 이것은 매출이 취소되므로 원천적으로 매출이 없는 것으로 본다.

🌐 매출에누리

매출 후 상품의 수량부족, 품질불량, 파손 또는 정상제품의 판매 시 할인판매 등으로 매출에서 차감표시한다.

🌐 매출할인

영업상의 문제로 대금회수를 포기한 것이 아니라 대금을 회수하기로 약정한 날보다 빠른 날에 대금을 결재함으로써 얻을 수 있는 금융상의 혜택을 구매자에게 되돌려 주는 것으로 이는 금융상의 원인으로 발생한 것으로 보아야 하나 매출에서 차감표시한다.

손익계산서

(주)(주)코페	(단위 : 원)
매출액	400,000,000
1. 총 매 출 액	600,000,000
2. 매 출 에 누 리	△100,000,000
3. 매 출 할 인	△100,000,000

〈 매출부대비용의 처리방법 〉

과 목	내 용	처 리 방 법	비 고
매 출 에 누 리	매출한 상품, 제품에 대한 부분적인 감량·변질·파손 등의 사유로 매출액에서 직접 차감	매출에서 차감기재	등급판매 시 적용
매 출 할 인	외상매출금의 기일 전 회수시 기간단축분만큼 환급	매출에서 차감기재	입금리베이트로 부르기도 함
판 매 장 려 금	판매수량, 금액에 따라 일정율의 금액 또는 현금을 거래상대방에게 지급	판매비로 처리	일반적으로 약정을 맺고 판매비로 처리
수 량 할 인	판매수량, 판매금액 기타 거래조건에 따라 판매당시 통상의 매출가액에서 직접공제	매출에서 직접 차감	상품의 사전확보 등의 경우 발생

(6) 구분계산 원칙

기간 손익의 계산은 수익과 비용은 서로 대응하여 손익계산서에서 표시되고 양자를 비교하여 산정하는데 비교하는 형식에서 수익과 비용을 발생 원천별로 구분집계하는 과정이 구분계산의 기준이다. 이 구분계산에 의한 손익산정방법이 다단계 손익계산서이며, 회계기준은 구분계산방법을 적용하도록 요구하고 있다.

손익계산서는 다음과 같이 5단계로 구분계산을 하고 있다.

① 매출총이익 = 매출액 − 매출원가

② 영업손익 = 매출총이익 − 판매비와 관리비

③ 법인세비용차감전순손익 = 영업손익 + 영업외수익 − 영업외비용

④ 당기순손익 =법인세비용차감전순손익 − 법인세비용

⑤ 주당손익=당기순손익÷발행주식수

참고 위와 같이 5단계의 구분계산은 기업의 회계환경과 업종에 따라 축소될 수 있는 성격의 것이다.

❹ 손익의 회계와 기록

(1) 수익회계와 비용회계

흔히 재무상태표의 계정을 실질계정이라 하고, 손익계산서의 계정을 명목계정이라고 한다. 실질계정이란 예금, 외상매입금, 자본금 등과 같이 어떤 형태로든 실체가 있는 것을 말한다. 그러나 명목계정은 매출액이나 급여 등과 같이 손익의 과정을 나타내는 것이다.

따라서 명목계정은 기말이 되면 그 기간 손익과정의 결과로 나타나는 당기순이익(또는 당기 순손실) 이외에는 모두 사라지고 없어지는 계정이다.

손익회계는 수익회계와 비용회계로 크게 나눌 수 있는데, 이를 구체적으로 보면 다음과 같다.

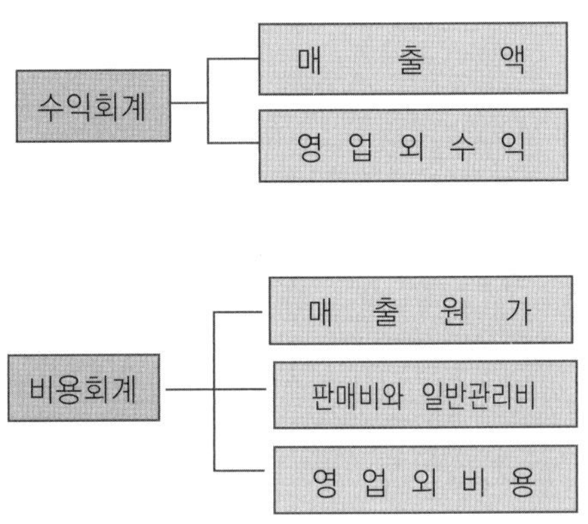

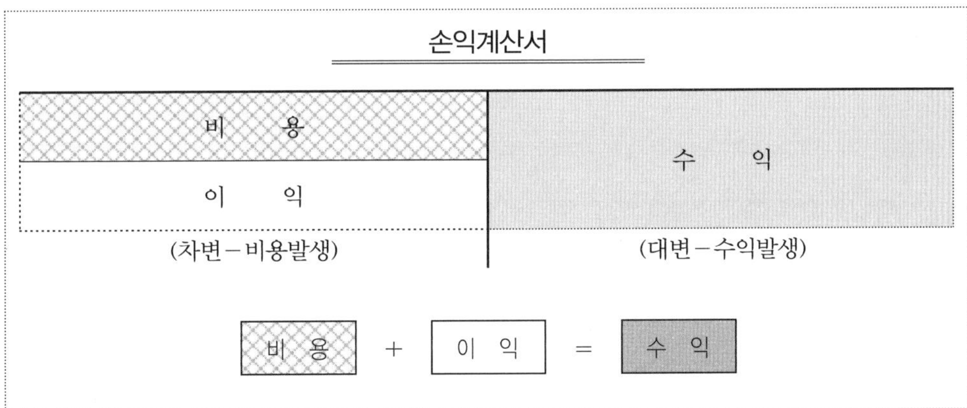

(2) 수익과 비용의 기록

✥ 수익항목의 기록

수익항목은 손익계산서의 대변에 기록한다. 상품매출이나 이자수익 등 수익이 발생하면 대변에 기록하며, 수익이 소멸하면 차변에 기록한다. 거래발생에 따라 수익항목에 이렇게 기록된 수익의 잔액은 손익계산서 작성 시에 대변에 기록한다.

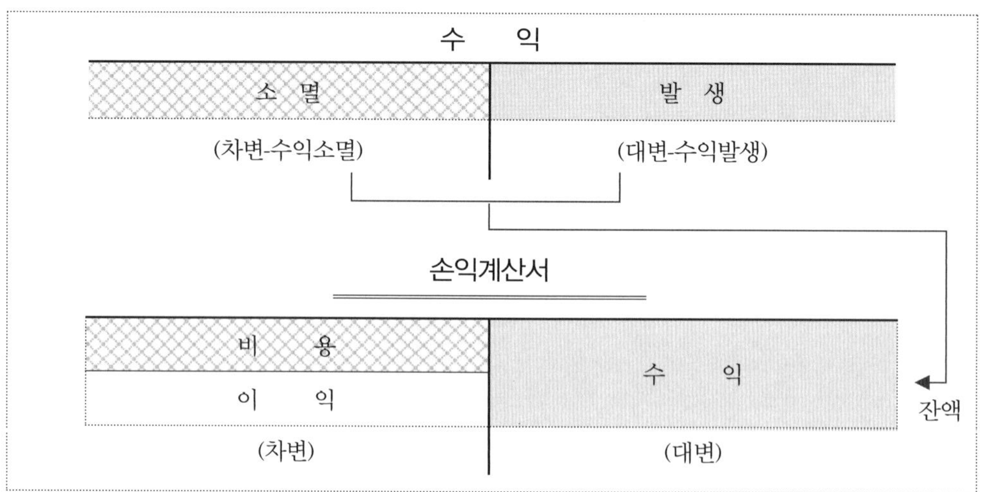

⊕ 비용항목의 기록방법

비용항목은 손익계산서의 차변에 기록한다. 매출원가나 급여, 접대비, 광고선전비, 이자비용 등의 비용이 발생하면 손익계산서의 차변에 기록하며, 비용이 소멸하면 대변에 기록한다. 거래발생에 따라 비용항목에 이렇게 기록된 비용의 잔액은 손익계산서 작성 시에 차변에 기록한다.

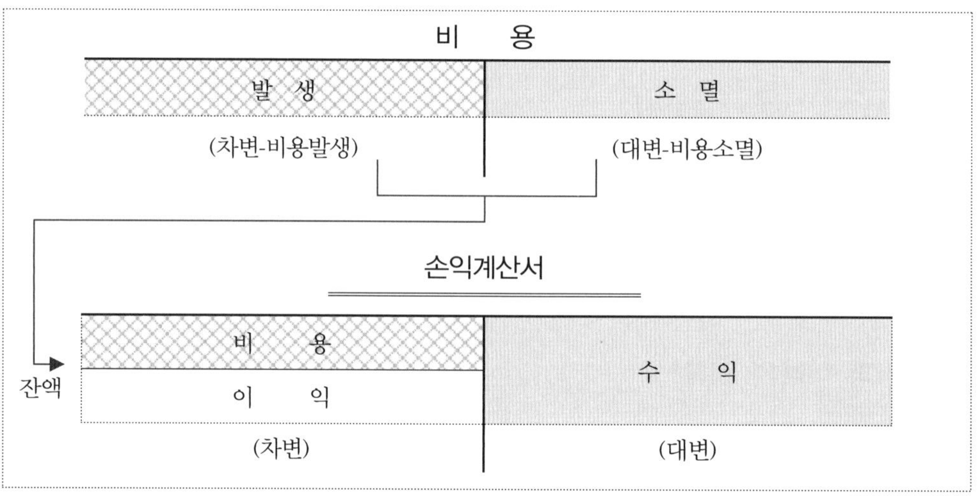

(3) 손익계산서의 작성예시

손익계산서

제4기 20×1년 1월 1일부터 20×1년 12월 31일까지
제3기 20×0년 1월 1일부터 20×0년 12월 31일까지

회사명 : (주)코페상사   (단위 : 원)

과목	제 4 (당) 기	제 3 (전) 기
	금액	금액
Ⅰ. 매　　　　　　　　　　출 　상　　품　　매　　출 　소　　매　　매　　출	○ ○ ○	○ ○ ○
Ⅱ. 매　　출　　원　　가 　상　품　매　출　원　가 　기　초　상　품　재　고　액 　당　기　상　품　매　입　액 　기　말　상　품　재　고　액	○ ○ ○	○ ○ ○
Ⅲ. 매　　출　　총　　이　　익	○ ○ ○	○ ○ ○
Ⅳ. 판　매　비　와　관　리　비	○ ○ ○	○ ○ ○
Ⅴ. 영　　업　　이　　익	○ ○ ○	○ ○ ○
Ⅵ. 영　업　외　수　익 　이　　자　　수　　익 　잡　　　이　　　익	○ ○ ○	○ ○ ○
Ⅶ. 영　업　외　비　용 　이　　자　　비　　용 　잡　　　손　　　실	○ ○ ○	○ ○ ○
Ⅷ. 경　　상　　이　　익	○ ○ ○	○ ○ ○
Ⅸ. 법 인 세 비 용 차 감 전 순 이 익	○ ○ ○	○ ○ ○
Ⅹ. 법　　인　　세　　비　　용	○ ○ ○	○ ○ ○
Ⅺ. 당　기　순　이　익	○ ○ ○	○ ○ ○
Ⅻ. 주　당　순　이　익	○ ○ ○	○ ○ ○

1 비용의 계정과목

구 분	계 정 과 목			
1. 매출원가	기초상품(제품)재고액	기말상품(제품)재고액	상품매입액	
2. 판매비와 관리비	퇴직급여 경상연구개발비 여비교통비 세금과 공과금 접대비 포장비 대손상각	통신비 광고선전비 임원급여 제수당 수도광열비 수선비	개발비 견본비 감가상각비 지급임차료 급여와 임금 복리후생비	소모품비 보험료 판매수수료 보관료 잡비 운반비
3. 영업외비용	사채발행비상각 연구개발비상각 유가증권처분손실 유가증권평가손실 재고자산평가손실 투자유가증권감액손실	외화환산손실 이자비용 창업비상각 외환차손 기부금	법인세추납액 지분법평가손실 외환차손 사채이자 개발비상각	원가차손 잡손실 재고감모손실 투자자산처분손실 유형자산처분손실
4. 법인세 비용	법인세	주민세		

2 수익의 계정과목

구 분	계 정 과 목			
1. 매출	매출 에누리와 환입	총매출액		
2. 영업외수익	유가증권처분이익 대손충당금환입 고정자산처분이익 상각채권추심이익 투자자산처분이익	투자유가증권감액손 사채상환이익 주식배당금 원가차익 외환차익	실차금 이자수익 배당금수익 수입임대료 외화환산이익	지분평가이익 유가증권이자 잡이익 법인세환급액
3. 경상이익				
4. 법인세비용차감전순이익				
5. 당기순이익				
6. 주당순이익				

③ 손익계산서의 작성항목

(1) 기간표시

손익계산서는 일정기간의 기업의 재무상태를 나타내므로 모든 재무제표가 전기와 당기의 비교가 가능하도록 ○○부터~○○까지 2 기간을 표시하여 작성하여야 한다.

(2) 매출

매출과 관련된 부분은 기업의 수익이고 기업의 당기순이익과 직결되므로 세금에 직접적인 영향을 미치기 때문에 수익인식에 대한 기준은 분명히 해야 한다.

매출과 관련하여 세금계산서를 발행하면 매출전표를 발생시킨다. 그래서 세금계산서를 언제 발행할 것인가에 대한 명확한 기준이 필요하다.

(3) 매출원가

매출원가는 기업이 정상적인 영업활동과정에서 실현시킨 매출에 직접 대응되는 비용을 말한다. 즉 재고자산이 판매되면 매출이 인식되고 판매된 재고자산의 원가는 매출원가라는 비용이 된다. 이때 판매와 관련된 비용은 판매비와 관리비로 구분하여 계상된다.

판매업에서의 매출원가는 기초상품재고액과 당기상품매입액의 합계액에서 기말상품재고액을 차감하여 구한다. 그리고 당기상품매입액은 상품의 총매입액에서 매입에누리와 환출 및 매입할인을 차감한 금액으로 한다.

(4) 매출총이익 또는 매출총손실

매출총이익 또는 매출총손실은 계정과목이 아니고 손익계산서에서 손익계산의 제1단계 계산이다. 매출액에서 매출원가를 차감하여 계산한다.

(5) 판매비와 관리비

판매비는 판매활동을 위해 쓰이는 경비를 말하고, 관리비는 기업의 전반적인 운영을 위해 쓰이는 경비를 말한다. 판매비와 관리비는 기업의 특성과 경비의 성질에 따라 또다시 많은 항목으로 나눌 수 있다.

(6) 영업이익 또는 영업손실

영업이익 또는 영업손실은 계정과목이 아니고 손익계산서에서 손익계산의 제2단계 계산이다. 매출총이익에서 판매비와 관리비를 차감하여 계산한다.

(7) 영업외수익

기업이 본래 목적하였던 사업활동에서 발생한 수익이 아니고 목적하지 않았던 활동, 즉 부수적인 활동에서 발생한 수익을 말한다. 주로 기업의 금융활동과 재무활동 등에서 영업외수익이 발생한다.

(8) 영업외비용

기업이 본래 목적하였던 사업활동에서 발생한 손실이 아니고 목적하지 않았던 활동, 즉 부수적인 활동에서 발생한 손실을 말한다. 주로 기업의 금융활동과 재무활동 등에서 영업외손실이 발생한다.

(9) 법인세비용 차감 전 순이익 또는 순손실

법인세비용 차감 전 순이익 또는 순손실이란 계정과목이 아니고 손익계산서에서 손익계산의 제3단계 계산이다. 영업이익(또는 영업손실)에 영업외수익을 더하고 영업외비용을 차감함으로써 계산한다.

(10) 법인세비용 등

기업이 경영성과로 이뤄 놓은 소득에 따라 계산된 세금, 즉 납부하여야 할 법인세(개인사업자는 소득세)와 소득할 주민세 등을 말한다.

(11) 당기 순이익 또는 순손실

당기순이익 또는 순손실은 손익계산서에서 손익계산의 제4단계 계산이다. 법인세비용차감전순이익에서 법인세 등을 차감함으로써 계산한다. 동 법인세에는 소득할 법인세와 법인세할 주민세를 포함한 금액이다.

(12) 주당손익

주당손익은 손익계산서의 마지막 단계에서 표시하는 과목으로 당기순손익을 회사의 발행주식수로 나누어서 계산하여 표시한다.

8장
매출과 매출원가 경리실무

1절 매출

2절 매출원가

① 수익인식기준

매출수익의 인식은 언제 매출전표를 발생하여 장부에 기재하는가이다. 실무적으로는 세금계산서를 발행하면 매출전표를 발생시킨다. 그러나 세금계산서를 언제 발행하느냐 하는 것에 대한 명확한 기준이 있어야 하다.

(1) 수익인식의 판단 기준

매출과 관련된 부분은 기업의 수익이고 기업의 당기순이익과 직결되므로 세금에 직접적인 영향을 미치기 때문에 수익인식에 대한 기준은 분명히 해야 한다.

이론상으로는 수익실현의 시기는 다음의 두 가지에 의해 판단한다.

● 수익실현 시기

① 수익활동이 완료되거나 사실상 완료되었을 때

② 교환거래가 발생하여 그 대가로 현금 또는 기타의 자산으로 교환된 때를 말한다.

● 실무적 매출인식 판단기준

실무적으로 다음과 같은 기준에 의해서 판단한다.

① 제품과 상품의 판매는 인도 시점

② 용역제공에서 용역을 실행하고 대금청구가 가능한 때

③ 타인에게 회사자산을 이용케 함으로써 얻는 이자·임대료·로열티는 약정된 시간이 경과하거나 자산을 사용함으로써 실현시기

④ 제품 이외의 자산처분으로 말미암은 수익은 판매 시

⑤ 수출은 수출화물을 본선에 선적 완료한 때

(2) 거래유형별 수익인식기준 (기업회계기준서 제4호)

● 재화의 판매

① 재화의 소유에 따른 위험과 효익 대부분이 구매자에게 이전되고

② 판매자는 판매한 재화에 대하여 소유권이 있을 때 통상적으로 행사하는 정도의 관리나 효과적인 통제를 할 수 없고

③ 수입금액을 신뢰성 있게 측정할 수 있으며

④ 경제적 효익의 유입 가능성이 매우 크며

⑤ 거래와 관련하여 발생하였거나 발생할 거래원가와 관련비용을 신뢰성 있게 측정할 수 있을 때 인식한다.

⊕ 용역의 제공

① 거래 전체의 수익금액을 신뢰성 있게 측정할 수 있으며

② 경제적 효익의 유입가능성이 매우 크며

③ 진행률을 신뢰성 있게 측정할 수 있으며

④ 이미 발생한 원가와 거래를 완료하기 위해 추가로 발생한 원가를 신뢰성 있게 측정할 수 있을 때 진행기준에 따라 인식한다.

⊕ 이자, 배당, 로열티

① 수입금액을 신뢰성 있게 측정할 수 있으며

② 경제적 효익의 유입가능성이 매우 클 때 인식한다.

따라서 이자수익은 원칙적으로 유효이자율을 적용하여 발생기준에 따라 인식하고 배당금수익은 배당금을 받을 권리와 금액이 확정되는 시점에서 인식하고 로얄티수익은 관련된 계약의 경제적 실질을 반영하여 발생기준에 따라 인식한다.

⊕ 기타의 수익

① 수익가득과정이 완료되었거나 실질적으로 거의 완료되었고

② 수익금액을 신뢰성 있게 측정할 수 있으며

③ 경제적 효익의 유입가능성이 매우 클 때 인식한다.

부가가치세법상 세금계산서 발급시기

매출수익의 계상은 기업회계기준이나 법인세법에 따라 장부에 써(계상)넣는 것이며 세금계산서는 부가세법에 따라 발행하는 것이다. 따라서 수익인식기준과 세금계산서 발급기준의 근거가 다르므로(대부분 일치하지만) 반드시 일치하지는 않는다.

① 현금판매와 외상 판매는 재화가 인도되는 때

② 장기할부판매는 대가의 각 부분을 받기로 한 때로 하며 단기할부판매는 인도기준

③ 반환조건부판매·동의조건부판매 기타 조건부 및 기한부판매의 경우에는 그 조건이 성취되거나 기한이 경과되어 판매가 확정되는 때

④ 완성도기준지급 또는 중간지급조건부로 재화를 공급하거나 전력 기타 공급단위를 구획할 수 없는 재화를 계속적으로 공급하는 경우에는 대가의 각 부분을 받기로 한 때

⑤ 재화의 공급으로 보는 가공의 경우에는 가공된 재화를 인도하는 때

⑥ 무인판매기를 이용하여 재화를 공급하는 경우에는 당해 사업자가 무인판매기에서 현금을 인취하는 때

⑦ 기타의 경우에는 재화가 인도되거나 인도가능한 때

⑧ 수출재화의 경우에는 수출재화의 선적일. 다만, 원양어업의 경우에는 수출재화의 공급가액이 확정되는 때

⑨ 보세구역내의 사업자가 보세구역 이외의 국내에 재화를 공급하는 경우에 당해 재화가 수입재화에 해당하는 때에는 수입면허일

❷ 매출항목의 구분 (매출액)

매출액은 기업의 주된 영업활동에서 발생한 수입금액이며 그 수입금액은 기업의 정관이나 등기부등본에 목적활동으로 규정된 사업이며 또는 사업자등록증에 업태와 종목으로 규정된 사업이다. 따라서 수익비용 대응의 원칙에 따라 수익을 업태별로는 구분해야 한다. 즉 도·소매, 제조, 서비스, 건설 등으로 구분되고 동 수입에 대한 대응되는 매출원가도 구분되어 계산하여야 한다.

그리고 기업회계기준에서는 관계회사매출, 수출매출, 장기할부매출 등도 중요한 경우 구분표시를 요구한다. 또한, 매출액은 총매출액에서 매출에누리, 매출환입, 매출할인을 차감하는 형태로 표시한다.

✪ 매출항목의 구분

매출항목은 업종별 다음과 같이 구분할 수 있다.

① 상품매출 → 도매업, 소매업

② 제품매출 → 제조업

③ 임대료 수입 → 부동산임대업

④ 공사수입 → 건설업

⑤ 수수료 수입 → 서비스업

⑥ 기타 할부매출 →할부판매

③ 상품매출

기업에서 판매를 목적으로 구매한 상품을 판매하는 것을 말한다.

- 회사가 구매한 상품을 3,300,000원에 부가세 포함하여 현금으로 팔았다.

차) 현　금	3,300,000원	대) 상품매출	3,000,000원
		부가세예수금	300,000원

④ 제품매출

기업에서 판매를 목적으로 제조한 완성품을 판매하는 것을 말한다.

- 회사는 제조한 물품을 3,300,000원에 부가세를 포함하여 외상으로 팔다.

차) 외상매출금	3,300,000원	대) 제품매출	3,000,000원
		부가세예수금	300,000원

⑤ 위탁매출

회사의 상품을 타인에게 위탁하는 판매형식을 말한다. 위탁된 상품은 적송품이라 하며, 그 것이 판매되지 않는 한 수탁자가 점유하고 있어도 소유권은 위탁자의 것이므로 위탁자는 매출수익을 인식하지 않는다. 위탁판매의 매출수익의 실현시점은 수탁자가 위탁품을 타인에게 판매하는 때이다. 세법상도 마찬가지로 매출수익의 실현시점이 속하는 날이 사업연도의 익금으로 산입하도록 하고 있다.

예제 회사는 20×1년 1월 1일 '갑"에게 상품의 위탁판매를 의뢰하고 1,000,000원의 상품을 (갑)에게 보내다. 위탁판매처 (갑)으로부터 1월 20일 위탁물품을 판매대금 1,200,000원을 수수료 100,000원을 차감하고 1,100,000원을 송금받다.

- 20×1년 1월 1일

차) 적송품	1,000,000원	대) 상품(매입)	1,000,000원

- 20×1년 1월 20일

차) 현금	1,100,000원	대) 매출	1,200,000원
판매수수료	100,000원		

차) 매출원가	1,000,000원	대) 적송품	1,000,000원

6 시용매출

상대방의 주문은 없으나 시험적으로 일정기간 상품을 보내어 시용하게 하는 판매의 형태를
시용매출이라 한다.

사례 (주)놀부는 20×1년 1월 1일 상품의 시용판매를 하기 위하여 1,000,000원의 상품을 소비자 (갑)
에 보내다. (주)놀부는 (갑)으로부터 1월 20일 시용품을 1,200,000원에 구매하다.

- 20×1년 1월 1일

차) 시송품	1,000,000원	대) 상품(매입)	1,000,000원

- 20×1년 1월 20일

차) 외상매출금	1,200,000원	대) 매출	1,200,000원
차) 매출원가	1,000,000원	대) 시송품	1,000,000원

참고 20×1년 1월 1일은 회계처리를 생략하고 소비자에게서 매입의사가 있는 시점에 매출로 처리하
면 더 간단히 처리될 수도 있다. 그러나 이 경우에는 기말에 장부상의 재고와 창고 내의 재고가 일
치하지 않는 경우가 발생하므로 별도의 비망기록이 필요하다. 결국, 시송품 계정은 창고 내에 있지
않은 재고자산계정이 되는 것이다.

7 매출에누리

매출에누리는 수량부족, 파손, 품질불량, 납기지연 등에 의한 매출액에서 차감한다. 일정기
간의 거래수량이나 거래금액에 따라 지급하는 장려금품을 매출에누리로 처리한다. 따라서 매
출에누리는 차감된 금액으로 발생한다.

8 매출환입

매출환입은 매출 된 제품이 반품된 경우로 실무상 환입시점에서 매출액과 상계처리한다.
매출에누리 및 환입은 매출할인과 달리 감액금액에 대하여 반대의 세금계산서(적자)를 발행하
여 부가가치세까지 같이 조정하여야 한다.

예제 20×1년 1월 1일 (주)놀부는 (주)흥부에게 10,000,000원의 매출을 하면서 대금결제는 3월 1일에
하기로 하다. 2월 1일 갑으로부터 불량을 통보받아 1,000,000원을 반품하고 나머지 대금을 회수하다.

- ❶ 매출환입 / (주)놀부
- 20×1년 1월 1일

차) 매출채권	11,000,000원	대) 매출	10,000,000원
		부가가치세예수금	1,000,000원

- 20×1년 2월 1일

차) 현금	9,900,000원	대) 매출채권	11,000,000원
매출환입	1,000,000원		
부가세 예수금	100,000원		

❷ 매입환출 / (주)흥부
- 20×1년 1월 1일

| 차) 매입 | 10,000,000원 | 대) 매입채무 | 11,000,000원 |
| 부가가치세 대급금 | 1,000,000원 | | |

- 20×1년 2월 1일

차) 매입채무	11,000,000원	대) 현금	9,900,000원
		매입(상품)	1,000,000원
		부가세대급금	100,000원

참고 매출할인과 매출에누리 및 환입의 회계처리에서 모두 매출액에서 차감하는 것은 같나 매출할인은 부가가치세계정을 수정하면 안 되고 매출에누리 및 환입은 부가가치세 계정까지 같이 처리하는 것에 유의해야 한다.

9 매출할인

외상매출금은 일정기한 내에 현금 지급하게 되며 매출액의 일정률을 그 대금에서 차감시켜 주는 금액을 매출할인이라 한다. 매출할인도 매출액에서 차감표시한다. 다만, 세법상 임의적인 매출할인은 접대비로 간주한다.

사례 회사는 제품을 2,000,000원에 매출하고 10일 이내 매출대금을 결제하는 경우 5%의 할인이 인정된다(5/10, n/60). 이 경우 50%씩 분할 입금의 경우

❶ 매출(총액법)

| 차) 매출채권 | 2,000,000원 | 대) 매출 | 2,000,000원 |

❷ 할인(50% 입금시)

| 차) 현금 | 950,000원 | 대) 매출채권 | 1,000,000원 |
| 매출할인 | 50,000원 | | |

* 매출할인은 손익계산서에서 매출액에서 차감표시한다.

❸ 잔액입금(잔액 50%)

| 차) 현금 | 1,000,000원 | 대) 매출채권 | 1,000,000원 |

2절 매출원가

매출원가란 기업이 정상적인 영업활동과정에서 실현한 매출에 직접 대응되는 비용을 말한다. 즉 재고자산이 판매되면 매출이 인식되고 판매된 재고자산의 원가는 매출원가라는 비용이 된다. 이때 판매와 관련된 비용은 판매비와 관리비로 구분하여 계상된다.

1 매출원가의 계상

판매업에서 매출원가는 기초상품재고액과 당기상품매입액의 합계액에서 기말상품재고액을 차감하여 구한다. 그리고 당기상품매입액은 상품의 총매입액에서 매입에누리와 환출 및 매입할인을 차감한 금액으로 한다.

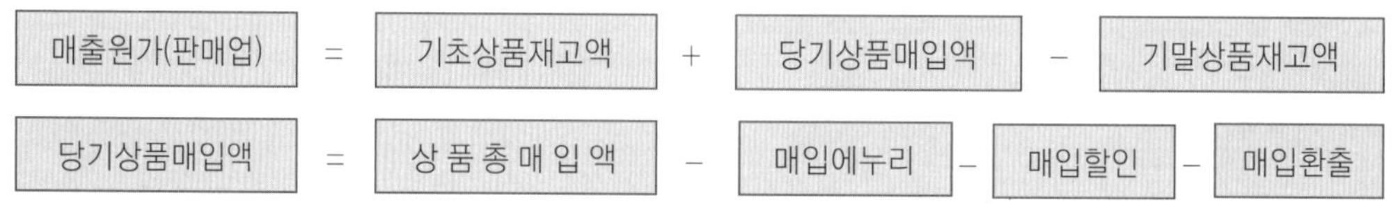

① 매입에누리 : 매입한 상품 등에 결함이 있는 경우 상품을 반환하거나 판매자와 협의하여 가격을 할인받은 것
② 매 입 환 출 : 구입한 상품을 반환하는 것
③ 매 입 할 인 : 외상매입금을 조기에 상환함으로써 할인받는 것

매출원가는 일정기간 판매된 상품, 제품 등의 매입원가 또는 제조원가를 말한다. 매출원가 계정은 일정기간의 매출액에 대응하는 원가를 계상 하기 위한 목적으로 기말 결산 시에 일시적으로 설정하는 계정이다.

2 기말재고액과 매출총이익

매출원가는 기초재고액에 당기매입액 또는 당기제품제조원가를 더한 총 판매가능액에서 기말재고액을 차감하여 구한다. 따라서 매입액의 크기와 기말재고액의 크기에 따라 매출원가가 달라지고 그에 따라 당기순이익도 달라짐에 유의하여야 한다.

원래 판매한 상품의 매출원가는 어떻게 계산하더라도 일정해야지만 기중에 가격의 변동이 있게 될 때에는 기말재고자산의 평가방법에 따라 기말재고액의 차이가 난다는 것은 본서의 재고자산 편에서 살펴본 바와 같다. 따라서 매입액과 기말재고액의 평가 여부가 매출원가의 크기를 결정짓는데 가장 큰 영향을 미친다.

기말재고액에 따라 당기순이익이 달라지는 도식은 다음과 같다.

〈 매출액 − 매출원가(기초상품재고액 + 당기매입액 − 기말상품재고액) = 매출총이익 〉

따라서 기말재고액이 커지면 매출원가가 낮아지므로 매출총이익이 커지게 된다. 즉 기말재고액과 매출총이익은 정비례하게 된다.

3 매입액의 결정

기업회계기준서(제21조)에서 당기상품매입액은 총매입액에서 매입에누리와 환출 그리고 매입할인을 차감한 금액으로 한다고 규정하고 있다. 여기에서 말하는 매입에누리란 제품의 하자나 납기의 지연으로 일종의 보상금 성격이며 매입할인이란 판매대금의 조기회수에 따른 이자비용의 할인성격으로 볼 수 있다. 어쨌든 당기의 순매입액은 당기의 총매입액에서 매입에누리와 매입할인을 차감하여 결정한다.

당기의 매입액에는 매입원가 외에 매입부대비용을 포함한 금액을 취득원가로 하고 있다.

4 수입시 매입시기 결정

물품을 수입하는 경우에 어느 시점에 매입으로 계상하여야 할 것인가는 일반적으로 수입하는 경우에는 수출상의 선적일자 외 수입상의 선적서류 입수일자, 통관일자 그리고 창고입고일자의 4가지 시점에서 매입을 결정하게 된다.

(1) 수출업자의 선적일자 기준

일반적으로 수출조건이 F.O.B이던 F.A.S나 C.I.F이던 가격조건에 불구 할 뿐 법률상 소유권 이전시점은 수출상의 선적일자가 기준이 된다. 따라서 법률상으로는 상품의 선적일자를 기준으로 소유의 이전이 있게 되기 때문에 선적일자를 기준으로 매입을 계상하는 것이 일견 타당한 것으로 보인다. 그러나 화물이 선적된 이후 입고되기까지에는 장시일이 소요되고 서류도 아직 입수되지 않은 상태에서 운반 중의 위험을 고려한다면 굳이 선적일자에 매입을 계상 할 필요가 없게 되는 것이다. 실무적으로도 선적서류 입수일자나 통관일자를 기준으로 매입을 계상한다.

(2) 선적서류 인수일자 기준

선적서류를 입수함으로써 비로소 화환대금의 금액이 결정되므로 이 시점이 가장 매입을 확정시킬 수 있는 시점이다. 이 시점에서 미착상품으로 처리한다. 단, 선적서류가 수입지 은행에 도착하지 않은 상태에서 본선이 입항하고 선적서류 사본에 의하여 신용장 개설은행이 화물선취보증장(L/G)을 발급하여 화물을 미리 수입통관하는 때도 있는데 이 경우에는 은행으로부터 화물선취보증장을 발급받은 일자를 기준으로 매입 계상을 한다.

(3) 통관일자 기준

이 시점 역시 아직 미착상태로 통관에 따른 제비용만 미착상품으로 계상한다.

(4) 창고입고 시점

비로소 수입상품에 대한 모든 비용이 확정되는 시점이다. 그동안에 미착상품에 집합되어 있던 모든 원가를 상품의 매입원가로 대체한다.

한편, 수입에 따르는 제비용 중 결재 조건에 따른 이자비용을 어떻게 처리하여야 할 것인가 하는 문제가 있다. 법인세법에서는 취득가액에 포함하는 것을 원칙으로 하나 결산시 비용 계상시는 비용으로 인정하고 기업회계에서는 취득가액에 포함하지 않고 금융비용으로 처리한다.

〈 유산스(Usance) 이자 및 D/A 이자의 취득가액 포함 여부 비교〉

구 분		법인세법	기업회계
D/A 이자		취득가액에 포함 (단, 결산상 비용계산시 인정)	취득가액에 포함하지 않고 금융비용으로 처리함
Usance 이자	Shipper's 이자		
	Banker's 이자		

*(법령 제72조3항, 제37조3항)

9장
판매비와 관리비 경리실무

1절 판매비와 관리비의 이해

1 개요

기업의 업무분장에 따라 판매부문에서 발생한 비용은 판매비, 관리부문에서 발생한 비용은 관리비 그리고 제조부문에서 발생한 비용은 제조경비라 한다.

판매비와 관리비는 제조부문을 제외한 전 부문에서 발생한 비용을 별도로 구분하지 않고 판매비와 관리비로 일괄하여 사용한다. 따라서 크게 생산과 관련된 부서의 비용을 제조경비라 하고 판매와 관리에 관련된 비용을 판매비와 관리비로 한다.

2 판매비와 관리비의 계정과목

판매비와 관리비의 계정과목은 당해 기업의 규모, 영업의 종류에 따라 비용의 내용을 충분히 설명해 주는 것으로 선택하여 기재하면 된다.

과목의 설정에는 일반적인 회계 관행에서 자주 사용되는 계정과목 명칭들이 있으므로 이를 활용하면 될 것이며, 또한 제조원가의 경비와 성격이나 내용이 유사하므로 이를 관련지어 설정하면 된다.

판매비와 관리비로 계상된 금액은 어떤 경우에도 매출원가 또는 기말재고액에 산입할 수 없다. 판매비와 관리비의 계정과목과 비용의 내용은 다음과 같다.

〈판매비와 관리비의 계정과목〉

계 정 과 목	비용의 내용
복 리 후 생 비	식대, 피복비, 간식대, 커피, 음료, 직원식당운영비, 직원선물대, 직원경조사비, 회식대, 야유회비용, 회사부담의료보험료
여 비 교 통 비	택시비, 버스비, 항공료, 출장경비, 해외출장비
접 대 비	거래처접대(선물대, 식대, 주대, 경조사비외)
통 신 비	전화요금(팩스요금, 휴대전화요금), 우편료, 정보통신료, 인터넷요금
수 도 광 열 비	상·하수도료, 전기료, 난방비, 가스대금 외
세 금 과 공 과	자동차세, 면허세, 인지세, 환경개선분담금, 기금분담금, 국민연금회사부담금, 적십자회비, 재산세, 상공회의소회비, 법인균등할주민세
지 급 임 차 료	사무실임차료, 공장임차료, 복사기임차료, 전시장임차료, 리스료
수 선 비	집기비품수리비, 건물수리 등
보 험 료	자동차보험료, 책임보험료, 산재보험료, 보증보험료
차 량 유 지 비	유류대, 차량검사비, 차량수리비, 통행료, 주차료 등 차에 소요되는 모든 비용
광 고 선 전 비	광고물제작비, 카렌다인쇄비, 간판대, 결산공고료
도 서 인 쇄 비	신문구독료, 도서대, 복사대, 고무인대, 명함인쇄, 사진현상 외
사 무 용 품 비	장부, 바인다, 문구대, 각종서식대 외
소 모 품 비	화장지, 청소도구 및 기타분류하기 어려운 품목
지 급 수 수 료	기장료, 결산조정료, 자문료, 은행수수료, 기타수수료
관 리 비	건물관리비
운 반 비	운반비, 상하차비, 화물취급수수료, 배달료, 탁송료
잡 손 실	연체료, 가산세, 가산금
이 자 비 용	차입금이자, 어음할인이자(영업외 비용)

　판매비와 관리비 및 제조경비가 공장과 사무실이 분리되어 발생원천이 명확한 경우는 배부문제가 발생하지 않으나, 공장과 사무실이 함께 있거나 판매관리부서와 제조부서 간의 업무분담이 분명하지 않으면 비용의 배분문제가 발생한다.

　판관비와 제조경비의 공통비용배분은 합리적인 기준에 따라 계속 적용하여야 하며 일반적 기준은 다음과 같다.

〈관리비와 제조경비 배부기준〉

구 분	판매 관련 비용	제조 관련 비용	배부기준
물품구매	상품 관련 비용	원재료, 부재료	사용기준
인 건 비	급여, 상여금, 임금	노무비, 상여금, 잡급	실제 근무하는 곳
부대경비	판매비와 관리비	제조경비	발생원천기준
	복 리 후 생 비	(좌항과 동일)	공장(사무실)
	접 대 비	〃	〃
	차 량 유 지 비	〃	〃
	통 신 비	〃	사 용 인 원
	임 대 료	〃	사 용 면 적
	소 모 품 비	〃	사 용 물 량
	퇴 직 급 여	〃	인 원
	전 력 비	〃	사 용 량
	감 가 상 각 비	〃	자 산 사 용
	난 방 비	〃	사 용 면 적

1 임원급여

임원급여는 이사·감사·대표이사·업무집행사원과 그에 준하는 직책을 가진 사람에게 지급되는 경상적인 의미의 보수를 말한다.

- 회사는 ○○이사에게 7월분 임원급여 4,000,000원을 지급하다. 예수금은 300,000원이다.

차) 임원급여	4,000,000원	대) 현금	3,700,000원
		예수금	300,000원

참고 ① 임원의 보수는 상법 제388조에 따라 정관 또는 주주총회에서 금액을 결정하도록 하고 있다. 그러나 임원의 보수를 이사회 또는 대표이사에게 결정을 위임할 때 그 주주총회의 결의는 효력이 없으므로 총액을 정하되 개별적인 보수는 이사회에서 정할 수 있다.
② 지배주주 및 그 특수관계자인 임직원에게 정당한 사유없이 동일직위에 있는 일반 임직원의 보수를 초과하여 지급하는 금액은 손금불산입한다(법26조, 영43~46조).

2 급여와 임금

판매와 관리부문에 종사하는 종업원들에게 지급되는 근로의 대가를 말하며, 그 종류로는 급여와 임금 및 잡급 등이 있다. 관행적으로 급여는 정신노동자, 임금은 육체노동자에게 지급되는 노동의 대가를 의미했으나 현대에는 노동의 성격이 복합적인 것으로 변경되어 "급여와 임금"으로 함께 사용하고 있다.

예제 ❶ 회사는 사무직 종업원 급여 1,000,000원과 생산직 임금 2,000,000원을 7월분 월급으로 예수금(소득세, 주민세, 건강보험료, 국민연금, 회사부담금) 등으로 70만원을 공제하고 지급하다.

차) 급여	1,000,000원	대) 현금	2,300,000원
임금	2,000,000원	예수금	700,000원

❷ 다음 달 예수금과 회사부담금(건강보험료, 국민연금, 고용보험)을 납부하다.

차) 예수금	700,000원	대) 현금	1,400,000원
세금과 공과금	300,000원		
복리후생비	400,000원		

참고 ① 급여와 임금의 지급에 대하여는 각 직급별, 호봉별로 급여테이블이 포함된 급여규정을 정하여 급여를 지급하도록 한다.
② 급여대장을 꼭 비치해야 한다.

 ① 손익계산서 ⇒ 판매비와 관리비 ⇒ 급여계정
② 제조업생산직 ⇒ 제조경비 ⇒ 급여계정
③ 건설업근로자 ⇒ 건설경비 ⇒ 급여계정

③ 잡급

잡급은 일용근로자 또는 아르바이트 인력 등에게 일당 등을 급여로 지급할 때 사용한다.

• 회사는 일용잡급직 3명에게 120,000원을 지급하다.

차) 잡급	120,000원	대) 현금	120,000원

※ 일용근로자에게 일당 100,000원을 초과 지급하게 되면 초과분에 대한 6%의 소득에 대하여 55% 세액공제를 한 후에 원천징수 한다(소법 129조).

④ 제수당

판매와 관리부문의 종업원에 대한 상여 및 제수당을 말하며 제수당에는 연장근로수당, 가족수당, 생명수당, 연월차수당 등 급여 규정에 열거된 모든 수당이 포함된다. 그리고 2 회계기간에 걸쳐 지급하는 수당은 기간계산 한다.

• 회사는 3월 30일 1분기 상여금 1,000,000원 중 갑근세 등 200,000원을 공제하고 지급하다.

차) 상여금	1,000,000원	대) 현금	800,000원
		예수금	200,000원

◉ 관리비와 제조경비 배부기간

소득세법에서는 월정액급여를 기준으로 비과세대상 등을 정하고 있다. 월정액급여란 매월 지급받는 봉급·급여·보수·임금·수당 기타 이와 유사한 성질의 급여총액에서 상여 등 부정기적인 급여와 비과세소득 중 소득세법 시행령 제12조의 규정에 의한 실비변상적 성질의 급여만을 차감한 금액을 말한다(소·영 제13조).

⑤ 퇴직급여

퇴직금은 1년 이상 근무한 임직원에 대해 퇴직금지급규정과 근로기준법에 의한 금액 중 많은 금액을 지급하여야 하므로 퇴직금은 당사자가 근무하는 동안 계속적, 누적적으로 발생하기 때문에 동 증가분을 매년 기간손익개념에서 비용으로 계상하여 퇴직급여충당부채로 설정하는 것이며 퇴직 시에는 우선하여 퇴직급여충당부채와 상계하고 남는 금액은 퇴직금으로 비용으로 처리한다.

- 회사는 근로자의 퇴직으로 퇴직금 1,000,000원을 지급하면서 원천소득세 50,000원을 공제하였다(퇴직급여충당부채 500,000원 설정).

차) 퇴직급여충당부채	500,000원	대) 현금	950,000원
퇴직금	500,000원	예수금	50,000원

* 임원의 퇴직금지급에는 회사규정에 정하여진 규정에 따른다.

〈퇴직급여 한도액 계산방법〉

❖ 기업회계상

기업회계는 당기말에 퇴직금추계액의 증가분 전액과 당기지급분을 설정하므로 당기말 현재 퇴직금추계액의 100%를 설정한다.

$$\boxed{\text{퇴직급여 한도액}} = \boxed{\text{당기말 추계액}} - \boxed{\text{전기말 추계액}} + \boxed{\text{당기 지급액}}$$

❖ 세무회계상

다음 ①과 ②중 적은 금액을 한도로 하여 설정한다.

① 지급액 기준 : 당기말 현재 1년 이상 근무한 전임직원의 총급여×5%

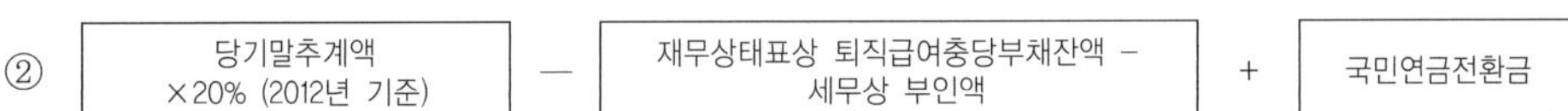

② $\boxed{\begin{array}{c}\text{당기말추계액}\\ \times 20\% \text{ (2012년 기준)}\end{array}} - \boxed{\begin{array}{c}\text{재무상태표상 퇴직급여충당부채잔액 –}\\ \text{세무상 부인액}\end{array}} + \boxed{\text{국민연금전환금}}$

기업회계상은 퇴직금추계액의 100% 설정을 목표로 하나 세무회계상은 추계액의 20%까지만 세무상 손금으로 인정해 준다는 것이다. 나머지 75%는 단체퇴직신탁 또는 퇴직연금에 가입하면 동 금액 중 손금산입한 부분은 추계액에서 퇴직급여충당부채를 차감한 한도 내에서 손금으로 인정해 준다. (*2012년 20%, 2013년 15%로 5%씩 매년 감액한다.)

③ 확정급여형이나 확정기여형 퇴직연금가입금액은 제외한다.

6 복리후생비

복리후생비는 판매와 관리부문에 종사하는 종업원에 대하여 인적 자원으로서의 가치보존과 기능유지를 위하여 필수적으로 지출되는 비용으로서 주로 의료·후생·위안 및 수양 등의 활동에 사용된다.

예를 들면, 건강보험료·국민복지연금 회사부담액·산재보험료·구내식당운영비 및 시설유지보수비·출퇴근차량비·의무실 운영비·작업복 등의 비용·주거비부담액·경조비·장기근속자에 대한 포상·야유회 관련 비용 및 종업원 회식비 같은 것이 있다.

* 회사는 사원의 야근식대로 100,000원을 지급하였다.

차) 복리후생비	100,000원	대) 현금	100,000원

〈 복리후생비의 종류 〉

구　　분	주 요 내 용
법 정 관 련	건강보험료, 고용보험료, 산재보험료의 회사부담금
복 리 관 련	직장보육시설의 운영비 종업원을 위한 시설의 운영비중 법인의 부담금(사택, 기숙사, 병원 식당 능)
의 료 관 련	정기건강진단료, 의무실 유지비, 의약품 구입비
소모품 관 련	피복비, 선물비, 다과비, 기타소모품
식 대 관 련	휴일근무식비, 야근식비, 간식비, 회식비 등
기　　타	직장체육비, 야유회비, 주택보조금, 우리사주조합운영비 파견받은 근로자에게 지급하는 복리후생비 인정(2013.2.15부터)

❼ 여비교통비

　여비교통비는 판매와 관리부문 종사자들이 업무에 관련된 출장은 지급되는 교통비 및 여비를 말한다. 일반적으로 회사에서는 출장여비지급규정을 두고 이에 따라 비용을 지급한다.

　출장지에 따라 국내출장여비와 국외출장여비로 구분하나 계정과목은 여비교통비로 사용하면 된다. 그러나 외국출장은 외국시장개척을 위한 경우가 있는데 이때는 외국시장개척비로 계상 하여도 무방하다.

❶ (지급) ○○부서 사원의 업무상 출장비로 300,000원을 지급하다.

차) 가지급금	300,000원	대) 현금	300,000원

❷ (정산) 출장 후 여비를 정산하고 250,000원을 반환하다.

차) 여비교통비	250,000원	대) 가지급금	300,000원
현금	50,000원		

증빙 영수증, 세금계산서, 계산서, 지출결의서, 기타증명에 갈음하는 서류

⑧ 통신비

판매와 관리부문의 통신활동을 위하여 지출되는 비용으로서 일반적인 통신·전화·우편·팩시밀리 이외에 컴퓨터를 위한 전용선사용료, 항공특급우편료 등의 예가 있다.

- 통신비는 매월 발생하여 지급한 날에 전표 회계처리를 하면 된다.

차) 통신비	100,000원	대) 현금	110,000원
부가세대급금	10,000원		

⑨ 수도광열비

판매와 관리부문에서 사용하는 수도·전기·가스·유류 등에 지급되는 비용을 말한다. 사무실 임차는 청구되는 금액 중에 수도광열비가 포함되어 있어 이를 별도로 구분하여 회계처리하는 것은 번거로워서 총액을 지급임차료 과목으로 계산하는 것이 편리하다.

❶ 사무실 전기요금으로 14,000원을 지출하였다.

차) 수도광열비	14,000원	대) 현금	14,000원

❷ 사무실 수도요금 50,000원 공장 공업용수 600,000을 지출하였다.

차) 수도광열비	50,000원	대) 현금	650,000원
제조경비	600,000원		

⑩ 세금과 공과금

이는 각종 세금과 공과금을 말하는 것으로 고정자산 또는 재고자산의 취득원가에 포함되지 아니하고 제조경비에서도 제외되는 것을 말한다.

세금의 종류로는 자동차세, 재산세, 인지세, 면허세, 매입세액 불공제되는 부가가치세, 공동시설세, 균등할주민세, 사업소득세와 벌금, 과태료 등이 있으며 공과금으로는 상공회의소비·적십자회비 및 각종 조합비 등이 이에 속한다.

- 회사명의 자동차세를 500,000원을 납부하다.

차) 세금과 공과	500,000원	대) 현금	500,000원

세금과 공과금은 그 성격에 따라 고정자산취득원가에 포함되는 것, 기업회계상 판매비인 세금과 공과금에 포함되는 것, 그리고 세무회계상 손금부인되는 세금과공과금이 있는 바 그것을

분류하면 다음과 같다.

〈 세금과 공과금의 분류 〉

취득원가산입	기업회계상 세금과 공과	세무회계상 손금산입 여부
취 득 세	해당 안 됨	해당 안 됨
교 육 세	〃	〃
농 특 세	〃	〃
해당 안 됨	상공회의소회비	손금산입
〃	조합비(법인등록단체)	〃
〃	조합비(비등록단체)	손금불산입
해당 안 됨	수입부담금	손금신입
〃	도로교통부담금	〃
〃	국민연금부담금	〃
〃	장애인고용부담금	〃
〃	환경개선부담금	〃
〃	교통유발부담금	〃
〃	자동차세	〃
〃	면허세, 인지세	〃
〃	법인균등할주민세	〃
〃	재산세	〃
〃	벌금, 과료	손금불산입
〃	과태료, 가산세	〃
〃	가산금(산재보험, 국세), 체납처분비	〃
	법인세 및 동주민세	손금불산입
〃	공제가능부가세 매입세액	〃
〃	국외납부 벌금	〃
〃	환경오염배출부담금	손금산입
	부당이득세	〃
〃	특별회비	지정기부금

〈 세목별 세율 〉

세 목	세 율	
취득세	취득가액의	4.0%
농어촌특별세	취득세율의 표준세율 2%의 10%	0.2%
지방교육세	취득세율의 표준세율 2%의 20%	0.4%
계		4.6%

* (주택, 농지제외)

⑪ 지급임차료

지급임차료는 토지·건물·중기 등을 임차하여 사용하는 경우 지급하는 사용료로 제조원가에 포함되지 아니하는 비용이다.

리스료, 특허권사용료, 판매에 관련된 로열티 등은 사용기간이 장기간인 경우는 비용의 결산조정을 하여야 한다.

❶ (보증금) 회사는 사물실을 임차하고 보증금으로 20,000,000을 지급하다.

차) 보증금	20,000,000원	대) 현금	20,000,000원

❷ (임차료) 회사는 7월분 임차료 2,000,000원을 지급하다.

차) 임차료	2,000,000원	대) 현금	2,000,000원

⑫ 감가상각비

판매와 관리비부문에서 사용하는 건물, 구축물, 차량운반구 및 공·기구, 비품 등의 유형자산과 무형자산의 당기상각비계상액을 말한다. 정상적인 감가상각비 이외에 특별상각이 있다.

그러나 세법에서 감가상각비도 본질적으로는 기업회계기준에서 일반적으로 인정하는 감가상각비와 다를 것이 없지만, 세법에서는 기업 간 부담의 공평, 계산의 평등화 등의 견지에서 그 계산방법을 일정하게 규정하였다.

또한 감가상각비(상각액)의 계산은 법인이 고정자산의 상각액을 장부가액에서 감액하여 손금에 계상 하였을 때 고정자산의 내용연수에 따른 상각비율에 의하여 계상한 금액(상각범위액)을 한도로 하여 이를 소득계산상 손금으로 계산한다고 규정하였다.

사례 20×1년 1월 20일에 20,000,000원에 구매한 자동차는 20×1년 사업연도 결산시 차량감가상각비로 4,000,000원을 계상하다. (정액법, 내용연수 5년).

차) 감가상각비	4,000,000원	대) 감가상각누계액	4,000,000원

⬡ 상각방법 신고

① 정액법 ː 건축물, 무형고정자산
② 정률법 ː 건축물 이외의 유형고정자산
③ 생산비례법 ː 광업권

자산 및 구조물	기준내용연수 및 내용연수범위(하한 – 상한)
① 차량운반구, 공구, 기구 및 비품	5년(4년~6년)
② 선박 및 항공기(운수업 외의 업종에 사용되는 것에 한한다)	12년(9년~15년)
③ 연와조, 블록조, 콘크리트조, 토조, 토벽조,목조, 목골모르타르조, 기타 조의 모든 건물(부속설비를 포함한다)과 구축물	20년(15년~25년)
④ 석조, 연와석조, 철골조의 모든 건물(부속설비를 포함한다)과 구 축물	40년(30년~50년)

※ 제조업 등의 업종별 기계장치의 내용연수에 대하여 세법에서 별도로 업종별로 정하고 있다.

⑬ 수선비

수선비는 유형자산의 현상유지를 위하여 지출된 비용으로 자본적 지출과 제조경비에 해당하는 것을 제외한다. 자본적 지출과 수익적 지출의 구분은 당기과세소득이나 당기순이익에 직접적인 영향을 미치므로 이론상의 기준과 실무상의 기준은 다음과 같으므로 실무상 적용을 위해 완벽히 숙지해야 한다.

• 사무실 파손유리수리비로 1,100,000원을 부가세를 포함하여 지급하였다.

차) 수선비	1,000,000원	대) 현금	1,100,000원
부가세대급금	100,000원		

⊕ 공장 및 제조 관련 계정

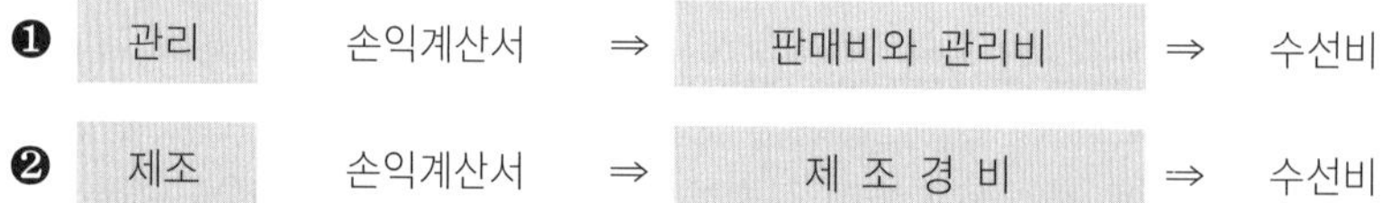

참고 • 수익적 지출 : 비용처리
      • 자본적 지출 : 당해 자산의 원가에 가산 처리

〈수선비의 구분〉

구 분	수익적 지출	자본적 지출
회 계 처 리	손익계산서의 판매비중 수선비계정에 처리하여 당기비용계상하므로 동액만큼 당기순익 감소	해당 자산에 합산하므로 동 자산이 지출액만큼 증가표시 되고 당기순이익에 영향 없음
이론적 구분	현상이나 능률유지 원상회복을 위한 지출	내용연수나 능률, 효율, 가치의 향상을 위한 지출
구체적 구분	① 건물 또는 벽의 도색 ② 파손된 유리나 기와의 교체 ③ 기계의 소모된 부속품의 대체와 벨트의 대체 ④ 자동차의 타이어 튜브의 대체 ⑤ 화재를 입은 자산에 대한 외장의 복구·도장·유리의 삽입 ⑥ 기타 조업가능상태의 유지 등 위 각 호와 유사한 성질의 것	① 본래의 용도를 변경하기 위한 개조 ② 엘리베이터 또는 냉난방장치의 설치 ③ 빌딩 등에 있어서 피난시설 등의 설치 ④ 화재등으로 인하여 건물·기계·설비 등이 멸실 또는 훼손되어 당해 자산의 본래의 용도에 이용가치가 없는 것의 복구 ⑤ 기타 개량·증설·확장 등 위 각호와 유사한 성질의 것
금액적 구분	① 개별자산별로 300만원 미만의 수선비 ② 장부가액의 5% 미만 금액의 수선비 ③ 3년 미만의 주기적 수선비 ③ 취득가액이 거래단위별로 100만원 이하 ④ 어업용어구, 영화필름, 공구, 가구, 전기기구, 가스기기, 시계, 시험기기, 측정기기, 간판, 전화기, 개인용컴퓨터주변기기 〈예외〉 1. 업무의 성질상 다량보유 2. 사업개시나 확장을 위한 취득	

참고 │ 자본적 지출액의 상각은 이론적으로 지출일부터 대상 지출자산의 남은 내용연수까지 월할 상각하여야 하나 세무상으로 대상자산과 동일하게 지출년도에 1년분을 상각하도록 하고 있다.

14 보험료

판매와 관리부문의 고정자산·재고자산 등에 화재보험료·자동차보험료·기타손해배상보험료의 지급액 중 당기부담액을 말한다.

❶ 급여지급   시 보험료   중 임직원과 관련된 의료보험·산재보험 등 복리후생비로 3,000,000원을 지급하다.

차) 복리후생비	3,000,000원	대) 현금	3,000,000원

❷ 보험료의 계산기간이 결산기와 일치하지 않으므로 결산시는 차기연도해당분을 기간계산하여 일할 계산한 금액을 선급보험료로 회계처리하여야 한다(차기선급분 1,500,000원).

차) 선급보험료	1,500,000원	대) 현금	1,500,000원

15 접대비

판매와 일반관리부문의 영업활동과 관련하여 발생한 것으로 거래처 접대비·선물대·경조금 등과 기밀비·판공비·사례금 등의 비용을 말한다.

법인세법상 접대비는 기업회계기준의 접대비와 내용은 동일하나 인정하는 범위에서 차이를 두고 있는데 이를 접대비 한도액이라 하며, 그 초과액은 접대비로서 인정하지 아니한다.

(1) 접대비의 범위

① 접대비 및 교제비·사례금 기타 명목 여하에 불구하고 이에 유사한 성질의 비용으로서 법인이 업무와 관련하여 지출한 금액

② 주주·사원 또는 출자자나 임원 또는 사용인이 부담하여야 할 성질의 접대비를 법인이 지출한 것은 이를 접대비로 보지 아니함

③ 법인이 그 사용인이 조직한 조합 또는 단체에 복리시설비를 지출한 경우 당해 조합이나 단체가 법인인 때에는 이를 접대비로 보며, 당해 조합이나 단체가 법인이 아닌 때에는 그 법인의 경리의 일부로 봄

④ 금융기관 등이 적금·보험 등의 계약이나 수금에 필요하여 지출하는 경비는 이를 접대비로 봄

⑤ 법인이 광고선전목적으로 견본품·달력·수첩·부채·컵 기타 이와 유사한 물품을 불특정 다수인에게 기증하기 위하여 지출한 비용은 이를 접대비로 보지 아니함(전액손금)

(2) 접대비 한도

접대비의 한도액은 다음에 열거되는 두 가지 항목의 합계액을 의미한다.

2000년 이후 개시하는 사업연도
접대비 한도 : ①+②
① 1,200만원(중소기업 1,800만원)×사업연도월수÷12
② 매출액 100억 이하　　　　　　　　: 0.2%
100억 초과 500억 이하 : 0.1%
500억 초과　　　　　　　　: 0.03%

* 2015년~2016년까지 중소기업 접대비 기본한도 24,000원으로 인상함

① 특수관계자와의 거래에서 발생한 매출액에 대해서는 그 매출액에 위의 적용비율를 곱하여 산출한 금액의 10%를 한도로 한다. (2013.1.1 사업연도부터)

② 정부투자기관이나 정부출자기관 및 이들이 출자한 법인의 접대비 한도액은 일반법인 접대비 한도액의 70%로 규정하고 있다(조특법 136조).

〈중소기업의 범위〉

중소기업은 법인세법 및 조특법 등에서 세법상의 특혜를 주고있는 바 이때 중소기업이란 조세특례제한법 시행령 2조에서 규정된 중소기업을 말하며 다음의 모든 기준을 충족하는 기업을 말한다.

(1) 중소기업 해당 업종

다음의 사업을 주된 사업으로 경영하는 기업이어야 한다. 이때 중소기업 해당 사업은 「조세특례제한법」에 특별한 규정이 있는 것을 제외하고는 「통계법」 제17조의 규정에 의하여 통계청장이 고시하는 한국표준산업분류에 의한다. 다만, 한국표준산업분류가 변경되어 「조세특례제한법」에 따른 조세특례를 적용받지 못하게 되는 업종은 한국표준산업분류가 변경된 과세연도와 그 다음 과세연도까지는 변경 전의 한국표준산업분류에 따른 업종에 따라 조세특례를 적용한다(조특법2③).

① 제조업 등 : 제조업(위탁생산업)을 포함), 광업, 건설업, 어업, 도매 및 소매업, 전기통신업, 연구개발업, 선박관리업
② 운수업 : 다음의 물류산업과 여객운송업
화물운송업, 화물취급업, 보관 및 창고업, 화물터미널운영업, 화물운송 중개·대리 및 관련서비스업, 화물포장·검수 및 형량서비스업, 「항만법」에 따른 예선업, 파렛트임대업
③ 방송업 : 공중파 방송업, 유선 및 위성방송업
④ 엔지니어링사업 : 「엔지니어링기술진흥법」에 의한 엔지니어링활동(「기술사법」의 적용을 받는 기술사의 엔지니어링활동을 포함)을 제공하는 사업
⑤ 컴퓨터프로그래밍·시스템 통합 및 관리업(62) : 컴퓨터설비자문업, 소프트웨어의 자문·개발 및 공급업과 자료처리업 및 데이터베이스업, 웹서버관리, 컴퓨터장애복구 등
⑥ 자동차정비공장을 운영하는 사업 : 「자동차관리법」에 의한 자동차종합정비업 또는 소형자동차정비업의 사업장
⑦ 의료업 : 「의료법」에 의한 의료기관을 운영하는 사업
⑧ 하수·폐기물처리(재활용 포함)·원료 재생 및 환경복원업
⑨ 출판업
⑩ 작물재배업 또는 축산업
⑪ 그밖의 과학기술서비스업(729), 포장 및 충전업
⑫ 영상·오디오 기록물 제작 및 배급업(비디오물 감상실 운영업 제외)
⑬ 창작 및 예술관련서비스업, 전문디자인업, 정보서비스업(63)
⑭ 「관광진흥법」에 의한 관광사업 : 카지노, 관광유흥음식점업 및 외국인전용유흥음식점업을 제외한다.
⑮ 「노인복지법」에 의한 노인복지시설을 운용하는 사업
⑯ 광고업, 「전시산업발전법」에 따른 전시산업
⑰ 직업기술분야 학원
⑱ 토양정화업 : 환경부장관에게 토양정화업 등록을 한 자가 영위하는 토양정화업에 한한다.
⑲ 음식점업 : 2009.2.4. 이후 종료하는 과세연도분부터 적용
⑳ 수탁생산업 : 위탁자로부터 주문자상표부착방식에 따른 제품생산을 위탁 받아 이를 재위탁하여 제품을 생산·공급하는 사업(조특령 §6 ①)(2009.2.4. 이후 종료하는 과세연도분부터 적용)
㉑ 인력공급 및 고용알선업(농업 노동자공급업을 포함), 콜센터 및 텔레마케팅서비스업(2010.1.1. 이후 과세기간분부터 적용)
㉒ 「에너지이용합리화법」 제25조에 따른 에너지절약 전문기업이 하는 사업(2010.1.1. 이후 과세기간분부터 적용)
㉓ 「노인장기요양보험법」 제32조에 따른 재가장기요양기관을 운영하는 사업(20×1.1.1. 이후 과세기간 분부터 적용)

㉔ 「근로자직업능력 개발법」에 따른 직업능력개발훈련시설을 운영하는 사업(20×1.1.1. 이후 과세기간 분부터 적용)
㉕ 건물 및 산업설비 청소업 (20×1.1.1. 이후 과세기간분부터 적용)
㉖ 경비 및 경호 서비스업 (20×1.1.1. 이후 과세기간분부터 적용)
㉗ 시장조사 및 여론조사업(20×1.1.1. 이후 과세기간분부터 적용)
㉘ 사회복지서비스업(2013.1.1 이후 과세기간분부터 적용)
㉙ 일반도시가스업(2013.1.1 이후 과세기간분부터 적용)

(2) 중소기업규모 기준
① 상시사용하는 종업원수·자본금 또는 매출액이 업종별로 "중소기업기본법 시행령 별표1"의 규정에 의한 규모기준 이내여야 한다.
② 상시 종업원수가 1천명 이상, 자기자본이 1천억원 이상, 매출액이 1천억원 이상 또는 자산총액이 5천억원 이상인 경우에는 중소기업으로 보지 아니한다(조특령§2 ①단서).
③ 중소기업 조기졸업제도 : 종업원 1,000명, 자기자본 총액 1,000어원, 매출액 1,000억이상 이거나 자산총액이 5천억 이상인 기업은 중소기업에서 제외한다.
④ 중소기업 유예 : 중소기업에서 제외되어도 4년간은 중소기업 지원 세제를 적용한다.

[별표1] 중소기업의 업종별 상시 근로자 수, 자본금 또는 매출액의 규모기준

해 당 업 종	분류	규 모 기 준
제조업	C	상시 근로자 수 300명 미만 또는 자본금 80억원 이하
광업	B	상시 근로자 수 300명 미만 또는 자본금 30억원 이하
건설업	F	
운수업	H	
출판, 영상, 방송통신 및 정보서비스업	J	상시 근로자 수 300명 미만 또는 매출액 300억원 이하
사업시설관리 및 사업지원서비스업	N	
보건 및 사회복지사업	Q	
농업, 임업 및 어업	A	상시 근로자 수 200명 미만 또는 매출액 200억원 이하
전기, 가스, 증기 및 수도사업	D	
도매 및 소매업	G	
숙박 및 음식점업	I	
금융 및 보험업	K	
전문, 과학 및 기술 서비스업	M	
예술, 스포츠 및 여가관련산업	R	
하수처리, 폐기물 처리 및 환경 복원업	E	상시 근로자 수 100명 미만 또는 매출액 100억원 이하
교육 서비스업	P	
수리 및 기타서비스업	S	
부동산업 및 임대업	L	상시 근로자 수 50명 미만 또는 매출액 50억원

* (제3조 제1호 관련, 2009.3.25 개정)
* 해당 업종의 분류 및 분류부호는 「통계법」 제22조에 따라 통계청장이 고시한 한국표준산업분류에 따른다.

(3) 실질적인 독립성 기준

대규모 기업집단소속 계열회사가 아닐 것. 실질적인 독립성이 「중소기업기본법 시행령」 제3조 제2호 가목부터 다목까지의 규정에 적합할 것. 이 경우 「중소기업기본시행령」 제3조 제2호 나목에 따른 주식의 소유는 직접소유 및 간접소유(「자본시장과 금융투자업에 관한 법률」에 따른 집합투자기구를 통하여 간접소유한 경우는 제외)를 포함한다(조특령 §2 ① 3호).

(3) 접대비의 지출증빙

접대비는 다음 정규 영수증에 한한다(접대비지출 영수증 제한).

① 경조금 20만원

② 1회 지출액이 1만원 초과의 금액은 신용카드나 세금계산서·계산서로 지출하여야 한다.

③ 1만원 초과금액은 신용카드나 세금계산서 등 정규영수증 미사용 시 접대비 부인한다.

(4) 접대비의 구분

⊕ 접대비로 보지 않는 것

다음의 지출액은 접대비로 보지 아니한다.

① 법인의 업무와 관련하여 시장조사, 정보수집, 통계조사 등을 위하여 불특정다수인을 상대로 하여 지출하는 통상 필요한 비용은 접대비로 보지 아니한다.

② 사내에서 고객과 상담·협의 시 제공하는 차와 다과의 비용은 접대비로 보지 아니한다.

③ 건물의 준공, 개업, 창립기념 등의 의식행사에 소요된 비용(기념품 증정 포함)은 접대비로 보지 아니한다(개업비, 창업비).

④ 거래관계의 원활한 진행을 도모하기 위하여 지출한 비용은 접대비이며 불특정다수인의 구매의욕을 자극하기 위하여 지출한 비용은 광고선전비에 해당한다.

⑤ 임직원 개인이 지출할 금액을 법인이 지출한 금액

⊕ 접대비로 보는 것

다음의 비용은 세무상 접대비로 본다.

① 사용인이 조직한 단체에 지출한 복지시설비는 단체가 법인인 경우 접대비로 보며, 법인이 아닌 경우 회사경리의 일부로 본다.

② 금융기관의 계약이나 수금에 필요한 금액

③ 도서상품권 또는 문화상품권을 발행법인으로부터 구매하여 타인에게 무상으로 제공한 경우(기부금이 아님)

④ 약정에 의하여 매출채권을 포기한 금액과 상관행의 범위를 초과하여 지급된 매출장려금

⑤ 상품을 판매하기로 한 특정거래처에 간판을 제공하는 경우

⑥ 제약회사가 약국병원에 약품을 광고선전용으로 무료 제공하는 경우

⑦ 견본품이 고가인 경우, 사회통념상의 범위를 초과하는 금액

⑧ 법인의 대리점, 총판의 야유회, 관광여행 등의 지출비용

⑨ 사전약정에 의하지 아니하고 상행위에 해당하지 아니하는 정보제공 거래알선 등에 대해 의례적으로 지출하는 금품의 가액

⑩ 고정자산·재고자산·이연자산 등의 취득과 관련하여 지출한 비용으로 접대·교제 등을 위해 지출한 금액이 포함된 경우에는 접대비에 포함함.

⑪ 법인이 자기가 생산하거나 판매하는 제품·상품을 거래처에 제공한 때에는 제공 당시 당해 물품의 시가로 하며, 이 경우 시가는 당해 법인의 거래액에 의함

(5) 접대비와 유사한 비용의 구분

접대비와 유사한 계정과목 및 그 구분하는 특징은 다음과 같다.

〈접대비와 유사한 비용〉

구 분	판매부내비용	광고선전비	회의비	접대비	기부금
업무관련여부	상품판매와 관련하여 사전약정에 의해 지급	상품 등의 판매촉진 등을 위해 지급	정상적인 사업수행을 위한 회의를 운영하기 위한 지출	업무와 관련하여 타인에게 기증한 것	사업과 직접 관계없는 자에게 기증한 것
지 급 기 준	판매수량 또는 판매금에 비례			사규 등에 의한 지급기준에 의함	
지 출 처	거래처 (상품판매처)	불특정다수인	사용인 또는 초청 외부인사	업무와 관련한 특정인	업무와 관련 없는 특정인
지 출 형 태	현금·상품·매출할인(외상 매출금과 상계)	광고시설비, 선전물품(성냥, 수건, 캘린더, 수첩 등) 신문, 방송	회의장임차료, 다과, 음식비, 외부 초청인사 교통비	일반적으로 물품 대상으로 지급(음식비, 향응비)	현금 또는 물품
세 법 상 처 리	전액 손금	① 시설비→고정자산 ② 비용→손금	전액 손금	법정한도액의 범위 안에서 손금산입	지정기부금은 법정한도액의 범위 안에서 손금산입

(6) 기타 접대비 사례

다음의 항목을 접대비로 본다.

① 주택자금대출이자 대신 부담하는 경우(주택건설업)

② 상가분양대행법인의 상가할인분양 시 할인액

③ 대리점 경비지원 판촉비는 보조금의 사실에 따라 판단함

④ 특정채무자에 대한 근저당설정비용 대납

⑤ 견본품이 사회통념상 기준을 초과하는 금액

⑥ 특정거래처나 사전약정 없이 지급하는 장려금

⑦ 휴대전화기 판매법인이 고객 확보를 위해 청약대금 일부를 부담하는 경우

⑧ 통상적인 회의비를 초과하는 금액과 유흥성 회의비

(7) 접대비 회계처리 사례

❶ [발생] 회사는 영업부서의 접대비용 1,000,000원을 법인신용카드로 지출하였다.

차) 접대비	1,000,000원	대) 미지급비용	1,000,000원

❷ [결제] 상기 접대비 법인신용카드 결제일에 예금통장에서 결제 처리하다.

차) 미지급비용	1,000,000원	대) 보통예금	1,000,000원

16 광고선전비

상품이나 제품의 판매를 촉진하기 위하여 TV·라디오·신문·잡지 및 기타의 매체를 통한 모든 광고활동에 소요된 비용을 말한다. 광고활동에 관련하여 발생한 비용 중 야립간판(Bill Board)과 같은 경우는 자본적 지출로 보아 고정자산 처리하여 감가상각비로 비용 배분시키는 것이 일반적이다.

그러나 최근의 광고경향은 상품 등의 판매촉진을 위한 것도 있지만 기업 자체의 이미지 광고도 상당 부분 발생하여 광고의 본질이 다소 변하고 있다. 이미지광고는 재벌 그룹 공통으로 광고하는 것이 일반적이며 발생한 비용은 일정한 배부기준에 따라 계열기업으로 비용을 배부하여 준다.

• 회사는 매일경제신문에 ○○제품 광고비로 1,000,000원을 지출하였다.

차) 광고선전비	1,000,000원	대) 현금	1,000,000원

참고 광고란 불특정다수인을 상대로 하므로 특정거래에 대한 광고선전비는 거래관계에 있는 곳이라면 접대비에 해당하고 거래관계가 없으면 기부금으로 처리하여 손금부인 된다.

17 보관비

판매와 관리부문의 상품, 제품, 원재료 및 부산물 등 물품을 보관시키기 위하여 지급한 보관수수료로서 매입부대비용을 제외한 창고료 등이다.

❶ 회사의 물품보관비 110,000원을 현금으로 부가세 포함하여 지급하다.

차) 보관비	100,000원	대) 현금	110,000원
부가세대급금	10,000원		

❷ 미지급 시

차) 보관비	110,000원	대) 미지급금	110,000원

❸ 선지급 시

차) 선급금	110,000원	대) 현금	110,000원

차) 보관비	100,000원	대) 선급금	110,000원
선급부가세	10,000원		

18 견본비

제품 또는 상품의 판매를 위하여 거래처에 무상 또는 유상으로 제공하는 견본품에 대한 금액을 계산한 것으로 광고선전비와 유사한 성질을 가지고 있다. 외국거래처에 대한 견본비는 보통 외국시장개척비로 처리한다.

- 회사는 거래처에 견본품을 만들어 제공하다(원가 50,000).

차) 견본비	50,000원	대) 현금	50,000원

19 포장비

제품 또는 상품의 포장에 소요된 비용을 말하는 것으로 일정한 포장을 하지 아니하면 판매할 수 없는 주류·약품·화장품류 등의 비용으로 제조원가에 속하는 포장비는 제외하나 제조원가에 포함하여야 할 성질의 것이 대부분이다.

- 회사 상품을 포장하기 위하여 포장지 BOX를 110,000원을 주고 부가세를 포함하여 구매하다.

차) 포장비	100,000원	대) 현금	110,000원
부가세대급금	10,000원		

참고 제조경비 : 생산제품을 공장에서 포장하는데 소요되는 비용

제조원재료비 : 포장을 하지 않으면 판매할 수 없는 물품의 경우(예 : 화장품)

판매비와 관리비 : 물품을 발송 및 운송하는데 드는 포장비용

20 개발비

개발비는 신제품 또는 신기술 등의 개발과 관련하여 발생한 비용 가운데 개별적으로 식별
가능하고 미래의 경제적 효익을 확실하게 기대할 수 있는 것을 말한다.

❶ 신제품을 개발하기 위해 원재료 20,000,000원어치를 부가세 별도로 구매하였다.

차) 개발비	20,000,000원	대) 현금	22,000,000원
부가세대급금	2,000,000원		

❷ 신제품이 상용화되어 연말에 1／5의 감가상각을 했다(5년 균등상각).

차) 무형자산상각비	4,000,000원	대) 개발비	4,000,000원
(개발비)			

*소프트웨어 개발과 관련된 비용도 무형자산 중 개발비로 분류된다.

21 경상개발비

경상개발비는 경상적으로 발생하는 연구비로서 여기서 연구비란 신제품·신기술의 연구 또
는 개발활동과 관련하여 지출한 비용을 말한다.

- 회사는 신제품과 신기술의 개발을 위하여 당 회계연도의 경상개발비로 2,000,000원
을 지급하였다.

차) 경상개발비	2,000,000원	대) 현금	2,000,000원

*경상개발비는 개발비의 요건에 해당되지 못하는 기술개발비용을 말한다.

22 연구비

연구비는 신제품·신기술의 연구활동과 관련하여 지출한 비용으로서 미래에 경제적 효익을
제공할 수 없는 비용을 말한다.

- 회사는 신기술의 연구활동에 3,000,000원을 지출하다.

차) 연구비	3,000,000원	대) 현금	3,000,000원

(1) 개발비와 경상개발비의 구분

💮 개발비의 요건

① 제품 등이 명확히 정의되고 개발과 관련된 비용을 개별적으로 식별하여 측정할 수 있는

경우

② 제품 등을 생산하는 것이 기술적으로 실현가능하다는 사실을 입증할 수 있는 경우

③ 당해 기업이 제품 등을 생산하여 판매 또는 사용하려는 의도가 있는 경우

④ 제품 등에 대한 시장이 존재하거나, 제품 등이 내부사용 목적이라면 당해 기업에 유용하다는 사실을 입증할 수 있는 경우

⑤ 개발과제를 완료하고 제품 등을 판매 또는 사용하는데 필요한 기술적, 금전적 자원을 충분히 확보할 수 있다는 사실을 입증할 수 있는 경우

⑥ 업무지원용 소프트웨어의 자체개발에 소요된 비용이 자산인식요건을 충족할 경우에는 개발비로 처리하고, 상용소프트웨어를 구입하여 사용하는 경우에는 동 구입비용은 기타의 무형자산으로 계상한다.

(2) 연구활동과 개발활동이 아닌 경우

① 상업적 생산의 초기단계에서의 시험생산 및 기술적 보완

② 일상적 제품검사를 포함한 상업생산중의 품질관리

③ 상업생산중의 고장에 대한 수리

④ 기존 제품의 품질개선을 위한 일상적 노역

⑤ 계속적 영업활동의 일환으로 특정요구 사항이나 고객의 요구에 따라 기존 생산능력을 유연성있게 변경하는 것

⑥ 기존 제품에 대한 계절적 또는 정기적 설계변경

⑦ 공구, 지형, 주형, 금형에 대한 일상적 설계

⑧ 특정 연구개발활동에만 사용되는 설비나 장치 이외의 설비나 장치의 제작, 재배치, 시동과 관련된 설계 등의 활동

23 운반비

제품이나 상품의 판매에 따른 발송비용 또는 운임을 말하는 것으로 매입부대비용을 제외한다.

• 상품을 판매하고 배달을 위해 운반비용을 30,000원 지급하다.

차) 운반비	30,000원	대) 현금	30,000원

❀ 취득원가

① 고정자산을 구입에 소요된 운반비용은 고정자산의 취득원가에 포함된다.

② 제품이나 원재료 구입에 소요된 운반비는 재고자산 취득원가에 포함된다.

24 판매수수료

상품 또는 제품을 위탁하여 판매하는 경우에 거래 간여자 또는 수탁자에게 지급하는 수수료나 판매중개업자에 대하여 판매액의 일정률을 지급하는 금액 등의 비용을 말한다.

- 판매를 알선한 ○○회사에 수수료 1,100,000원을 부가세 포함하여 지급하다.

차) 판매수수료	1,000,000원	대) 보통예금	1,100,000원
부가세대급금	100,000원		

25 수출비용

수출비용은 상품, 제품 등을 수출하는 경우 수출계약에서 물품의 선적까지 수출과정에서 드는 모든 비용을 말한다. 수출 시의 포장비, 운반비, 보관료, 선적비, 해상운임, 해상보험료, 검사비, 통관료, 수출주선수수료, 하역비 등이 해당한다.

- 수출물품을 선적하면서 선적비로 550,000원 부가세를 포함하여 지급하다.

차) 수출비용	500,000원	대) 현금	550,000원
부가세대급금	50,000원		

26 소모품비

소모품비는 소모성 공구·기구·비품, 사무용 소모품 등을 구매하기 위하여 드는 비용을 말한다.

❶ 회사는 팩시밀리 용지를 부가세 포함하여 55,000원을 지급하다.

차) 소모품비	50,000원	대) 현금	55,000원
부가세대급금	5,000원		

❷ 회사는 영수증 양식 구입에 10,000원을 지급하다.

차) 소모품비	10,000원	대) 현금	10,000원

참고 소모품비는 팩스·복사기·프린터 부품 교체비, 복사용지, 전표·장부구입비 등이다.

🔵27 교육훈련비

  교육훈련비는 회사가 임직원의 사내외교육을 위하여 지출한 각종 교육훈련비로 강사료, 학원수강료, 해외연수비, 위탁교육비, 신입사원연수비 등을 말한다.을 말한다.

- 회사는 경리사원 세무회계 교육을 위하여 코페하우스 연수원에 1,400,000원을 지급하다.

차) 교육훈련비	1,400,000원	대) 현금	1,400,000원

증빙 ① 사내강사 : 근로소득원천징수
      ② 외부강사 : 기타소득원천징수
      ③ 위탁연수 : 세금계산서 및 계산서 수취

🔵28 도서인쇄비

  도서인쇄비는 회사에서 도서의 구입이나 인쇄물 등을 제작하는데 소요된 비용을 말한다.

❶ 회사는 사원연수 교재제작비로 330,000원을 부가세포함하여 지급하다.

차) 도서인쇄비	300,000원	대) 현금	330,000원
부가세대급금	30,000원		

❷ 회사는 도서구입비 90,000원을 지급하다.

차) 도서인쇄비	90,000원	대) 현금	90,000원

🔵29 차량유지비

  차량유지비는 회사 소유의 차량을 업무상 운행하면서 소요된 제비용으로 유류대, 차량수리비, 검사료, 세차비, 차량타이어비, 자가운전보조금 등이 해당한다.

- 업무용 차량에 유류를 주유하고 30,000원을 지출하였다.

차) 차량유지비	30,000원	대) 현금	30,000원

참고 자동차세나 면허세는 세금과공과금 계정으로 처리한다.

30 지급수수료

지급수수료는 회사가 용역을 제공받고 그 대가로 지불하는 비용을 처리하는 계정이다.

감정수수료, 추심수수료, 수입증지대, 제증명발급수수료, 신용카드결제수수료, 송금수수료, 법률자문료, 수표발행수수료, 특허권사용료, 복사기·팩스·컴퓨터유지수수료, 공인회계사·세무사·변리사 자문료, 로얄티, 비자발급비, 기타 제경비 등의 지급수수료가 있다.

- 세무회계사무소에 기장료로 330,000원을 부가세를 포함하여 지급하다.

차) 지급수수료	300,000원	대) 현금	330,000원
부가세대급금	30,000원		

31 회의비

회의비는 회사업무관련 회의 비용으로서 회의 진행에 필요한 경비 등을 말한다.

- 회사는 홍보활동 비용으로 200,000원이 지출되었다.

차) 회의비	200,000원	대) 현금	200,000원

32 협회비

협회비는 기업의 경영활동에 관련 단체(조합이나 협회)에 지급하는 회비를 말한다.

- 회사는 상공회의소 회비로 100,000원을 납부했다.

차) 협회비	100,000원	대) 현금	100,000원

33 대손상각비

결산기에 기말채권잔액에 대해 전액 회수될 수 있다고 볼 수 없다. 따라서 회사의 과거의 경험률이나 기타방법에 의해 대손예상액이 추산된다면 동 금액을 당기비용으로 계산하는 것이 수익비용대응원칙에 합당한다.

대손상각비의 산정은 다음과 같이 계산한다.

① 회수가 불확실한 채권에 대하여 합리적이고 객관적인 기준(과거의 경험률 등)에 따라 산출한 대손추산액

② 회수할 수 없다고 판명된 채권

위의 두 가지 금액을 대손상각비라 하여 일반적 상거래에서 발생한 매출채권에 대한 대손

상각비는 판매비와 관리비로 처리하고 기타 채권에 대한 대손상각비는 영업외비용으로 처리한다.

그리고 대손이 실제 발생한 경우는 먼저 대손충당금과 상계하고 그래도 부족한 경우는 대손상각비로 처리한다. 법인세법상은 매출채권 등의 잔액(상각범위액)의 1%를 대손상각비용으로 인정하고 있다.

❶ 설정 시

| 차) 대손상각비 | ××× | 대) 대손충당금 | ××× |

❷ 대손 시

| 차) 대손충당금 | ××× | 대) 외상매출금 | ××× |

❸ 충당금 부족 시

| 차) 대손상각비 | ××× | 대) 외상매출금 | ××× |

✪ 대손상각 인정범위

세법에서는 대손상각비를 무제한 인정하지 않으며 기말채권 잔액에 대해 1%만을 대손상각비로 인정해주며 실제 대손이 발생한 때도 다음의 경우로 엄격히 제한하고 있다.

① 채무자의 파산, 강제집행, 형의 집행 또는 사업의 폐지로 말미암아 회수할 수 없는 채권

② 채무자의 사망·실종·행방불명 등으로 회수할 수 없는 채권

③ 외상매출금 및 미수금 등 상거래상의 채권으로 상법상의 소멸시효가 완성된 것(3년)

④ 어음법 규정에 소멸시효가 완성된 어음(6개월)

⑤ 수표법 규정에 소멸시효가 완성된 수표(6개월)

⑥ 대여금 및 선급금으로 민법상의 소멸시효가 완성된 것(5년)

⑦ 금융기관 등의 채권으로서 한국은행 은행감독원장의 승인을 얻은 것

⑧ 부도발생일로부터 6월 이상 경과한 수표 또는 어음상의 채권 및 외상매출금(중소기업의 외상매출금으로서 부도발생일 이전의 것에 한한다.). 다만, 당해 법인이 채무자의 재산에 대해 저당권을 설정하고 있는 경우를 제외한다(1,000원을 제외하고 대손 처리한다.).

34 영업권 상각비

영업권은 유상으로 취득된 경우에 계상할 수 있는 무형고정자산으로서 취득연도부터 5년 이내의 기간에 매기 균등액을 상각하도록 규정하였으므로 이때 상각되는 금액이 영업권상각

이다.

영업권상각액을 판매비와 관리비에 계상하는 근거는 유형자산의 감가상각비를 제조경비 또는 판매비와 관리비에 계상하는 것과 균형을 맞추기 위한 것이며, 기타의 무형자산상각액도 영업비용으로 처리하여야 한다.

❶ 영업권 10,000,000원에 대해 5년 동안 감가상각을 하다(정액법).

| 차) 무형자산상각비 | 2,000,000원 | 대) 영업권 | 2,000,000원 |
| (영업권) | | | |

❷ 특허권 1,000,000원을 10년에 걸쳐 상각하다(정액법).

| 차) 무형자산상각비 | 100,000원 | 대) 산업재산권 | 100,000원 |
| (특허권) | | | |

❸ 신제품 판매에 따른 개발비 20,000,000원을 5년간 상각하다(정액법).

| 차) 무형자산상각비 | 4,000,000원 | 대) 개발비 | 4,000,000원 |
| (개발비) | | | |

참고 무형자산은 정액법이나 생산량 비례법으로 상각하는데, 유형자산과 달리 상각액을 당해 자산에서 직접 차감한다.

35 잡비

이상 열거한 항목외에 판매와 관리부문에서 발생한 비용을 포괄한 항목으로, 대부분 금액이 소액인 것으로 잡비에 포함되나, 발생빈도나 금액면에서 중요하다고 판단되면 계정을 신설하여 독립된 과목으로 기재하여야 한다.

그 예로는 도서인쇄비·조사정보비·교육훈련비·소모품비·애프터서비스비·판매촉진비·회의비 등이 있다.

• 위성방송 및 인터넷 방송사용료 2,000원을 지급하다.

| 차) 잡비 | 2,000원 | 대) 현금 | 2,000원 |

10장
영업외손익의 경리실무

1절 영업외수익

2절 영업외비용

1 개요

영업외수익은 기업의 주된 영업활동과는 관계없이 부수적으로 발생하는 수익 중 계속적이고 반복적으로 발생하는 수익을 말한다. 영업외수익은 영업외비용과는 직·간접대응은 안 되지만 같은 손익계산기간 내에 귀속되고 영업 외적 요인으로 발생하였다는 점에서 기간 적 대응의 한 형태로 보고 있다.

영업외수익의 종류는 다음과 같다.

① 이자수익
② 배당금수익
③ 임대료
④ 단기투자자산 처분 이익
⑤ 단기투자자산 평가 이익
⑥ 외환차익
⑦ 외화환산이익
⑧ 투자유가증권 감액손실 환입
⑨ 지분법 평가 이익
⑩ 장기투자증권 처분 이익
⑪ 유형자산 처분 이익
⑫ 상각채권 추심 이익
⑬ 사채상환이익

2 이자수익

이자수익은 이자수익과 할인료수입을 주된 영업으로 하지 아니하는 기업의 예금·대여금 등으로부터 발생하는 수익으로 현금 등의 수입 여부에 관계없이 당기수익으로 실현된 이자와 할인료를 말한다.

결산 시 기업회계에서는 국공채·예금이자는 이자수령일이 결산일과 다른 경우 최종수령일로부터 결산일까지의 이자를 계산하여 미수수익 또는 선수수익으로 결산전표를 발행하여 다음과 같이 장부에 반영하여야 한다.

❶ 이자수익 미수령

차) 미수수익	×××	대) 이자수익	×××

❷ 이자수익 선수령

차) 이자수익	×××	대) 선수수익	×××

그러나 세법에서 이자수익의 수익실현시기는 '권리의무 확정주의'이므로 다음과 같은 기준에 따라 이자수익을 익금산입하므로 세무조정에서 이러한 차이를 조정해 주어야 한다.

❶ 예입 시

회사 여유자금을 은행에 단기금융상품에 10,000,000원을 투자하다.

차) 단기금융상품	10,000,000원	대) 현금	10,000,000원

❷ 이자 수취

상기 단기투자상품의 이자 4,000,000원에서 원천징수소득세 30,000원을 차감하고 수취하다.

차) 현금	3,970,000원	대) 이자수익	4,000,000원
선급법인세	30,000원		

세무상 이자의 귀속시기

① 무기명의 공채 또는 사채의 이자와 할인액은 그 지급을 받은 날
② 정기예금이자
  · 약정에 의한 이자지급일. 다만, 그 계약기간만료 후의 기간에 대한 이자는 그 지급을 받은 날
  · 원본에 전입하는 뜻이 특약이 있는 이자에 대하여는 그 특약에 의하여 원본에 전입된 날
  · 해약으로 인하여 지급되는 이자에 대하여는 그 해약일
③ 보통예금의 이자는 약정에 의하여 지급을 받게 되거나 원본에 전입되는 날
④ 통지예금의 이자는 인출일
⑤ 신탁의 수익은 수익계산기간의 만료일, 신탁의 종료일 또는 해약일
⑥ 기명의 공채 또는 사채의 이자와 할인액은 약정에 의한 이자 지급개시일
⑦ 채권·어음 기타 증권의 이자와 할인액은 약정에 의한 상환일. 다만, 기일 전에 상환하는 때에는 그 상환일
⑧ 양도성 예금증서(CD)의 할인액은 만기일 또는 만기일전 처분시 양도일
⑨ 할인매입어음의 만기 후 이자미수금은 실제로 지급받은 날

❸ 배당금 수익

주식 또는 출자금을 소유함에 따라서 발행회사로부터 받는 배당액 중 현금 또는 주식으로 받은 금액을 기재한다.

세법에서는 배당금수익의 수입 시기를 다음과 같은 날로 규정하였다.

① 무기명주식의 이익이나 배당 또는 무기명대부신탁이나 증권투자신탁의 수익증권에 대한 수익의 분배금은 그 지급을 받은 날

② 잉여금의 처분에 의한 배당은 당해 법인의 잉여금처분결의일

③ 의제배당은 주식의 소각, 자본의 감소 또는 자본출자에의 전입을 결정한 날이나 퇴사 또
  는 탈퇴한 날

주식배당은 이익잉여금의 처분에 의한 주식배당과 자본잉여금의 자본전입에 의한 주식배당
이 있는바, 영업외수익에 속하는 주식배당은 이익잉여금(누적된 당기순이익)의 처분에 의한
주식배당을 말하며 주식배당금액은 주식의 액면금액과 배당받은 주식 수의 곱한 금액으로 한
다. 그러나 자본잉여금의 자본전입에 의한 무상주배당은 영업외수익이 아니므로 회계처리가
불필요하며 구매단가만 낮아진다.

- 회사가 ○○주식에서 투자한 주식에서 1,000,000원의 현금배당을 받다.

차) 현금	1,000,000원	대) 배당금수익	1,000,000원

참고 세무회계상으로는 자본잉여금과 재평가적립금의 자본전입에 의한 주식배당은 익금으로 보지 않
는다.

④ 임대료

부동산 또는 중기 등을 임대하고 받는 집세 등의 사용료를 계상하는 계정이다. 부동산 관련
업종에서는 일반적 상거래에 해당하므로 영업수익으로 계상한다.

❶ 회사는 사무실을 임대하고 7월분 임대료 3,000,000원을 받았다.

차) 현금	3,000,000원	대) 임대료	3,000,000원

❷ 소유건물 임대

건물을 임대하고 1년분 임대료로 1,000,000원 받았다.

차) 현금	1,000,000원	대) 임대료	1,000,000원

⑤ 단기투자자산처분이익

1년 이내에 처분할 목적으로 취득한 유가증권의 취득가액을 초과하는 가격으로 처분한 경
우에 발생한 처분이익을 말한다.

- (주)코페는 보유하고 있는 유가증권 취득가액 9,000,000원을 12,000,000원
  에 처분하였으며 증권거래세 및 수수료 120,000원을 지불하였다.

차) 현금	11,880,000원	대) 단기투자자산	9,000,000원
		단기투자자산처분이익	2,880,000원

⑥ 원가차익

제조경비 등을 실적에 의한 자료로 원가계산을 하게 되는 경우 원가정보의 신속한 제공은 불가능해진다. 회계연도 중의 월차결산 등은 계수의 정확성도 중요하지만, 영업활동의 정상성 여부와 이상항목 발생 시 예외관리의 관점에서 정보의 적시성이 더 중요한 사항임을 알 수 있다. 따라서 이와 같은 요구에 맞추어 간접비 등을 예측가로서 배부하는 원가계산이 보편화 되었다.

간접비의 예정배부 대부분은 실제집계액과 차이가 발생하게 되는데, 이때 실제원가보다 과다하게 배부된 금액을 원가차익이라 한다. 영업외수익으로 계상되는 원가차익은 원가성이 없는 부분에 한정되며, 원가성이 있는 차익은 제조원가에서 차감하여 표시하여야 한다.

⑦ 외환차익과 외화환산이익

외환 차익은 화폐성 외화자산, 외화부채를 소유하고 있을 때 동 자산이나 부채를 중도에 상환할 때나 회수시점의 환율이 장부상에 평가된 환율 차이로 발생하는 환차익이다.

화폐성 외화자산이나 부채를 상환할 때 또는 회수할 때 발생하는 외화차익이 외환 차익이고 결산 시 결산환율로 평가할 때 발생하는 차익이 외화환산이익이다.

- $ 10,000를 20×1년 1월 10일에 1 $ 당 800원에 차입하였는바, 그 당시 원화금액은 8,000,000원이다. 7월 10일에 $ 5,000을 상환하였고, 환율은 1$당 700원이다.

차) 외화차입금	4,000,000원	대) 현금	3,500,000원
		외환차익	500,000원

그리고 화폐성 외화자산 및 동 부채를 소유하고 있을 때 장부가액으로 평가된 환율과 결산 시점의 환율의 차이로 인한 평가이익을 외화환산이익이라 한다. 즉 외환차익은 상환이나 회수 시에 발생하고 환산이익은 결산시 평가시점에서 발생한다.

- 상기 예에서 결산시점의 환율이 1 $ 당 600원이라면 결산시 다음과 같은 평가이익이 발생한다.

차) 외화차입금	1,000,000원	대) 외화환산이익	1,000,000원

* (참고) 5,000 $ ×(@800 − @600) = 1,000,000원

기업회계에서는 화폐성 외화자산이나 부채에서 발생한 외화환산이익을 당기손익에 반영하도록 하고 있다. 세무회계에서는 화폐성 자산·부채에 대해서 2010.12.31 이전에는 취득일 환율로 평가하도록 하였으나 20×1.1.1 이후에는 결산일 기준환율이나 취득일 환율 중 선택하여

계속 적용하면 된다.

〈외화자산의 평가기준〉

구　　　　　분	적　용　환　율
•화폐성 자산·부채 •비화폐성 자산·부채	결산일 기준환율 취득일 또는 성립일 기준환율

기업회계기준에서 외화자산 및 부채를 평가하는 경우에 적용하는 환율은

① 화폐성외화자산 및 화폐성외화부채는 재무상태표일 현재의 기준환율로 환산한 가액을 재무상태표의 가액으로 하도록 하였으며

② 비화폐성외화자산 및 비화폐성외화부채는 원칙적으로 당해 자산을 취득하거나 당해 부채를 부담한 당시의 환율로 환산한 가액을 재무상태표가액으로 한다.

여기서 화폐성외화자산 및 화폐성외화부채라 함은 현금, 예금, 외상매출금, 외상매입금, 차입금 등과 같이 화폐가치의 변동과 상관없이 자산 및 부채의 금액이 계약기타에 의하여 일정액의 화폐액으로 고정되어 있는 경우의 당해 자산 및 부채를 말한다.

다만, 유가증권과 같이 화폐성, 비화폐성의 양면적인 성격을 동시에 가지고 있는 자산·부채는 당해 자산·부채의 보유상의 목적 또는 성질에 따라 구분한다.

> ### 환율의 구분 및 적용
>
> 외화자산·부채평가시 사업연도 종료일 현재의 기준환율 또는 재정환율은 사업연도 종료일 전일의 거래실적에 의하여 금융결제원에서 고시한 환율을 말함
> •기준환율 : 미화의 외국환은행간 거래량으로 가중평균한 환율임
> •재정환율 : 미화 이외의 통화와 미화와의 매매중간율을 기준환율로 재정한 환율

⑧ 대손충당금환입

당해연도 대손추산액이 대손충당금 설정 직전의 대손충당금 잔액보다 적으면 환입되어 발생하는 수익을 말한다. 원래 대손충당금 환입액은 전기오류수정이익이나 거래의 경상적인 성격으로 영업외수익으로 분류된 것이다.

대손충당금을 환입할 경우, 그 계정과목은 영업외수익 계정에서 대손충당금 환입이라는 항목으로 처리한다. 대손충당금의 환입과 설정에 따른 회계처리에는 환입법과 상계법 등 2가지가 있다. 그러나 상계법이란 환입법을 약식 한 것에 지나지 않으므로 다음에서 환입법에 따라 설명하기로 한다.

 ❶ 20×1년의 기말 잔액에는 외상매출금 50,000,000원이 있었다. 외상매출금의 1%를 대손충당금으로 설정하고 이를 대손처리 하다(외상매출금 50,000,000×1%).

| 차) 대손상각비 | 500,000원 | 대) 대손충당금 | 500,000원 |

❷ 20×1년의 기말이 되었으므로 대손상각을 다시 환입 처리하다. 그러나 실제로 대손금액이 발생하여 대손충당금이 손실된 경우에는 환입처리가 필요없을 것이다.

| 차) 대손충당금 | 500,000원 | 대) 대손충당금환입 | 500,000원 |
| | | (영업외수익) | |

❸ 20×1년의 기말 잔액에는 외상매출금이 70,000,000원이었다. 외상매출금의 1%를 다시 대손충당금으로 설정하고 이를 대손처리하다. 전년도에 대손충당금을 완전히 상계처리한 경우에도 마찬가지로 설정하면 된다(외상매출금 70,000,000원×1%).

| 차) 대손상각비 | 700,000원 | 대) 대손충당금 | 700,000원 |

⑨ 장기투자증권처분이익

투자자산 중 투자유가증권, 기타투자자산 처분 시 취득가보다 높게 처분되었을 때 그 차액을 장기투자증권이라 한다.

- 회사가 투자한 주식 1,000주 주당 3,000원에 취득한 주식을 주당 4,000원에 처분하다.

| 차) 현금 | 4,000,000원 | 대) 장기투자유가증권 | 3,000,000원 |
| | | 장기투자증권처분이익 | 1,000,000원 |

⑩ 유형자산처분이익

토지·건물·기계장치·구축물·시설장치 등의 처분에 따른 이익을 말한다.

❖ 차량운반구	취득가액	10,000,000원
	감가상각누계액	5,000,000원
	장부가액	5,000,000원
	처분가액	6,000,000원
	유형자산처분이익	1,000,000원

차) 현금	6,000,000원	대) 차량운반구	10,000,000원
차량운반구	5,000,000원	유형자산처분이익	1,000,000원
(감가상각누계액)			

 유형자산처분이익은 장부가액보다 처분가액이 많은 경우 그 차액이 유형자산처분이익이 되며 유형자산처분이익은 토지·건물·비품 등으로 구분하지 않고 통합해서 표시한다.

11 상각채권추심이익

매출채권이나 미수금 등이 회수 불가능하여 대손상각으로 비용으로 처리하여 장부상에 채권을 소멸시켰는데 다음에 그 채권이 회수되는 경우 동 금액을 상각채권 추심이익이라 한다.

위의 영업외수익도 경상적이고 반복적이면 영업외수익에 계상 하나 비반복적이고 비경상적인 거액의 이익은 특별이익에 포함한다.

12 법인세 환급액

법인세의 납부액이 정부 또는 세무당국의 경정 또는 결정에 의한 법인세액을 초과하여 돌려받는 금액을 말한다.

- 회사는 법인세를 경정청구하여 250,000원 환급받았다.

차) 현금	250,000원	대) 법인세환급액	250,000원

13 자산수증이익

주주나 이사 등 회사의 이해관계자가 회사에 자금을 지원할 목적이나 사전증여 등의 목적으로 이해관계자의 재산을 회사에 아무런 조건이나 반대급부 없이 증여하는 것으로 평가는 시가, 기준시가, 감정가액 순으로 평가하여 이익으로 계상한다. 그러나 회사의 결손을 보전하기 위하여 증여받은 금액은 법인세가 과세하지 않는다.

- 회사는 결손보전을 위하여 주주로부터 200,000,000원을 증여받다.

차) 현금	200,000,000원	대) 자산수증이익	200,000,000원

14 채무면제이익

회사의 갱생을 위해 채무자나 채권단이 회사부채 일부나 전부를 면제해주는 것으로 그 평가는 채무장부가액에 의해 평가한다.

- 회사는 결손보전을 위하여 주주로부터 20,000,000원의 채무를 면제받다.

차) 주주임원차입금	20,000,000원	대) 채무면제이익	20,000,000원

⑮ 보험차익

자산에 대하여 손해보험에 가입한 후 화재·도난 등의 보험사고 발생 시에 받는 보험금이 대상 보험자산의 장부가액을 초과한 경우 그 차액을 보험차익이라 하며 특별이익에 계상한다.

- 20×1년 6월 1일 공장에 화재가 발생하였다. 20×0년에 공장건물에 대해 화재보험 10억원에 가입하였으며 화재소실건물의 장부가액은 8억원이며 보험회사로부터 보험금을 청구한 바 전액을 지급받기로 통보받다(건물의 취득가액 10억원).

| 차) 미수금 | 1,000,000,000원 | 대) 건물 | 1,000,000,000원 |
| 감가상각누계액 | 200,000,000원 | 보험차익 | 200,000,000원 |

⑯ 전기오류수정손익

전기 이전에 발생한 사유로서 전기 이전 재무제표에 대한 오류의 수정 사항에 속하는 손익 항목으로 그 손익의 영향이 당기에 발생한 것을 말한다. 이러한 회계상의 오류는 회계기준 적용의 오류, 추정의 오류, 계정분류의 오류, 계산상의 오류, 사실의 누락 및 사실의 오용 등이다. 그러나 새로운 사건이 발생함에 따라 또는 추가적인 정보나 경험에 기준하여 과거의 추정을 변경하는 경우에 발생하는 수정사항은 추정의 변경이라 하여 전기오류수정 손익에 포함하지 아니한다.

- 과거의 사업소세가 100,000원으로 계산하여 납부하였는데 당해 사업년도에 50,000원이 추가로 고지되었다.

| 차) 전기오류수정손 | 50,000원 | 대) 현금 | 50,000원 |

1 개요

영업외비용은 보조적인 영업활동에서 발생한 재무·금융적 성격의 비용과 기부금 등 영업외적 요인에서 발생한 제비용을 포함한다.

손익계산서에서는 이자비용·유가증권처분손실 등 19종류의 계정과목을 예시적으로 열거하고 있다. 그러나 열거되지 아니한 거래내용이라 하더라도 그 성격이 영업외적 요인에서 발생한 것으로 확인되면 영업외비용으로 계상을 하여야 한다.

이러한 비용은 기업이 영리활동을 하는 과정에서 영업과 직접 관련된 비용은 아니지만, 부대활동이나 보조활동으로 반복적이고 계속적으로 발생하는 비용이 대부분이다.

영업외비용의 종류는 다음과 같다.

① 이자비용	⑧ 기부금
② 기타의 대손상각비	⑨ 장기투자증권 처분 손실
③ 단기투자자산 처분 손실	⑩ 유형자산 처분 손실
④ 단기투자자산 평가 손실	⑪ 사채상환손실
⑤ 재고자산 평가 손실	⑫ 법인세 추납액
⑥ 외환차손	⑬ 장기투자증권 평가 손실
⑦ 외화환산손실	⑭ 지분법평가손실

2 이자비용

이자비용은 장·단기차입금, 당좌차월, 사채 등에 대한 소정의 약정이자 액과 어음의 할인시에 발생하는 할인료를 말하는 것으로 현금지급액에 관계없이 당기발생액을 기재한다. 따라서 결산 시 당기에 이자지급기일이 도래하지 않아 이자의 지급은 하지 않았으나 기간경과로 발생한 금액은 일할계산하여

차) 이자비용	×××	대) 미지급비용	×××

으로 결산전표를 발생시켜야 한다.

위의 이자비용에는 사채이자가 포함되며 사채할인발행차금은 상각액을 사채이자에 가산하

고 사채할증발행차금은 사채이자에서 차감한다.

건설자금 이자

  건설자금이란 사업용자산의 매입, 제작, 건설에 사용된 자금을 말한다.
  이러한 건설자금을 자기자본으로 사용하지 않고 부채인 차입금으로 사용한 경우 동 차입금에 대해 지출한 이자 또는 보증료 등의 유사비용을 '건설자금이자'라 하는데, 동 금액에 대해서는 손익계산서상의 영업외비용인 이자비용으로 할 것이 아니라 건설대상 자산의 원가에 산입해야 한다는 것이 기업회계나 세무회계의 입장이다.

사례 (주)코페는 사옥을 건설하기 위하여 100억원을 차입하였으며 당기에 발생한 이자는 8억원 이며 차입금외 일시 예치이자수익은 3억원 이다.

❶ 이자발생 시

차) 이자비용	800,000,000원	대) 현금	800,000,000원

❷ 건설자금이자 대체

차) 건설중인자산	500,000,000원	대) 이자비용	500,000,000원

〈 건설자금이자의 회계 비교 〉

구　분	기 업 회 계	세 무 회 계	비　고
대상자산	재고자산, 유형자산의 매입, 제작·건설에 장기간 소요되는 자산	사업용 자산의 매입, 제작·건설하는 자산	세무회계는 재고자산 제외
이자계산기간	건설 개시일부터 준공일	좌 동	-
소요자금구분	일반차입금이자, 장기할부구매이자비용, 지급보증료, 신용보증료, 차입알선수수료, 사채할인 발행 차금 상각, 융자약정수수료 (외화차입금 환산손익을 반영)	-	-
차입금의 일시 예금이자수익	건설자금이자 차감	좌 동	-
이자비용범위	차입금중 건설에 소요된 자금이 불분명한 자금에 대한 이자는 건설자금이자에서 제외	좌 동	-

③ 기타의 대손상각비

일반적 상거래에서 발생한 매출채권에 대한 대손상각비는 판매비와 관리비로 처리하고 기타의 채권 즉 대여금, 미수금 등에 대한 대손상각비는 영업외비용으로 처리한다.

- •거래처 대여금 중에서 5,000,000원을 받지 못하게 되어서 이에 대해 250,000원의 대손충당금이 설정되어 있다.

차) 대손충당금	250,000원	대) 대여금	5,000,000원
기타대손상각비	4,750,000원		

④ 단기투자자산 처분손실

기업의 여유자금활용 방안으로 일시적으로 취득하는 유가증권에는 국·공·사채 및 주식 등이 있다. 유가증권처분손실이라 함은 유가증권을 취득금액보다 낮은 가액으로 처분할 때 발생하는 영업외비용 항목이다.

- •(주)코페는 10,000,000원에 취득한 유가증권을 자금 사정으로 7,000,000원에 처분하였다. 처분비용은 구매서 및 수수료 70,000원이다.

차) 현금	6,930,000원	대) 단기투자자산	10,000,000원
단기투자자산처분손실	3,070,000원		

⑤ 단기투자자산 평가손실

유가증권은 상장 또는 등록된 주식이거나 국공채이므로 시가를 항상 계산할 수 있다. 따라서 시가와 취득원가를 비교하여 시가를 재무상태표 가액으로 할 수도 있고 취득원가를 재무상태표 가액으로 할 수도 있으므로 시가로 평가하는 경우 그 평가손실을 말한다.

- • 회사가 5,000,000원에 취득한 주식가액이 결산기 현재 4,000,000원이다.

차) 단기투자자산평가손실	1,000,000원	대) 단기투자자산	1,000,000원

⑥ 재고자산 평가손실 (원가성이 없는 것)

재고자산의 평가는 원칙적으로 취득원가에 의한 개별법·선입선출법·후입선출법·이동평균법·총평균법 및 매가환원법으로 평가하여야 하나 시가가 취득가액보다 하락한 경우에는 시가에 의하여 평가하여야 한다.

이때 발생한 평가손실을 재고자산평가손실이라 하며 품질저하, 손상 등도 평가손실로 본다. 이때 시가란 손실 현 가능가액이라 하여 판매 가능 가액에서 처분비용을 차감한 금액을 말한다.

- 결산기 회사가 보유하고 있는 재고자산을 평가한 결과 32,000,000원이었다(장부가 33,000,000) [평가방법: 저가법]

차) 재고자산평가손실	1,000,000원	대) 재고자산	1,000,000원

❼ 외환차손과 외화환산손실

외환차손과 외화환산손실은 영업외수익의 외환차익과 외화환산이익의 반대개념이므로 해당 항목을 참고한다.

- 회사는 상품 3,000,000불을 수출하고 대금은 나중에 달러($)로 받기로 하였으나 결산기 현재까지 받지 못하고 있으며 원/달러 환율은 1,300원이다(수출시 환율 1,400).

차) 외화환산손실	300,000,000원	대) 외화매출채권	300,000,000원

❽ 기부금

기부금은 기업이 반대급부 없이 무상으로 거래관계나 이해관계가 없는 제3자에게 금품이나 이에 상당하는 자산을 제공하는 것이다.

(1) 기부금의 특징

기부금은 다음과 같은 두 가지 특징이 있다.

첫째, 기부금은 미지급상태에서는 비용으로 계상하지 않는다. 비록 어음으로 지급했다고 했더라도 그 어음이 결제되었을 때 비용으로 계상하는 것이 회계상의 관례이다. 이는 세무회계에서 현금 기타 금전으로 지급된, 결제된 기부금에 한해 비용으로 인정하기 때문에 실무상 지급분에 한해 비용으로 처리하고 있다.

둘째, 기부금은 기업회계상은 반대급부 없이 지급하므로 지급의 대상이나 조건에 제한이 없다. 그러나 세무회계에서는 과세소득의 부당한 감소로 말미암아 조세를 감소시키고 비용지급의 건전한 유도를 위해 기부금은

① 법인의 사업과 직접 관계없이 무상으로 지출하는 재산적 가액과

② 법인이 특수 관계없는 자에게 정당한 사유 없이 정상가액보다 낮은 가액으로 자산을 양도하거나 또는 높은 가액으로 매입하는 경우의 그 차액 중 실질적으로 증여한 것으로

인정되는 금액을 말한다. 이 경우 정상가액은 시가에 시가의 100분의 30을 가산하거나 100분의 30을 차감한 범위 안의 가액으로 한다.

(2) 기부금의 종류

기부금의 종류에는 다음과 같다.
① 법정기부금(소득금액 50% 안의 범위에서 손금산입하는 기부금)
② 지정기부금
③ 손금부인기부금

(3) 소득금액의 50% 범위 이내에서 손금산입하는 기부금

다음의 기부금을 지출한 경우 기부금을 손금산입하지 않은 세무조정 후 소득금액에서 이월결손금을 차감한 금액의 50% 한도 내에서 비용으로 인정한다.

① 국가·지방자치단체기부금　　　　⑥ 시설비
② 국방헌금　　　　　　　　　　　　⑦ 장학금
③ 수재의연금　　　　　　　　　　　⑧ 교육비
④ 사회복지공동모금회기부금(법인에 한함)　⑨ 정부출연기관연구비
⑤ 교육기관연구비　　　　　　　　　⑩ 국립병원시설비 등

> 한도액 = (기부금을 손금에 산입하지 않은 *세무조정후소득금액 − 이월결손금) × 50%

*차감한 소득금액 + 대학기부금 + 법정기부금 + 기타특례기부금 + 지정기부금

(4) 지정기부금

지정기부금은 사회복지, 문화, 예술, 교육, 종교, 자선 등 공익성을 지닌 단체에 기부하는 금액으로서 다음의 한도액까지만을 손금용인하고 그 초과액은 손금 부인하게 된다.

$$\text{지정기부금 한도액} = \left[\begin{array}{c} 50\% \text{ 당연 손금산입기부금 한도} \\ -\ 50\% \text{ 당연 손금산입기부금} - \text{이월결손금} \end{array} \right] \times \frac{10}{100}$$

(5) 손금부인기부금

즉시 손금부인기부금은 당연 손금산입기부금과 지정기부금을 제외한 기타 기부금으로 동창회기부금, 종중 기부금 등이 이에 해당한다. 이는 세무상 비용(손금)으로 인정받지 못한다.

⑨ 장기투자증권 처분손실

투자자산은 수익목적으로 장기간 투자한 지분증권, 만기보유증권 등 회사의 운영을 위해 불가피하게 지출한 유가증권자산으로 구성되어 있으며 동 자산의 처분에 따른 손실을 장기투자증권처분손실이라 한다.

장기투자증권처분손실은 다음과 같이 분개한다.

- S사의 주식 100주를 주당 100,000원에 취득하였는데 20×1년 12월 31일에 주당 90,000원에 처분하였다.

차) 현금	9,000,000원	대) 장기투자증권	10,000,000원
장기투자증권처분손실	1,000,000원		

⑩ 유형자산 처분손실

유형자산은 토지, 건물, 구축물, 기계장치, 선박, 차량운반구, 건설중인 자산으로 구분되며 동 자산의 처분에 따른 손실을 유형자산처분손실이라 한다.

- 차량운반구 중 승용차 1대를 15,000,000원에 취득하여 당기 중에 7,000,000원에 처분하였으며 처분 당시 감가상각누계액은 5,000,000원이다.

・ 취득가액	15,000,000원
・ 감가상각누계액	5,000,000원
・ 장부가액	10,000,000원
・ 처분가액	7,000,000원
유형자산처분손실	3,000,000원

차) 현금	7,000,000원	대) 차량운반구	15,000,000원
감가상각누계액	5,000,000원		
유형자산처분손실	3,000,000원		

⑪ 잡손실

앞에서 설명한 영업외비용에 속하지 아니하는 비용이 있는 경우에는 이를 잡손실계정에서 처리한다. 그러나 적당한 계정과목이 없는 경우에도 금액의 중요성이 있다면 별도의 계정과목을 설정하여 기재하여야 한다.

영업외손실 중 비경상적이고 비반복적인 거액의 손실은 특별손실에 포함한다.

- 회사의 사무실에 도둑이 들어 업무용 카메라를 도둑 맞았다 (구입시 : 비품계정 구

입가 300,000원 감가상각 하지 않음).

| 차) 잡손실 | 300,000원 | 대) 비품 | 300,000원 |

12 재해손실

재해손실은 천재, 지변, 화재, 도난 등의 사유로 발생한 우발적 손실을 계상하는 과목이다.

- 화재로 인해 공장건물 1동을 소실하였고 동 건물의 취득가액은 3억원, 감가상각누
계액은 1억원이다.

| 차) 재해손실 | 200,000,000원 | 대) 건물 | 300,000,000원 |
| 감가상각누계액 | 100,000,000원 | | |

1 법인세 비용

영업이익에서 영업외수익을 가산하고 영업외비용을 차감하면 법인세비용차감전순손익이 계산된다. 이 법인세 차감 전 순손익은 기업이 부담하여 일 할 법인세를 공제하기 전의 순소득금액이 된다.

법인세법 등의 법령에 의해 기업이 당해 사업연도에 부담할 법인세 등과 당기 이연법인세 변동액을 가감하여 처리하는 계정으로 손익계산서에서 법인세비용으로 분류된다.

- 회사의 세금추산액은 1,000,000원으로 이연법인세대는 500,000원, 중간예납액은 300,000 원이다.

차) 법인세비용	1,500,000원	대) 미지급법인세 등	700,000원
		이연법인세대	500,000원
		선급법인세	300,000원

참고 중소기업은 과거처럼 이연법인세를 고려하지 않아도 되고, 또 손익계산서상에 '법인세 등'으로 해도 무방하다.

2 법인세의 회계

법인세는 세법 규정에 따라 당기순이익에서 조정된 과세표준에 세율을 곱하여 계산한 금액이다. 당기순이익에서 가감하는 사항은 다음과 같다.

◉ 익금산입

기업회계에서 수익으로 보지 않으나 세법상은 이익으로 보는 것(자기주식처분이익)

◉ 손금불산입

기업회계에서는 비용으로 처리하였으나 세무회계상 손금으로 인정하지 않는 것(접대비 한도 초과)

◉ 익금불산입

기업회계에서 수익으로 계상 하였으나 세무회계상 익금으로 보지 않는 것(이자수익의 기간경과분 계상액)

◉ 손금산입

기업회계에서 비용으로 상각하지 않았으나, 세무회계에서 손금으로 인정하는 비용(무형자산 상각비)

〈법인세의 회계〉

기업회계	세무조정	세무회계
당기순이익	+ 익금산입 + 손금불산입 − 익금불산입 − 손금산입	= 각사업연도소득 − 이월결손금(10년내 발생한 세무상 금액) − 비과세소득 − 소득공제 = 과세표준 × 법인세율(2억이하 10%, 2억초과 20%, 200억초과 22%) = 법인세

*(2012.1.1 이후 개시사업연도부터 적용)

③ 당기순이익과 주당손익

당기순이익은 법인세비용 차감 전 순이익에서 법인세를 차감한 금액이다. 기업은 당기순이익을 사내에 유보해 놓을 수도 있고 주주에게 배당으로 지급할 수도 있다. 전자는 이익잉여금으로 누적되어 남게 되고 후자는 주주의 이익으로 분배되는 것이다.

당기순이익은 회사의 주식 총발행 수로 나누면 주당순이익이 계산된다. 이는 주식 1주가 당기에 얼마만큼의 이익을 발생시켰는가를 알려준다.

〈 주가수익률 비율 〉

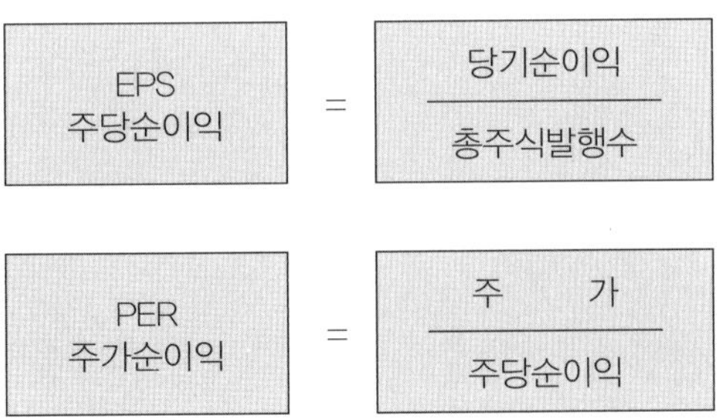

주식의 현재가격(상장주식)을 주당순이익으로 나눈 수치를 주가수익비율(PER)이라 한다.

11장
결산절차와 결산정리

1절 결산절차

2절 결산정리

① 결산의 이해

회사에서 장부를 전표의 발생순서대로 12월 말까지 장부에 전부 기재하고 그다음 결산준비 단계로 합계잔액시산표를 만드는데 이때의 합계잔액시산표를 결산전 합계잔액시산표라 한다. 여기에 결산전표를 추가하여 최종적으로 장부를 마감한 상태의 합계잔액시산표를 최종합계잔 액시산표라 한다.

결산전 합계잔액시산표				결산절차		최종 합계잔액시산표		
차 변	계정과목	대 변	+	원가계산 수익·비용의 기간구분 계산 자산·부채의 확정	=	차 변	계정과목	대 변

기업이란 특별한 사유가 없는 한 끊임없이 영속적인 영리행위를 계속한다는 가정을 계속기 업의 공준이라 한다. 따라서 기업의 영리행위가 부단히 계속되기 때문에 기업의 장부도 장래 에 발생할 비용이나 과거에 발생한 비용도 장부작성의 시점에서는 거래행위 발생시점에 기준 하는 것이다. 즉 보험료가 미래 1년 치가 발생했다고 하더라도 현금지급시점에 보험료로서 기 표하는 것이다.

그러나 기업의 보고는 회계기간 즉 결산기간이 있어서 결산기간인 일정기간(예 : 1월 1일부 터 12월 31일 까지) 동안 경영성과나 재무상태를 재무제표이용자에게 보고하기 위해 경영성과 를 측정해야 한다. 즉 일정기간 경영성과를 측정하기 위한 기간손익계산 과정을 결산이라 한 다. 더 구체적으로 정확한 당기순이익을 계산하기 위해서 결산일 현재 자산, 부채, 수익, 비용 등을 정확하게 구분하여 계상하는 절차를 결산(Cut-Off)이라 한다.

② 결산전표의 유형

결산전표의 유형은 다양하다. 기중에 전표가 누락되었거나 이중기재되어 있어 이러한 오류 수정도 결산과정에서 반영하여야 한다. 일반적으로 전형적인 결산전표의 유형은 다음과 같다.

① 상품은 인도하였으나 세금계산서를 발행하지 않았으면 발행한다.

② 자재나 물품을 구매했으나 세금계산서를 수취하지 않았으면 수취한다.

③ 외상으로 구매한 사무용품비 등을 결제하고 비용과 부채를 장부에 반영한다.

④ 차입금에 대한 이자도 날짜 계산하여 비용으로 계상한다.

⑤ 보험료 선급분은 비용에서 뺀다.

⑥ 당기 분 퇴직금 증가분도 비용으로 계상한다.

⑦ 유·무형자산 사용분은 감가상각으로 비용계상한다.

⑧ 상품, 제품의 매출분에 대한 원가도 계상한다.

③ 결산전표의 발생일

결산은 보통(예: 12월 31일) 결산일을 기준으로 하므로 결산전표의 발생일은 12월 31일로 한다.

④ 결산의 절차

결산이란 회계기간이 끝난 다음에 그동안 이루어진 모든 회계장부를 마감하고 이를 정리하여 재무상태표와 손익계산서 등 재무제표와 그 부속서류를 작성함을 말한다. 따라서 기업에서의 모든 회계업무는 결산에서 마무리된다.

결산은 과정이 복잡하고 많은 서류를 만들어야 하기 때문에 그 절차를 무엇보다 중요하다. 결산할 때의 순서는 재무상태표 및 손익계산서의 과목순서보다는 쉬운 일과 순서에 따라 먼저 해야 할 일 등을 우선 처리하고, 어렵고 복잡한 것은 나중에 처리하는 것이 결산정리 방법이다.

〈 결산 절차 〉

① 장부의 1차 마감
② 결산 전 합계잔액시산표의 작성

③ 자본계정의 정리
④ 고정부채계정의 정리
⑤ 유동부채계정의 정리
⑥ 무형자산계정의 정리
⑦ 유형자산계정의 정리
⑧ 투자자산계정의 정리
⑨ 기타 유동자산계정의 정리

⑩ 판매비와 관리비계정의 정리
⑪ 영업외손익계정의 정리
⑫ 특별손익계정의 정리
⑬ 급식계정의 정리

⑭ 제조경비계정의 정리
⑮ 재고자산계정의 정리
⑯ 제조원가 및 매출원가의 계산
⑰ 손익계산서의 정리
⑱ 법인세비용 등의 계산과 정리
⑲ 재무상태표의 정리
⑳ 이익잉여금처분 및 결손금처리

㉑ 장부의 마지막 마감
㉒ 최종합계잔액시산표의 작성
㉓ 법인세 신고서류의 작성
㉔ 법인세 신고

1 자본계정의 정리

자본 계정의 정리에서 당기순이익은 손익계산서가 만들어진 다음, 마지막에 가서 처리한다.

당기의 이익잉여금처분계산서(또는 결손금처리계산서)에 나타난 처분사항을 결산일에 회계처리 했는가를 확인하는 것이 중요하다. 잉여금처분(또는 결손금처리)은 결산이 끝난 다음에 확정되는 일이나 처분 안의 사항을 당기 결산재무제표에 반영하여 회계처리한다.

그러나 현금배당 등의 후속 회계처리는 차기 회계연도에 발생하여 장부에 기재한다.

2 고정부채계정의 정리

고정부채 계정의 정리는 다음과 같이 처리한다.

① 퇴직급여충당부채와 국민연금전환금 등을 정리하고 설정한다.

② 여러 가지 충당금이나 준비금 등을 설정해야 하는데, 이러한 설정은 손익계산서가 어느 정도 윤곽이 드러난 다음에 하는 것이 바람직하다. 이익이 많이 났을 때는 절세를 위해 법이 허용하는 여러 가지 충당금이나 준비금을 설정해야 할 것이고, 그렇지 않으면 설정하지 말아야 하기 때문이다.

⚙ 퇴직급여충당부채

퇴직금은 근로기준법에 따라 1년 이상 근무한 사용인(임직원)에게 의무적으로 지급하게 되어 있다. 일반적으로 1년 근무에 대해 1개월 치의 급여를 퇴직금으로 지급하게 되어 있는데 1개월 치 급여는 최종 퇴직 전 3개월 평균급여에 의해 계산한다. 이러한 근로기준법에 의한 퇴직금은 사용자가 받는 최소한의 금액이고 사규에 의한 금액 중 많은 금액을 지급해야 한다. 이러한 퇴직금은 인건비에 해당하는 성격의 비용으로 당연히 기업의 수익에 대응되는 비용이다.

그리고 이러한 퇴직금 비용은 실제로 퇴직 시에 일시에 발생하는 것이 아니라 근무기간 중 균등하게 발생하는 것이다. 단지 지급만 퇴직 시에 하는 것이며 퇴직금의 정확한 계산도 퇴직 시에만 가능하다. 그러나 세법에서는 매년 퇴직금 증가분의 일정액을 매년 비용으로 계상 할 경우 이를 손금으로 인정해주기 때문에 기업에서는 이를 비용으로 계상하면 그만큼 세금을 절약할 수 있다.

퇴직금은 기업회계상 설정할 수 있는 한도와 세무회계상 설정할 수 있는 한도가 다른 바 계산기준은 다음과 같다.

(1) 기업회계

퇴직금추계액은 당기 말 현재 전임직원이 일시에 퇴직할 경우에 지급하여야 할 퇴직금을 말한다. 회사는 당기에 설정할 종업원의 퇴직금 전액을 다음과 같이 회계처리 할 수 있다.

차) 퇴직급여 ×××　　　대) 퇴직급여충당부채 ×××

또한, 퇴직연금에 가입한 경우 일부는 퇴직급여충당부채로 처리하고 일부는 단체퇴직급여충당부채액으로 처리한다. 기업회계에서는 퇴직급여충당부채로 설정하든 단체퇴직급여충당부채로 설정하든 당기 말 퇴직금추계액의 100%를 설정하여야 한다.

차) { 퇴직급여 ×××　　　대) { 퇴직급여충당부채 ×××
　　단체퇴직급여 ×××　　　　　단체퇴직급여충당부채 ×××

확정급여형 퇴직연금은 퇴직연금예치금은 기업의 자산으로 처리하여 퇴직급여충당부채에서 차감 표시한다. 확정기여형 퇴직연금은 퇴직연금예치금은 가입자(종업원)의 자산으로 퇴직급여 비용처리 한다.

(2) 세무회계

기업회계에서는 당기에 증가한 퇴직금추계액의 증가분을 100% 설정할 것을 요구하지만, 세무회계에서는 이를 회사 내에 특정예금으로 적립하지 않았기 때문에 퇴직급여충당부채 설정의 세무상 최대설정 한도는 총 퇴직금추계액의 25%만 인정하고 나머지 75%는 외부적립인 퇴직연금에 가입하였을 때 납부금액(납부금액)의 한도 내에서 인정하는 것이다.

퇴직급여 설정 한도는

① 당기 1년 이상 근무한 임직원의 총 급여액×5 / 100

② 당기 말 총퇴직금추계액×25%−(전기 말 퇴직충당부채잔액−당기지급액−세무상 부인액) + 퇴직전환금

①, ② 중 적은 금액 한도로 정한다.

상기 공식에서 보면 퇴직급여충당부채는 ②공식에서 퇴직금 총 추계액의 20%를 웃돌지 못하게 되어 있다. 따라서 나머지 80%는 단체퇴직 보험이나 퇴직연금에 가입하여 다음과 같이 회계처리 함으로써 손금인정을 받아야 한다. (2012년 20%, 그 후 매년 5%씩 감액)

차) 단체퇴직급여	×××	대) 퇴직급여충당부채	×××

③ 유동부채계정의 정리

(1) 계정정리의 유의사항

유동부채계정의 정리에서 특히 주의할 사항들은 다음과 같다.

① 당좌차월은 당좌자산의 예금계정에 있는 당좌예금 항목과 서로 관련되는 계정이다. 따라서 이들 계정은 서로 대조하여 실제로 당좌차월 상태에 있는지 당좌예금 상태에 있는지를 확인해야 한다. 그 결과 당좌예금 상태에 있는 것이 확인되면 당좌차월계정은 당좌예금으로 대체하는 회계처리를 한다.

② 매입채무와 미지급금을 확인·정리하고 그 금액이 중요한 것은 거래처에 확인하는 것이 필요하다.

③ 선수금이 당좌자산계정에 있는 매출채권과 혼동되어 있거나 또는 서로 정리되었는지를 확인한다.

④ 선수수익을 검토하고 이를 정리한다. 전기의 선수수익은 당기의 수익으로 처리해야 한다.

⑤ 미지급비용이 있는지 없는지를 확인하고 이를 정리한다. 즉 당기에 해당하는 비용인데도 빠뜨린 것은 빠짐없이 찾아내어 이를 미지급비용으로 처리한다.

⑥ 부가세예수금은 기타유동자산계정의 부가세대급금과 대응되는 계정이다. 따라서 기말에는 이들을 상계시켜 어느 한 쪽을 정리해야 한다. 이럴 때 주의할 것은, 언제나 작은 금액 쪽의 금액으로 큰 금액 쪽의 계정에 대체시켜 작은 것을 정리해야 한다. 그러면 부가세예수금이나 부가세대급금 중 어느 한 쪽에 잔액이 남게 되는데, 그 잔액은 납부하거나 환급받아야 할 세액이 된다.

⑦ 부가세예수금을 정리할 때는 반드시 1년 동안 전 기간의 부가세신고서와 대조하여 신고서와 다름이 없는가를 확인한다.

⑧ 당기에 설정할 미지급법인세는 손익계산서가 거의 완성하여야 가능하므로 결산의 마지막 단계에 가서 처리한다.

⑨ 가수금은 기타유동자산의 가지급금계정과 관련이 깊은 계정이다. 따라서 이들 계정은 서로 대조하여 정리한다.

⑩ 기타의 과목들은 장부를 상세히 살펴보면서 옳아졌는가 틀렸는가를 확인·정리한다.

(2) 각종 경비의 미지급액

회사에서 발생하는 모든 경비나 각종 소모자재의 구매가 현금으로 이루어지는 것은 아니다. 대부분 고정거래처에 대해서는 월말 결재나 분기별 결재로 이루어진다.

따라서 12월 31일(결산일) 시점으로 주변의 고정거래처나 경비 지급처에 대한 대금지급내역을 보면 미지급한 상태가 많다. 이러한 경비나 각종 미지급액을 비용으로 처리함과 아울러 부채인 미지급계정에 기표해야 한다.

이러한 전표가 누락되면 당 회계기간의 수익에 대응되는 각종 비용이 누락되어 당기순이익이 과대표시되고 또한 미지급금이라는 부채가 누락되어 부채가 과소표시되며 동 부채는 장부에 기표가 되지 않아 부외부채가 발생하게 된다. 따라서 결산일 현재 미지급된 각종 경비나 소모자재구매비에 대한 전표를 다음과 같이 발생시켜야 한다.

차) 접대비	×××	대) 미지급비용	×××
복리후생비	×××		
소모품비	×××		

(3) 차입금에 대한 이자

차입금은 타인자본으로서 그에 상응하는 금융비용을 지급해야 한다. 금융비용은 그 자금의 사용에 대한 대가이기 때문에 사실은 매일매일 발생하는 것이다. 그러나 자금 공여자인 대출자와 차용자와의 약속에 의해 일정기간 즉 한 달 또는 분기별 이자를 지급한다. 따라서 이자를 지급할 때 이자비용을 발생시킨다.

그러나 이자를 지급하는 것이 선지급하는 경우와 후지급할 수가 있으며 이자 지급일자가 반드시 결산일과 일치하는 것은 아니므로 이자비용을 결산일에 조정할 필요가 있다.

차입금은 대부분 이자는 3개월씩 분할해서 후불로 지급하는 것이 금융기관의 관례이며 다만 유산스금융이나 무역금융은 선이자를 지급한다.

사례　❶ 이자를 선지급하는 경우
- 차입금이 1억원이며 3개월씩 이자 3,000,000원을 선지급하는데, 11월 30일날 12월분, 1월분, 2월분 이자 3,000,000원을 지급하고 12월 31일 결산을 하려고 한다.
- 선지급 이자 : 1월 2월의 2개월분 : 2,000,000원

차) 선급비용	2,000,000원	대) 이자비용	2,000,000원

❷ 이자를 후지급하는 경우

- 차입금이 1억원이며 3개월씩 이자 3,000,000원을 후지급하는데 11월 30일 날 9, 10, 11월분이자 3,000,000원을 지급하고 12월 31일 결산일을 맞았다.
- 미지급한 이자 : 12월분 1,000,000원

차) 이자비용	1,000,000원	대) 미지급비용	1,000,000원

4 무형자산계정의 정리

무형자산계정의 정리는 창업비나 개업비 또는 영업권 등의 무형자산 계정잔액이 남아 있다면 이들은 상각한다(손익계정 참조).

5 유형자산계정의 정리

유형자산계정의 정리에서 주의할 것은 다음과 같은 사항들이다.

① 건설가계정이 있고 이에 따른 특정 건설이나 시설물이 완성되었을 때는 이를 건물, 구축물, 기계장치 등 해당 과목으로 대체하여 정리한다.

② 처분한 유형자산이 있으면 이를 정리한다.

③ 유형자산은 토지를 제외하고 나머지 모두를 유형자산명세서 양식에 따라 감가상각한다. 그러나 기업회계기준에서 정하고 있는 명세서 양식에는 당기 상각액 난이 없으므로 수정하여 사용하는 것이 바람직하다.

(1) 감가상각비

감가상각을 회계 이론적으로 취득원가의 기간적 배분이라 한다. 회계에서 유형자산을 취득하면 다음과 같이 회계하여 손익에 영향을 미치지 않게 한다.

차) 차량운반구 ×××	대) 현금 ×××

이것은 유형자산이 여러 개의 기간에 사용하기 때문에 유형자산 취득금액은 자산으로 계상하여 일정한 내용연수에 걸쳐 균등하게 취득원가를 배분하기 위해서이다.

시간이 지남에 따라 차량운반구 등의 사용에 의한 기능적 감가(가치가 하락함)와 기술적 진부화에 의한 감가가 동시에 진행되는 것이다. 이러한 유형자산의 취득원가는 시간이 지남에 따라 가치가 감소하기 때문에 원가의 감소분을 기간적으로 계산하여 배분하는 것을 감가상각이라 한다.

기업회계에서는 감가상각비용을 의무적으로 계상하여야 하지만 세무회계에서는 임의계상
주의라 하여 장부에 감가상각비를 계상한 때에만 손금으로 인정해 준다. 따라서 기업입장에서
는 감가상각을 계상하여 손금으로 인정받음으로써 그만큼 세금을 절약할 수 있으므로 반드시
계상하여야 한다. 그러나 당기에 손실이 난다면 계상할 필요가 없을 것이다. 감가상각방법은
실무에서 정액법과 정률법을 많이 사용한다.

(2) 정액법

감가상각의 방법에는 정액법과 정률법이 있는데 건축물에 대해서는 의무적으로 정액법을
선택해야 하고 기타 유형자산에 대해서는 정률법과 정액법 중 선택하여 적용할 수 있다. 정액
법은 매년 일정액을 균등상각 하는 방법이고 정률법은 초기에 많이 상각하고 시간이 경과함
에 따라 작게 상각하는 것으로 첨단기기 등 초기에 가치가 급격히 하락할 때에 적합하다.

감가상각하기 위해서는 취득금액, 내용연수, 잔존가액 3요소가 있어야 하는데 취득금액은
장부상에서 최초 구매가격과 자본적 지출액의 합계이고 내용연수는 법인세법 별표1과 2에서
업종별로 각 자산의 내용연수를 예시하고 있다.

잔존가액은 정액법의 경우 없는 것으로 보는데 자산의 관리를 위해 상각완료 시 취득금액
의 5%와 1,000원 중 적은 금을 잔존가액으로 남겨둔다.

💠 차량운반구 10,000,000원을 20×0년 1월 1일에 사고 20×1년 12월 31일 결산기를 맞았다. 내용연
수는 4년이다.

차) 차량운반구 (감가상각비)	2,500,000원	대) 차량운반구 (감가상각누계액)	2,500,000원

〈 건축물 등 기준내용연수와 내용연수범위 (법인세법 제15조 제3항) 〉

구분	기준내용연수와 내용연수범위	구조 또는 자산 명
1	5년(4년~6년)	차량 및 운반구, 공구, 기구 및 비품
2	12년(9년~15년)	선박 및 항공기(운수업외의 업종에 사용되는 것에 한한다.)
3	20년(15년~25년)	연와조, 블록조, 콘크리트조, 토조, 토벽조, 목조, 목골모 르타르조, 기타조의 모든 건물(부속설비를 포함한다)과 구축물
4	40년(30년~50년)	철골·철근콘크리트조, 철근콘크리트조, 석조, 연와석조, 철골조의 모든 건물(부속설비를 포함한다)과 구축물

(3) 정률법

정률법은 건물을 제외한 기타자산에 사용된다. 이는 구매 초기에 가속상각 하는 방법으로 사용 초기에 가치가 더 많이 하락한다는 가정하에 상각하는 방법으로 현실에 맞는다. 정률법은 자산별로 내용연수에 따른 상각률인 정률이 법인세법 별표5에 예시되어 있다.

예를 들면 내용연수가 3년이라면 최초면도에 63.2%를 상각하고 그 다음연도에 전년도상각액(상각누계액)을 제외한 금액의 63.2%를 상각한다. 내용연수가 4년이라면 52.8%를 상각한다.

정률법에서는 잔존가액이 퍼센트로 나타나지 않으면 정률이 계산되지 않으므로 잔존가액이 5%라고 하고 정률을 수학적으로 계산한 것이다. 그러나 마지막 연도에 실제 잔존가액은 취득금액의 5%와 1,000원 중 적은 금액만 남겨두면 된다.

◖ 정률법의 예 (내용연수 4년 (정률: 52.8%))

① 1차 연도 : 차량운반구 10,000,000×52.8%＝5,280,000

② 2차 연도 : (취득가액 10,000,000－상각누계액 5,280,000)×52.8%＝2,492,160

감가상각과 관련된 세법규정 내용을 요약하면 아래 표와 같다.

〈 세법상 감가상각제도 주요내용 〉

구　　분	주　요　내　용
(1) 취득원가	① 모든 자산의 취득가액 결정기준 규정 ② 현재가치할인차금 계상액 취득가액에 포함하지 아니함.
(2) 잔존가액	① 잔존가액제도 폐지 ② 정률법 상각의 경우 5%로 하고 동금액은 상각이 완료되는 연도에 손금산입 ③ 상각완료자산 취득가액의 5%와 1,000원 중 적은 금액을 장부가액으로 잔존시킴
(3) 내용연수	① 기준내용연수 ② 신고내용연수 : 기준내용연수의 25%를 가감한 범위내에서 선택 신고적용 ③ 승인내용연수 : 지방청장의 승인을 받아 신고내용연수보다 더 짧거나 긴 (기준 내용연수의 25% 가감한 범위) 내용연수 적용 가능 ④ 중소기업설비투자의 경우 기준내용연수의 50% 가감 범위내에서 선택 (2013.9.1~2014.3.31까지 취득분) (2013.11.5 신설)
(4) 잔존내용연수계산 (중고자산 취득, 재평가의 경우)	① 신규자산과 동일하게 적용한다. 다만, ② 중고자산 중 내용연수 50% 경과되고 사업자, 법인으로부터 취득하는 경우, 합병·분할로 취득하는 경우 내용연수＝기준내용연수－기준내용연수의 50% 범위내에서 차감하여 수정내용연수 적용(6개월초과시 1년으로 간주)

(5) 감가상각방법	① 유형고정자산 •건축물 : 정액법 •기 타 : 정률법, 정액법 중 선택 ② 무형고정자산 : 정액법 ③ 무신고시 건물은 정액법, 기타는 정율법, 무형자산은 정액법, 광업권등은 생산량비례법에 의한다.
(6) 감가상각비의 계산 및 시부인	개별자산별로 시부인 계산하여 합산
(7) 기중신규취득자산 감가상각	① 취득 후 월수 6월 이하―6월분 상각 ② 취득 후 월수 6월 초과―1년분 상각 ③ 2002년 1. 1 이후 취득분부터는 월할계산(1월 미만은 1월로 본다)
(8) 즉시상각범위	① 거래단위별로 100만원 이하 금액(1회구입시 100만원 이하) ② 내구연수 3년 미만의 시험기기·공구 등
(9) 수익적지출범위	① 개별자산별 300만원 미만의 수선비 ② 직전 연도말 미상각 잔액의 5% 미만 수선비 ③ 3년 미만의 기간마다 주기적인 수선비 ④ 환경미화목적미술품 : 건별 5백만원까지 손비인정 2013.6.11 이후 취득분부터)
(10) 감각상각비의 회계처리방법	① 원 칙 : 간접법 ② 예 외 : 자산별로 감가상각비를 계상하는 무형고정자산 및 시험 연구용 자산의 경우 직접법 가능

6 투자자산계정의 정리

투자자산과 기타자산 계정의 정리는 다음 사항을 주의하여 처리한다.

① 장기투자유가증권은 실제 가지고 있는 채권, 증권 등과 맞는지 확인한다.

② 부도어음은 부도발생일로부터 6개월이 지난 것을 대손 처리한다.

7 당좌자산계정의 정리

당좌자산계정의 다음 사항을 주의하여 처리한다.

① 현금계정의 잔액은 시재와 맞는지 확인한다.

② 예금계정은 예금통장과 맞는지 확인한다. 그리고 예금이자는 수익으로 처리했는지 확인한다.

③ 유가증권이 있다면 실제로 가지고 있는 것과 맞는지 확인한다.

④ 외상매출금과 미수금을 확인·정리하고, 그 금액이 중요한 것은 거래처에 확인하여 대조한다.

⑤ 받을어음은 그것이 실제로 가지고 있는 것과 맞는지 확인한다.

⑥ 미수수익이 있느냐 없느냐를 확인하고 이를 정리한다. 중소기업에서 미수수익이 발생하는 것은 주로 가지급금에 대한 인정이자의 계산에서 발생한다.

⑦ 외상매출금, 받을어음, 미수금 등은 필요한 경우에 대손충당금을 설정한다.

8 기타유동자산계정의 정리

(1) 유동자산계정의 정리 시 유의사항

기타 유동자산계정의 정리에는 다음 사항을 주의하여 처리한다.

① 선급금이 유동부채계정의 외상매입금과 혼동되어 있는가를 확인하고 정리한다. 그리고 수입물품에 따른 비용 등을 선급금으로 처리했다면 이를 정리했는지 확인한다.

② 선급비용이 있는가 없는가를 확인한다. 있다면 전기의 선급비용은 당기의 비용이 되므로 이를 해당 과목에 대체시켜 비용·처리한다.

③ 선납제세금을 검토한다. 그래서 법인세와 이에 따르는 소득할 주민세 등을 중간예납하거나 원천징수한 것이 있으면 이를 미지급법인세로 대체처리하고, 세무조정이나 세무실사로 말미암아 지급된 세액이 있으면 이를 당기말미처분이익잉여금계정의 전기손익수정손실 항목으로 처리한다. 그리고 기타의 것은 대부분 판매비와 관리비계정 및 제조경비계정의 세금과 공과에 속하는 것이므로 이에 따른 회계처리를 한다.

④ 부가세대급금은 유동부채계정의 부가세예수금을 정리할 때 부가세대급금도 제대로 정리되었는가를 확인한다.

⑤ 부가세대급금은 반드시 1년 동안 전기간의 부가세신고서와 대조하여 확인한다.

⑥ 종업원대여금이 있으면 이를 확인한다.

⑦ 가지급금은 유동부채계정의 가수금과 관련이 깊은 계정이다. 가수금을 정리하면서 가수금에 관련된 가지급금을 제대로 정리했는가를 다시 확인한다. 그리고 출장비 또는 기타 업무상의 가지급금도 미정리된 것은 모두 정리한다.

(2) 각종 보험료(저축성보험은 제외 및 보증료)

보증료·보험료는 항상 선지급하게 된다. 따라서 결산일이 보험계약 만기일과 일치하지 않는 한 보험료의 기간계산이 필요하다.

사례　6/30일 1년분 건물화재보험료 2,000,000원을 계약기간 7/1일부터 익년 6월 30일까지로 하여 지급하였다.

❶ 보험료를 지급할 때

차) 보험료	2,000,000원	대) 현금	2,000,000원

❷ 결산일 12월 31일이 되었다.

차) 선급비용	1,000,000원	대) 보험료	1,000,000원

❸ 차기 익년 1월 1일이 되어 장부를 개시한다.

차) 보험료	1,000,000원	대) 선급비용	1,000,000원

⑨ 매입과 매출 계정의 정리

　매출과 관련하여 수익이 발생하면 전표를 발생해야 한다. 상품이 인도되었으나 전표가 발행되지 않은 것은 없는가, 선적이 완료된 것, 납품과정에서 검수가 완료된 것 등은 매출에 관한 전표를 발생하였는지 등을 확인하는 절차가 매출의 기간계산이다. 또한, 임대료 등과 같은 기간의 경과에 따라 수익이 발생하는 부분은 전 임대료계산일부터 결산일(예: 12월 31일)까지 날짜 계산한 부분에 대해 수익전표를 발생한다.

　기업의 수익은 계속기업의 공준 하에 지속적이고 끊임없이 발생하는데 기간구분계산(Cut-Off)하는 것이 매출부분의 결산할 부분이다.

　실무적으로는 매출과 관련하여 대부분 세금계산서가 발급되므로 상품이 인도되었으나 세금계산서가 발급 안 된 것은 세금계산서를 발급하여 수익계상을 하여야 한다. 또한, 매입과 관련하여 상품이 창고에 입고되었으나 검수가 끝났으면 재고자산으로 장부에 계상 하여야 한다.

　이 경우 분개형태는 다음과 같다.

❶ 매출

차) 외상매출금	×××	대) 매출	×××

❷ 매입

차) 상품	×××	대) 외상매입금	×××

🔟 판매비와 관리비 계정의 정리

(1) 결산정리 유의사항

판매비와 관리비계정의 정리에는 다음과 같은 사항에 주의해야 한다.

① 12월분 급여가 포함되었는지를 확인한다. 만약 포함되지 않았다면 이를 추가하고 그 상대과목은 미지급비용계정으로 한다.

② 1년 동안의 급여, 상여금, 퇴직금 등이 그동안 관할세무서에 신고한 소득세징수액집계표와 맞는지 확인한다.

③ 보험료와 차량유지비에 있는 차량 보험 등은 그 보험기간을 따져보고 다음 기에 해당하는 보험분이 있는지를 확인한다. 있다면 그것은 선급비용으로 회계처리한다.

④ 기타의 항목들은 장부를 상세히 보면서 잘못된 것이 있는가를 확인한다. 특히 제조경비계정에 해당하는 것이 판매비와 관리비계정으로 잘못 처리된 것이 있나 없나를 확인·정리한다.

(2) 미사용소모품

소모품을 구매하는 경우 ① 차) 소모품비 ××× 대) 현금 ×××으로 처리하는 경우와
② 차) 소모품 ××× 대) 현금 ×××으로 처리하는 경우 ①,② 모두 결산시에 조정이 필요하다.

①의 경우 소모품 구매액을 전액 비용처리 하였는데 결산일 현재 미사용소모품이 있을 수 있으며 ②의 경우 소모품 처리하였는데 결산일에는 사용소모품을 비용으로 대체하여야 한다.

❶ 소모품비 처리한 경우
당기에 계상한 소모품비계정 총액이 10,000,000원이고 결산일 현재 미사용소모품이 1,000,000원이다.

차) 소모품	1,000,000원	대) 소모품비	1,000,000원

❷ 소모품처리한 경우
결산일 현재 소모품의 총구입액이 10,000,000이고 소모품의 미사용잔액이 1,000,000원이다.

차) 소모품비	9,000,000원	대) 소모품	9,000,000원

11 영업외손익계정의 정리

영업외수익과 영업외비용 계정의 정리에는 다음 사항을 유의하여 처리한다.

① 수입임대료가 있는 경우 선수분이 있는지를 확인한다. 선수분이 있다면 그것은 선수수익으로 처리한다.

② 지급이자와 할인료의 경우, 지급한 이자의 이자기간을 따져보고 당기에 해당하지 않고 차기에 해당하는 이자가 있으면 이를 선급비용으로 처리한다.

③ 기타의 항목들은 장부를 상세히 보면서 틀린 것이 있는가를 확인한다.

12 급여계정의 정리

급여계정의 정리에서 유의할 사항은 다음과 같다.

① 12월분 급여가 포함되었는지를 확인한다. 만약 포함되어 있지 않다면 이를 추가로 처리하고 그 상대과목은 미지급비용으로 한다.

② 1년 동안의 급여, 상여금, 퇴직금 등이 그동안 관할세무서에 신고한 소득세징수액집계표와 맞는지 확인한다.

13 제조경비계정의 정리

제조경비계정의 정리에서 유의할 사항은 다음과 같다.

① 소모품비 또는 포장비 등으로 처리된 것들이 기말에 많이 남아 있고 그것이 중요한 경우에는 이를 재고자산계정의 저장품으로 대체처리한다.

② 차량유지비에 있는 차량보험은 그 보험기간을 따져보고 다음 기에 해당하는 보험분이 있는가 확인한다. 있다면 그것은 선급비용으로 회계처리한다.

③ 기타의 항목들은 장부를 상세히 보면서 잘못이 있는지 확인한다. 특히 판매비와 관리비계정에 해당하는 것이 제조경비계정으로 잘못 처리된 것이 있는지 꼭 확인해야 한다.

14 재고자산계정의 정리

재고자산의 정리에서 유의할 사항은 다음과 같다.

① 상품수불부를 작성하여 결산서 양식의 상품수불명세서를 만든다.

② 원재료수불부가 완성되면 결산서 양식의 원재료수불명세서를 만든다.

③ 제품은 원가가 계산하여야 수불부가 완성되므로 제조원가가 끝난 다음에 제품 수불명세서를 만든다.

④ 전기에 저장품으로 처리된 소모품이나 포장류 등이 당기에 사용되었다면 이를 해당 계정과목에 대체시켜 비용처리한다.

15 제조원가와 매출원가의 계산

제조원가 및 매출원가의 계산은 "12장 원가계산과 경리실무"편을 참조 바랍니다.

제조원가 및 매출원가가 계산되면 다음과 같은 순서로 결산서 양식을 만든다.

① 제조원가가 계산되면 제품수불부를 완성하고 이에 따라 결산서 양식인 제품수불명세서를 만든다.

② 결산서 양식인 제조원가명세서를 만든다. 컴퓨터회계에서는 제조원가명세서가 자동적으로 만들어진다. 그러나 그것은 대부분 회계절차에 따라 만들어진 것이 아니고 기계적인 조작으로 무리하게 만들어져 있기 때문에 모든 항목을 일일이 따져보고 맞는가를 확인할 필요가 있다.

③ 결산서 양식인 매출원가명세서를 만든다.

16 손익계산서의 정리

제조원가의 계산이 끝나고 매출원가의 계산이 끝나면 손익계산서 양식에 따라 예비적인 손익계산서를 만든다.

예비적 손익계산서를 만든 다음, 주의할 사항은 다음과 같다.

① 이익이 많이 났을 때는 절세를 위해 법이 허용하는 여러 가지 충당금이나 준비금 등을 설정한다. 그러나 이러한 충당금이나 준비금 등의 비용처리 항목이 때때로 제조원가에 관계되는 것이 있을 수 있는데, 그렇게 되면 처음부터 원가계산을 다시 해야 하는 번거로움이 따른다. 세금을 아끼기 위해서라면 어쩔 수 없는 일이다.

② 예비적 손익계산서를 보고 법인세 등을 계산한다.

17 법인세 등 계산

법인세 등이란 법인세와 이에 따르는 법인소득할 주민세 등을 말한다. 법인세 등의 계산은 손익계산서 양식에 있는 법인세차감전순이익을 기준으로 세율에 따라 계산한다.

법인세 등을 회계처리하면서 주의할 사항을 들면 다음과 같다.

① 법인세 등이 계산되면 이를 유동부채의 미지급법인세계정으로 대체시킨다.

② 법인세율은 거의 해마다 바뀌므로 항상 세법을 확인하고 계산해야 한다.

③ 기타유동자산계정의 선납제세에 법인세의 중간예납이 있거나 원천징수한 법인세와 이에 따른 주민세 등이 있으면 미지급법인세계정으로 대체시켜 이들을 없애 준다. 그러나 결손이 발생하여 법인세 등이 없고 따라서 당기에 설정할 미지급법인세도 없을 때는 그것은 환급받아야 할 세액이 되므로 다시 선납제세로 대체시켜 원상복귀하도록 한다.

④ 세무조정이나 세무실사 등으로 인해 추가되는 법인세와 이에 따른 소득할 주민세가 있으면 이를 당기말미처분이익잉여금계정에서 전기손익수정손실 항목으로 처리한다.

18 재무상태표의 정리

손익계산서가 완성되면 다음에는 장부에 있는 재무상태표 과목을 양식에 옮겨 재무상태표를 만든다.

재무상태표를 만들면서 가장 주의할 사항은 다음과 같다.

① 재무상태표의 당기순이익(또는 순손실)과 손익계산서의 당기순이익(또는 순손실)이 서로 맞지 않는 경우가 있다. 잘못된 곳을 찾아서 고쳐야 한다.

② 재무상태표에서는 자산이 차변이고 부채와 자본은 대변이다. 따라서 다음 공식이 성립하여야 대차평균의 원리가 성립된다.

$$\boxed{\text{자 산}} = \boxed{\text{부 채}} + \boxed{\text{자 본}}$$

③ 대손충당금 또는 감가상각충당금 등 평가성 충당금은 본래 대변의 금액이지만, 이를 재무상태표에 옮길 때는 △표시를 하여 차변에 나타낸다. 왜냐하면 기업회계기준에서 평가성 충당금은 차감 형식으로 기재하도록 규정하고 있기 때문이다.

④ 당기순이익 또는 당기순손실은 손익계산서계정과 재무상태표 계정에 다같이 해당되는 공통 계정인데, 이들을 재무상태표에 옮길 때는 대변에 나타낸다. 따라서 순손실의 경우는 △표시를 하여 대변에 나타내는 것이 바람직하다.

19 이익잉여금처분 및 결손금의 처리

상법은 이익잉여금의 처분권한을 주주총회에 부여하고 있으므로 이익잉여금처분계산서는 주주총회에서 확정된다. 따라서 당기말 재무상태표에는 당기 이익잉여금처분계산서를 반영하지 않는다. 당기말 재무상태표상의 미처분이익잉여금은 당기 이익잉여금처분계산서상의 당기 말 미처분이익잉여금과 일치한다.

20 장부의 마지막 마감

재무상태표 등이 완성되면 모든 장부를 마지막으로 마감한다. 그러나 컴퓨터 회계에서는 특별히 마감하는 절차는 필요 없고 다만 추가로 정리된 과목을 입력하고 출력하여 이를 바인 더에 순서대로 철해 두면 된다.

21 마지막 시산표의 작성

장부를 모두 마감하고 정리하면 마지막 시산표를 만든다. 시산표를 만들어 차·대변이 맞고 이상이 없으면 결산 서류를 만든다.

22 법인결산신고서류

일반적으로 결산서류라고 하면 기업회계기준에서 정하고 있는 주된 재무제표와 그 부속명 세서를 말하고, 법인세과세표준신고서류라고 하면 결산서류에다 세무회계에 따른 서류, 즉 세 무조정에 따른 여러 가지 세무조정계산서를 합친 것을 말한다.

(1) 과세표준신고

법인세과세표준을 신고할 때는 다음의 서류를 제출해야 하고, 그 중 하나라도 빠뜨리면 그 것은 무신고로 간주한다.
① 재무상태표
② 손익계산서
③ 이익잉여금처분계산서 또는 결손금처리계산서
④ 세무조정계산서

(2) 결산서류의 종류

① 재무상태표
② 손익계산서
③ 이익잉여금처분계산서
④ 결손금처리계산서
⑤ 자본변동표
⑥ 현금흐름표(간접법)
⑦ 단기투자자산명세서
⑧ 관계회사자산·부채명세서
⑨ 주주·임원·종업원에 대한 채권·채무명세서
⑲ 감가상각비 등 명세서
⑳ 법인세등명세서
㉑ 잉여금명세서
㉒ 매출액명세서
㉓ 매출원가명세서
㉔ 판매비와 관리비명세서
㉕ 기타비유동자산명세서
㉖ 장기투자증권명세서
㉗ 장기투자증권처분명세서
㉘ 유형자산처분명세서

⑩ 재고자산명세서
⑪ 투자부동산명세서
⑫ 유형자산명세서
⑬ 무형자산명세서
⑭ 단기차입금명세서
⑮ 장기차입금명세서
⑯ 사채명세서
⑰ 충당금명세서
⑱ 제조원가명세서
㉙ 무형자산명세서
㉚ 유동부채명세서
㉛ 고정부채명세서
㉜ 시산표
㉝ 상품수불명세서
㉞ 제품수불명세서
㉟ 원재료수불명세서
㊱ 신문공고지면
㊲ 기타 필요한 명세서

12장
원가계산과 경리실무

원가계산 방식은 기업의 형태 즉 도매, 소매, 제조, 건설, 금융 업태 등에 따라 다양할 수 있다. 그러나 가장 기본적인 방식이 도소매업과 제조업의 원가계산 방식이며 다른 업태들은 이를 응용하면 된다.

1 제조업의 형태

제조업은 물건을 만들어서 파는 것을 말한다. 따라서 제조업의 생산품은 제품이라 하고 도소매업의 구매물품은 상품이라 한다. 제조업이 물품을 만들기 위해 원료와 부수적인 원료를 구매하는데 원료를 원재료라 하고 부수적인 재료를 부재료라 한다. 그리고 공장에서 기계공정에서 만들어지고 있는 물품을 재공품이라 하고 재공품 상태에서 팔 수 있는 물건을 반제품이라 한다.

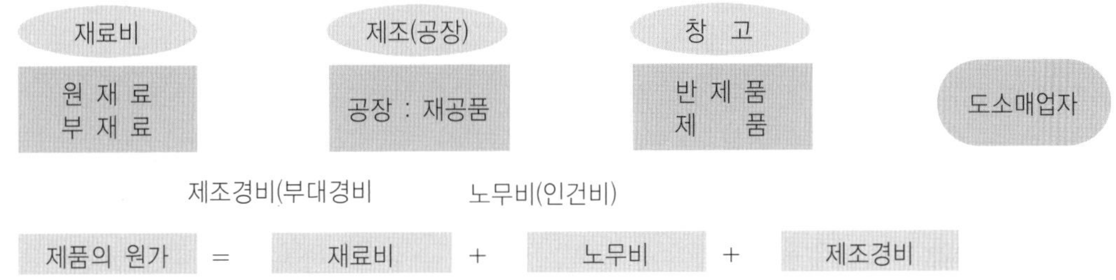

2 도소매업의 형태

도소매업은 제조업자한테 제품 및 상품을 구매하여 소비자에게 파는 것을 말한다.

원가계산이란 재화나 서비스의 생산(판매)에 소요된 비용을 계산하는 것을 원가계산이라 한다. 따라서 도소매업의 경우 상품을 생산한 경우가 아니므로 원가계산이란 용어를 잘 사용하지 않는다. 그러나 도소매업이란 재화를 구매해서 파는 형태이므로 도소매업의 원가계산은 판매된 상품의 구매원가를 계산하는 것이다. 팔린 상품의 원가계산은 보석처럼 고가격 소 품종이면 계산은 간단하나, 백화점이나 규격빌 수많은 상품을 판매하는 경우는 쉽지가 않다.

① 상품계정의 기록

상품계정은 구매상품의 가액을 기록한다. 구매상품의 가액은 상품이 창고에 입고될 때까지 소요된 전 비용이 포함된 가액이다. 따라서 상품의 구매에 따른 운반비, 상·하차비, 보험료, 구매금융비용, 창고료 등 부대비용이 일절 포함된 가격이다. 이러한 비용을 상품계정에 기록하지 않고 해당 비용으로 처리하면 자산은 과소계상되고 비용은 과대계상된다.

② 원가대체의 중요성

상품의 구매와 판매에서 원가대체의 중요성을 사례를 들어 설명하면, 다음 회계처리의 사례를 보면 원가대체를 하지 않으면 상품 총 10,000,000원을 매입했는데 이 중에서 5,000,000원 매출을 발생시켰다는 정보밖에 알 수 없다. 즉 원가에 관한 정보, 얼마를 매출을 발생시켜 이에 대응하는 원가가 얼마이고 판매이익이 얼마인지 알 수가 없다.

❶ 상품매출 회계

차) 외상매출금(현금)	5,000,000원	대) 매출	5,000,000원

❷ 상품매입 회계

차) 상품	10,000,000원	대) 외상매입금(현금)	10,000,000원

이 경우 즉 원가대체를 하지 않았을 경우의 합계잔액시산표는 다음과 같다.

〈 원가대체 미반영 합계잔액시산표 〉

잔　　액	합　　계	계 정 과 목	합　　계	잔　　액
10,000,000	10,000,000	상　　　　품		
5,000,000	5,000,000	외 상 매 출 금		
		외 상 매 입 금	10,000,000	10,000,000
		매　　　　출	5,000,000	5,000,000
15,000,000	15,000,000	합　　　　계	15,000,000	15,000,000

그러나 매출 5,000,000원에 대응하는 구매상품의 가액이 3,000,000원이라고 하면, 5,000,000원 매출에서 원가가 3,000,000원이므로 상품매출이익이 2,000,000원임을 알 수가 있다. 이를 대체분개하는 다음과 같다.

❸ 대체분개

차) 상품매출원가	3,000,000원	대) 상 품	3,000,000원

〈 원가대체전표 〉

No.______	대 체 전 표			
	20×1년 12월 31일			

(차 변) | (대 변)

과 목	적 요	금 액	과 목	적 요	금 액
상품매출원가	원가대체	3 0 0 0 0 0 0	상품	원가대체	3 0 0 0 0 0 0
합 계		3 0 0 0 0 0 0	합 계		3 0 0 0 0 0 0

〈 원가대체를 반영한 합계잔액시산표 〉

잔　　액	합　　계	계 정 과 목	합　　계	잔　　액
7,000,000	10,000,000	상　　　　품	3,000,000	
5,000,000	5,000,000	외 상 매 출 금		
		외 상 매 입 금	10,000,000	10,000,000
		매　　　　출	5,000,000	5,000,000
3,000,000	3,000,000	상 품 매 출 원 가		
15,000,000	18,000,000	합　　　　계	18,000,000	15,000,000

즉 상품이 3,000,000원 줄어들어 상품매출원가 계정으로 대체된다.

위의 전표나 합계잔액시산표를 보면 상품은 총 10,000,000원어치 구매하여 3,000,000원어치 팔고 재고상품이 7,000,000원어치 남았음을 알 수가 있다. 그리고 매출은 5,000,000원 발생했는데 이에 대응하는 팔린 상품의 원가가 3,000,000원이므로 상품매출이익이 2,000,000원임을 알 수가 있다. 이렇게 원가대체전표를 기재하면 장부나 결산, 그리고 최종 합계잔액시산표가 완성된다.

③ 상품원가의 계산방법

상품원가는 상품장에서 전기이월된 상품금액에서 당기에 구입한 상품금액을 합한 금액에서 기말상품재고액을 차감하면 계산된다. 즉 상품계정은 다음과 같다.

<table>
<tr><td colspan="4" align="center">상　품</td></tr>
<tr><td>기초재고</td><td>1,000,000</td><td>상품매출원가</td><td>3,000,000</td></tr>
<tr><td>당기구입액</td><td>9,000,000</td><td>기말재고</td><td>7,000,000</td></tr>
<tr><td>합　　계</td><td>10,000,000</td><td>합　　계</td><td>10,000,000</td></tr>
</table>

따라서 상품매출원가는 다음과 같이 계산된다.

$$\text{상품매출원가} = \text{기초상품재고액} + \text{당기상품매입액} - \text{기말상품재고액}$$

상품매출원가를 계산하는 공식은 간단하다. 상기 공식에서 기초상품재고액은 전기이월된 재고로 장부상에 기록된다. 또한, 당기상품매입액도 장부상에서 알 수가 있다. 그러나 기말상품재고액은 기말에 실사하거나 기중에 입·출고기록을 하여야 알 수가 있다. 결국, 원가계산이라고 하는 것은 기말상품의 금액을 알기 위한 과정이다.

④ 기말상품의 계산

기말상품의 계산이 상품원가계산의 핵심이다. 기말상품은 기말상품의 수량×금액(단가)의 종류별 집계로 구성된다. 따라서 기말상품의 금액을 알기 위해서는 기말상품의 수량과 단가를 알아야 한다. 기말상품의 수량을 계산하는 방법으로는 계속기록법과 실지재고조사법이 있으며 단가를 계산하는 방법에는 총평균법, 선입선출법, 후입선출법, 매가환원법, 이동평균법 등 다양하다.

(1) 수량계산방법

❖ 계속기록법

계속기록법은 상품의 품목별로 원장을 비치하여 각 상품에 대해 입고와 출고를 계속적으로 기록하면 상품수불부의 재고수량이 항상 파악된다.

상 품

(주)코페					
월	일	적 요	입 고	출 고	재 고
1	1	전월이월			10
3	2	입 고	5		15
3	10	출 고		7	8
3	31	입 고	5		13
월 계			10	7	13

재고수불부는 상품별로 상품의 입고와 출고 수량 그리고 재고수량을 기록하는 장부이다. 상품수불부는 재고의 파악을 위해 회사가 작성해야 하는 필수적인 장부이다.

재고수불부의 재고수량은 실제 창고에 보관된 재고수량과는 차이가 날 수 있다. 즉 실제 창고의 재고수량은 도난, 폐기, 부패 등에 의해 장부상의 재고보다 작은 것이 일반적이다. 따라서 계속기록법에 의한 재고수불부는 월별이나 분기별 재고 실사에 의해 그 차이가 나는 수량을 조정할 필요가 있다.

⊛ 실지재고조사법

실지재고조사법은 재고조사일 현재 창고에서 재고수량을 실지조사로 파악하는 방법이다. 따라서 실지재고조사법은 재고수량은 정확히 파악할 수 있으나 기중의 변동내역(입출고내역)을 알 수가 없다.

또한, 실지재고조사에 의한 재고금액을 기말재고상품으로 계산하는 경우 「상품매출원가＝기초재고＋당기매입－기말재고」라는 등식에서 「당기총판매가능상품(기초재고＋당기매입)」에서 기말재고를 차감한 금액을 매출원가 처리하면 매출원가에는 단순히 출고된 상품외에 도난, 손실, 부패 등의 상품의 원가도 매출원가에 합산되는 모순이 생긴다.

따라서 가장 이상적인 재고관리는 계속기록법에 의해 상품의 수량을 관리하고 정기적인 실물조사로 그 차이를 재고감모손, 폐기손등으로 장부상에 반영하는 것이 바람직하다.

⑤ 단가의 계산방법

기말재고는 「수량×단가」에 의해서 계산되므로 수량은 계속기록법이나 실지재고조사법에 의해 알 수 있다. 그러나 같은 품목이라도 입고시기에 따라 그 단가가 모두 다르므로 같은 품목에 대해 입고단가를 일일이 추적하여 관리하는 것은 불가능하다.

따라서 이러한 재고자산상품의 단가를 산정하기 위해서는 입고, 출고의 순서에 대한 가정을 두게되는 바 이러한 가정하에 각 방법이 선입선출법, 후입선출법, 개별법, 총평균법, 이동평균법 등이 있다.

(1) 개별법

이것은 상품을 취득한 때 상품별로 그 취득가격을 알 수 있도록 구입가격표(Price Tag)를 부착시켜 놓는다든가 하여 그 상품이 판매되었을 때 가격표에 기재된 가격을 적용하고, 재고상품가격은 판매되지 않고 남아 있는 상품의 가격표를 합계하여 계산하는 방법이다. 이 방법은 개별성이 강하고 비교적 고가이며 또 개개의 단가에 현저한 차이가 있는 상품, 예컨대 귀금속제품·보석 등에 적용되는 방법이다.

(2) 선입선출법(FIFO)

이것은 먼저 구입한 상품을 먼저 출고한다는 가정하에 취득일자가 빠른 것부터 순차적으로 출고하고 나머지의 상품가격(구입가격)을 재고상품가액으로 하는 방법으로서 매입순법이라고도 한다.

이 방법에 의하면 물가가 상승할 때 상품의 재고가액은 시가에 가까운 가액으로 계산되고 매출원가는 먼저 구입한 낮은 단가로 계산되기 때문에 구입 시와 취득 시를 비교하여 화폐가치의 하락이 있는 경우 이에 따른 이득이 상품매매이익에 포함되게 된다는 단점이 있다.

재고자산평가방법은 법인세신고기한까지 세무서에 신고하게 되어 있는 바, 무신고한 경우 선입선출법으로 평가한 것으로 본다.

상 품

(주)코페

월	일	적 요	입 고	출 고	재 고
3	1	A상품 10개×@10	10		10
	3	A상품 출고		5	5
	10	A상품 10개 ×@ 11	10		15
	15	〃 1개 출고		1	14
	31	〃 10개 × @9	10		24
월 계			30	6	24

이 경우 기말상품의 단가는 먼저 들어온 상품이 먼저 출고되었으므로 재고는 나중에 들어온 것부터 순차적으로 남는 것으로 보고 계산한다.

- A상품재고평가금액

$$
\begin{aligned}
10개 \times @\ 9 &= 90원 \\
10개 \times @\ 11 &= 110원 \\
4개 \times @\ 10 &= 40원 \\
\hline
&\quad\ 240원
\end{aligned}
$$

(3) 후입선출법(LIFO)

이것은 선입선출법과는 반대로 나중에 구입한 상품을 먼저 출고한다는 가정 아래 최근에 취득한 상품을 출고가액으로 단가를 계산하는 방법으로서 매입 역법이라고도 한다.

이것은 물매 상승기에는 매출원가를 최근에 취득한 높은 단가로 계산하기 때문에 선입선출법의 경우와 비교해 볼 때 화폐가치의 하락에 의한 이익을 상품매출이익으로부터 배제할 수 있다고 하는 장점이 있다. 그러나 재고상품은 먼저 구입한 단가로 계산하게 되므로 재고상품의 가격은 기말에 갖는 시가와 큰 차이가 있는 것으로 나타난다.

선입선출법의 예에서 후입선출법으로 평가하면 나중에 들어온 상품이 먼저 출고되었으므로 기말재고는 다음과 같다.

$$
\begin{aligned}
\bullet \text{ A 상품재고평가금액} \quad & 10개 \times @\ 10 \ = \ 100원 \\
& 10개 \times @\ 11 \ = \ 110원 \\
& 4개 \times @\ \ 9 \ = \ \ \ 36원 \\
\hline
& \qquad\qquad\quad\ 246원
\end{aligned}
$$

(4) 이동평균법

이것은 상품을 취득할 때마다 그의 수량 및 금액을 직전의 잔고수량 및 잔액금액에 가산하여 새로이 가중평균단가를 구하고, 이 단가를 다음의 상품을 구입할 때까지 출고단가로 적용하는 방법이다. 그러므로 먼저 구입한 상품과 다른 단가로서 상품을 구입하면 그 이후의 출고단가는 취득전의 단가와는 다르게 된다.

이 방법은 매출원가를 신속히 계산할 수 있으나 단가를 계산하는데 수고가 드는 단점이 있다. 선입선출법(FIFO)의 예에서 이동평균법에 의한 재고자산평가액은 24개 평가액 239^4(@ 9^{97})원이다.

<table>
<tr><th colspan="7" style="text-align:center">상　품</th></tr>
<tr><td colspan="7">(주)코페</td></tr>
<tr><td>월</td><td>일</td><td>적　요</td><td>입고</td><td>출고</td><td>재고</td><td>금액(단가)</td></tr>
<tr><td>3</td><td>1</td><td>10개×@10</td><td>10</td><td></td><td>10</td><td>100(@10)</td></tr>
<tr><td></td><td>3</td><td>출고</td><td></td><td>5</td><td>5</td><td>50(@10)</td></tr>
<tr><td></td><td>10</td><td>10개 ×@11</td><td>10</td><td></td><td>15</td><td>160(@10^6)</td></tr>
<tr><td></td><td>15</td><td>출고</td><td></td><td>1</td><td>14</td><td>149^4(@10^6)</td></tr>
<tr><td></td><td>31</td><td>10개 ×@9</td><td>10</td><td></td><td>24</td><td>239^4(@9^{97})</td></tr>
<tr><td colspan="2">월　계</td><td></td><td>30</td><td>6</td><td>24</td><td>239^4(@9^{97})</td></tr>
</table>

(5) 총평균법, 단순평균법

총평균법은 당해 회계기간에 입고된 재고의 총금액을 총입고수량으로 나누어 상품의 가중평균구입단가를 계산하는 방법이다.

상기의 예에서 10×@10＋10×@11＋10×@9＝300÷30＝@10 가중평균구입단가가 @10이므로 기말수량 24를 곱하여 240을 기말재고자산으로 평가하는 방법이며, 단순평균법은 단순히 단가 평균하여 단가를 계산하는 방법이다. 이 방법의 단점은 결산기가 하여야 총평균단가를 알 수 있다는 점이다.

(6) 재고상품의 감모손과 평가손

위에서와같이 상품을 구입하고 출고하는 경우에 계속기록법에 따라 상품재고장에 기재하게 되면 장부상의 상품재고액을 십게 알 수 있다. 그러나 장부상의 상품재고액과 실제액이 항상 일치된다는 보장은 없다. 도난에 의한 분실이라든가 또 상품의 종류에 따라서는 자연증발되어 감소하는 것도 있다. 따라서 기록행위가 갖는 자산의 보전기능을 수행하기 위해서라도 실제수 량과 대조하여 차이가 있으면 장부잔액을 수정하여야 한다.

재고상품의 감모손이란 상품재고장에 기재된 장부상의 상품재고액보다 실지재고조사에 의 한 재고상품의 실제액이 부족한 것을 의미한다. 이와 같은 감모손이 영업활동 과정에서 정상 적으로 발생한 것이라면 그 원가성을 인정하여 매출원가에 포함하여 매출총손익 계산에 반영 되도록 해야 한다.

그러나 비정상적인 감모손은 매출총손익 계산에서 구분하여 상품감모손이라는 영업외비용 으로 처리한다.

<table>
<tr><td colspan="4" style="text-align:center">상 품</td></tr>
<tr><td>(주)코페</td><td></td><td></td><td></td></tr>
<tr><td>기초재고</td><td>10,000</td><td>상품매출원가</td><td>70,000</td></tr>
<tr><td>당기구입</td><td>100,000</td><td>재고감모손(영업외 비용)</td><td>10,000</td></tr>
<tr><td></td><td></td><td>기말재고</td><td>30,000</td></tr>
<tr><td>합　　계</td><td>110,000</td><td>합　　계</td><td>110,000</td></tr>
</table>

상기의 예에서 재고감모손이 10,000이 비정상적으로 발생하였다면 동 금액은 매출원가에서 차감하여 영업외비용으로 대체해야 한다.

차)	재고감모손	10,000원	대) 상품	80,000원
	(영업외비용)			
	상품매출원가	70,000원		

제조업의 원가계산은 도소매업 보다 복잡하다. 이는 원재료를 구입해서 제조하는 과정이 있고 또한 생산된 제품의 원가계산을 해야하기 때문이다. 이에 대하여 제조기업의 경제활동이 갖는 특징은 상(商)기업에서 수행하는 구매활동과 판매활동의 중간단계로서 제조활동이 개입되게 된다는 데 있다.

즉 제조기업을 운영하려면 우선 제품을 제조하는 데 필요한 원재료, 노동력, 건물, 기계 등의 설비, 그리고 전력, 공업용수, 가스 등의 용역을 구입하지 않으면 안된다(구매활동). 다음으로, 이들 생산요소를 일정의 방법으로 결합하여 제품을 제조하는 활동을 수행하게 된다(제조활동). 그리고 마지막 단계로서 이처럼 생산된 제품을 판매함으로써 이익을 얻게 된다(판매활동).

제조기업이 내부활동과 외부활동을 수행하는 과정에서 자산·부채·수익·비용의 증가·감소가 나타나게 된다. 이들의 증감관계를 복식부기의 원리에 따라 기록·계산·정리하여 재무제표를 작성하게 되는데 이때 제조기업에서 채택하는 부기를 공업부기(Factory Book-Keeping)라 한다.

❶ 공업부기와 원가계산

공업부기에서는 복식부기의 원리에 따라서 외부활동뿐만 아니라 원재료를 가공하여 제품을 완성하기까지의 전 과정을 계정에 기록·계산하게 된다. 이런 작업을 수행하기 위하여 기업의 내부활동을 분석하여 제품을 제조하는 데 소요된 자재비, 임금·급여 등의 노동비, 전력·가스 등의 제 경비 등 비용(Cost)을 계산할 필요가 있다. 이 제품의 제조에 소요되는 비용(Cost), 즉 원가를 산정하는 절차를 원가계산(Costing)이라 한다.

참고   원가계산은 본래 제조기업(공기업)에서 제품생산과 관련된 제조원가를 산정하는 것이 그의 중요한 내용을 이루는 것이었으나 후에는 구매비와 관리비의 영업비회계도 원가계산에 포함하여 원가계산의 영 역은 점차로 확대되게 되었다. 이와 같이 원가계산의 대상 및 절차가 확대됨에 따라서 원가계산은 제조업에 국한되지 않고 상기업·은행·병원·운수업·기타 서어비스업에 이르는 모든 업종에서 이를 적용하게 되었다.

2 원가계산의 흐름

원가계산을 정확히 하려면 원가 흐름을 정확히 분석해야 한다. 업종별 원가의 흐름은 다소 다르지만, 표준적인 원가 흐름인 단품종 대량생산은 원가의 집계와 제품생산의 단가를 계산하고 다른 경우는 이 방법을 응용해 나가면 된다.

⊛ 제조와 관리의 경비

제조업의 원가계산을 위해서는 제품의 생산과 관련하여 발생하는 제조경비와 제품의 판매와 관리를 위해서 발생하는 판매비와 관리비를 구분해야 한다. 전자는 생산된 제품의 원가를 구성하는 데 반해 후자는 영업비용인 관리비를 형성한다.

⊛ 공통비용의 배부기준

일반적으로 공장에서 발생하는 부대경비를 제조경비라 하고 사무실에서 발생하는 비용을 판매비와 관리비라 한다. 그러나 공장과 사무실이 공통 공간과 공통 비용을 사용하고 있다면 합리적인 배부기준에 따라 안분하여야 한다.

〈 관리비와 제조경비 배부기준 〉

구 분	판매와 관련된 비용	제조와 관련된 비용	배 부 기 준
자재구입	상 품 관 련 비 용	원　　　재　　　료 부　　　재　　　료	
노 무 비	급　　　　　　료 상　　　여　　　금 임　　　　　　금	노　　　무　　　비 상　　　여　　　금 잡　　　　　　급	실제 근무하는 곳 사무실 : 관리비, 공장 : 노무비
부대경비	판 매 비 와 관 리 비	제　조　경　비	
	복 리 후 생 비 접　　대　　비 차 량 유 지 비 통　　신　　비 임　　대　　료 소 모 품 비 퇴 직 급 여 전　　력　　비 감 가 상 각 비 난　　방　　비	복 리 후 생 비 접　　대　　비 차 량 유 지 비 통　　신　　비 임　　대　　료 소 모 품 비 퇴 직 급 여 전　　력　　비 감 가 상 각 비 난　　방　　비	공장, 사무실발생원천기준 〃 〃 사 용 인 원 기 준 사 용 면 적 기 준 사 용 물 량 기 준 인　　원　　기　　준 사 용 량 기 준 자 산 사 용 기 준 사 용 면 적 기 준

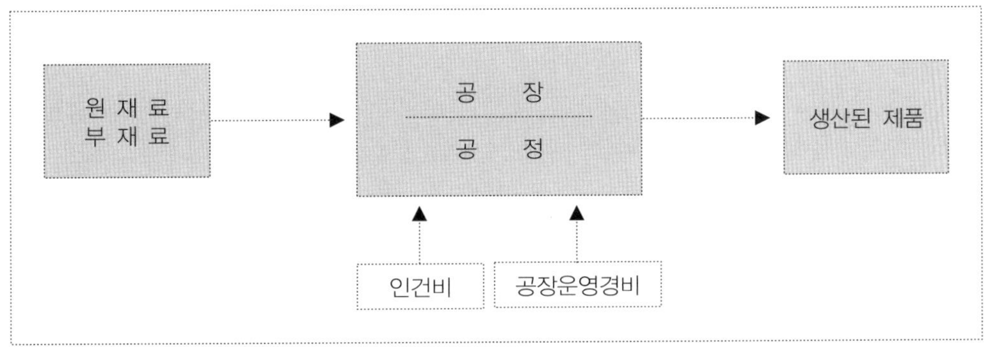

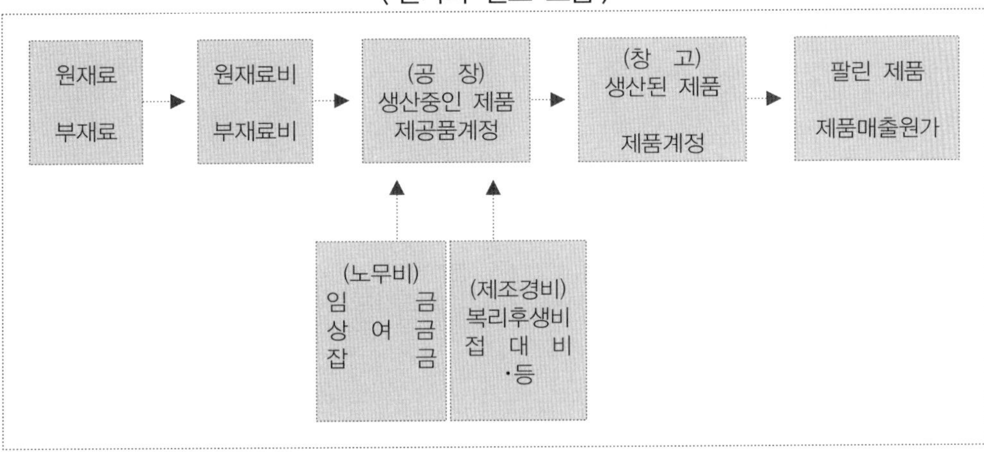

위의 그림에서 단일 제품을 생산하기 위해 원재료 및 재료가 공장에 투입되고 공장에서는 인건비와 제조경비가 투입된다. 그리고 생산된 제품은 창고에 보관된다는 가장 단순한 형태의 원가계산이다.

이 경우 전표 흐름에서는 원재료, 부재료 자체는 자산항목이므로 원가(비용)항목인 「원재료비/부재료비」 계정과목으로 대체해준다. 그리고 공장을 전표에서는 재공품 또는 제조계정으로 표시하며 생산이 완료된 제품이 보관되는 창고는 제품계정으로 연관시켜 원가의 흐름을 이해하면 편리하다.

이러한 단품종 대량생산의 원가계산방식을 종합원가계산이라 한다. 그러나 고가의 보석가공이나 선박, 비행기 등 고가품의 제조는 한 개를 만드는데 원가를 개별적으로 집계해야 정확한 원가가 계산되는 것이다.

이렇게 생산된 제품의 개별원가집계방식을 개별원가계산이라 한다. 개별원가계산은 단순히 원가의 집계이므로 여기서는 종합원가방식에 의한 원가계산을 설명한다.

3 원가대체전표의 작성

예제

원가의 흐름이 다음과 같다면 원가계산절차를 T계정 및 전표 그리고 합계잔액시산표를 작성하여 보자.

❶ 원재료가 당기에 10,000,000원 사용되었다(전기이월액이 1,000,000원 있고 당기 구입액이 12,000,000원이다).

❷ 부재료가 당기에 5,000,000원 사용되었다(기초기말재고금액은 없다).

❸ 노무비가 당기에 15,000,000원 발생하였다.

❹ 제조경비가 6,000,000원 발생되었다(기초 재공품은 1,000,000원이다).

❺ 기말현재 공장기계에 제작중인 재공품을 평가하니 7,000,000원이었다.

❻ 당기에 생산수량은 10,000개이고 팔린 수량은 8,000개이다. 기초제품은 1,000개 3,000,000원이고 기말제품은 3,000개 9,000,000원이다(총평균법). 판매단가는 4,000원이다.

※ 원가계산에서는 그 흐름을 T계정이라는 양식에 표기하는데 이는 장부의 각계정별원장을 차변과 대변을 요약해서 표기한 것이다.

(1) 원재료와 부재료의 구분

원재료와 부재료의 구분은 재료관리의 편의성과 효율성을 위해 원·부재료의 특성을 고려해 구분한다.

예를 들면 컴퓨터제조회사에서 CPU나 하드, 파워, 케이스 등 고가품은 당연히 개별수급을 해서 재고를 정리하여야 한다. 컴퓨터조립에 필요한 납, 볼트, 너트, 상표, 소액의 저항등은 그 가격이 총 원가에서 차지하는 비중이 상대적으로 작으므로 개별수급을 해도 그 의미가 적다고 하겠다. 즉 원가 1원짜리 부품을 아무리 받음과 치름을 잘한다고 해도 수급을 안 했을 때보다 관리원가가 더 많이 소요된다면 수급의 의미가 없다.

따라서 실무적으로는 원재료는 제품생산의 주요부분을 차지하는 것으로 개별수급 하는 것이고, 부재료는 제품의 구성요소로서 상대적으로 가치가 작은 것이다. 따라서 부재료는 개별수급이 필요 없고 금액으로 입고만 정리하고 월별 또는 결산기에 기말에 재고금액만 남기고 전액 원가대체 한다.

원재료·부재료의 비율은 업종이나 종목별로 다르나 원재료가 금액대비 총 재료비의 70~

80% 정도면 양호하다고 할 수 있다. 그러나 음식점업은 원·부재료의 비율이 50 : 50 정도로 된다. 원재료의 수급도 상기한 상품의 수급과 마찬가지로 수량에 대해서는 계속기록법과 실지 재고조사법을 적용하고 단가는 회사에서 정한 선입선출법, 후입선출법, 총평균법, 이동평균법 중에서 택일하면 된다.

(2) 장부상의 원가 흐름

❶ 원 재 료

기초재고	1,000,000	사 용	10,000,000
당기구입	12,000,000	기말재고	3,000,000
계	13,000,000	계	13,000,000

❷ 부 재 료

기초재고	0	사 용	5,000,000
당기구입	5,000,000	기말재고	0
계	5,000,000	계	5,000,000

❸ 원 재 료 비

원 재 료	10,000,000	재 공 품	10,000,000
계	10,000,000	계	10,000,000

❹ 부 재 료 비

부 재 료	5,000,000	재 공 품	5,000,000
계	5,000,000	계	5,000,000

❺ 노 무 비

당기발생	15,000,000	재공품	15,000,000
계	15,000,000	계	15,000,000

❻ 제 조 경 비

개별경비 (계 좌)	6,000,000	재 공 품	6,000,000
계	6,000,000	계	6,000,000

❼ 재 공 품

기초재공품	1,000,000	제 품	30,000,000
원재료비	10,000,000	기말재공품	7,000,000
부재료비	5,000,000		
노 무 비	15,000,000		
제조경비	6,000,000		
계	37,000,000	계	37,000,000

❽ 제   품

기초제품	3,000,000	제품매출원가	24,000,000
	1,000개		8,000개
재 공 품	30,000,000	기말제품	9,000,000
	10,000개		3,000개
계	33,000,000		33,000,000

❾ 제품매출원가

제 품	24,000,000		
계	24,000,000		

❿ 매   출

		제품매출	32,000,000
		계	32,000,000

(2) 원가대체전표의 명세

❶ 20×1년 12월 31일 원재료·부재료 원가대체

| 차) 원재료비 | 10,000,000원 | 대) 원재료 | 10,000,000원 |
| 부재료비 | 5,000,000원 | 부재료 | 5,000,000원 |

❷ 20×1년 12월 31일 개별경비 원가대체

| 차) 제조경비 | 6,000,000원 | 대) (개별경비계정) | 6,000,000원 |

❸ 20×1년 12월 31일 원재료비 등 원가대체

차) 재공품	36,000,000원	대) 원재료비	10,000,000원
		부재료비	5,000,000원
		노무비	15,000,000원
		경비	6,000,000원

❹ 20×1년 12월 31일 재공품 등 원가대체

| 차) 제품 | 30,000,000원 | 대) 재공품 | 30,000,000원 |
| 제품매출원가 | 24,000,000원 | 제품 | 24,000,000원 |

❀ 주의사항

결산하면서 원가대체전표는 결산의 맨 마지막에 행하여야 한다. 왜냐하면, 원가계산 자체가 부문별 원가의 집계과정이라고 할 수 있으므로 원가계산이 완성된 상태에서 원가부문 일부의 전표를 추가 또는 삭제하면 모든 원가계산된 금액이 변동되기 때문이다.

따라서 원가계산을 하기 전에 이미 발생한 전표나 장부, 그리고 수정사항 여부를 확정하여야 한다.

(3) 합계잔액시산표의 작성

앞의 예제에 대한 합계잔액시산표는 다음과 같다.

합계잔액시산표

20×1년 12월 현재

회사명 : (주)코페 　　　　　　　　　　　　　　　　　　　　　　　　　　　(단위 : 원)

차　변		계 정 과 목	대　변	
잔　　액	합　　계		합　　계	잔　　액
	38,000,000	현　　　　금	38,000,000	
9,000,000	33,000,000	제　　　　품	24,000,000	
3,000,000	13,000,000	원　재　료	10,000,000	
	5,000,000	부　재　료	5,000,000	
7,000,000	37,000,000	재　공　품	30,000,000	
		자　본　금	11,000,000	11,000,000
		〈매　　　　출〉	32,000,000	32,000,000
		제　품　매　출	32,000,000	32,000,000
24,000,000	24,000,000	〈매　출　원　가〉		
24,000,000	24,000,000	제　품　매　출　원　가		
	15,000,000	〈재　　료　　비〉	15,000,000	
	10,000,000	원　재　료　비	10,000,000	
	5,000,000	부　재　료　비	5,000,000	
	15,000,000	〈노　　무　　비〉	15,000,000	
	15,000,000	임　　　　금	15,000,000	
	6,000,000	〈제　조　경　비〉	6,000,000	
	6,000,000	경　　　　비	6,000,000	
43,000,000	186,000,000	[합　　　　계]	186,000,000	43,000,000

❹ 기말재공품의 평가

　원가계산에서 원가의 흐름은 공장의 제조공정의 물류 흐름과 동일하게 움직인다. 원가계산을 할 때 지금까지는 기말재공품금액이나 기말제품금액이 주어진 자료에 의해 작성되었다.

　실무에서 기초원재료나 당기에 발생한 원가 즉 재료구입액, 노무비발생액, 제조경비발생액 등을 장부상에서 그 금액이나 수불부에서 수량을 알 수 있다.

　그러나 기말재공품이나 기말제품의 금액평가는 별도의 계산과정을 거쳐야 한다. 결산이라고 하는 것을 원가계산이 가장 복잡하고 원가를 총합하므로 원가계산을 지칭하기도 한다.

　그러나 원가계산의 요체는 결국 기말재공품이나 원재료, 제품의 평가이다. 따라서 기말재고자산의 평가가 결산의 가장 중요한 부분이라 할 수 있다.

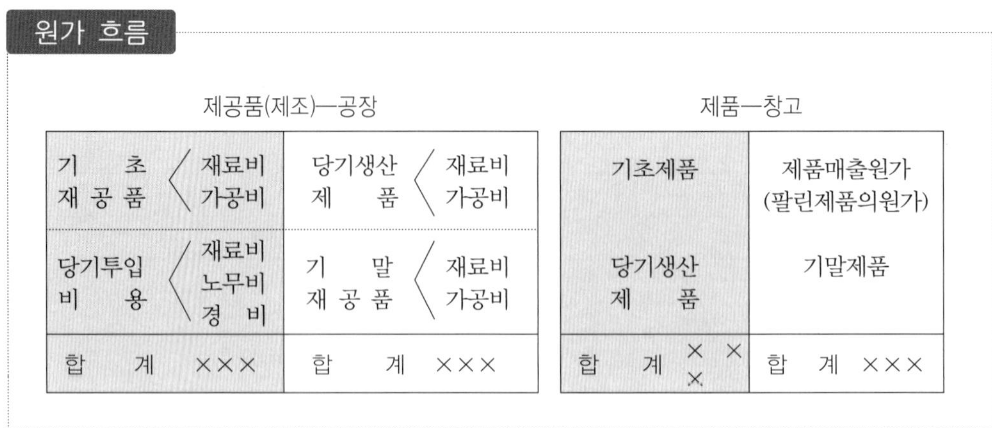

재공품을 계산할 때는 원가계산의 편의상 원재료는 제조공정의 초기에 일시에 투입되고 그리고 노무비와 제조경비를 가공비라 하여 가공비는 전 제조공정에 평균적으로 발생한다고 가정하고 원가계산 한다.

그러나 재료가 공정별로 분리해서 투입된다거나 가공비중 일부가 특정 공정에 집중적으로 투입되면 원가계산방식의 응용이 필요하다.

기말재공품의 평가액을 계산하는 방법에는 평균법·선입선출법·후입선출법 등이 있다. 그러나 후입선출법은 실제로 거의 사용하지 않기 때문에 일반적으로 많이 쓰이는 평균법과 선입선출법에 관해서만 보기로 한다.

지금 설명하는 방식은 원재료가 전 공정에 걸쳐 평균적으로 투입된다는 가정의 공식이며 실무적으로는 원재료가 제조공정 초기에 일시에 투입되기 때문에 원재료비에 대해서는 기초·기말재공품에 대해 환산량을 계산하지 않고 실제수량으로 계산한다.

(1) 평균법

평균법에 따라 평가하면 직접재료비나 가공비에 대해서 기초재공품원가에 당기의 비용과 평균 되어 완성품원가와 기말재공품원가로 나누인다.

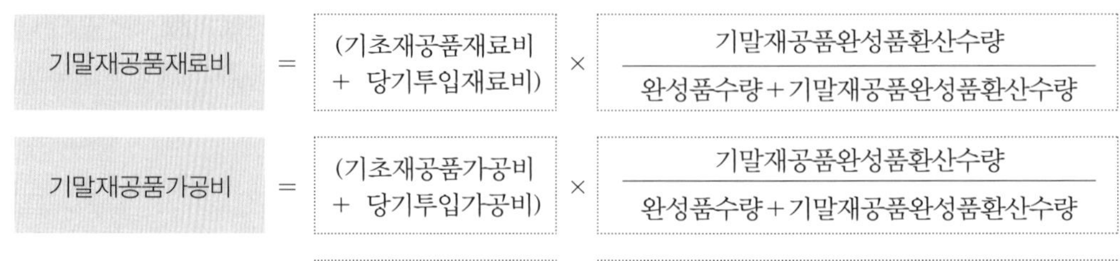

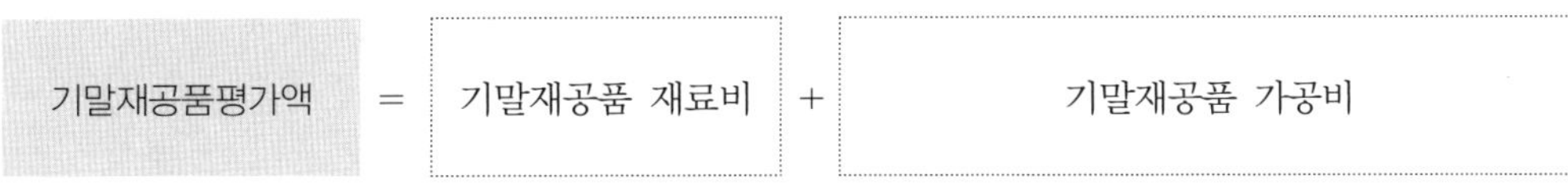

$$\boxed{기말재공품평가액} \quad = \quad \boxed{기말재공품\ 재료비} \quad + \quad \boxed{기말재공품\ 가공비}$$

(2) 선입선출법

선입선출법은 직접재료비나 가공비에 대해서 기초재공품은 당기에 완성하는 것으로 하여 완성품원가에 포함하고 기말재공품은 당기의 제조비용으로 이루어지는 것으로 가정하여 평가하는 방법이다. 이의 계산 식은 다음과 같다.

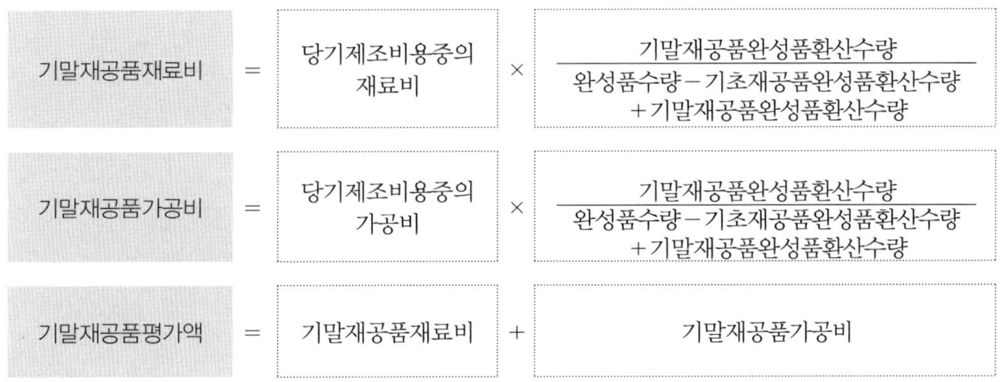

$$기말재공품재료비 = 당기제조비용중의\ 재료비 \times \frac{기말재공품완성품환산수량}{완성품수량 - 기초재공품완성품환산수량 + 기말재공품완성품환산수량}$$

$$기말재공품가공비 = 당기제조비용중의\ 가공비 \times \frac{기말재공품완성품환산수량}{완성품수량 - 기초재공품완성품환산수량 + 기말재공품완성품환산수량}$$

$$기말재공품평가액 = 기말재공품재료비 + 기말재공품가공비$$

> **참고** 위의 평균법과 선입선출법의 계산공식은 원재료가 전 공정에 걸쳐 평균적으로 투입된다는 가정 아래의 공식이므로 기말재공품원재료비계산공식에서 기초·기말재공품 수량은 완성품환산수량을 적용하였다. 그러나 원재료가 제조공정 초기에 일시에 투입된다면 기초 기말재공품 수량은 환산수량을 적용하지 않고 실제 수량을 적용한다.

● 예제

다음 자료에 따라 제품 1단위당의 원가 및 기말재공품의 평가액을 총평균법과 선입선출법에 따라 계산한다.

① 직접재료비	기초재공품	2,800,000	
	당기소비액	30,000,000	
② 가 공 비	기초재공품	1,800,000	
	당기소비액	70,650,000	
③ 총제조비용		105,250,000	완성품수량 790kg
④ 기초재공품완성품환산수량	직접재료비	40kg×50%=20kg	
	가 공 비	40kg×50%=20kg	
⑤ 기말재공품완성품환산수량	직접재료비	50kg×60%=30kg	
	가 공 비	50kg×30%=15kg	

총평균법

① 직접재료비 $= (\text{\textwon}2,800,000 + \text{\textwon}30,000,000) \times \dfrac{30}{790+30} = \text{\textwon}1,200,000$

② 가　공　비 $= (\text{\textwon}1,800,000 + \text{\textwon}70,650,000) \times \dfrac{15}{790+15} = \text{\textwon}1,350,000$

⇨ 기말재공품평가액 $= ① + ② = $ 2,550,000

선입선출법

① 직접재료비 $= \text{\textwon}30,000,000 \times \dfrac{30}{790-20+30} = \text{\textwon}1,125,000$

② 가공비 $= \text{\textwon}70,650,000 \times \dfrac{15}{790-20+15} = \text{\textwon}1,350,000$

⇨ 기말재공품평가액 $= ① + ② = $ 2,475,000

앞의 자료에 따라 평균법에 의한 경우의 원가계산표를 작성하면 다음과 같다.

〈 종합원가계산표 〉

구　분	직접재료비	가 공 비	합　계
당 기 제 조 비 용			
직 접 재 료 비	30,000,000		30,000,000
가　　공　　비		70,650,000	70,650,000
(계)	30,000,000	70,650,000	100,650,000
기 초 재 공 품 원 가	2,800,000	1,800,000	4,600,000
(계)	32,800,000	72,450,000	105,250,000
기 말 재 공 품 원 가	1,200,000	1,350,000	2,550,000
당 기 제 품 원 가	31,600,000	71,100,000	102,700,000
완 성 품 수 량	790kg	790kg	790kg
제 품 단 가	40,000	90,000	130,000

완성품 환산량

　재공품 수량을 계산할 때 재료비는 제조시점에서 일시에 투입되었다고 보기 때문에 기말재공품재료비 금액을 구할 때 기초·기말재공품에 대해 진행률을 100%로 본다.

　따라서 기초·기말재공품완성 환산량을 계산하지 않고 실제수량으로 계산한다. 그러나 가공비는 전 공정에 걸쳐 균등하게 발생하기 때문에 완성품으로 환산한 완성품 환산수량을 구한다. 완성품환산수량은 재공품 수량에 재공품 완성 진행률을 곱하여 계산한다. 재공품의 진행률은 계산하는 방법이 제품의 특성에 따라 다양하다. 완성품 대비 총시간투입비율, 가공비투입비율 등 합리적으로 계산하면 된다.

　제조공정이 하나라면 기말재공품 수량에 진행률을 곱하여 계산하면 되나 계산의 정확성을 기하기 위해 제조공정을 여러 단계로 나누면 공정별 진행도와 공정별 재공품 수량을 곱한 금액을 전 공정에 합산하여 완성품환산수량을 계산해야 한다.

　원재료가 전 공정에 걸쳐 평균적으로 투입된다면 재료비에 대해서도 수량에 대해 진행률을 곱한 완성품환산수량을 적용한다.

13장
재무제표 작성연습

(합계잔액시산표·제조원가보고서·재무상태표·손익계산서)

❶ 재무제표의 작성

원가계산전표 입력 후 회사에서 추가로 전표를 발생할 사항은 없다. 따라서 결산전표가 장부에 반영되면 장부를 마감한다. 전산화된 회계시스템이라면 다시는 전표를 입력할 수 없게끔 입력잠금장치를 해야 한다. 마감된 장부하에서 작성한 합계잔액시산표가 최종합계잔액시산표가 되며 이는 기업이 궁극적으로 작성하려는 재무상태표와 손익계산서의 근간이 된다.

합계잔액시산표(양식)

20×1년 12월 31일 현재

(주)코페　　　　　　　　　　　　　　　　　　　　　　　　　　(단위 : 원)

잔　　액	합　　계	계 정 과 목	합　　계	잔　　액
		자　　　　　　산		
		부　　　　　　채		
		자　　　　　　본		
		수　　　　　　익		
		비　　　　　　용		
		합　　　　　　계		

합계잔액시산표는 자산, 부채, 자본, 수익, 비용 순으로 총계정원장의 누계금액을 옮겨적으면 된다. 합계잔액시산표에서 자산에서 부채, 자본을 차감하면 당기순이익이 발생하고 이것이 곧 재무상태표가 된다. 그리고 수익에서 비용을 차감하면 당기순이익이 발생하며 이것이 손익계산서이다.

이 두 당기순이익이 일치하면 재무제표는 맞게 작성되었다고 볼 수 있다.

즉 합계잔액시산표라는 것은 결국 복식부기의 기본틀이며 여기에 총계정원장의 누계금액을 옮겨적은 것이 합계잔액시산표이며 여기서 재무상태표와 손익계산서가 도출되는 것이다.

다음의 재무제표는 합계잔액시산표에서 제조원가명세서, 재무상태표, 손익계산서의 도출 과정을 보기 위해 작성하였다.

② 합계잔액시산표

합계잔액시산표

20×1년 12월 현재

회사명 : (주)코페   (단위 : 원)

차 변		계 정 과 목	대 변	
잔 액	합 계		합 계	잔 액
1,447,533	784,929,724	현　　　　　　금	783,482,191	
118,983,627	806,614,482	매 출 채 권	687,630,855	
	15,040	미　　수　　금	15,040	
4,167,515	292,046,490	제　　　　　　품	287,878,975	
33,853,889	198,782,406	원　　재　　료	164,928,517	
9,154,153	34,520,200	부　　재　　료	25,366,047	
10,000,000	287,878,975	재　　공　　품	277,878,975	
	32,165,896	부 가 세 대 급 금	32,165,896	
751,200	751,200	장 기 투 자 증 권		
200,000,000	200,000,000	토　　　　　　지		
39,706,000	39,706,000	건　　　　　　물		
111,477,607	111,477,607	기 계 장 치		
52,524,498	52,524,498	차 량 운 반 구		
5,996,000	5,996,000	비　　　　　　품		
	39,706,000	건 설 중 인 자 산	39,706,000	
	287,225,947	매 입 채 무	297,343,771	10,117,824
	94,413,368	미 지 급 금	96,024,770	1,611,402
	730,080	예　　수　　금	789,040	58,960
	34,608,801	부 가 세 예 수 금	35,470,253	861,452
	174,000,000	주 주 임 원 차 입 금	559,700,000	385,700,000
		자　　본　　금	170,802,384	170,802,384
		〈매　　　　출〉	337,968,530	337,968,530
		제 품 매 출	337,968,530	337,968,530
287,878,975	287,878,975	〈매 출 원 가〉		
	287,878,975	제　　　　　　조	287,878,975	
287,878,975	287,878,975	제 품 매 출 원 가		

차 변		계 정 과 목	대 변	
잔 액	합 계		합 계	잔 액
	190,294,564	〈 재 료 비 〉	190,294,564	
	164,928,517	원 재 료 비	164,928,517	
	25,366,047	부 재 료 비	25,366,047	
	23,000,000	〈 노 무 비 〉	23,000,000	
	23,000,000	임 금	23,000,000	
	74,584,411	〈 제 조 경 비 〉	74,584,411	
	94,600	복 리 후 생 비	94,600	
	77,900	여 비 교 통 비	77,900	
	2,380	통 신 비	2,380	
	1,640,239	전 력 비	1,640,239	
	85,800	수 선 비	85,800	
	8,447,911	차 량 유 지 비	8,447,911	
	12,000	도 서 인 쇄 비	12,000	
	191,000	사 무 용 품 비	191,000	
	116,600	소 모 품 비	116,600	
	82,491	지 급 수 수 료	82,491	
	63,833,490	외 주 가 공 비	63,833,490	
31,130,880	31,130,880	〈판 매 일 반 관 리 비〉		
30,000,000	30,000,000	직 원 급 여		
142,650	142,650	복 리 후 생 비		
154,800	154,800	여 비 교 통 비		
58,200	58,200	접 대 비		
9,150	9,150	통 신 비		
40,300	40,300	수 도 광 열 비		
594,200	594,200	차 량 유 지 비		
8,000	8,000	운 반 비		
24,000	24,000	도 서 인 쇄 비		
30,580	30,580	사 무 용 품 비		
56,500	56,500	소 모 품 비		
12,500	12,500	지 급 수 수 료		
48,675	48,675	〈 영 업 외 비 용 〉		
48,675	48,675	잡 손 실		
907,120,552	4,372,909,194	[합 계]	4,372,909,194	907,120,552

제조원가보고서

(제7기 20×1년 1월 1일부터 20×1년 12월 31일까지)

회사명 : (주)코페   (단위 : 원)

과 목	금	액
Ⅰ. 원 재 료 비		164,928,517
기 초 원 재 료 재 고 액	23,116,971	
당 기 원 재 료 매 입 액	175,665,435	
기 말 원 재 료 재 고 액	33,853,889	
Ⅱ. 부 재 료 비		25,366,047
기 초 부 재 료 재 고 액	2,322,494	
당 기 부 재 료 매 입 액	32,197,706	
기 말 부 재 료 재 고 액	9,154,153	
Ⅲ. 노 무 비		23,000,000
임 금	23,000,000	
Ⅳ. 제 조 경 비		74,584,411
복 리 후 생 비	94,600	
여 비 교 통 비	77,900	
통 신 비	2,380	
전 력 비	1,640,239	
수 선 비	85,800	
차 량 유 지 비	8,447,911	
도 서 인 쇄 비	12,000	
사 무 용 품 비	191,000	
소 모 품 비	116,600	
지 급 수 수 료	82,491	
외 주 가 공 비	63,833,490	
Ⅴ. 당 기 총 제 조 비 용		287,878,975
Ⅵ. 기 초 재 공 품 재 공 액(+)		0
Ⅶ. 타 계 정 에 서 대 체 액(+)		0
Ⅷ. 타 계 정 으 로 대 체 액(−)		0
Ⅸ. 기 말 재 공 품 재 고 액(−)		10,000,000
Ⅹ. 당 기 제 품 제 조 원 가		277,878,975

<table>
<tr><td colspan="3" align="center">대 차 대 조 표
(제7기 20×1년 12월 31일 현재)
(제6기 20×0년 12월 31일 현재)</td></tr>
<tr><td>회사명 : (주)코페</td><td></td><td align="right">(단위 : 원)</td></tr>
</table>

과　　　　　　　목	제 7 (당) 기 금　　액	제 6 (전) 기 금　　액
자　　　　　　　산		
Ⅰ. 유　동　자　산	(177,606,717)	(191,366,667)
(1) 당　좌　자　산	(120,431,160)	(151,759,687)
현　　　　　금	1,447,533	2,579,215
매　출　채　권	118,983,627	149,180,472
(2) 재　고　자　산	(57,175,557)	(39,606,980)
제　　　　　품	4,167,515	14,167,515
원　　재　　료	33,853,889	23,116,971
부　　재　　료	9,154,153	2,322,494
재　　공　　품	10,000,000	
Ⅱ. 비　유　동　자　산	(410,455,305)	(170,749,305)
(1) 투　자　자　산	(751,200)	(751,200)
장　기　투　자　증　권	751,200	751,200
(2) 유　형　자　산	(409,704,105)	(169,998,105)
토　　　　　지	200,000,000	
건　　　　　물	39,706,000	
기　계　장　치	111,477,607	111,477,607
차　량　운　반　구	52,524,498	52,524,498
비　　　　　품	5,996,000	5,996,000
(3) 무　형　자　산	(　　　　　)	(　　　　　)
자　산　총　계	(588,062,022)	(362,115,972)

과　　　　목	제 7 (당) 기		제 6 (전) 기	
	금　　　액		금　　　액	
부　　　　채				
Ⅰ. 유 동 부 채				
매 입 채 무		(398,349,638)		(191,313,588)
미 지 급 금		10,117,824		88,873,708
예 　 수 　 금	1,611,402	58,960		66,480
부 가 세 예 수 금		861,452		1,673,400
주주·임원 차입금		385,700,000		100,700,000
Ⅱ. 비 유 동 부 채		(　　　　)		(　　　　)
부 채 총 계		(398,349,938)		(191,313,588)
자　　　　본				
Ⅰ. 자 본 금		170,802,384		149,390,461
Ⅱ. 자 본 잉 여 금		18,910,000		
(1) 주 식 발 행 초 과 금				
(2) 재 평 가 적 립 금				
Ⅲ. 이 익 잉 여 금				
차기 이월 이익잉여금		40,321,923		
(당 기 순 이 익)		(18,910,000)		(21,411,923)
자 본 총 계		(189,712,384)		(170,802,384)
부 채 와 자 본 총 계		(588,062,022)		(362,115,972)

손 익 계 산 서

$$\left(\begin{array}{l} \text{제7기 } 20\times1\text{년 1월 1일부터 } 20\times1\text{년 12월 31일까지} \\ \text{제6기 } 20\times0\text{년 1월 1일부터 } 20\times0\text{년 12월 31일까지} \end{array} \right)$$

회사명 : (주)코페   (단위 : 원)

과　　　　　목	제 7 (당) 기		제 6 (전) 기	
	금　　액		금　　액	
Ⅰ.매　출　액		337,968,530		
제 품 매 출	337,968,530		414,745,700	414,745,700
Ⅱ.매 출 원 가		287,878,975		385,057,000
기 초 제 품 재 고 액	14,167,515		6,147,515	
당 기 제 품 제 조 원 가	277,878,975	287,878,975	393,077,000	385,057,000
기 말 제 품 재 고 액	4,167,515		14,167,515	
Ⅲ.매 출 총 이 익		50,089,555		29,688,700
Ⅳ.판 매 비 와 관 리 비		31,130,880		8,165,800
직　원　급　여	30,000,000		4,800,000	
복 리 후 생 비	142,650		2,019,200	
여 비 교 통 비	154,800		0	
접　대　비	58,200		380,000	
통　신　비	9,150		0	
수 도 광 열 비	40,300		108,000	
차 량 유 지 비	594,200		265,000	
운　반　비	80,000		0	
도 서 인 쇄 비	24,000		0	
사 무 용 품 비	30,580		3,600	
소 모 품 비	56,500		590,000	
지 급 수 수 료	12,500		0	
Ⅴ.영 업 이 익		18,958,675		21,522,900
Ⅵ.영 업 외 수 익		0		23
잡　이　익	0		23	
Ⅶ.영 업 외 비 용		48,675		111,000
잡　손　실	48,675		111,000	
Ⅷ.법인세비용 차감전 순이익		18,910,000		21,411,923
Ⅸ.법 인 세 비 용 등		0		0
Ⅹ.당 기 순 이 익		18,910,000		21,411,923
Ⅺ.주 당 순 이 익 　(10,000주 가정)		189		214

재무제표 작성연습

종합원가계산표

개시재무상태표	(예시)	총계정원장	⑰
대체전표	①~③, ⑪, ⑭	원장	⑱
출금전표	④~⑩, ⑬	합계잔액시산표	⑲
입금전표	⑫	재무상태표	⑳
분개장	⑮	손익계산서	㉑
일계표	⑯	제조원가보고서	㉒

개시재무상태표는 현금 5천만원 원재료, 재공품, 제품이 각 1백만원이고 아래의 자료를 가지고 전표분개, 분개장, 일계표, 원장 총계정원장, 보조부, 합계잔액시산표, 재무상태표, 손익계산서, 제조원가보고서를 작성하여 보자.

① 개시 재무상태표

개시 재무상태표

20×1년 1월 1일 현재

(주)코페   (단위 : 원)

현 금	50,000,000	자 본 금 53,000,000
원 재 료	1,000,000	
재 공 품	1,000,000	
제 품	1,000,000	
	53,000,000	53,000,000

② 발생전표의 분개

① 12/31(대체) A원재료를 2,200,000원에 한강상회에서 외상으로 구매하다.

- 재무상태표 〉 유동자산 〉 재고자산 〉 원재료

차) 원재료	2,000,000원	대) 외상매입금	2,200,000원
부가세대급금	200,000원		

② 12/31(대체) B원재료를 2,200,000원에 용산상회에서 외상으로 구매하다.

- 재무상태표 〉 유동자산 〉 재고자산 〉 원재료

차) 원재료	2,000,000원	대) 외상매입금	2,200,000원
부가세대급금	200,000원		

③ 12/31(대체) C원재료를 2,200,000원에 서울상회에서 외상으로 구매하다.

- 재무상태표 〉 유동자산 〉 재고자산 〉 원재료

차) 원재료	2,000,000원	대) 외상매입금	2,200,000원
부가세대급금	200,000원		

④ 12/31(출금) 공장에 사용하는 석유 1드럼을 50,000원에 주유소에서 현금구매 하다.

- 손익계산서 〉 제조경비 〉 수도광열비

차) 수도광열비	50,000원	대) 현금	50,000원

⑤ 12/31(출금) B원재료 운반비 100,000원을 용산화물차에 현금지급 한다.

- 재무상태표 〉 유동자산 〉 재고자산 〉 원재료

차) 원재료	100,000원	대) 현금	100,000원

⑥ 12/31(출금) 공장의 전력비 500,000원을 한국전력에 현금으로 지급하다.

- 손익계산서 〉 제조경비 〉 전력비(수도광열비)

차) 전력비	500,000원	대) 현금	500,000원

⑦ 12/31(출금) 사무용 책상을 50,000원에 용산상회에서 현금구매 하다.

- 손익계산서 〉 판매비와 관리비 〉 사무용품비

차) 사무용품비	50,000원	대) 현금	50,000원

⑧ 12/31(출금) 거래처 담당자에게 식사 접대로 150,000원을 지급하다.

- 손익계산서 〉 판매비와 관리비 〉 접대비

차) 접대비	150,000원	대) 현금	150,000원

⑨ 12/31(출금) 시내출장 교통비로 택시비 10,000원을 현금으로 지급하다.

- 손익계산서 〉 판매비와 관리비 〉 여비교통비

차) 여비교통비	10,000원	대) 현금	10,000원

⑩ 12/31(출금) 사무직원급여 2,000,000원, 생산직원급여 3,000,000원을 지급하다.

- 손익계산서 〉 판매관리비 〉 직원급여, • 손익계산서 〉 제조경비 〉 생산직 급여

| 차) 직원급여(판관비) | 2,000,000원 | 대) 현금 | 5,000,000원 |
| 급여(제조경비) | 3,000,000원 | | |

⑪ 12/31(출금) X상품 10개를 22,000,000원에 한국상회에 외상판매하다.

- 재무상태표 〉 유동자산 〉 당좌자산 〉 매출채권 〉 외상매출금

| 차) 외상매출금 | 2,200,000원 | 대) 제품매출 | 2,000,000원 |
| | | 부가세예수금 | 200,000원 |

⑫ 12/31(입금) 서울은행에서 이자수익 500,000원을 현금으로 수령하다.

- 손익계산서 〉 영업외수익 〉 이자수익

| 차) 현금 | 500,000원 | 대) 이자수익 | 500,000원 |

⑬ 12/31(출금) 한일은행에 이자로 1,000,000원을 현금으로 지급하다.

- 손익계산서 〉 영업외비용 〉 이자비용

| 차) 이자비용 | 500,000원 | 대) 현금 | 500,000원 |

⑭ 12/31(대체) 기말원재료, 재공품, 제품은 각각 2,000,000원을 원가대체하다.

- 재무상태표 〉 유동자산 〉 재고자산 〉 재공품

차) 재공품	8,650,000원	대) 원재료비	5,100,000원
		임금	3,000,000원
		수도광열비	50,000원
		전력비	500,000원

⑮

분 개 장

일자	차 변		대 변	
월/일	금 액	계정과목	계정과목	금 액
12/31	2,000,000 200,000	원재료 부가세대급금	외상매입금	2,200,000
〃	2,000,000 200,000	원재료 부가세대급금	외상매입금	2,000,000
〃	2,000,000 200,000	원재료 부가세대급금	외상매입금	2,200,000
〃	50,000	수도광열비	현금	50,000
〃	100,000	원재료	현금	100,000
〃	500,000	전력비	현금	500,000
〃	50,000	사무용품비	현금	50,000
〃	150,000	접대비	현금	150,000
〃	10,000	여비교통비	현금	10,000
〃	2,000,000	직원급여	현금	2,000,000
〃	3,000,000	임금	현금	3,000,000
〃	22,000,000	외상매출금	제품매출 부가세예수금	20,000,000 2,000,000
〃	500,000	현금	이자수익	500,000
〃	1,000,000	이자비용	현금	1,000,000
〃	8,650,000	제공품	원재료비	5,100,000
			임금	3,000,000
			수도광열비	50,000
			전력비	500,000

④ 일계표

⑯

일 계 표

차 변		계정과목	대 변	
대 체	현 금		현 금	대 체
22,000,000		외상매출금		
6,000,000	100,000	원재료		
8,650,000 600,000		재공품 부가세대급금		
		외상매입금		6,600,000
		제품매출 부가세예수금		20,000,000 2,000,000
		원재료비		5,100,000
	3,000,000	임금		3,000,000
	50,000	수도광열비		50,000
	500,000	전력비		500,000
	2,000,000	직원급여		
	10,000	여비교통비		
	150,000	접대비		
	50,000	사무용품비		
		이자수익	500,000	
	1,000,000	이자비용		
37,250,000		합 계		37,250,000

⑰

총 계 정 원 장

〈원재료〉

월	일	적 요	차 변	대 변	잔 액	비 고
		개시대차	1,000,000		1,000,000	
12	31	일계표에서 이기	6,100,000		7,100,000	
월계			7,100,000		7,100,000	
누계			7,100,000		7,100,000	

〈매 출〉

월	일	적 요	차 변	대 변	잔 액	비 고
12	31	일계표에서 이기		20,000,000	20,000,000	
월계				20,000,000	20,000,000	
누계				20,000,000	20,000,000	

⑱

		원재료 20×1.12.31)				
월	일	적 요	차 변	대 변	잔 액	비 고
		개시대차	1,000,000			
12	31	A 재료	2,000,000			
		B 재료	2,000,000			
		C 재료	2,000,000			
		B재료 운반비	100,000		7,100,000	
월계			7,100,000		7,100,000	
누계			7,100,000		7,100,000	

		매출 20×1.12.31)				
월	일	적 요	차 변	대 변	잔 액	비 고
12	31	상품 10개		20,000,000	20,000,000	
월계				20,000,000	20,000,000	
누계				20,000,000	20,000,000	

⑲

<table>
<tr><td colspan="7" align="center">합계잔액시산표
20×1년 12월 현재</td></tr>
<tr><td colspan="2">회사명 : (주)코페</td><td></td><td></td><td colspan="2" align="right">(단위 : 원)</td></tr>
</table>

차 변		계 정 과 목	대 변	
잔 액	합 계		합 계	잔 액
43,640,000	50,500,000	현　　　　　　금	6,860,000	
22,000,000	22,000,000	매　출　채　권		
2,000,000	8,650,000	제　　　　　　품	6,650,000	
2,000,000	7,100,000	원　　재　　료	5,100,000	
2,000,000	9,650,000	재　　공　　품	7,650,000	
600,000	600,000	부 가 세 대 급 금		
		매　입　채　무	6,600,000	6,600,000
		부 가 세 예 수 금	2,000,000	2,000,000
		자　　본　　금	53,000,000	53,000,000
		〈매　　　　　출〉	20,000,000	20,000,000
		제　품　매　출	20,000,000	20,000,000
6,650,000	6,650,000	〈매　출　원　가〉		
	7,650,000	제　　　　　조	7,650,000	
6,650,000	6,650,000	제 품 매 출 원 가		
	5,100,000	〈재　　료　　비〉	5,100,000	
	5,100,000	원　재　료　비	5,100,000	
	3,000,000	〈노　　무　　비〉	3,000,000	
	3,000,000	임　　　　　금	3,000,000	
	550,000	〈제　조　경　비〉	550,000	
	50,000	수　도　광　열　비	50,000	
	500,000	전　　력　　비	500,000	
2,210,000	2,210,000	〈판 매 비 와 관 리 비〉		
2,000,000	2,000,000	직　원　급　여		
10,000	10,000	여　비　교　통　비		
150,000	150,000	접　　대　　비		
50,000	50,000	사　무　용　품　비		
		〈영　업　외　수　익〉	500,000	500,000
		이　자　수　익	500,000	500,000
1,000,000	1,000,000	〈영　업　외　비　용〉		
1,000,000	1,000,000	이　자　비　용		
82,100,000	124,660,000	[합　　　　　계]	124,660,000	82,100,000

8 재무상태표

⑳

재 무 상 태 표

(제1기 20×1년 12월 31일 현재)

회사명 : (주)코페   (단위 : 원)

과　　　　　목	제 7 (당) 기		제 6 (전) 기	
	금　　액		금　　액	
자 산				
Ⅰ. 유 동 자 산	(72,240,000)		(	)
(1) 당　좌　자　산	(66,240,000)		(	)
현　　　　　금	43,640,000			
매　출　채　권	22,000,000			
부 가 세 대 급 금	600,000			
(2) 재　고　자　산	(6,000,000)		(	)
제　　　　　품	2,000,000		(	)
원　　재　　료	2,000,000			
재　　공　　품	2,000,000		(	)
Ⅱ. 비 유 동 자 산	(	)	(	)
(1) 투　자　자　산	(	)	(	)
(2) 유　형　자　산	(	)	(	)
(3) 무　형　자　산	(	)	(	)
자 산 총 계	(72,240,000)		(	)
부 채				
Ⅰ. 유 동 부 채	(8,600,000)		(	)
매　입　채　무	6,600,000			
부 가 세 예 수 금	2,000,000			
Ⅱ. 비 유 동 부 채	(	)	(	)
부 채 총 계	(8,600,000)		(	)
자　　본				
Ⅰ. 자 본 금	(53,000,000)			
Ⅱ. 이익잉여금(당기순이익)	(10,640,000)			
자 본 총 계	(63,640,000)		(	)
부 채 와 자 본 총 계	(72,240,000)		(	)

㉑

<table>
<thead>
<tr><th rowspan="2">과　　　목</th><th colspan="2">제 7 (당) 기</th><th colspan="2">제 6 (전) 기</th></tr>
<tr><th>금</th><th>액</th><th>금</th><th>액</th></tr>
</thead>
<tbody>
<tr><td>Ⅰ.매　　출　　액</td><td></td><td>20,000,000</td><td></td><td></td></tr>
<tr><td>　제　품　매　출</td><td>20,000,000</td><td></td><td>0</td><td>0</td></tr>
<tr><td>Ⅱ.매　　출　　원　　가</td><td></td><td>6,650,000</td><td></td><td></td></tr>
<tr><td>　〈제　조　판　매〉</td><td></td><td></td><td></td><td>0</td></tr>
<tr><td>　제　품　매　출　원　가</td><td></td><td>6,650,000</td><td></td><td>0</td></tr>
<tr><td>　기　초　제　품　재　고　액</td><td>1,000,000</td><td></td><td></td><td></td></tr>
<tr><td>　당기 제품 제조 원가</td><td>7,650,000</td><td></td><td>0</td><td></td></tr>
<tr><td>　기　말　제　품　재　고　액</td><td>2,000,000</td><td></td><td>0</td><td></td></tr>
<tr><td>Ⅲ.매　출　총　이　익</td><td></td><td>13,350,000</td><td></td><td>0</td></tr>
<tr><td>Ⅳ.판　매　비　와　관　리　비</td><td></td><td>2,210,000</td><td></td><td>0</td></tr>
<tr><td>　직　원　급　여</td><td>2,000,000</td><td></td><td></td><td></td></tr>
<tr><td>　여　비　교　통　비</td><td>10,000</td><td></td><td>0</td><td></td></tr>
<tr><td>　접　　대　　비</td><td>150,000</td><td></td><td>0</td><td></td></tr>
<tr><td>　사　무　용　품　비</td><td>50,000</td><td></td><td>0</td><td></td></tr>
<tr><td>Ⅴ.영　업　이　익</td><td></td><td>11,140,000</td><td>0</td><td>0</td></tr>
<tr><td>Ⅴ.영　업　이　익</td><td></td><td>500,000</td><td></td><td>0</td></tr>
<tr><td>　이　자　수　익</td><td>500,000</td><td></td><td>0</td><td></td></tr>
<tr><td>Ⅶ.영　업　외　비　용</td><td></td><td>1,000,000</td><td>0</td><td>0</td></tr>
<tr><td>　이　자　비　용</td><td>1,000,000</td><td></td><td></td><td></td></tr>
<tr><td>Ⅷ.법인세비용 차감전 순이익</td><td></td><td>10,640,000</td><td></td><td>0</td></tr>
<tr><td>Ⅸ.법　인　세　비　용　등</td><td></td><td>0</td><td></td><td>0</td></tr>
<tr><td>Ⅹ.당　기　순　이　익</td><td></td><td>10,640,000</td><td></td><td>0</td></tr>
<tr><td>Ⅺ.주　당　순　이　익
　(10,000주가정)</td><td></td><td>106</td><td></td><td></td></tr>
</tbody>
</table>

손 익 계 산 서

(제1기 20×1년 1월 1일부터 20×1년 12월 31일까지)

회사명 : (주)코페　　　　　　　　　　　　　　　　　　　　　　(단위 : 원)

⑩ 제조원가보고서

㉒

제조원가보고서

(제7기 20×1년 1월 1일부터 20×1년 12월 31일까지)

회사명 : (주)코페 (단위 : 원)

과 목	금	액
Ⅰ. 원 재 료 비		5,100,000
기 초 원 재 료 재 고 액	1,000,000	
당 기 원 재 료 매 입 액	6,100,000	
기 말 원 재 료 재 고 액	2,000,000	
Ⅱ. 노 무 비		3,000,000
임 금	3,000,000	
Ⅲ. 제 조 경 비		550,000
수 도 광 열 비	50,000	
전 력 비	500,000	
Ⅳ. 당 기 총 제 조 비 용		8,650,000
Ⅴ. 기 초 재 공 품 재 공 액(+)		1,000,000
Ⅵ. 타 계 정 에 서 대 체 액(+)		
Ⅶ. 타 계 정 으 로 대 체 액(−)		
Ⅷ. 기 말 재 공 품 재 고 액(−)		2,000,000
Ⅸ. 당 기 제 품 제 조 원 가		7,650,000

14장
부가가치세의 경리실무

1 부가가치세의 흐름

부가가치세란 재화나 용역이 생산·유통되는 전 과정에서 사업자가 창출한 부가가치에 대하여 과세하는 세금이다. 부가가치란 기업이 수입한 원재료나 상품 등을 구입한 비용을 수익에서 차감한 금액이며 이는 곧 임금·경영비용·자본비용·이윤의 합계액이 되는데 이 부가가치에 대해 세금을 부과하는 것이 부가세이다.

〈 부가가치세의 흐름 〉

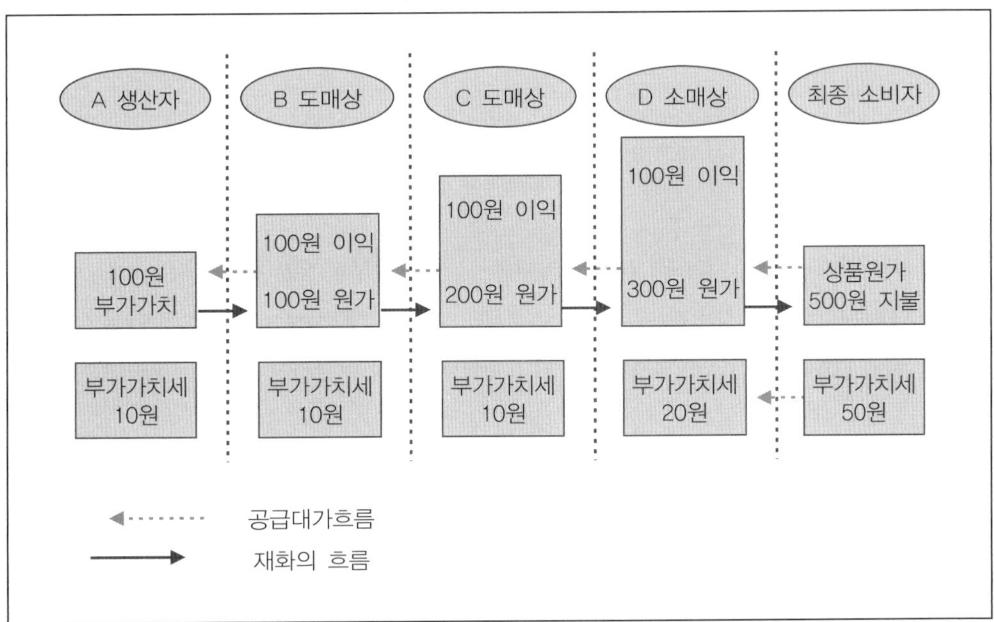

A가 100원의 재화를 창출하여 B에게 100원에 팔고 B가 C에게 200원에 팔고 C가 D에게 300원에 팔고 D가 최종 소비자에게 500원에 판매한 경우 A·B·C는 각각 100원의 부가가치와 D는 200원의 부가가치를 창출하여 총부가가치 500원을 창출하였으며 이는 곧 최종소비자가 지불한 최종완제품의 판매가격과 같다.

따라서 부가가치라고 하는 것은 각 유통생산 단계별 부가가치의 합으로 계산할 수 있지만, 최종완제품의 가격으로도 계산할 수 있다. 이는 곧 국민총생산의 계산과 같다.

부가가치세는 부가가치세법에 따라 징수하며 동 세법은 36개의 조문과 88개의 시행령으로 구성되어 있으나 국가 세수입에서 부가세가 차지하는 비중이 3할을 초과하므로 그 영향이 지대하다.

이는 국가의 모든 기업이 창출한 부가가치에 대해 10%가 경영이익과는 관계없이 국가세수에 귀속되기 때문에 부가가치세는 국가입장에서 보면 황금알을 낳는 거위임에 틀림이 없다. 따라서 모든 경리 상의 제반문제에서 부가세의 적용 여부와 부가세법의 법률적 해석에 신중을 기하여 실무에 적용하여야 한다.

2 부가가치세의 특성

(1) 세 부담의 후진성(간접세) 및 전 단계 세액공제 방식

앞의 그림에서 부가가치세가 부과되면 그 납부현황은 다음과 같다.

> A : 100원 이윤 + VAT 10원 : VAT 10원 납부
> B : 판매가격 200원 + VAT 20원 − A지급VAT 10원 : VAT 10원 납부
> C : 판매가격 300원 + VAT 30원 − B지급VAT 20원 : VAT 10원 납부
> D : 판매가격 500원 + VAT 50원 − C지급VAT 30원 : VAT 20원 납부
> 최종 소비자 : 상품가격 500원 + VAT 50원 = 총 550원 지급

A, B, C, D가 각각 부가가치세를 10원과 20원을 국가에 납부하지만 동 세금은 A, B, C, D가 각각 자신의 유통단계에서 창출한 부가가치 100원의 10%에 해당하는 세금을 받아서 내는 것 뿐이다. 결국, A, B, C, D가 납부하는 부가세 50원은 최종소비자가 부담한 세금이다.

이러한 세금을 부담하는 최종소비자와 세금을 납부하는 납부자가 다른 경우의 세금을 간접세라 한다. 간접세는 동일한 제품이나 용역에 대해 상품가격의 10%라는 부가세를 무차별적으로 동일하게 빈부에 관계없이 부과하게 되므로 과세는 소득이 있고 능력이 있는 사람에게 부과하여야 한다는 응능과세 원칙에 배치되어 후진적 세금이라 할 수 있다.

부가세는 재화나, 용역의 구입단계에서 부담한 부가세를 매출 부가세에서 차감한 잔액을 국가에 납부하는 바 이를 전 단계세액공제방식이라 한다.

(2) 세수확보의 용이성과 안정성

부가세는 사업자가 부가세를 국가 대신 징수하여 납부하여 주고 거래단계에서 포함되어 징수되기 때문에 징수비용이 들지 않고 소비나 거래단계에서 부과되므로 조세저항도 적으며 국가가 창출한 부가가치에 대해 10%의 세수가 확보되므로 조세수입이 안정적이다.

(3) 물가상승 및 근거과세 실현

부가세는 최종소비자가 10%의 추가구입세금을 부담하므로 10%의 물가상승 효과가 발생한다. 그러나 부가가치세의 각 유통·제조단계별 부과로 말미암아 세금계산서가 발행되므로 유통질서가 확립되고 과세근거가 발생하므로 부가세과세표준이 현실화된다.

③ 과세대상

부가가치세의 과세대상은 사업자가 공급하는 재화 또는 용역과 재화의 수입이다. 여기서 공급이나 수입은 재화나 용역의 이동을 수반한다. 따라서 재화, 용역 그 자체가 과세대상이 아니다. 재화나 용역의 이동 시 부가세가 과세한다. 여기서 재화·용역의 이동시 유무상을 불문한다. 그리고 사업자가 공급하는 재화 또는 용역만을 말하므로 비사업자가 공급하는 재화·서비스는 제외되나 재화의 수입은 사업자 비사업자를 불문한다.

(1) 재화의 범위

재화란 재산적 가치(현실적 환가성이 있는 것)가 있는 모든 유체물과 무체물을 말한다.

(2) 용역의 범위

용역이란 재화 이외의 재산적 가치가 있는 모든 역무 및 기타 행위를 말하며 구체적으로 다음과 같다.

① 건설업	⑧ 교육서비스업
② 사업서비스업	⑨ 보건 및 사회복지사업
③ 숙박 및 음식점업	⑩ 기타 공공, 수리와 개인서비스업
④ 운수업·통신업	⑪ 가사서비스업
⑤ 금융 및 보험업	⑫ 국제기관 및 기타 외국기관의 사업
⑥ 부동산 및 임대업(부동산매매업 제외)	⑬ 오락, 문화 및 운동관련 서비스
⑦ 국방행정 및 사회보장행정	⑭ 국제 및 외국기관의 사업

(3) 부수 재화 또는 용역

부수 재화 또는 용역이란 주된 재화의 공급에 필수적으로 부수되는 재화 또는 용역은 주된 거래인 용역의 공급에 포함되는 것을 말한다. 따라서 주된 재화나 용역의 부수적인 재화나 용역은 주된 재화를 기준으로 부가세과세대상, 공급시기, 장소 등을 결정한다는 것을 의미한다.

동화책에 부수적으로 테이프가 제공된다면 전체를 도서로 보아 부가세 면세되며 동화테이프에 책이 부수적으로 제공된다면 테이프를 전체 재화로 보아 부가세를 과세한다는 것이다.

부가세는 개별재화 또는 용역별로 과세 또는 면세가 구분되므로 주된 재화와 부수 재화의 구분이 중요하다.

④ 납세의무자

부가가치세의 납세의무자는 영리목적의 유무에 불구하고 사업상 독립적으로 과세하는 재화 또는 용역을 공급하는 자이며 이는 개인·법인·법인격 없는 사단, 재단, 기타단체를 포함한다. 이러한 납세의무자는 다음의 요건을 갖추어야 한다.

① 영리목적 유무에 관계가 없다.
② 사업상 공급하여야 한다. 여기서 사업이란 사업의 형태를 갖추고 계속적이고 반복적인 의사로 재화 또는 용역을 공급해야 한다.
③ 독립적으로 공급하여야 한다. 사업 자체가 다른 사업에 종속되거나 부수되지 않아야 하고 공급자가 독립된 사업주체이어야 한다.
④ 부가세면세 재화가 아닌 과세하는 재화 또는 용역을 공급하여야 한다.
⑤ 재화를 수입할 경우는 세관장이 수입업자에게 직접 징수한다.

⑤ 과세기간

기업의 영리활동은 계속성의 원칙에 의해 특별한 사정이 없는 한 영속되기 때문에 세금을 계산하거나 이익을 측정하기 위해서는 특정기간을 정할 필요가 있는데 이 기간을 과세기간이라고 하며 이 기간 동안의 세금계산의 기준금액을 과세표준이라 한다.

부가세는 매년 1월 1일부터 6월 30일까지를 1기, 7월 1일부터 12월 31일까지 2기로 하여 매 6월마다 1과세기간으로 하고 있다. 또한, 예정신고와 확정신고로 구분한다.

◉ 제1기 과세기간 1월 1일부터 6월 30일까지
　　1기 예정신고기간 1월 1일부터 3월 31일까지, 예정신고기한 4월 25일,
　　1기 확정신고기간 4월 1일부터 6월 30일까지, 확정신고기한 7월 25일

◉ 제2기 과세기간 : 7월 1일부터 12월 31일까지
　　2기 예정신고기간 7월 1일부터 9월 30일까지, 예정신고기한 10월 25일
　　2기 확정신고기간 10월 1일부터 12월 31일까지, 확정신고기한 다음해 1월 25일까지

1월 1일부터 3월 31일까지를 1기 예정신고라 하여 4월 25일까지 신고하고, 4월 1일부터 6월 30일까지를 1기 확정신고라 하여 1기 예정누락분을 포함하여 7월 25일까지 신고한다.

또한, 7월 1일부터 9월 30일까지를 2기 예정신고라 하여 10월 25일까지 신고하고, 10월 1일부터 12월 31일까지를 2기 확정신고라 하여 2기 예정누락분을 포함하여 익년 1월 25일까지 신고한다.

신규사업자와 폐업자는 개업일부터 과세기간까지 그리고 폐업일까지를 1과세기간으로 하여 신고하면 된다. 그리고 영세율이 적용되거나 설비투자는 환급세액이 발생하는데 이 경우 조기환급요건에 해당하면 조기환급신고는 위의 과세기간에 관계없이 매월분을 다음 달 25일까지 신고하여 조기환급 받을 수 있다.

6 납세지

납세지란 사업장소재지를 말하는 것으로 관할세무서를 정하는 기준이 되는 주소이다. 부가세는 사업장마다 세금을 납부하여야 하므로 사업장마다 관할세무서에 세금을 내야 한다. 이는 부가세가 재화와 용역의 공급에 대해 부과되므로 사업장 관할세무서에서 관리감독하는 것이 편하기 때문이다. 따라서 사업장이 다수라면 각 각의 사업장별로 세금을 계산하여 부가세 신고·납부하면 된다.

다만, 납부의 편리를 위해 여러 개의 사업장이면 주된 사업장에서 총괄납부승인을 받아 신고는 사업장마다 하고 납부는 주된 사업장에서 할 수 있는데 이를 총괄납부제도라 한다.

(1) 사업장의 특성

사업장이라 함은 사업자 또는 그 사용인이 상시 주재하여 거래의 전부 또는 일부를 행하는 장소를 말한다. 즉 사업장은 인적 구성과 물적 설비가 구비되어 거래를 독립적으로 수행하여야 하므로 창고의 재화출고행위 인적구성이 없는 별개의 부동산임대물건 등은 사업장으로 볼 수 없겠다.

주요 사업장의 내용을 보면 다음과 같다.

① 광업 : 광업사무소소재지

② 제조업 : 최종제품을 완성하는 장소

③ 건설업, 운수, 부동산매매업 : 등기부상 소재지, 업무를 총괄하는 장소(개인)

④ 부동산임대업 : 업무를 총괄하는 장소

⑤ 기타 : 사업자의 신청에 의한 장소

⑥ 사업장이 없는 경우 : 사업자의 주소 또는 거소

(2) 직매장

사업자가 자기의 사업과 관련하여 생산 또는 채취한 재화를 직접 판매하기 위하여 특별히
판매시설을 갖춘 장소는 이를 별개의 사업장으로 본다(예: 백화점의 임대매장).

(3) 하치장·창고

하치장은 사업자가 단순히 재화를 보관·관리하기 위하여 시설을 갖춘 장소이며 창고는 물
건을 장기간 보관하기 위하여 임대 또는 설치한 장소이고 판매행위(거래)가 이루어지지 않으
므로 사업장으로 보지 않는다. 다만, 하치장 설치를 한 사업자는 10일 이내에 하치장관할세무
서에 하치장설치신고서를 제출하여야 한다.

(4) 제조공정상의 공장

하나의 제품이 각 각 떨어져 있는 1공장, 2공장, 3공장에서 단계별로 제작되어 최종제품이
3공장에서 생산되는 경우 최종제품이 생산되는 3공장만을 사업장으로 본다.

(5) 주사업장 총괄납부

한 기업에 사업장이 다수인 경우 신고는 사업장마다 하고 세금의 납부는 주된 사업장에서
하도록 하고 있는데 이를 총괄납부제도라 하며 이는 주 사업장에 총괄납부 승인신청서를 제
출하여 관할세무서장의 승인을 받아야 한다. 승인신청은 각 과세기간 시작 20일 전(12월 11일,
6월 10일)까지 하여야 한다.

신설법인의 경우 주사업장이 사업자등록증을 받은 후 20일 이내에 총괄납부승인신청한다.
이 경우 신청일로부터 20일 이내에 승인 여부 통지를 해주며 승인을 받은 경우 당해 과세기간
부터 총괄납부가 가능하다(2001.1.1 이후 신청분부터 적용). 다만, 신청일부터 20일 이내에 총괄
납부의 승인 여부를 통지하지 아니한 때에는 그 신청일부터 20일이 되는 날에 총괄납부를 승
인한 것으로 본다.

총괄납부승인이 되면 부가세신고는 사업장마다 신고하고 세금의 납부만 주사업장에서 총괄
하여 납부하면 된다. 그리고 총괄납부 사업장 내 사업장별 재화나 용역의 이동에 대해서는 세
금계산서를 발행할 필요가 없다(그러나 거래명세표는 발행하여야 한다).

(6) 사업자단위 신고·납부제도

부가가치세는 사업장별로 신고·납부하는 것이 원칙이나 최근 들어 기업들이 전사적 기업자
원관리설비를 도입해서 인적, 물적 자원을 본사에서 통합관리함에 따라 사업장별 신고·납부제

도는 업무의 중복 및 비효율을 가져온다는 문제점이 제기되어 사업자 단위 신고·납부제도를 도입하여 2005.1.1부터 시행하도록 하였다.

사업자단위로 신고·납부하는 경우에는 사업자의 본점 또는 주사무소에서 총괄하여 신고·납부할 수 있다. 이 경우 당해 사업자의 본점 또는 주사무소는 신고·납부와 관련한 규정을 적용하면서 각 사업장으로 본다. 그러나 사업장단위 신고·납부하는 경우에도 사업자등록, 세금계산서 및 영수증 수취·교부, 납세관리인, 질문조사권은 사업장별로 각각 적용한다(부법 4③).

사업자가 사업자 단위로 등록하려면 사업자단위 과세사업자로 적용받으려는 과세기간 개시 20일 전까지 등록하여야 한다.

7 사업자등록

사업장 담당세무서에서 각각의 사업장의 업종별·소재지별 사업내용을 관리하기 위해 사업을 하려는 개인이나 법인은 세무서에 사업내용과 인적사항을 신고하여 세무서의 대장에 사업사실을 등재하고 그 증거로 사업자등록증을 발급하여준다.

개별소비세법, 교통에너지환경세법에 따라 다음의 신고는 부가세법상 신고를 한 것으로 본다(2015.1.1 이후 적용)

① 개업, 휴업, 폐업 신고

② 양수, 상속, 합병 신고

③ 사업자단위과세신고

(1) 사업자등록 신청시기

신규로 사업을 개시하는 자는 사업장마다 사업개시일로부터 20일 이내에 사업자등록신청서를 제출하여야 한다. 사업개시 전이라도 사업준비기간에는 가능하다.

(2) 사업자등록 첨부서류

① 개인 : 주민등록등본 1통, 사업자등록신청서, 임대차계약서

② 법인 : 법인등기부등본, 정관, 개시재무상태표, 주주명부, 사업자등록신청서, 임대차계약서

③ 허가사업의 경우 : 사업허가증사본

(3) 공동사업자의 사업자 등록

개인이 2인 이상 동업으로 사업할 때 공동사업자의 출자비율, 손익분배비율, 대표에 관한 사항, 기타사항을 기재한 동업계약서를 작성하여 이를 공증하여 함께 제출한다.

공동사업자라도 대표자만 2인이고 이익이 분배될 뿐 하나의 사업장이므로 세금계산서발행 부가세신고 등은 다른 단일사업장과 같다.

(4) 사업자등록증의 교부

사업자등록신청을 받은 관할세무서는 사업장의 실태를 조사한 후 신청사실이 사실이면 7일 이내에 사업자등록증을 교부한다.

(5) 직권등록 및 재교부

사업자가 사업하면서 사업자등록증을 신청하지 않으면 세무서장 직권으로 사업자등록증을 교부하며 사업자등록증을 분실한 경우 분실사유를 기재하여 재교부신청을 하면 된다.

(6) 휴업·폐업 신고

사업자가 개인적인 사정으로 사실상 사업을 개시하지 아니하였거나 휴업을 하고자 하는 경우는 실질적으로 휴업한 날을 기준으로 바로 휴업신고서에 사업자등록증을 첨부하여 제출하여야 한다. 또한, 사업자가 폐업하는 경우는 사업을 실질적으로 폐업한 날로부터 다음 달 25일 이내에 사업자등록증을 첨부한 폐업신고서 및 폐업 부가세 신고서를 제출하고 폐업 부가세를 내야 한다.

(7) 미등록 사업자의 불이익

① 미등록가산세 : 사업개시일로부터 20일 이내에 사업자등록을 신청하지 아니하면 사업개시일로부터 등록을 신청한 날의 직전일까지의 공급가액의 100분의 1의 가산세를 부과한다.
② 등록 전 매입세액 불공제 : 사업자등록신청서 접수일 20일 이전 매입세액은 매출세액에서 공제할 수 없다.
③ 세금계산서를 교부할 수 없다.
④ 50만원 이하의 벌금, 또는 과료처분

과세거래는 부가가치세의 과세대상이 되는 거래를 말하며 반대는 즉 부가가치세가 과세하지 않는 거래를 면세거래라 한다. 이러한 과세거래는 거래의 형태에 따라 과세방법, 시기 등의 차이가 있으므로 거래의 형태별로 규정하고 있다. 이러한 과세거래는 공급되는 장소가 국내일 때 한한다.

1 재화의 공급

재화의 공급은 매매계약, 가공계약, 교환계약, 기타 계약상 또는 법률상의 원인에 의하여 재화를 인도 또는 양도하는 것으로 한다.

(1) 재화의 공급계약

◈ 매매계약

현금판매, 외상판매, 할부판매, 장기할부판매, 조건부판매 등 매매계약에 의해 재화를 인도 또는 양도하는 것이다.

◈ 가공계약

자기가 주요자재의 전부 또는 일부를 부담하고 상대방으로부터 인도받은 재화에 새로운 가공행위를 하여 새로운 재화를 만드는 가공계약에 의해 재화를 인도하는 것을 말한다.

◈ 교환계약

재화의 인도대가로서 다른 재화를 받거나 용역을 제공받는 교환계약에 의하여 재화를 인도 또는 양도하는 것으로 여기에는 사업자 간의 상충 원재료의 교환사용 등이 포함된다.

◈ 기타의 계약

공매, 경매, 수용, 현물출자 등에 의하여 재화를 인도 또는 양도하는 것을 말한다. 이러한 경우를 재화의 공급에 의해 부가세가 과세하는 거래라 한다.

(2) 재화의 공급으로 보는 것

재화를 직접 공급하는 각각의 거래뿐만 아니라 대가의 수수가 없거나 이동이나 거래가 없더라도 재화의 공급으로 보는 것이 있는바 그 경우는 다음과 같다.

❖ 자가공급

사업자가 자기의 사업과 관련하여 생산하거나 취득한 재화를 자기의 사업을 위하여 직접, 사용·소비하는 다음의 사항에 대하여 재화의 공급으로 본다.

① 부가가치세가 면제되는 재화 또는 용역을 공급하는 사업을 위하여 사용 또는 소비되는 과세재화

> *건설업자가 과세 건설 부문과 면세 국민주택사업을 겸업하는 경우 과세건설용역을 국민주택건설용역에 제공하는 경우 재화의 공급으로 본다.

② 비영업용 소형 승용차와 그 유지를 위한 재화(매입세액 불공제 승용차는 제외)

> 1. 비영업용 소형 승용차 : 8인 이하 승용자동차 및 지프형 승용차
> 2. 택시회사가 택시를 택시로 사용하지 않고 임원출퇴근용으로 사용한 경우 자가공급으로 본다.
> 3. 주유소업자가 유류를 본인 승용차에 사용한 경우 자가공급으로 본다.

③ 2개 이상 사업장이 있는 경우 판매목적으로 사업장 간의 재화이동 시 재화의 공급으로 본다.

> *서울사업장에서 부산판매장(사업장)에 공급하는 것

❖ 개인적 공급

사업자가 자기의 사업과 관련하여 생산하거나 취득한 재화를 개인적 목적이나 기타의 목적으로 사용 소비하는 것은 그 대가를 받으면 받은 만큼 받지 않으면 시가에 의해서 재화의 공급으로 본다.

> `참고` 1. 가구업자가 가구를 개인 가정에 사용하면 과세거래이고 회사 비품으로 사용하면 사업과 관계있으므로 과세 되지 않음.
> 2. 사업자가 직원에게 선물기념품 등을 배포한 경우 매입세금계산서영수에 관계없이 개인적 공급으로 보아 과세거래로 본다. 복리후생적인 제모·제화·제복 등 착용요건인 피복을 지급하는 것은 제외한다.

❖ 사업상의 증여

사업자가 자기의 고객이나 불특정 다수인에게 재화를 증여하는 경우에 과세하는 재화의 공급으로 보는 경우는 증여되는 재화의 대가가 주된 거래인 재화공급의 대가에 포함되지 아니하는 것으로 한다. 즉 주거래 재화와는 별개로 증여재화를 배부하는 것을 말한다. 단, 무상 견본품은 과세거래가 아니다.

> `참고` 1. 물건판매 시 쇼핑백, 포장지 등은 과세거래가 아니다(주 재화에 포함된 것으로 본다).

2. 슈퍼마켓 개업 시 판매상품 중 일부를 개업기념으로 주었을 때 과세거래이다. 그러나 사업자가 자기의 사업과 관련하여 생산하거나 취득한 재화를 광고선전목적으로 불특정다수인에게 무상으로 배포하는 경우는 재화의 공급이 아니다.

❖ 폐업 시 잔존재화

사업자가 사업을 폐지하는 때에 잔존하는 재화는 자기에게 공급하는 것으로 본다.

건물·구축물의 경우 폐업 잔존가액을 취득 제작 시부터 매 1 과세기간마다 5%씩 경감시켜 과세액을 산출하고 기타 감가상각자산은 매 1 과세기간마다 25%씩 경감시켜 과세가액을 산출한다. 그러나 재고자산은 시가에 의하여 계산하는 것이 원칙이다. 시가가 불분명한 경우 과거 평균이익률에 의해 환산해야 한다. 다만, 매입세액이 공제되지 아니한 재화는 제외한다. (예, 비영업용 소형승용차 등, 부법 제6조4항)

이러한 폐업 시 잔존재화 부가세과세를 면하기 위해서는 업종의 동질성을 변경하지 않는 범위내에서 사업의 양수도를 하여야 한다. 특히 부동산임대건물을 자가사용건물로 양수도 매매한 경우는 사업의 양수도가 아니므로 부가세과세거래임에 유의해야 한다.

(3) 재화의 공급으로 보지 않는 것

❖ 담보제공

질권·저당권 등 담보의 목적으로 부동산상의 권리를 제공하는 것은 재화의 공급이 아니다. 담보의 제공은 채권의 우선변제권을 물건에 담보하는(보증) 것으로 보증행위이지 재화의 공급은 아니다. 그러나 채무불이행 등에 담보권의 강제(임의) 집행으로 소유권이 이전되면 재화의 공급에 해당한다(공매·경매).

❖ 사업양수도

사업장별로 그 사업에 관한 모든 권리와 의무를 포괄적으로 승계시키는 사업의 양·수도행위는 재화의 공급으로 보지 않는다. 사업양수도는 사업의 동질성을 변형시키지 않는 범위내에서 사업의 일반적인 거래 이외에서 발생한 매수채권·채무는 제외될 수 있으나 사업의 포괄적 승계이므로 사용 자산의 일부인 토지나 건물이 제외되었다면 사업의 양·수도가 아니다. 그리고 동질 사업의 포괄적 승계이므로 사업의 형태가 변질하여서는 안 된다.

부동산 임대빌딩을 양수도 했는데 일부가 자가건물로 사용되면 그 부분은 사업양수도에 해당하지 않는다. 즉 사업의 동질성이 변해서는 안 된다.

다만(2014.1.1 이후부터)

- 양수자가 양도자를 대리하여 부가가치세를 신고·납부(대리납부)한 경우 양수자에게 매입세액 공제를 허용한다.

- 양수자에게 포괄양수도에 따른 부가가체세를 포괄양수시점에 신고·납무한다.

2 용역의 공급

용역의 공급은 계약상 또는 법률상 모든 원인에 의하여 역무를 제공하거나 재화·시설물 또는 권리를 사용하게 하는 것이다. 과세대상이 되는 용역의 종류는 다음과 같다.

〈과세대상 용역종류〉

① 건설업
② 사업서비스업
③ 숙박 및 음식점업
④ 운수업·통신업
⑤ 금융 및 보험업
⑥ 부동산 및 임대업(부동산매매업 제외)
⑦ 국방행정 및 사회보장행정
⑧ 교육서비스업
⑨ 보건 및 사회복지사업
⑩ 기타 공공, 수리와 개인서비스업
⑪ 가사서비스업
⑫ 국제기관 및 기타 외국기관의 사업
⑬ 오락, 문화 및 운동관련 서비스
⑭ 국제 및 외국기관의 사업

(1) 용역의 자가공급

재화의 자가공급은 과세대상이나 용역의 자가공급은 용역의 자가공급으로 말미암아 다른 동업자와의 과세형평이 침해되는 경우 총리령에 의해 과세할 수 있다고 하였으나 아직 총리령이 제정되어 있지 않았으므로 용역의 자가공급 과세는 불가능하다.

다음 사항은 과세하지 않는다.

① 음식점이 직원에게 식사제공의 경우
② 사업자가 사용인의 직무상 질병을 무상치료하는 경우
③ 사내 컨설팅부서가 회사 전체를 컨설팅하는 경우

(2) 용역의 공급으로 보지 않는 거래

대가를 받지 아니하고 타인에게 용역을 공급하거나 고용관계에 의하여 근로를 제공하는 것은 용역의 공급으로 보지 않는다.

3 재화의 수입

재화를 수입하는 경우 관세 및 특소세·주세·교육세·교통세·농특세 등을 모두 합한 가액을 과세표준으로 하여 세관장이 세금계산서를 발급하여 부가세 10%를 징수한다.

이 경우 수입이란 다음에 해당하는 물품을 우리나라에 들여오는 것을 말한다.

① 외국으로부터 우리나라에 도착한 물품
② 수출면허를 받은 물품(선적되지 아니한 것을 보세구역으로부터 인취하는 것은 수입이 아님).

거래시기란 부가세가 과세하는 시점을 결정하는 것으로서 여러 가지 상거래의 형태별로 거래시기가 분명하여야 거래징수, 부가세의 과세기간별 기간귀속 등을 정할 수 있을 것이다. 법인세법에 의한 수익금액의 기간귀속(거래시기)과 같지 않음에 유의해야 한다.

1 거래시기

(1) 거래시기

재화가 공급되는 거래시기와 그 원칙은 다음과 같다.

① 재화의 이동이 필요한 경우 : 재화가 인도되는 때

② 재화의 이동이 필요하지 아니한 경우 : 재화가 이용 가능하게 되는 때

③ ①②의 규정이 적용될 수 없는 경우 : 재화의 공급이 확정되는 때이다.

(2) 공급시기

구체적인 거래형태별 재화의 공급시기는 다음과 같다.

〈 거래형태별 재화의 공급시기 〉

거 래 형 태	공 급 시 기
현금, 외상판매, 단기할부	재화가 인도되는 때
장기할부판매	대가의 각 부분을 받기로 한 때
조건부 및 기한부 판매	조건의 성립, 기한 경과되어 판매가 확정되는 때
완성도기준, 중간지급조건부, 계속적 공급	대가의 각 부분을 받기로 한 때 (가스·전력공급) 중간지급조건은 재화가 인도되기전이나 이용가능이나 용역의 제공이 완료되기 전에 계약외의 대가를 분할하여 지급하며 계약금 지급일부터 잔금 지급일까지의 기간이 6월 이상인 경우를 말함
계약금의 공급시기	선수금, 착수금등이 계약금의 성질이면 계약금을 받기로 한 때

거 래 형 태	공 급 시 기
잔금 청산전에 소유권 이전	원칙은 소유권 이전등기일로 하되 명도일과 다른 경우 실지 명도일임
가공 공급	가공된 재화를 인도하는 때
자가공급, 개인적공급, 사업상 증여	사용 소비하는 때
폐업시 잔존재화	폐업하는 때
무인판매기	현금을 인취하는 때
수출하는 재화	선적일
보세구역에서 수입	수입면허일
위탁판매	수탁자가 판매한 때
리스공급(시설대여업법)	당해 사업자가 직접 구입이나 직접 수입한 것으로 보고 상기 예를 적용

(3) 용역의 공급시기

용역의 공급시기는 역무가 제공되거나 재화·시설물 또는 권리가 사용되는 때로 한다.

〈 거래형태별 용역의 공급시기 〉

거 래 형 태	공 급 시 기	비 고
① 완성도, 중간지급, 기타조건부, 장기할부 및 계속적인 공급	대가의 각 부분을 받기로 한때 ※ 재화의 인도일, 용역완료일 이후에 받은 대가는 재화의 인도시점, 용역제공의 완료시점이 공급시기(2013.7.1 이후부터 적용)	예) 부동산임대
② 기타 ① 외의 경우	역무의 제공이 완료되고 그 공급가액이 확정되는 때	목욕, 미용, 음식, 숙박
③ 임대보증금 간주부가세 및 선불 후불임대료	예정신고기간 또는 과세기간 종료일	
④ 폐업일 이후 공급시기 도래	폐업일	
⑤ 지급일이 없는 건설공사	기성고가 결정되어 대금을 받을 수 있는 날	

* 대가의 일부로 계약금을 받는 경우 계약조건에 따라 계약금을 받기로 한 때를 공급시기로 본다(통칙 9-21-31).

2 거래장소

거래장소란 부가세를 과세하기 위한 과세권이 미쳐야 하므로 장소는 국내에 제한된다. 납세지는 납세의무의 이행과 조세의 부과를 하기 위하여 관할서를 구별하기 위한 기준이나 거래장소란 부가세를 납부할 의무가 발생하는 장소로 우리나라의 과세권이 미치는 과세거래의 범위를 판별하기 위한 기준으로 부가세는 간접세이므로 그 공급장소가 우리나라 주권이 미치는 장소에 국한되며 이는 과세권의 행사나 납세의무의 성립 여부를 결정하는 요소가 된다.

그러나 우리나라 국적 항공기, 선박에서 이루어지는 거래는 국외거래로 보지 않는다.

❖ 재화의 공급장소

거 래 내 용	공 급 장 소
1. 재화의 이동이 필요한 경우	• 재화의 이동이 개시되는 장소 　예) 수출 : 수출업자 　　　수입 : 세관장이 거래징수
2. 재화의 이동이 필요하지 않은 경우	• 재화가 공급되는 시기에 재화가 소재하는 장소 　예) 재화가 이용가능한 때

❖ 용역의 공급장소

거 래 내 용	공 급 장 소
1. 일반적인 경우	• 역무가 제공되는 장소 • 재화·시설물 또는 권리가 사용되는 장소 　예) 부동산임대 용역 : 부동산소재지
2. 국제운송용역	• 거주자·내국법인 : 무조건 국내거래 • 비거주자·외국법인 : 여객이 탑승하거나 화물이 탑재되는 장소 　예) 외국항공사·국내 탑승적재는 과세

4절 영세율

부가가치세는 재화나 용역의 공급가액에 10%의 부가세를 가산하여 징수하므로 매출은 10%의 부가가치세를 별도로 징수하므로 사업자 측면에서 보면 재화나 용역의 매입 시 재화나 용역의 구매가액에 10%의 세금을 별도로 부담하게 된다. 따라서 부가세 납부세액 방식은 전 단계 세액공제 방식이라 하여 매출 부가세에서 매입 시 부담한 부가세를 공제한 차액을 납부한다.

그러나 영세율이란 매출세액에 대해서는 '0' %의 세율을 적용하므로 매출세액은 없으며 매입세액만 있으므로 매출세액 '0'에서 매입세액을 차감하면 마이너스이므로 동 세액을 국가에서 환급해주는데 이를 영세율 제도라 한다.

그러나 면세란 매출에 대한 부가가치세의 면제이므로 재화나 용역의 공급에 대해 원칙적으로 매출 부가세가 발생하지 않는다. 따라서 매입에 대해 부담한 부가세는 원가에 포함되는 것이다. 즉 재화나 용역의 구매가액에 합산된다.

1 영세율 대상

(1) 영세율 적용대상

부가세법상 영세율이 적용되는 대상은 다음과 같다.
① 수출하는 재화
② 국외에서 제공하는 용역
③ 선박 또는 항공기의 외국항행용역
④ 기타 외화획득사업

(2) 영세율 적용조건

위의 영세율을 적용받기 위한 조건은 다음과 같다.
① 영세율이 적용되는 사업자는 원칙적으로 국내에 1년 이상 거주한 거주자와 내국법인에 한한다.
② 비거주자·외국법인은 상호면세주의라 하여 그 외국에서 대한민국의 거주자나 내국법인에게 동일한 면세를 하는 때에만 적용한다.

2 수출하는 재화

수출이란 국내에서 외국으로 재화나 용역을 판매하는 것을 말한다. 부가세법에서는 수출의 범위를 더 폭넓게 다음과 같이 해석하고 있다.

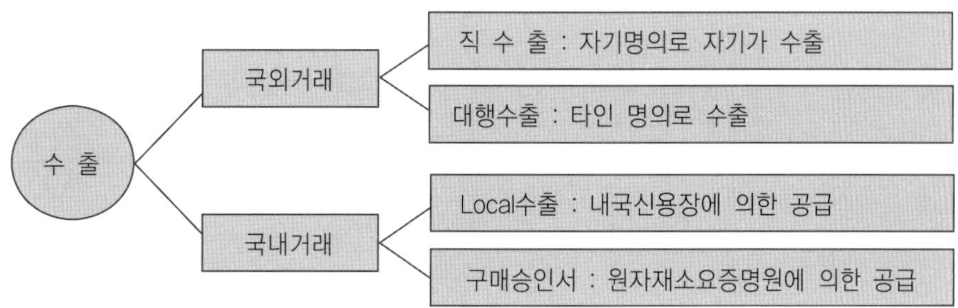

(1) 직수출

① 공급시기 : 수출재화의 선적일이 재화의 공급시기이다.

② 과세표준 : 수출면장의 외화금액의 환가금액. 선적일(공급시기)의 '외국환거래법'에 의한 기준환율 또는 재정환율에 의하여 계산한 금액

③ 세금계산서발생 : 불필요

④ 영세율적용 첨부서류 : 수출실적명세서

⑤ 공급시기 전에 원화로 바꾸었을 때 그 돈으로 바꾼 금액

(2) 대행수출

대행수출이란 수출업 미등록이나 쿼터 부족으로, 타 수출업자의 명의만 빌려 수출하는 것을 말한다.

① 공급시기 : 재화의 선적일이다.

② 과세표준 : 외화금액의 원화 환가금액, 원화환가하지 않은 경우 선적일의 기준환율이나 재정환율에 의해 환가한 금액

③ 세금계산서발생 : 불필요

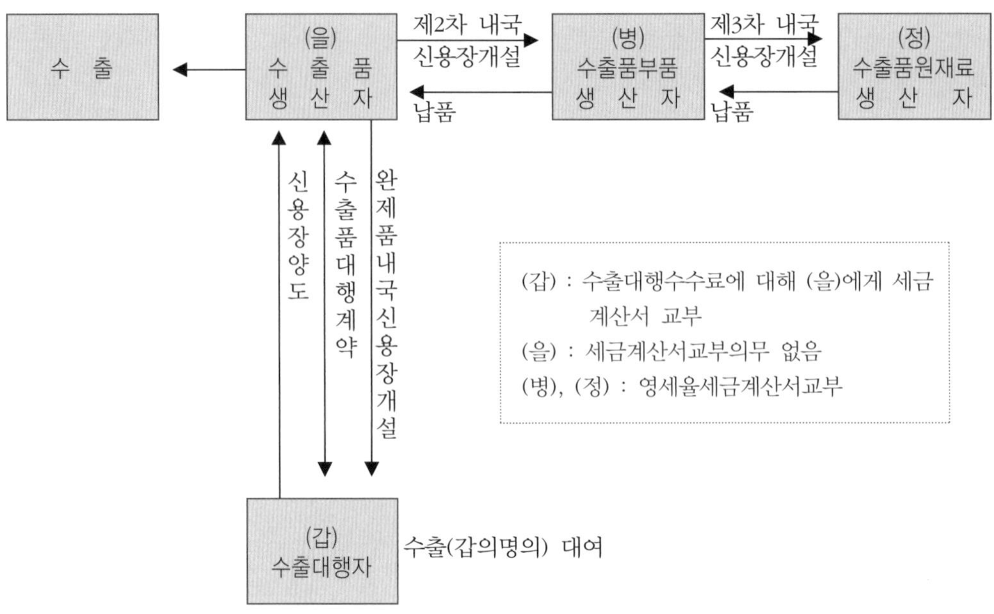

(3) 소포수출

소포우편에 의하여 수출하는 경우 이는 직수출과 동일하며 영세율첨부서류는 소포수령증 (Speed Post)이며 소포수령증 교부일이 공급시기이다.

(4) 중계무역, 외국인도수출

제3국에서 재화를 수입하여 국내에 반입하지 아니하고 직접 제 3국에 수출하는 경우 수출하는 재화의 범위에 포함하지 아니한다.

(5) 내국신용장·구매승인서

내국신용장이란 수출업자가 수출용 재화를 사거나 수출용 재화의 제조에 소요되는 원자재 등을 사는 경우 자금부담을 덜어주고 구매자금의 지급을 은행이 지급보증해 주는 수출금융방식의 하나이다. 이는 수출업자의 의뢰에 따라 외국환은행이 수출업자가 받은 Master L/C를 근거로 하여 그 제품이나 원자재의 공급자를 수익자로 하여 국내에서 개설하는 수출신용장이다. 내국신용장을 개설하면 원자재구매자금으로 무역금융을(완제품은 안됨) 활용하여 지급할 수 있다.

그러나 무역금융도 결국 차입금이므로 담보가 필요하고 또한 원자재밖에 안 되므로 이 경우 수출업자는 내국신용장에 의하지 않고 국내에서 외화획득용 원재료 또는 상품을 공급받는 경우 외국환은행이 수출업자가 받은 Master L/C나 Local L/C를 근거로 한 외화획득물품의 원자재소요증명원을 발급받아 이를 외화획득물품 공급자에 제출하면 공급자는 구매승인서에 근거하여 공급한 물품을 영세율로 공급한다.

〈 내국신용장의 개설절차 〉

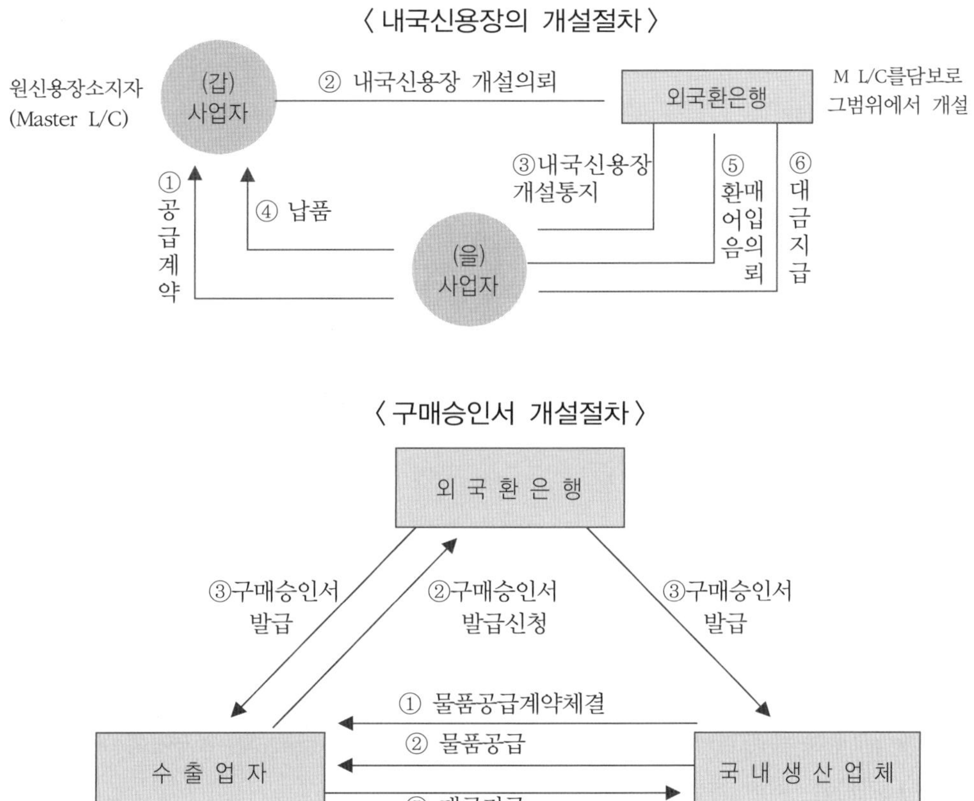

〈 구매승인서 개설절차 〉

(6) 공급시기

국내에서 거래되는 재화의 공급시기이다.

(7) 과세표준

내국신용장상의 금액이 부가세과세표준이다.

(8) 세금계산서

영세율 세금계산서를 교부한다(공급시기가 속한 과세기간 종료 후 25일 이내 수정세금계산서 발급 가능. 2015.1.1 이후).

(9) 관세환급금

재화나 서비스가 국경을 통과할 때 수입국에서 부과하는 통관세가 관세이다. 이러한 관세
는 국경의 이동에 대해 부과하는 세금이므로 재화의 수입 시 부담한 관세가 동 원재화의 가공
에 의해 다시 수출하는 경우 수입 시 부담한 관세를 환급해 주는데 이것이 관세환급금이다.
관세환급금은 기업회계에서 원재료에 합산한 후 수출에 의해 동 관세가 환급되는 경우 매출
원가에서 차감(상계)한다.

가. Local L/C에 의하여 공급한 경우

Local L/C에 의해 재화를 공급하고 수출업자나 수출품 생산업자에게 그 대가의 일부로
(관세환급금을 물품대에 포함해서) 받는 관세환급금은 영(0)세율의 세금계산서를 내준다.

나. 대행수출과 직접환급

수출품 생산업자가 수출대행사로부터 받는 관세환급금과 세관장으로부터 직접 받는 관
세환급금은 과세하지 않는다.

다. 관세환급금에 부가세가 과세하지 않는 경우

① 직수출에 의해 세관에서 직접 관세환급금 받는 경우
② 내국신용장에 의해 공급하고 수출업자로부터 관세환급신청위임장을 받아 직접 환급
　 받는 경우
③ 대행수출은 수출위탁자가 직접 세관장에게 받는 관세환급금과 수출대행사가 관세환
　 급을 대신 받아 수출위탁자에게 지급하는 경우

(10) 영세율 첨부서류

수출하는 재화의 부가세 영세율신고 시 첨부하는 서류는 다음과 같다.
- 수출실적명세서
- 내국신용장(구매승인서)
- 관세환급금 등 명세서

③ 국외에서 제공하는 용역

용역이 제공되는 장소가 국외인한 용역수혜자에 관계없이 그 대가의 외화·원화에 관계없이
영세율을 적용한다.

그러나 용역을 제공하는 사업의 사업장은 국외에 소재하여야 하므로 국내건설업자가 국외

에서 국내건설업자의 용역을 하도급받고 국내본사에서 원화로 지급받더라도 영세율을 적용한다. 국내사업장이 있는 외국법인에 용역을 제공하고 외화로 받는 경우 영세율을 적용하지 않는다.

(1) 세금계산서

국외에서 제공하는 용역이 국내에 사업장이 없는 비거주자 또는 외국법인에 한하여 세금계산서교부 면제된다.

(2) 영세율첨부서류

- 외화입금증명서
- 용역제공계약서

(3) 기타 외화획득사업

부가세가 수출의 촉진과 외화획득의 장려를 위해 영세율을 적용하므로 국내에서 외화를 획득하는 때도 영세율을 적용하나 그 요건은 다음과 같다.

① 국내에서 국내사업장이 없는 비거주자 또는 외국법인에 공급되는 재화용역으로서 그 대금을 외국환은행에서 원화로 받는 것

② 국내사업장이 있는 비거주자 또는 외국법인이라면

국내에서 국외의 비거주자나 외국법인과 직접계약하고, 그 대금을 당해 국외의 비거주자 또는 외국법인으로부터 외국환은행을 통해 외화 또는 원화(외화 매각하여)로 받는 경우 영세율 적용한다.

③ 수출업자와 직접도급계약에 의하여 수출재화를 임가공 하는 수출재화 임가공용역

④ 내국신용장 또는 구매확인서에 의하여 공급하는 수출재화, 임가공용역

⑤ 원료를 대가없이 국외수탁가공사업자에게 반출하여 가공재화를 국외사업자에게 양도하는 경우 그 원료의 반출

⑥ 비거주자 및 외국법인에 재화 또는 용역을 공급하는 경우 세금계산서 교부의무 없다.

⑦ 영세율 첨부서류

- 수출실적명세서
- 용역공급계약서

❹ 기타 영세율이 적용되는 재화와 용역

기타 영세율이 적용되는 재화와 용역은 다음과 같다.

〈 거래유형별 영세율 첨부서류 〉

거 래 유 형	세 금 계 산 서	영 세 율 첨 부 서 류
〈부가세법〉 ① 외국항행 선박등에 공급하는 재화·용역	사업장 없는 비거주자 외국법인 : 세금계산서교 부면제	세관의 물품적재허가서 작업신고서(대금청구서) 교통허가서, 승선허가증
② 외국정부기관등에 공급 하는 재화·용역	면 제	수출대금입금증명서 재화공급기록표 외화입금증명서
③ 외국인관광객에게 공급 하는 재화·용역 (일반 여행업자, 외국인 전용 관광기념품 판매업자)	사업장 없는 비거주자 외국법인 : 면제 영수증교부(소매업)	외화입금증명서 물품판매기록표
④ 미군주둔지역내 주세가 면제 되는 외국인전용유흥음식점	면제(외화수령환전금액만 영 세율)	외화매입증명서
⑤ 외국인환자유치용역 (2012년 12월31일까지)	세금계산서 : 면제 유치수수료명세표	유치수수료명세표
⑥ 외교관면세점·외신기자 크럽 에 제공하는 재화·용역	면 제	재화·용역공급기록표
〈조세특례제한법〉 ① 방위산업물자	교 부	납품증명서
② 국군부대등에 공급하는 석유류	교 부	납품증명서
③ 도시철도건설용역	교 부	납품증명서
④ 농민, 임업종사자에 공급하는 농·축·임업용기자재	교 부	납품확인서(월별판매액합계표)
⑤ 어민에 공급하는 어업용 기자재	교 부	납품확인서(월별판매액합계표)
⑥ 장애인용 보장구	교 부	월별판매액합계표

5절   면 세

① 개요

면세란 부가가치세법에서 재화나 용역의 공급에 대해 부가가치세를 과세하는데 반해 부가가치세를 면제해주는 것을 줄여서 '면세'라 한다. 즉 면세란 재화나 용역의 공급 시 공급자는 거래 시에 공급받는 자로부터 부가가치세를 거래징수하여야 하는데 이러한 의무를 면제해주므로 재화나 용역의 공급 시 부가세를 받을 필요가 없으며 또한 납부의무도 없다.

그러나 부가가치세를 재화나 용역의 공급에 대해 면제한다고 해도 면세사업자는 재화나 용역의 구매 시 부가가치세를 부담하며 동 부가가치세가 원가를 구성하여 거래상대방에게 공급가액에 합산하여 전가된다.

따라서 매입 시 부담한 부가세를 국가에서 환급해주는 영세율과는 이 점에서 차이가 있다. 이러한 면세의 목적은 식료품에 해당하는 미 가공식품에 대해 부가세를 면제하여 세부담의 불균형을 완화하고 의료나 종교, 학술용역 등에 대해 조세정책상 부가세를 면제하여 지원할 필요가 있기 때문이다.

② 면세대상

(1) 가공되지 아니한 식료품

가공되지 아니한 식료품은 농·수·축·임산물로서 우리나라에서 생산된 것과 수입품 중 관세가 면세되는 식료품은 면세된다.

❖ 가공의 개념

가공이란 본래의 원형을 변질시키지 않는 정도의 가공인데 보통 탈곡, 정미, 정맥, 건조, 냉동, 염장, 포장, 절단 등은 가공으로 보지 않으나 숙성, 가열, 제분, 열처리, 화학적 변질 등은 가공으로 본다.

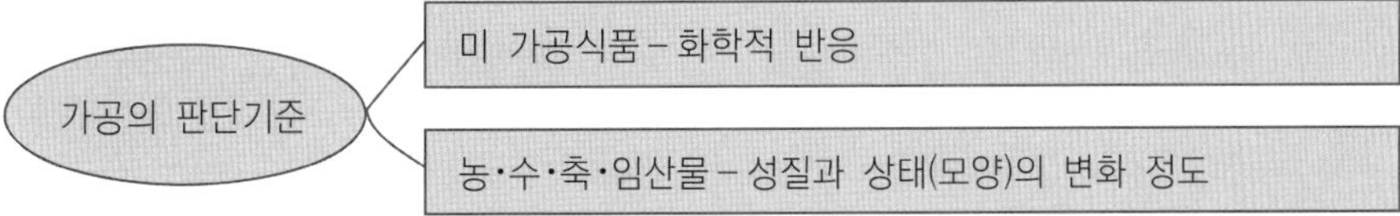

◈ 농산물·축산물·임산물·수산물

식용으로 사용하는 것은 국내생산품과 수입품 모두 면세하나 식용으로 사용하지 않는 것은 국내 생산품은 면세하고 수입품은 과세한다.

참고 묘목수입 시 → 과세 → 재배 후 국내판매 → 면세

〈 과세와 면세 구분 사례 〉

면　세	과　세	면　세	과　세
김 멸치 계란 쌀/현미 쥐포고기 우유	맛김 조리멸치 삶은 계란 밥, 죽, 떡 쥐포 생크림, 치즈, 분유 요구르트	고구마·감자 밀 도토리·콩·콩나물 인삼 닭똥 볏짚, 왕솔	전분, 녹말 밀가루. 면류 묵, 된장 인삼차 계분 돗자리, 공예품

※ 1. 미가공, 원시가공(쌀겨) 면세식료품의 단순한 혼합 등은 면세(해산물＋소금)
　 2. 쌀에 식품첨가물 등을 첨가 또는 코팅하거나 버섯균 등을 배양시킨 것으로 법률이 정하는 것은 면세

(2) 수돗물

수도법상의 수도사업자가 공급하는(식용, 공업용) 물에 대해서 면세한다. 따라서 생수는 과세다

(3) 연탄과 무연탄

연탄, 무연탄은 면세이고 유연탄, 갈탄, 번개탄은 과세이다.

(4) 여객운송용역

여객운송용역은 면세한다.

◈ 과세대상 운송용역

항공기, 우등고속버스, 택시, 특수자동차, 전세 여객자동차, 수중익선, 에어쿠숀, 20노트 이상 여객선

(5) 의료보건용역과 혈액

의료업에 의한 의료용역 중 의사, 한의사, 치과의사, 조산사, 간호사가 제공하는 용역 및 기타 의료보조용역과 약사법에 따라 약사가 제공하는 의약품 조제용역은 면세한다. 그러나 단순 의약품의 공급은 과세대상이다.

요양급여에서 제외되는 성형수술은 과세한다(쌍꺼불수술, 코성형수술, 유방확대수술, 지방흡입술, 주름살제거술, 안면윤곽술, 치아성형, 악안교정술, 피부관련시술)

수의사(애완동물의 치료용역은 제외한다.), 장의사, 폐기물처리법에 의한 폐기물처리용역(생활폐기물의 재활용용역) 및 보건용역(소독 정화조 청소) 및 작업환경측정용역은 면세한다. 응급환자이송, 공원묘지분양, 지자제위탁 묘지관리, 화장터 운영, 납골당 운영추가(2001년부터)

(6) 교육용역

교육용역은 면세가 원칙이나 정부의 허가나 인가를 받고 자격 있는 강사에 의한 교육용역에 한해 부가세가 면세된다. 그리고 교육과 관련된 교구교재도 부가세가 면세되며 무허가학원은 부가세가 과세한다. 학술연구용역 및 기술연구용역도 부가세 면세된다. 다만, 무도학원은 20×1.1.1부터, 자동차학원은 2012.7.1부터 과세한다.

(7) 주택과 이에 부수되는 토지임대 용역

임대용역은 무조건 과세이나 주택임대용역에 한해 토지가 주택정착면적의 5배 이내(도시계획구역 내) 도시계획구역 외는 10배 이내의 부수토지에 대해 토지와 함께 임대하는 경우 부가세가 면제된다. 겸용 상가주택은 주택면적이 크면 전부를 주택으로 보고 상가부분이 크면 상가부분과 주택면적에 적절히 나눈 토지면적은 상가로 보아 부가세를 과세한다.

(8) 우표·인지·복권·공중전화

상기 재화는 부가세 면제하나 수집용 우표는 과세한다.

(9) 제조담배

200원 이하의 담배, 군용담배, 보훈용 담배

(10) 도서·신문·잡지·관보·통신·방송

위의 재화는 부가세 면제하며 상기 재화에 부수되는 광고는 과세한다.

도서에 부수되는 CD·테이프 및 비디오테이프, 도서를 CD에 수록한 경우, 인터넷신문구독료(2015.2.1부터) 등은 부가세를 면제한다.

(11) 예술창작 문화행사

창작품은 부가세 면제하나 골동품(100년 이상 된 것), 모조품은 부가세 과세한다. 순수예술행사(영리목적이 아닌 연주회 연극회 등), 문화행사(전시회, 박람회), 비 직업운동경기 등은 부가세 면제한다.

(12) 도서관, 과학관, 박물관, 미술관, 동·식물원

위의 입장료는 부가세 면제한다.

(13) 토지의 공급

토지의 공급(토지의 양도)에 대해서는 부가세 면제한다.

(14) 인적용역

인적용역으로서 다음은 부가세가 면제된다.

개인이 물적시설 없이 근로자를 고용하지 않고 독립적으로 공급하는 다음의 인적용역을 말한다(물적시설이란 계속적·반복적으로 사업에 이용되는 건축물·기계장치 등의 사업설비를 말한다.).

① 저술·도서·도안·조각·작곡·음악·무용·만화·삽화·만담·배우·성우·
　　가수와 이와 유사한 용역
② 연예에 관한 감독·각색·연출·촬영·녹음·장치·조명과 이와 유사한 용역
③ 설계감독·건축감독·기술지도·학술용역·기술용역과 이와 유사한 용역
④ 음악·재단·무용(사교무용 포함)·요리·바둑의 교수와 이와 유사한 용역
⑤ 직업운동가·역사·기수·운동지도자(심판포함)와 이와 유사한 용역
　　그러나 운동지도가라 하더라도 운동지도가 아닌 흥행 또는 운동경기 개최로 인한 입장료·중계료·광고 등은 면세되지 아니한다.
⑥ 접대부·댄서와 이와 유사한 용역
⑦ 보험가입자의 모집·저축의 장려·집금(集金) 등을 하고 실적에 따라 보험회사 또는 금융기관으로부터 받는 모집수당·장려수당·집금수당 또는 이와 유사한 성질의 대가를 받는 용역과 서적·음반 등의 외판원이 판매실적에 따라 대가를 받는 용역
⑧ 저작자가 저작권에 의하여 사용료를 받는 용역
⑨ 교정·번역·고증·속기·필경·타자·음반취입과 이와 유사한 용역

⑩ 고용 관계없는 자가 다수인에게 강연을 하고 강연료·강사료 등의 대가를 받는 용역

⑪ 라디오·TV방송을 통하여 연설·계몽 또는 연기를 하거나 심사를 하고 사례금 또는 이와
유사한 성질의 대가를 받는 용역

⑫ 학술연구용역·기술연구용역·전자계산조직을 이용한 시스템분석 및 프로그램개발용역(전
자계산용역 2001년 7월 1일이후부터 과세)

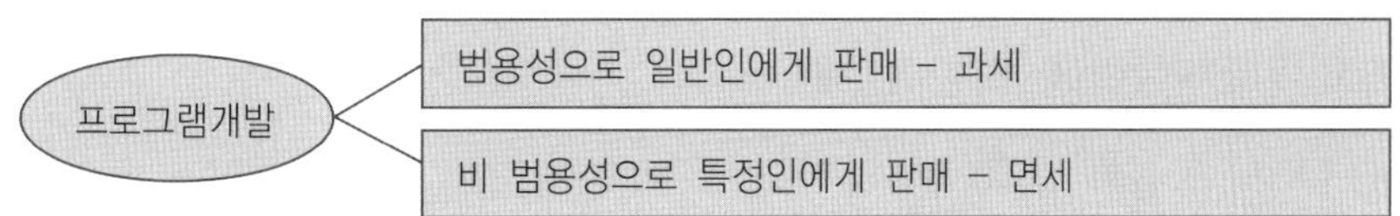

⑬ 상담소·직업소개소·신용조사사업 등을 경영하는 자가 공급하는 용역, 이 경우 상담소를
경영하는 자가 공급하는 용역은 다음에 해당하는 것으로 한다.
⇨ 결혼상담·인생상담·직업재활상담과 기타 이와 유사한 상담용역
⇨ 중소기업창업지원법에 의한 중소기업상담회사가 제공하는 창업상담용역
작명·관상·점술 또는 이와 유사한 업을 영위하는 자가 공급하는 용역

⑭ 개·닭 등 가축 기타 동물을 훈련하는 업을 영위하는 자가 공급하는 용역

⑮ 방문학습지도, 각종 회원모집, 대리운전 등의 개인의 순수노무 용역

(15) 금융·보험용역

다음 금융보험용역에 대해서는 부가세를 면제한다.

① 은행업(한국산업은행법에 의하여 설립된 자산관리공사를 포함한다)

② 증권업(증권거래법에 의한 투자자문업, 증권거래소, 증권예탁원 업무포함)

③ 신탁업　　　　　　　　　　　　　④ 증권투자신탁업

⑤ 전당포업　　　　　　　　　　　　⑥ 환전업

⑦ 단기금융업　　　　　　　　　　　⑧ 상호신용금고업

⑨ 신용보증기금업　　　　　　　　　⑩ 시설대여업법에 의한 시설대여업

⑪ 보험업(손해사정, 보험계리, 보험계약심사용역 포함)

⑫ 신용카드업 및 할부금융업　　　　⑬ 기타 금전대부업

⑭ 금융기관의 수입인지 판매대행용역(2002.1.1)

(16) 수입재화

수입재화 중 부가세가 면제되는 재화는 다음과 같다.

① 미가공식료품　　　　　　　　　　② 도서·신문·잡지

③ 학술연구단체 등이 과학용으로 수입하는 재화

④ 종교단체 등에 기증되는 재화　⑤ 국가·지방자치단체 등에 기증되는 재화

⑥ 거주자에게 기증되는 재화　⑦ 이주이민으로 인한 수입재화

⑧ 관세의 면세　⑨ 견본품

⑩ 조약에 의해 관세가 면제되는 재화　⑪ 특수용도담배

(17) 조세특례제한법에 의한 면세

① 국민주택의 공급과 당해 주택의 건설에 공하는 용역

　*건설에 공하는 용역은 건설업법, 전기공사업법, 소방법 등에 의해 등록하거나 주택건설 촉진법에 의해 등록한 자가 공급하는 용역에 한한다.

② 농·어업용 석유류

③ 여객선박용석유류

④ 도서지방의 자가발전용 석유류

⑤ 공장·광산·건설사업장·학교매점 등 구내식당 음식용역

⑥ 영농작업의 대행용역

(18) 신용정보업자 부가세 과세·면세의 구분

업 무 구 분	업 무 내 용	과 세 여 부	주 요 고 객
신용조사	신용정보를 조사하고 이를 의뢰인에게 제공하는 업무	과세	금융기관
신용조회	신용정보를 집중·정리 또는 처리하고 조회하는 의뢰인에게 신용정보를 제공	과세	기업
신용평가	유가증권 중 투자자 보호를 위하여 객관적인 평가가 필요한 경우 상환가능성이 평가	과세	기업
채권추심	채권추심업무	면세	금융기관
민원용역대행	부동산 임대조사 등	과세	금융기관
컨설팅 등	채권평가기법 제공 및 자문	과세	금융기관
보호예수	예금, 적금 등	과세	금융기관
신탁업	부동산, 실물자산관리, 처분, 분양관리신탁	과세(2015.7.1)	신탁회사
투자자자문 일임회사	부동산, 실물자산, 투자자문, 일임회사	과세(2015.7.1)	투자사
보험계리용역	보험계리용역과 퇴직급여에 따른 연금계리용역	과세(2015.7.1)	보험사

과세표준이란 세율을 적용하기 위한 기준금액을 말하므로 부가세법상의 부가가치세 과세표준은 재화나 서비스의 공급가액이 과세표준이 된다.

과세표준은 화폐가치로 제삼자 간의 시장가격에 의한 공정가격이 형성된다면 문제가 없지만 특수관계인 간의 저가거래나 재화 간의 교환거래, 할부거래 등 특수한 경우에는 이에 대한 구체적인 제 규정이 필요한다.

1 과세표준

부가가치세의 과세표준은 재화나 용역의 공급가액이며 이는 부가가치세가 포함되지 않은 금액이며 부가세를 포함한 금액을 공급대가라 한다.

공급가액 + 부가세 = 공급 대가 ÷ 1.1 = 공급가액

따라서 판매가에 부가세가 구분되지 않으면 부가세가 포함된 것으로 보아 판매가의 110분의 10을 곱한 금액이 부가가치세가 된다. 그리고 110분의 100이 과세표준이다.

(1) 과세표준에 포함되는 것

다음의 금액은 부가세과세표준에 포함된다.

① 재화용역의 공급가액(현물은 시가)

② 장기(할부)판매는 이자 상당액

③ 연체료, 연체이자 중 일변이자 10,000분지 5 초과금액

④ 대가에 포함되는 보험료, 운송료

⑤ 특별소비세·주세·교육세·농특세

⑥ 재화의 공급은 대가를 받지 않았거나 낮은 대가를 받았으면 시가에 의해 과세한다(특수관계없으면: 거래금액).

⑦ 용역의 공급은 대가를 받지 않으면 과세 않으나 시가보다 부당히 낮은 대가를 받으면 특수관계자는 시가에 의해 과세하나 그 외는 거래금액에 의해 계산한다.

(2) 과세표준에 포함되지 않는 것

다음의 금액은 과세표준에 포함되지 않는다.

① 에누리는 재화의 하자, 재화의 구매량, 결재 등에 따라 재화의 공급 시에 일정액을 감액
하여 공급하는 것

② 반품(반품세금계산서, 수정세금계산서 발행)

③ 공급받는 자 도착 전 없어진 재화

④ 국고보조금, 공공보조금

⑤ 반환조건 용기대금(공병보증금)

⑥ 음식숙박업의 구분기재된 봉사료

⑦ 부동산임대 시 실비정산하는 공공요금

2 거래유형별 과세표준

매매대금은 거래유형별로 그 금액이 다른바 부가세법상 거래유형별 과세표준은 다음과 같
다.

〈 거래유형별 과세표준 〉

거 래 유 형	과 세 표 준	비 고
1. 일반판매 (현금, 외상판매, 할부판매)	판매재화 가액	부가세 포함해서 판매하면 110분의 100곱한 금액
2. 장기할부 판매	계약에 따라 받기로 한 각 부분 (각 부분 수령하기로 한 때 세금계산서 발행)	• 할부판매 : 2회이상 분할 영수, 재화의 인도기일 다음 달부터 최종할부금수금기간이 3월 이상 1년 미만 • 장기할부판매 : 2회이상 분할 인도일부터 잔금까지의 기간이 1년 이상인 경우
3. 완성도 지급기준, 중간 지급조건부, 계속적인 공급	계약에 따라 받기로 한 대가의 각 부분에 대해 세금계산서 발행	· 장기건설공사 · 가스, 전기공사 · 계약금부터 잔금까지의 기간이 6개월 이상인 경우
4. 재화의 수입	관세과세가격 (특소세, 주세, 교육세, 교통세, 농특세의 합계액)	· 세관장이 세금계산서 발행
5. 외화공급	· 공급전 환가 : 환가금액 · 공급이후 환가 : 공급시의 대고객 전신환매입율 환산금액	현금 수출의 경우 해당

거 래 유 형	과 세 표 준	비　　고
7. 자가공급, 개인적공급, 사업상 증여	· 원칙 : 시가 · 직매장반출 : 취득가액 또는 공급가액	시 가 : 제3자와의 시장가격, 재취득 가격을 말한다.
8. 폐업시 재화	· 재고자산 : 시가 · 감가자산 : -건물·구축물은 1과세기간에 5%씩 감액한 금액 - 기타 감가자산은 1과세기간에 25%씩 감액한 금액	
9. 과세면세 공통사용 재화를 공급하는 경우	직전과세기간의 과세, 면세, 공급가액 비율에 의해 안분계산	과세표준 = 당해 재화공급가액 $\times \dfrac{\text{직전과세기간의 과세공급가액}}{\text{직전과세기간의 과세면세공급가액}}$
10. 토지·건물의 일괄 공급의 경우	1. 토지가액면세 　건물가액과세 – 실양도거래가액 원칙 2. 구분안되는 경우 ㉠ 소득세법 제99조에 의한 기준시가로 안분계산. 다만, 감정평가법인의 감정가액이 있는 경우 감정가액 안분계산 ㉡ 토지, 건물 중 하나가기준시가 없는 경우 감정가액 있으면 감정가액비율로 안분하고 없으면 장부가액(취득가액)에 의하여 안분계산한 후 기준시가 있는 자산은 다시 그 합계액을 기준시가에 의해 안분계산	1, 2㉠㉡의 방법을 적용하기 곤란한 경우나 적용할 수 없는 경우는 국세청장이 정하는 방법에 의함
11. 부동산임대용역 특례	· 과세표준 : 임대료＋관리비＋재산세별도부과액＋간주임대료 · 간주임대부가세는 계약에 의해 임차인부담 가능 · 간주임대료부가세는 세금계산서 교부할 수 없다.	재산세를 임차인에게 부과하는 경우 부가세과세표준에 포함한다.

❸ 세율

부가가치세율은 과세표준에 곱하여 부가가치세를 산출하는 비율이며 부가가치세율은 단일 세율로서 10%이다.

1 납부·환급세액

부가가치세의 납부세액은 공급가액의 10%인 매출세액에서 매입재화나 용역의 10%로서 매입한 재화나 용역의 매입세액을 차감한 세액이 납부세액이며, 매출세액보다 매입세액이 많으면 환급세액이 된다.

그러나 매출세액이라 하여 전액 납부하는 것이 아니라 일부 가산한 것(예정신고누락분)과 일부 차감하는 것(대손세액) 등이 있으며 매입세액도 일부 공제받지 못하는 매입세액이 있어 매입세액과 매출세액의 차감액이 반드시 납부세액이 되는 것은 아니다.

(1) 매출세액에서 가산하는 것

부가세신고는 1 과세기간을 6개월로 하여 예정신고와 확정신고로 3개월씩 분할하여 신고하고 예정신고 누락분은 확정신고 시에 가산하여 신고한다. 그리고 확정신고누락분은 수정신고한다.

(2) 매출세액에서 차감하는 것

매출세액은 공급자가 징수하였거나 못하였거나 어음으로 징수하였거나 관계없이 무조건 신고기간 내에 신고·납부하여야 하며 미납부 시 1일 10,000분지 3의 가산세가 부과된다. 따라서 부가세는 외상으로 공급하였어도 현금으로 납부하므로 공급자는 그만큼 추가 자금부담이 있다.

그러나 재화나 용역을 공급받은 상대방이 도산하였거나 파산하여 대금을 회수할 수 없는 경우(대손 경우) 동액에 대해서는 공급자가 부가세를 징수할 수 없는데 부가세를 부담하여야 하는 모순이 생긴다. 이런 모순을 바로잡기 위해 대손 한 부가세는 납부할 매출세액에서 차감해 주는데 이를 대손세액공제라 한다. 그러나 모든 대손금의 세금을 공제해 주는 것이 아니라 다음의 요건을 갖춘 대손세액을 공제해 준다.

① 파산법에 의한 파산

② 강제집행

③ 사망·실종선고

④ 회사정리절차인가

⑤ 소멸시효 발생 – 어음수표 6개월, 일반채권 3년이 경과하는 과세기간부터 5년이 지난날
  이 속하는 과세기간의 확정신고기한내 회수불가능한 사유가 발생한 채권
⑥ 채무자별 채권가액 합계액을 기준으로 회수기일이 6월 이상 경과한 20만원 이하의 소액
  채권으로서 회수비용이 당해 채권가액을 초과하여 회수 실익이 없다고 인정되는 경우
  대손세액공제는 부가세확정신고 시에만 신청할 수 있다.
⑦ 매출을 누락하여 신고한 경우에도 경정되어 매출세액을 납부한 후 채권회수가 불간으한
  사유가 발생하면, 대손세액공제를 허용한다(2015.2월 이후 공급분부터)

② 공제받는 매입세액

(1) 매입세액 공제

사업자가 매입세액을 공제받기 위해서는 다음과 같다.
① 자기의 사업을 위하여 사용되었거나 사용될 재화 또는 용역을 공급받을 때 거래징수 당
  한 세액
② 자기의 사업을 위하여 사용되었거나 사용될 재화의 수입에 대한 세액이다.

매입세액은 부가세가 사업장별로 납세지를 구분하므로 사업장별로 매입 받은 사업장에서
공제받는다.

(2) 세금계산서에 의한 매입세액

재화나 용역의 공급 시 세금계산서를 발급하므로 공급받은 자는 원칙적으로 대부분 매입세
금계산서에 의해 매입세액을 공제받는다.

(3) 신용카드전표 및 현금영수증

소매업에서는 세금계산서발급이 면제되므로 그 대신 현금영수증이나 신용카드매출전표를
발급하므로 동 영수증이나 전표에 의해 공제할 수 있다.

매입세액공제가 가능한 신용카드매출전표를 발행할 수 있는 일반과세자의 범위를 영수증교
부대상 사업자로서 거래상대방의 세금계산서 요구 시 교부의무가 있는 일반과세자로 한정하
였다(2002. 1. 1 이후 개정 예: 소매업, 음식업, 숙박업 등 따라서 원천적으로 세금계산서교부의무 없는
목욕, 이발, 이용업, 여객운송업, 입장권발행영위사업 등은 제외된다.).

(4) 의제매입세액

부가세는 매출세액에서 매입세액을 차감하여 납부하기에 면세 농수축산물 등을 가공하여 과세재화를 공급하는 사업자는 매입세액이 없으므로 매출세액 전액을 납부하게 된다. 그러나 매입재화인 농수축산물에도 부가가치가 창출되어 그 재화의 면세구입가액에 포함되어 있으므로 비록 세금계산서에 의한 매입세액이 없더라도 일정률에 해당하는 금액을 매입세액으로 간주하여 공제해 주는 세액을 의제매입세액이라 한다.

가. 적용요건

① 사업자등록을 한 일반과세자로서(간이과세 제외)
② 면세로 농, 수, 축, 임산물을 구매하여
③ 제조, 가공하여 과세 재화나 용역을 창출하여야 한다.

나. 의제매입세액의 면제

구분	업종	비율	공제한도
음식점업	개별소비세법상 유흥업	4/104	* 6개월 매출액 1억원 이하 60%, 2억원 이하 55%, 2억원 초과 45%
	음식점업 개인사업자	8/108	
	음식점업 법인사업자	6/10	
제조업	중소기업 및 개인사업자	4/104	*2억원 이하 50%, 2억원 초과 40%. *법인세사업자는 매출액의 30%에 해당하는 농수산물매입액까지만 허용한다.
	기타 업종	2/*12	

다. 의제매입세액 공제시기

사업자가 면세농산물을 구입한 날이 속하는 과세기간(예정, 확정)이나 재배한 경우는 제조, 가공 또는 과세 용역의 창출에 사용하거나 사용할 수 있는 때이다.

라. 의제매입세액 공제 사업장

면세 재료의 농수축임산물을 공급받는 사업장이 원칙이나 최종제품이 완성되는 사업장에서도 공제할 수 있다.

마. 의제매입세액 영수증

신용카드매출전표수취명세서, 매입처별 계산서합계표, 의제매입세액공제 신고서를 제출하여야 한다.

(5) 재활용폐자원 등 매입세액(조세특례제한법)

재활용품을 거둬들여 판매하는 고물상은 매출세액은 세금계산서발행에 의해 발생하나 매입가격에 대해서는 재화의 특성상(엿장수, 부녀회 등) 매입세금계산서를 받을 수가 없으며 폐자원재활용산업을 조세정책적으로 지원할 필요가 있으므로 구입가격의 106분의 6이 부가세가 포함된 것으로 보아, 매입세액을 공제해 준다.

가. 적용대상

① 고물상 허가자
② 폐기물재활용신고자
③ 중고품 매매업자

나. 세율

① 폐자원 : 105분의 5 (2016.1.1부터 2016.12.31까지, 103분의 3)
② 중고자동차 : 109분의 9 (2016.12.31일까지)

다. 구입요건

부가세 과세사업을 영위하지 않은 자, 간이과세자, 국가, 지방자치단체와 과세특례자에게 재활용 폐자원을 공급받는 것에 한한다.

라. 폐자원의 종류

고철, 폐지, 폐유리, 폐합성수지, 폐 합성고무, 폐 금속캔, 폐건전지, 중고차, 폐 비철금속류, 폐타이어, 폐섬유, 폐유 등이다. (폐 토너카트리지는 제외)

마. 한도

재활용 폐자원 매입세액공제의 한도는 다음과 같다.

한도 = (폐자원관련 부가세 과표×100분지 80-폐자원매입 세금계산서)

※ 2007.12.31일까지는 90%로 한다.

바. 제출서류

재활용 폐자원 등의 매입세액공제신고서(계산서, 영수증)를 부가세신고서와 함께 제출한다.

(6) 변제대손세액(+)과 대손 처분받은 세액(−)

재화를 공급받은 자가 부도가 나서 폐업 전에 대손이 확정되어 동 금액에 대한 부가세를 공급한 자가 대손세액을 공제받았을 때 공급받은 자는 부가세를 매입세액 공제받고 대손으로 말미암아 지급하지 않았기 때문에 대손처분 받은 세액이라 하여 매입세액에서 차감하여야 한다. 왜냐하면, 부가세는 대손으로 인해 지급하지 않으면서 매입세액공제를 받아 이중공제 받기 때문이다. 그러나 그 후 공급받은 자가 대손처분 받은 금액 일부나 전부를 지급했다면 도 금액에 대해서는 부가세를 지급한 것이나 다름없으므로 변제대손세액이라 하여 매입세액에 가산하여 납부세액에서 공제 한다.

③ 공제받지 못하는 매입세액

매입세금이라 하여 비록 거래 당시 징수당하였다 하더라도 전액 공제받지는 못하며 다음의 매입세금은 매출세액에서 공제받지 못한다.

(1) 면세와 과세의 공통매입세액 안분 금액

면세사업과 과세사업을 겸업하는 경우 면세와 과세에 공통으로 사용되는 재화나 용역을 공급받으면 과세 관련 매입세액은 공제받아야 하며 면세관련 매입세액은 매입원가에 가산하여 불공제하여야 한다. 그러나 면세와 과세에 공통으로 사용되어 실지 귀속이 불분명한 경우 예를 들어 슈퍼에서 냉장고를 구매한 경우 동 냉장고가 면세와 과세재화를 공동으로 보관하는 경우 총공급가액에서 면세공급이 차지하는 비율만큼을 면세 관련 매입세액이라 하여 불공제하는데 이를 공통매입세액 불공제액이라 한다.

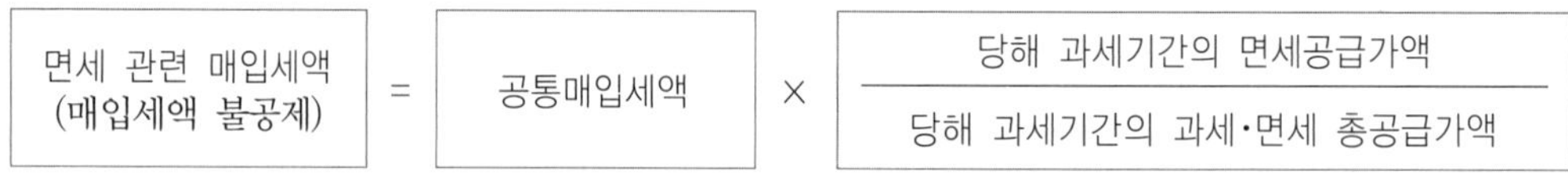

직전과세기간의 면세공급이 총공급의 5% 미만이거나 공통매입세액이 5만원 미만인 경우는 계산하지 않는다. (공통매입이 5천만원 이상은 제외)

(2) 공제받지 못하는 매입세액

다음의 매입세액은 세금계산서에 의해 거래상대방에게 부가세를 지급하였다 하더라도 부가세법상 그 매입세액은 매출세액에서 공제받지 못한다.

가. 세금계산서 합계표 등의 미제출, 불성실기재

매입세금계산서합계표를 미제출한 경우 매입세액은 불공제되며 수정신고에 의해서도 공제 불가능하다. 부실기재분은 해당분에 한해 불공제되며 수정신고 시 공제된다.

나. 사업과 직접관련 없는 매입세액

사업과 직접 관련이 없는 매입세액은 매출세액에서 공제되지 아니하며 사업과 관련없는 지출의 범위는 다음과 같다.

① 소득세법시행령 제78조(업무에 관련없는 지출)
- 그 업무에 관련없는 자산을 취득·관리함으로써 발생하는 취득비·유지비·수선비와 이와 관련되는 필요경비
- 직접 사용하지 아니하고 타인(사용인 제외)이 주로 사용하고 있는 토지·건물 등의 유지비·수선비·사용료와 이와 관련되는 지출금
- 그 업무에 관련없는 자산을 취득하기 위하여 차입한 금액에 대한 지급이자
- 사업자가 사업과 관련 없이 지출한 접대비

② 법인세법시행령 제50조
- 비업무용 부동산 및 서화·골동품을 취득관리함으로써 생기는 비용·유지비·수선비와 이와 관련된 비용
- 직접 사용하지 아니하고 다른 사람(출자자가 아닌 임원과 소액주주인 임원 및 사용인 제외)이 주로 사용하고 있는 장소·건물·물건 등의 유지비·수선비·사용료와 이와 관련되는 지출금
- 법인의 출자자(소액주주 제외)나 출연자인 임원 또는 그 친족이 사용하고 있는 사택의 유지비·관리비·사용료와 이와 관련되는 지출금
- 그 업무에 관련없는 자산을 취득하기 위한 자금의 차입에 관련되는 비용

다. 비영업용 소형 승용차의 구매·유지에 관련된 매입세액

비영업용이란 영업(운송수익영업)을 목적으로 구매한 것이 아니라 회사의 직원의 업무에 이용하기 위하여 구매한 것(렌터카, 택시회사 택시 등은 영업용임)을 말하며 승용차란 사람의 수송을 목적으로 하고 정원 8인 이하의 승용차로 지프형 승용차를 포함한다. 다만, 국민차는 공제된다.

일반적으로 특소세가 과세하면 부가세는 공제 안 되고 특소세가 과세 되지 않으면 부가세가 공제된다. 유지비는 수선비, 유류비, 주차비, 소모품비 등이다.

라. 접대비 등의 지출에 관련된 매입세액

접대비는 조세정책상 접대비의 지출을 억제하기 위해 접대비와 관련된 매입세액은 불공제하며 매입 부가세는 경비로 처리한다.

마. 면세사업 및 토지관련 매입세액

면세사업은 부가가치세가 면제되므로 매입세액은 매입원가에 가산되므로 매출세액이 없으므로 공제될 수가 없으며 토지관련 매입세액(토지구획정리비, 토목공사비 등)은 토지 자체가 면세재화이므로 부가세 포함하여 토지가액에 합산하는 것이다.

바. 사업자등록 전 매입세액

사업자는 부가세법에 따라 사업자등록증을 교부받아야 하는바 사업자등록증 신청 전 매입부가세는 공제받지 못한다. 단 사업자등록신청일로부터 역산하여 20일 이내의 것은 제외한다.

〈 불공제매입세액 회계처리 〉

매 입 세 액	세 무 회 계 처 리	기 업 회 계 처 리
비영업용 소형승용차 구입비 〃 　　　　유지비	차 량 운 반 구 원 가 차 량 유 지 비	좌 동
접　　　대　　　비	접　　　대　　　비	좌 동
토 지 의 자 본 적 지 출	토 지 원 가 계 상	좌 동
간 　 주 　 임 　 대 　 료	부담자의 세금과 공과금	좌 동
사 업 자 등 록 전 매 입 세 액	손 　 금 　 부 　 인	잡손실 또는 세금과공과
세금계산서 미교부 미수취 부실기재 부가세 불공제액	손 　 금 　 부 　 인	잡손실 또는 세금과공과
공 통 매 입 안 분 계 산 액	세 　 금 　 과 　 공 　 과	세금과공과

4 신용카드 등의 사용에 따른 세액공제

(1) 신용카드 사용 세액공제 대상자

법인을 제외한 일반과세자 중 영수증을 발행하여야 하는 사업자. 즉 소매업, 음식점업, 숙박업, 목욕, 이발, 이용업, 여객운송업, 입장권발행사업 등의 사업자가 공급하는 과세재화 및 용역이 해당한다.

(2) 신용카드 등 매출전표 사용

여신전문금융업법에 의한 신용카드매출전표 등 이와 유사한 것을 사용하여 재화나 용역을 공급하여야 한다.

① 신용카드 매출전표

② 카드 또는 컴퓨터 등 전자적인 매체에 화폐가치를 저장하였다가 재화 또는 용역구매 시 지급하는 결재수단

③ 전자화폐발생 사업자가 결제내용을 가맹사업자별로 구분하여 관리하는 것

 ※ 공제 시 결제내역명세서를 제출한다.

(3) 신용카드 등 사용 세액공제액

신용카드 등의 발행금액의 1%(2014년 12월 31일까지는 1천분의 13)의 금액을 납부세액에서 공제 한다. 음수일 때 '0'으로 본다. 단 연간 500만원(2012년 12월 31일까지는 연간 700만원 한도)을 한도로 한다(음식·숙박업을 영위하는 간이과세자는 1천분의 26)

❶ 세금계산서의 기능

세금계산서란 과세재화나 용역의 공급자가 공급하고 부가세를 거래징수하고 그 거래사실을 증명하기 위해 부가가치세법에 따라 발급하는 거래사실 증명서이다.

이 세금계산서는 다음의 기능을 한다.

① 송장(invoice) 기능 : 거래증명서

② 대금의 청구서 또는 영수증 기능 : 입금표 기능

③ 부가세징수 또는 청구서기능

④ 과세자료

❷ 세금계산서 등의 발행의무

사업자는 다음과 같이 거래 시 세금계산서, 영수증 등을 발행할 의무가 있다.

① 일반사업자 : 세금계산서, 현금영수증, 신용카드매출전표

② 면세사업자 : 계산서, 현금영수증, 영수증, 신용카드매출전표

③ 간이과세자 또는 과세특례자 : 영수증, 신용카드매출전표

❸ 세금계산서의 발행과 시기

(1) 발행대상

세금계산서는 부가세가 과세하는 재화나 용역의 공급에 대해서 발행한다. 다만, 직수출이나 국내사업장이 없는 비거주자 외국법인은 세금계산서를 발행하지 않는다.

(2) 발행시기

그리고 세금계산서는 거래징수라 하여 재화의 이동과 동시에 즉 거래시기(공급시기)에 발행하며 거래시기에 부가세를 징수한다.

세금계산서는 교부 특례라 하여 계속하여 공급하거나 빈번하게 공급하는 경우 재화나 용역의 공급일이 속하는 달의 다음 달 10일까지 전월의 합계액을 세금계산서 1매로 발행할 수 있

다.

④ 세금계산서의 작성

세금계산서에는 필수적 기재사항과 임의적 기재사항이 있는바 필수적 기재사항 흠결할 때 공급자는 세금계산서 불명 가산세가 부과되고 공급받는 자는 매입세액 불공제된다.

〈 세금계산서 양식 〉

세금계산서 (공급받는 자 보관용)							책 번 호			권		회	
							일련번호						
공급자	등록번호					공급받는자	등록번호		-	-			
	상 호 (법인명)		성명				상 호 (법인명)		성명				
	사업장주소						사업장주소						
	업 태		종목				업 태		종목				

작 성			공 급 가 액	세 액	비	고
년	월	일	공란수 백 십 억 천 백 십 만 천 백 십 일	십 억 천 백 십 만 천 백 십 일		

월	일	품 목	규 격	수량	단가	공 급 가 액	세 액	비	고

합계금액	현 금	수 표	어 음	외상미수금	이 금액을 (영수) 함 (청구)

(1) 필수적 기재사항

① 공급하는 자의 사업자등록번호와 성명 또는 상호

② 공급받는 자의 사업자등록번호

③ 공급가액과 부가가치세액

④ 작성연월일

(2) 임의적 기재사항

① 공급하는 자의 주소

② 공급받는 자의 상호, 성명, 주소, 업태, 종목

③ 공급품목, 단가, 수량, 거래의 종류 등

세금계산서로 공급받는 자가 사업자가 아닌 개인이면 개인의 주민등록번호를 기재하여 발행한다.

(3) 작성 시 유의사항

① 세금계산서는 공급자 보관용 1매, 공급받는 자 보관용 1매, 총 2매로 구성되어 있다.

② 권, 호수별 순서대로 사용함을 원칙으로 한다.

③ 공급자에 대한 사항인 등록번호, 상호, 성명, 사업장주소, 업태, 종목은 사업자등록증에 의해 기재하며 명판으로 찍는다.

④ 공급받는 자에 대해서는 사업자등록증 사본을 징수하여 기재하며 상대방이 의심스러운 경우는 세금계산서 발행일을 기준으로 사업자등록확인원(세무서발급)을 받아 폐·휴업 여부를 확인한다.

⑤ 공급받는 자가 사업자가 아닌 경우는 주민등록등본이나 주민등록증 사본을 징수하여, 성명, 주민등록번호, 주소를 기재하여 발급한다.

⑥ 작성 연 월 일 : 세금계산서 작성 연/월/일을 기재한다. 그러나 세금계산서는 재화의 인도 시에 작성하게 되어 있으므로 하단의 월/일과 일치하게 한다. 세금계산서는 연속거래는 1개월분을 2회나 1회에 걸쳐서 작성할 수도 있으므로 이런 경우 작성일이나 청구기준일을 기재한다.

⑦ 세액 란에는 부가가치세를 적으며 이것은 공급가액의 10%가 된다.

⑧ 월/일 품목 규격 공급가액 세액 란

　월/일은 물건을 인도한 날을 적으며 월일은 상단의 월일과 일치하게 하는 것이 원칙이다. 품목, 규격, 수량은 해당 품목을 적되 품목이 여러 종류라서 모두 기재하지 못할 때 '××외'라고 기재하고 거래명세서 별첨이라고 기재한다. 규격, 수량, 단가 등도 단품목일때는 기재하고 여러 품목일 때는 합계금액을 적는다.

⑨ 공급가액과 세액은 품목별로 구분하여 기재하되 가능하면 분리하고 다품목일때는 합계금액을 적어도 무방하다. 공급가액과 세액의 총계는 위의 금액과 일치해야 한다.

⑩ 합계금액란은 공급가액과 부가세액을 합한 금액을 적고 동 금액은 당해 세금계산서로 수령해야 할 금액이다.

⑪ 수령액이 현금, 수표, 어음, 미수 등을 구분하여 적되 안 적어도 무방하다.

⑫ 영수/청구 : 영수란은 대금을 현금, 수표, 어음으로 수령한 경우

　○표하거나 청구를 두 줄(＝＝＝) 로 지우고 수령하지 못한 경우는 청구에 ○표하거나 영수를 두 줄(＝＝＝)로 지운다.

⑬ 세금계산서의 '영수' 표시는 입금표와 같은 효력이 있으며 세금계산서의 '청구'는 대금청구서와 같은 효력이 있다.

⑭ 세금계산서를 사실과 다르게 발행하면 공급받는 자는 매입세액을 공제받지 못하는 불이익이 있다. 그리고 물건 거래 없이 세금계산서를 수수하면 조세범처벌법에 따라 처벌을

받게 되므로 영업과 관련하여 세금계산서는 현금과 같이 중요하게 관리하여야 한다.

⑮ 반품처리 시 공급가액 부가세를 적색볼펜으로 기재하여 반품 자에게 발급한다.

5 전자세금계산서의 발행의무

부가가치세법에 따라 법인사업자와 복식부기의무자인 개인사업자는 전자적 방법으로 세금계산서(이하 "전자세금계산서"라 함)를 발급하여야 한다.

법인사업자는 20×1년 1월 1일부터, 개인사업자는 직전사업연도 공급가액 합계액이 10억원 이상은 2012년 1월 1일부터, 3억원 이상인 개인사업자는 2014.7.1부터 전자세금계산서 의무발급대상이다.

이러한 의무를 위반한 경우에는 가산세 등의 불이익을 받게 된다.

〈 전자세금계산서 양식 〉

전자세금계산서(공급받는 자 보관용)

공급자	등록번호			공급받는자	등록번호		
	상 호(법인명)		성명		상 호(법인명)		성명
	사업장주소				사업장주소		
	업 태		종목		업 태		종목

책 번 호 □ 권 □ 호
일련번호 □□-□□□□

작성			공 급 가 액								세 액								비 고
년	월	일	공란수	백	십	억	천	백	십	만	천	백	십	일	십	억	천	백	십	만	천	백	십	일		

월	일	품 목	규 격	수량	단가	공 급 가 액	세 액	비 고

합계금액	현 금	수 표	어 음	외상미수금	이 금액을 (영수)(청구) 함

(1) 전자적 방법

전자세금계산서 제도에서 전자적 방법이란 다음의 어느 하나에 해당하는 방법으로 세금계산서의 기재사항을 계산서 작성자의 신원 및 계산서의 변경 여부 등을 확인할 수 있는 공인인증시스템을 거쳐 정보통신망으로 발급하는 것을 말한다.

① 전사적(全社的) 기업자원관리설비로서 표준인증을 받은 설비를 이용하는 방법

② 표준인증을 받은 실거래 사업자를 대신하여 전자세금계산서 발급업무를 대행하는 사업자의 전자세금계산서 발급 시스템을 이용하는 방법

③ 국세청장이 구축한 전자세금계산서 발급 시스템을 이용하는 방법

④ 전자세금계산서 발급이 가능한 현금영수증 발급장치 및 그 밖에 국세청장이 지정하는
　　전자세금계산서 발급 시스템을 이용하는 방법

(2) 발급명세의 전송

법인사업자와 개인사업자가 전자세금계산서를 발급하였을 때에는 그 발급일이 속하는 달의
다음 달 15일까지 전자세금계산서 발급명세를 국세청장에게 전송하여야 한다(부령 제53조의
2). 이처럼 전자세금계산서 발급명세를 전송한 경우에는 매출처별 및 매입처별 세금계산서합
계표를 제출하지 않아도 되며, 그 거래사실이 속하는 과세기간에 대한 확정신고를 한 날부터
5년간 세금계산서 보존의무가 면제된다.

(3) 전자세금계산서 제도의 단계적 시행

단계	시행원칙	미전송 가산세	적용시기
1단계	선택적으로 발급 가능하고 발급 시 인센티브 부여	· 가산세 없음 · '11.12.31.까지 건당 200원 세액공제(연간 100만원 한도)	· 법인 : '10.1.1.~'10.12.31. · 개인 : '11.1.1.~'11.12.31.
2단계	발급을 의무화하된 낮은 가산세 적용	· 발급일 다음 달 16일 ~ 과세기간 다음 달 15일까지 : 0.1% · 과세기간 다음 달 16일 이후 : 0.3%	· 법인 : '11.1.1.~'12.12.31. · 개인 : '12.1.1.~'13.12.31.
3단계	전자세금계산서제도 본격 시행	· 발급일 다음 달 16일 ~ 과세기간 다음 달 15일까지 : 0.5% · 과세기간 다음 달 16일 이후 : 1.0%	· 법인 : '13.1.1.이후 · 개인 : '14.1.1.이후

(4) 세금계산서의 발급 특례

사업자가 다음 각 호의 어느 하나에 해당하는 경우에는 재화 및 용역의 공급일수에 속하는
달의 다음 달 10일까지 세금계산서를 발급할 수 있다.
① 거래처별로 1 역월의 공급가액을 합하여 해당 월의 말일자를 작성연월일로 하여 세금계
　　산서를 발급하는 경우
② 거래처별로 1 역월 이내에서 사업자가 임의로 정한 기간의 공급가액을 합계하여 그 기
　　간의 종료일자를 작성연월일로 하여 세금계산서를 발급하는 경우
③ 관계 증명서류 등에 실제거래사실이 확인되는 경우로서 해당 거래일자를 작성연월일로
　　하여 세금계산서를 발급하는 경우

(5) 발급 및 전송에 대한 세액공제

사업자가 전자세금계산서를 20×1년 12월 31일까지 발급(세금계산서 발급명세를 국세청장에게 전송한 경우에 한정함)하는 경우에는 전자세금계산서 발급 건수에 200원을 곱한 금액을 해당 과세기간의 부가가치세 납부세액에서 공제할 수 있다. 이 경우 공제 한도는 연간 100만원으로 한다. (2014.1.1부터 법인사업자 제외)

6 수정 세금계산서

세금계산서를 발행한 후 그 기재사항에 착오 또는 오류, 정정 사항을 발견한 경우 수정신고기간 내에 세금계산서를 수정하여 발행할 수 있다.

그러나 애초 세금계산서 미발행, 발행시기 이후 교부, 면세로 계산서 발행한 경우 등은 수정 세금계산서를 발행할 수 없다.

(1) 작성요령

세금계산서 앞에 '수정'이라고 표시하고 애초 세금계산서는 붉은 글씨로 적고 수정하는 세금계산서는 검은 글씨로 기재하여 2매 작성한다. 작성연월일은 애초 발행일자를 기재하고 비고란에 수정세금계산서 작성일자를 기재하고 수정세금계산서 교부사유를 기재한다. 공급가액이 추가되는 경우 추가분만 검은 글씨로 기재하고 차감되는 경우 공급가액과 세액만 붉은 글씨로 기재한다.

(2) 수정세금계산서 교부시기

착오, 오류, 수정 세금계산서는 관할세무서장이 세액을 결정 또는 경정 전까지(수정신고기간 내) 수정신고할 수 있다. 그러나 공급가액 변동은 제한이 없다.

(3) 부가세과세표준신고서 수정신고

착오, 오류발생으로 말미암아 부과세과세표준에 영향을 미치면 부가세과세표준수정신고를 하여야 하며 공급가액이 변동되는 경우는 수정신고할 필요가 없다.

7 매입자 발행 세금계산서

납세의무자로 등록한 사업자는 세금계산서 교부의무가 있는 사업자로부터 재화나 용역을 공급받고 부가세법에 따라 거래시기에 따른 세금계산서를 발행받지 못하였을 때 그 재화 또는 용역을 공급받은 자는 세금계산서를 발행할 수 있는데 이를 '매입자발행세금계산서'라 하며 이를 매입세액으로 공제할 수 있다.

(1) 요건

① 판매자가 일반과세자이어야 한다.

② 재화용역 거래일로부터 15일 이내에 거래사실 확인 신청서에 거래사실을 입증하는 서류를 첨부하여 세무서장의 거래확인신청을 하여야 한다.

③ 거래 건당 공급 대가가 10만원 이상 500만원 이하인 경우로 제한한다.

④ 거래사실 확인 건은 월별로 2건의 거래에 한한다.

(2) 절차

① 관할세무서 거래사실 확인신청

② 관할세무서는 판매자 관할세무서에 통보

③ 판매자 관할세무서는 고지후 판매자와 매입자 관할세무서에 통보

④ 매입자 관할세무서는 매입자에 결과통지

⑤ 매입자발행세금계산서 발행교부

(3) 효력

① 매입자 부가가치세 매입세액공제

② 판매자 공급가액의 2% 가산세 부과 조세범처벌

8 세금계산서(전자세금계산서) 관련 가산세

(1) 세금계산서 미교부 가산세

사업자가 과세재화나 용역을 공급하고 세금계산서를 발행하지 않은 경우나 재화나 용역을 공급하지 아니하고 세금계산서를 발행한 경우에 미교부 공급가액의 2% 의 가산세를 부과한다. 다만, 전자세금계산서를 발급하여야 할 의무자가 세금계산서 발급시기에 종이계산서를 발급하는 경우 그 공급가객의 1%를 곱한 금액으로 한다.

(2) 세금계산서 부실기재 가산세

사업자가 세금계산서를 필요적 기재사항을 기재하지 아니하거나 부실기재한 경우

 의 가산세를 부과한다.

(3) 전자세금계산서 관련 가산세

법인사업자는 20×1년 1월 1일부터 그리고 개인사업자는 2012년 1월 1일부터 전자세금계산서를 의무적으로 발행하여야 한다. 또한, 발급명세 미전송 및 지연전송에 대해서는 가산세 등의 불이익 주고, 전자세금계산서 발급 및 전송에 대해서는 세액공제의 혜택을 준다. 전자세금계산서 제도가 시행되면서 부가가치세 신고 시에 매출 및 매입 세금계산서의 이중 입력으로 불부합으로 인한 가산세 등의 불이익이 발생하지 않도록 주의하여야 한다.

● 전자세금계산서 미발급 가산세

전자세금계산서 이외의 세금계산서를 발급하거나 전자세금계산서를 발급하지 않은 경우 공급가액의 2% 의 가산세를 적용한다.

〈적용시기〉

- 법인사업자 : 2011.1.1부터
- 개인사업자(복식부기 의무자) : 2012.1.1부터

〈전자세금계산서 관련 가산세〉

구분		발급자	수취자
미발급	전자세금계산서 발급의무자가 전자세금계산서 미발급 또는 종이세금계산서 발급한 경우	가산세 2%	과세기간경과 후 수취시 매입세액불공제
	종이세금계산서 발급한 경우	가산세 1%	매입세액공제
	재화·용역의 공급시기가 속하는 과세기간을 지나서 발급한 경우	가산세 1%	매입세액불공제
지연발급	발급시기를 경과후 공급시기가 속하는 과세기간 이내에 발급한 경우	가산세 1%	가산세 1%
미전송	공급시기가 속하는 과세기간 다음 달 11일까지 미전송	가산세 0.3%(법인은 2014.1.1부터 0.1%)	-
지연전송	발급일 다음 달이 지나서 과세기간 다음달 11일까지 전송	가산세 0.1%(법인은 2014.1.1부터 0.5%)	-

※ 과세기간내발급 : 1월~5월분은 6월 30일까지 발급, 6월분은 특별규정에 따라 7월 10일까지 발급

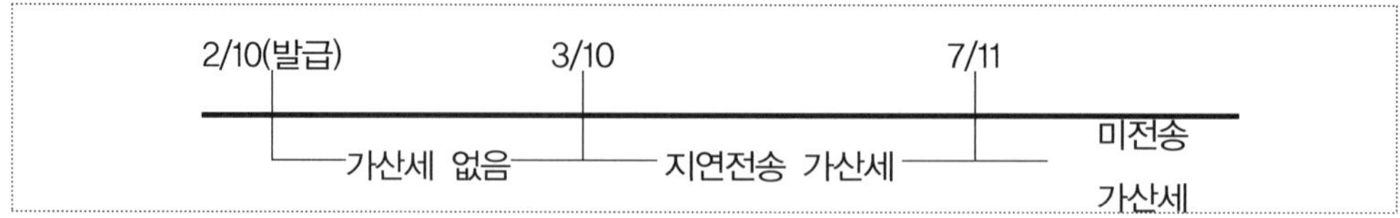

*전자세금계산서 지연발급 및 전송의무위반이 중복된 경우 지연발급가산세만 부과한다.

9 현금영수증

(1) 가입의무 대상자

① 소비자 상대업종 사업자 중 직전 연도 수입금액 24백만원 이상 개인 사업자

② 소비자 상대업종을 영위하는 법인 사업자

③ 의사·약사 등 의료보건 용역을 제공하는 사업자

(2) 가입기한

① 신규사업자 : 사업 개시일로부터 3개월 이내

② 계속사업자 : 직전 연도 수입금액이 24백만원 이상이 된 경우에는 당해 사업년도 개시일 로부터 3개월 이내(~3. 31일까지 가입)

(3) 가산세 부과

① 미가맹 시 미가입기간의 수입금액(일할계산)의 1%를 가산세로 부과한다.

② 소비자가 현금영수증 발급을 요청하는 경우에 현금영수증 발급을 거부하거나 사실과 다르게 발급하면 거부금액(사실과 다른 금액)의 5% 가산세 및 과태료 부과 등 각종 불이익을 받는다.

③ 고소득·전문직 등 사업자는 30만원 이상의 현금거래 시 소비자가 요청하지 않을 때에도 현금영수증을 발급하여야 하며 위반하면 미발급액의 50%를 과태료로 부과한다.

(4) 발급의무 대상업종

① 전문직종 : 변호사업, 회계사업, 세무사업, 변리사업, 건축사업, 법무사업, 심판변론인업, 경영지도사업, 기술지도사업, 감정평가사업, 손해사정인업, 통관업, 기술사업, 도선사업, 측량사업, 공인노무사업

② 보건업 : 종합병원, 일반병원, 치과병원, 한방병원, 일반의원, 기타의원, 치과의원, 한의

원, 수의업

③ 기타업종 : 일반교습학원, 예술학원, 골프장업, 장례식장업, 예식장업, 부동산중개업, 일
반유흥주점업, 무료유흥주점업, 산후조리원

⑩ 일반영수증

모든 일반과세사업자가 재화나 용역의 공급 시 세금계산서를 발행할 수는 없다. 따라서 소
매업 등은 약식세금계산서라 할 수 있는 일반영수증을 발행하게 하는 바 일반영수증이란 부
가세를 구분표시하지 않고 판매가, 공급 대가로 합산표시된 거래사실 증빙(약식세금계산서)이
다.

(1) 영수증의 종류

① 영수증
② 금전등록기계산서
③ 신용카드매출전표
④ 승차권
⑤ 전기, 가스요금 영수증

(2) 영수증의 표시

영수증이란 일정한 양식은 없으나 공급자 등록번호, 공급대가, 공급자성명, 공급연월일이
기재되어 있으면 영수증으로 본다. 다음의 영수증은 공급가액과 세액을 구분 표시하여야 한
다.
① 영수증 교부대상 사업자 중 유통산업발전법에 의한 백화점, 대형점, 쇼핑센터 내의 사업
자 및 POS 도입 사업자 등으로서 사업의 종류나 규모 등을 고려하여 국세청장이 지정하
는 자
② 적용대상 영수증은 신용카드, POS, 전산발매 등 기계적 방법(금전등록기 제외)에 의해 발
행하는 영수증

(3) 영수증 교부의무자

다음 사업자는 세금계산서 대신 영수증을 발행하여야 한다.
① 소매업
② 음식점업(다과점업 포함)
③ 숙박업

④ 목욕·이발·미용업

⑤ 여객운송업

⑥ 입장권을 발행하여 영위하는 사업

⑦ 주로 사업자가 아닌 소비자에게 재화 또는 용역을 공급하는 사업으로서 다음의 사업자

    1. 도정업·제분업중 떡방앗간

    2. 양복점업·양장점업·양화점업

    3. 건축물자영건설업 중 주택건설업

    4. 운수업 및 주차장 운영업

    5. 부동산중개업

    6. 사회서비스업 및 개인서비스업

    7. 가사서비스업

    8. 전기통신사업 중 사업자가 아닌 일반소비자에게 전기통신용역을 제공하는 사업

    9. 기타 1내지 8과 유사한 사업으로서 세금계산서의 교부가 불가능하거나 현저히 곤란한 사업

(4) 영수증 대신 세금계산서를 발행하여야 하는 경우

영수증교부의무자라 하더라도 다음의 공급받는 자가 사업자일 경우 세금계산서를 요구하면 발행해야 한다.

① 소매업

② 음식점업

③ 숙박업

④ 여객운송업(전세의 경우만)

⑤ 사업자가 아닌 소비자에게 재화나 용역을 공급하는 사업

11 영수증 발행의무 면제자

다음의 사업자는 영수증 등을 발행하지 아니한다.

① 택시운송, 무인자판기사업, 노점상

② 자가공급, 개인적 공급, 사업상 증여, 폐업 시 잔존재화

③ 영세율 중 직수출, 국외제공용역, 외국항행용역, 기타외화획득사업

9절 부가가치세의 신고

1 신고기간

부가가치세는 자진신고 납부제도로 납세자가 부가세과세표준과 세액을 신고·납부하여야 한다. 부가세의 1 과세기간은 6개월이나 1 과세기간을 예정신고와 확정신고로 나누어 3개월씩 신고·납부하고 있다.

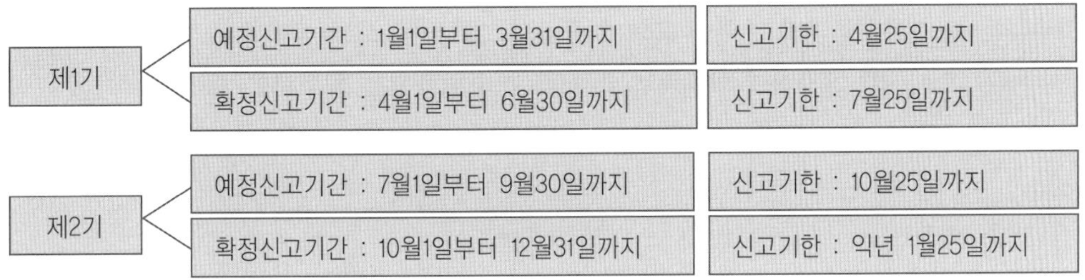

제1기	예정신고기간 : 1월1일부터 3월31일까지	신고기한 : 4월25일까지
	확정신고기간 : 4월1일부터 6월30일까지	신고기한 : 7월25일까지
제2기	예정신고기간 : 7월1일부터 9월30일까지	신고기한 : 10월25일까지
	확정신고기간 : 10월1일부터 12월31일까지	신고기한 : 익년 1월25일까지

외국법인은 신고기간 종료일로부터 50일 내 신고할 수 있으며 신고기한 종료일이 공휴일이면 그다음 날이 신고기한이 된다.

2 신고서류

사업자는 부가세신고 시 다음의 서류를 함께 제출하여야 한다.

① 매출처별세금계산서합계표
② 매입처별세금계산서 합계표
③ 매입자발행세금계산서합계표
④ 영세율 첨부서류
⑤ 대손세액공제신고서
⑥ 매입세액 불공제분 계산근거
⑦ 매출처별계산서합계표
⑧ 매입처별계산서합계표
⑨ 신용카드매출전표등수령명세서
⑩ 전자화폐결제명세서(전산작성분 첨부가능)
⑪ 부동산임대공급가액명세서
⑫ 건물관리명세서
⑬ 현금매출명세서
⑭ 주사업장 총괄납부를 하는 경우 사업장별 부가가치세과세표준 및 납부세액(환급세액) 신고명세서
⑮ 사업자단위과세를 적용받는 사업자의 경우에는 사업자단위과세의 사업장별 부가가치세 과세표준 및 납부세액(환급세액)신고명세서

⑯ 건물 등 감가상각자산취득명세서   ⑰ 의제매입세액공제신고서

⑱ 그 밖의 필요한 증명서류

③ 수정신고기한

수정신고는 부가가치세의 과세표준과 세액을 결정 또는 경정하여 통지하기 전까지는 수정신고서를 제출할 수 있다.

④ 세금계산서합계표

사업자는 부가세법에 따라 재화나 용역의 공급 시 세금계산서를 발행하고, 발행한 세금계산서는 부가세신고 시 세금계산서의 거래처별 즉 매출처별 합계표를 제출하고 재화나 용역을 공급받은 경우도 매입처별 세금계산서 합계표를 부가세신고 시 함께 제출하여야 한다.

(1) 제출의무자

다음에 해당하는 자는 매출, 매입처별 세금계산서합계표를 제출하여야 한다.

① 부가가치세 납세 의무자

② 세관장

③ 국가·지방자치단체·지방자치단체조합

④ 부가가치세 면세사업자 중 소득세 또는 법인세의 납세의무가 있는 자

⑤ 민법 제32조의 규정에 따라 설립된 법인

⑥ 특별법에 따라 설립된 법인

⑦ 각급학교 기성회·후원회 또는 이와 유사한 단체

⑧ 조흥은행·조선식산은행·한국광업진흥주식회사·농회·금융조합·대한금융조합연합회·농업은행·조산농지개발영단 등의 각 청산위원회

⑨ 시행규칙 제18조의 규정에 의한 전력 등의 공동매입 시 명의자 또는 동업자가 조직한 조합 또는 이와 유사한 단체

⑩ 조달기금법에 의한 물자공급 시 부가가치세법시행령 제58조 제3항의 규정에 따라 세금계산서를 교부하는 자

(2) 제출시기

부가세예정신고 및 확정신고 시 제출하고 예정신고 누락분은 확정신고 시 제출하며 수정신

고 시는 집계표에 수정 전 내용은 붉은 글씨 수정 후 내용은 검은 글씨로 기재하여 수정신고 시 제출한다.

(3) 전산테이프 제출 특례

사업자가 국세청이 정한 바에 따라 전산처리한 매입매출처별 세금계산서 합계표를 전산테이프나 디스켓으로 제출할 수 있다.

(4) 매출처별 세금계산서합계표 작성방법

① 「거래기간」난은 신고대상기간을(예, 제1기 예정분 : 1월1일~3월31일) 기재하고, 「작성일자」 난은 세금계산서합계표 작성일자를 기재한다.

② 세금계산서 매수, 공급가액, 세액은 거래처별로 합계하여 작성한다.
이 경우에 감액(취소)수정세금계산서의 매수는 포함하고 금액은 차가감하여 기재하여야 한다. 예를 들면 매출세금계산서가 20매 300,000,000원이고, 취소수정세금계산서가 1매 10,000,000원인 경우에는 "매수는 21매, 금액은 290,000,000원"으로 기재한다.

③ 주민등록번호 기재분은 마지막 란에 집계하여 기재하고 거래처 등록번호란에 "주민등록번호"라고 기재한다.

④ 예정신고 누락분도 매출(매입)처별로 합계하되 신고서에는 구분기재한다.

매출처별 세금계산서 합계표(갑)
(년   기)

※관리번호	-		

① 사 업 자 등 록 번 호		② 상 호(법 인 명)	
③ 성 명(대 표 자)		③ 사 업 장 소 재 지	
⑤ 업 태		⑤ 종 목	
⑦ 거 래 기 간	년 월 일~년 월 일	⑧ 작 성 일 자	년 월 일

구 분	⑨매 출 처 수	⑩매수	⑪ 공 급 가 액 조 십억 백만 천 일	⑫ 세 액 조 십억 백만 천 일	비 고
합 계					
사 업 자 등 록 번 호 발 행 분					
주민등록번호 발 행 분					

⑬ 일 련 번 호	⑭ 사 업 자 등 록 번 호		⑮ 상 호(법 인 명)	⑯ 업 태	⑰ 종 목	비 고
	⑱ 매 수	⑲ 공 란 수	⑳ 공 급 가 액 조 십억 백만 천 일	㉑ 세 액 조 십억 백만 천 일		
	-	-				
	-	-				
	-	-				
	-	-				
	-	-				

매출처별 세금계산서 합계표(을)
(년   기)

※ 관 리 번 호	-		① 사업자등록번호	— —		
⑬ 일련번호	⑭ 사 업 자 등 록 번 호		⑮ 상 호(법 인 명)	⑯ 업 태	⑰ 종 목	비 고
	⑱ 매 수	⑲ 공 란 수	⑳ 공 급 가 액 조 십억 백만 천 일	㉒ 세 액 조 십억 백만 천 일		
	— —					
	— —					
	— —					
	— —					
	— —					
	— —					
	— —					
	— —					
	— —					
	— —					

※ 이 서식은 매출처별 세금계산서 합계표(갑) 서식을 초과하는 매출처별 거래분에 한하여 사용한다.

<table>
<tr><td colspan="7" align="center">매입처별 세금계산서 합계표(갑)
(　　　년　　　기)</td></tr>
<tr><td>※관 리 번 호</td><td colspan="2">－</td><td colspan="4"></td></tr>
<tr><td>① 사 업 자 등 록 번 호</td><td colspan="2"></td><td>② 상　　　　호(법 인 명)</td><td colspan="3"></td></tr>
<tr><td>③ 성　　　　명(대 표 자)</td><td colspan="2"></td><td>③ 사 업 장 소 재 지</td><td colspan="3"></td></tr>
<tr><td>⑤ 업　　　　　　태</td><td colspan="2"></td><td>⑤ 종　　　　　　목</td><td colspan="3"></td></tr>
<tr><td>⑦ 거 래 기 간</td><td colspan="2">년　　월　　일~년　　월　　일</td><td>⑧ 작 성 일 자</td><td colspan="3">년　　월　　일</td></tr>
</table>

구　　　　분	⑨매입 처수	⑩매 수	⑪ 공 급 가 액 조 십억 백만 천 일	⑫ 세 액 조 십억 백만 천 일	비 고
합　　　계					

⑬ 일련 번호	⑭ 사 업 자 등 록 번 호		⑮ 상　　호(법 인 명)	⑯ 업 태	⑰ 종 목	비 고
	⑱ 매 수	⑲ 공 란 수	⑳ 공 급 가 액 조 십억 백만 천 일	㉑ 세　　　　　　액 조 십억 백만 천 일		
	－	－				
	－	－				
	－	－				
	－	－				
	－	－				

<table>
<tr><td colspan="7" align="center">매입처별 세금계산서 합계표(을)
(　　　　년　　　　기)</td></tr>
<tr><td colspan="2">※ 관 리 번 호</td><td>－</td><td colspan="2">① 사업자등록번호</td><td colspan="2">－　　　　－</td></tr>
<tr><td rowspan="3">⑬
일 련
번 호</td><td colspan="2">⑭ 사 업 자 등 록 번 호</td><td>⑮ 상　　　　호(법 인 명)</td><td>⑯ 업　　태</td><td>⑰ 종　목</td><td>비 고</td></tr>
<tr><td>⑱ 매 수</td><td>⑲ 공 란 수</td><td colspan="2">⑳ 공 　급 　가 　액</td><td colspan="2">㉑ 세　　　　　　액</td></tr>
<tr><td></td><td></td><td colspan="2">조　십억　백만　천　일</td><td colspan="2">조　십억　백만　천　일</td></tr>
<tr><td></td><td colspan="2">－　　　－</td><td></td><td></td><td></td><td></td></tr>
<tr><td></td><td></td><td></td><td></td><td></td><td></td><td></td></tr>
<tr><td></td><td colspan="2">－　　　－</td><td></td><td></td><td></td><td></td></tr>
<tr><td></td><td></td><td></td><td></td><td></td><td></td><td></td></tr>
<tr><td></td><td colspan="2">－　　　－</td><td></td><td></td><td></td><td></td></tr>
<tr><td></td><td></td><td></td><td></td><td></td><td></td><td></td></tr>
<tr><td></td><td colspan="2">－　　　－</td><td></td><td></td><td></td><td></td></tr>
<tr><td></td><td></td><td></td><td></td><td></td><td></td><td></td></tr>
<tr><td></td><td colspan="2">－　　　－</td><td></td><td></td><td></td><td></td></tr>
<tr><td></td><td></td><td></td><td></td><td></td><td></td><td></td></tr>
<tr><td></td><td colspan="2">－　　　－</td><td></td><td></td><td></td><td></td></tr>
<tr><td></td><td></td><td></td><td></td><td></td><td></td><td></td></tr>
<tr><td></td><td colspan="2">－　　　－</td><td></td><td></td><td></td><td></td></tr>
<tr><td></td><td></td><td></td><td></td><td></td><td></td><td></td></tr>
<tr><td></td><td colspan="2">－　　　－</td><td></td><td></td><td></td><td></td></tr>
<tr><td></td><td></td><td></td><td></td><td></td><td></td><td></td></tr>
<tr><td></td><td colspan="2">－　　　－</td><td></td><td></td><td></td><td></td></tr>
<tr><td></td><td></td><td></td><td></td><td></td><td></td><td></td></tr>
<tr><td></td><td colspan="2">－　　　－</td><td></td><td></td><td></td><td></td></tr>
<tr><td></td><td></td><td></td><td></td><td></td><td></td><td></td></tr>
</table>

※ 이 서식은 매입처별세금계산서합계표(갑)서식을 초과하는 매입처별거래분에 한하여 사용한다.

<table>
<tr><td colspan="3" rowspan="2">일반과세자 부가가치세</td><td colspan="3">( ) 예정 ( ) 확정</td></tr>
<tr><td colspan="3">( ) 기한 후 과세표준　신고서
( ) 영세율 등 조기환급</td></tr>
<tr><td colspan="2">관리번호</td><td colspan="2"></td><td>처리기간</td><td>즉시</td></tr>
</table>

□ 신고기간　년 제 기 (　월　일 ~　월　일)

사업자	상　호 (법인명)		성　명 (대표자명)		사업자등록 번　　호	
	주민(법인)등록번호	－	전화번호	사업장	주소지	휴대전화
	사업장 주소			전자우편 주　소		

❶ 신　고　내　용

구　분				금　　액	세율	세　　액
과세 표준 및 매출 세액	과세	세 금 계 산 서 발 급 분	(1)		$\frac{10}{100}$	
		매 입 자 발 행 세 금 계 산 서	(2)		$\frac{10}{100}$	
		신용카드·현금영수증 발행분	(3)		$\frac{10}{100}$	
		기타(정규영수증 외 매출분)	(4)			
	영세율	세 금 계 산 서 발 급 분	(5)		$\frac{0}{100}$	
		기　　　　　타	(6)		$\frac{0}{100}$	
	예 정 신 고 누 락 분		(7)			
	대 손 세 액 가 감		(8)			
	합　　　　　　　계		(9)		㉮	
매입 세액	세금계산서수취분	일 반 매 입	(10)			
		고 정 자 산 매 입	(11)			
	예 정 신 고 누 락 분		(12)			
	매 입 자 발 행 세 금 계 산 서		(13)			
	기 타 공 제 매 입 세 액		(14)			
	합 계 (10)+(11)+(12)+(13)+(14)		(15)			
	공 제 받 지 못 할 매 입 세 액		(16)			
	차 감 계 (15)-(16)		(17)		㉯	
납부(환급)세액 (매출세액 ㉮ - 매입세액 ㉯)					㉰	
경감 · 공제 세액	기 타 경 감 · 공 제 세 액		(18)			
	신 용 카 드 매 출 전 표 등 발 행 공 제 등		(19)			
	합　　　　　　　계		(20)		㉱	
예 정 신 고 미 환 급 세 액			(21)		㉲	
예 정 고 지 세 액			(22)		㉳	
금지금 매입자 납부특례 기 납부세액			(23)		㉴	
가 산 세 액 계			(24)		㉵	
차가감하여 납부할 세액(환급받을 세액)(㉰-㉱-㉲-㉳-㉴+㉵)					(25)	
총괄납부사업자가 납부할 세액 (환급 받을 세액)						

❷ 국세환급금계좌신고	거래은행	은행	지점	계좌번호

❸ 폐 업 신 고	폐업일	폐업사유

❹ 과 세 표 준 명 세				부가가치세법 제18조·제19조 또는 제24조와 「국세기본법」 제45조의3에 따라 위의 내용을 신고하며, 위 내용을 충분히 검토하였고 신고인이 알고 있는 사실 그대로를 정확하게 적었음을 확인한다.
업　태	종　목	업종 코드	금　액	년　월　일
(26)				신고인:　　　　　(서명 또는 인)
(27)				세무대리인은 조세전문자격자로서 위 신고서를 성실하고
(28)				공정하게 작성하였음을 확인한다.
(29) 수입금액제외				세무대리인:　　　　(서명 또는 인)
(30) 합 계				세무서장 귀하
				첨부서류　　뒤쪽 참조

세무대리인	성　명	사업자등록번호	전화번호

예정신고 누락분 명세		구 분		금 액	세 율	세 액
	(7)매출	과세	세 금 계 산 서 (31)		$\frac{10}{100}$	
			기 타 (32)		$\frac{10}{100}$	
		영세율	세 금 계 산 서 (33)		$\frac{0}{100}$	
			기 타 (34)		$\frac{0}{100}$	
		합 계 (35)				
	(12)매입	세 금 계 산 서 (36)				
		기 타 공 제 매 입 세 액 (37)				
		합 계 (38)				

(14) 기타공제 매입세액 명세	구 분		금 액	세 율	세 액
	신용카드매출전표등수령 명 세 서 제 출 분	일 반 매 입 (39)			
		고 정 자 산 매 입 (40)			
	의 제 매 입 세 액 (41)			뒤쪽 참조	
	재 활 용 폐 자 원 등 매 입 세 액 (42)			뒤쪽 참조	
	고 금 의 제 매 입 세 액 (43)				
	과 세 사 업 전 환 매 입 세 액 (44)				
	재 고 매 입 세 액 (45)				
	변 제 대 손 세 액 (46)				
	합 계 (47)				

(16) 공제받지 못할 매입세액 명세	구 분	금 액	세 율	세 액
	공 제 받 지 못 할 매 입 세 액 (48)			
	공 통 매 입 세 액 면 세 사 업 분 (49)			
	대 손 처 분 받 은 세 액 (50)			
	합 계 (51)			

(18) 기타 경감·공제 세액 명세	구 분	금 액	세 율	세 액
	전 자 신 고 세 액 공 제 (52)			
	전 자 세 금 계 산 서 발 급 세 액 공 제 (53)			
	택 시 운 송 사 업 자 경 감 세 액 (54)			
	현 금 영 수 증 사 업 자 세 액 공 제 (55)			
	기 타 (56)			
	합 계 (57)			

(24) 가산세 명세	구 분		금 액	세 율	세 액
	사 업 자 미 등 록 등 (58)			$\frac{1}{100}$	
	세 금 계 산 서	지 연 발 급 등 (59)		$\frac{1}{100}$	
		미 발 급 등 (60)		$\frac{2}{100}$	
	전 자 세 금 계 산 서 발 급 명 세 전 송	다 음 달 1 5 일 후 (61)		$\frac{1}{1000}$	
		과세기간 다음달 15일 후 (62)		$\frac{3}{1000}$	
	세 금 계 산 서 합 계 표 제 출 불 성 실 (63)			뒤쪽참조	
	신 고 불 성 실 (64)			뒤쪽참조	
	납 부 불 성 실 (65)			뒤쪽참조	
	영 세 율 과 세 표 준 신 고 불 성 실 (66)			$\frac{1}{100}$	
	현 금 매 출 명 세 서 미 제 출 등 (67)			$\frac{1}{100}$	
	합 계 (68)				

면세사업 수입금액	업 태	종 목	코 드 번 호	금 액
	(69)			
	(70)			
	(71) 수입금액 제외		(72)합 계	

계산서 발급및 수취명세	(73) 계산서 발급금액	
	(74) 계산서 수취금액	

210mm×297mm[일반용지 60g/ ㎡ (재활용품)

공제받지 못할 매입세액 명세서

(년   기)

1. 인적사항

상호 (법인명)		성명 (대표자)		사업자 등록번호	

2. 공제받지 못할 매입세액 내역

매입세액 불공제 사유	세금계산서			비고
	매수	공급가액	매입세액	
①필요적 기재사항 누락 등				
②사업과 직접 관련 없는 지출				
③비영업용 소형승용자동차 구입·유지 및 임차				
④접대비 및 이와 유사한 비용 관련				
⑤면세사업 관련				
⑥토지의 자본적 지출 관련				
⑦사업자등록 전 매입세액				
⑧금거래계좌 미사용 관련 매입세액				
⑨합계				

3. 공통매입세액 안분계산 내역

일련 번호	과세·면세사업 공통매입		⑫ 총공급가액 등	⑬ 면세공급가액 등	⑭불공제매입세액 [⑪×(⑬÷⑫)]
	⑩공급가액	⑪세액			
1					
2					
3					
4					
5					
합계					

4. 공통매입세액의 정산 내역

일련 번호	⑮총공통 매입세액	⑯면세사업 확정비율	⑰불공제 매입 세액 총액(⑮×⑯)	⑱기 불공제 매입세액	⑲가산 또는 공제되는 매입세액(⑰-⑱)
1					
2					
합계					

5. 납부세액 또는 환급세액 재계산 내역

일련 번호	⑳해당 재화의 매입세액	㉑경감률[1-(5/100 또는 25/100×경과된 과세기간의 수)]	㉒증가 또는 감소된 면세공급가액(사용 면적) 비율	㉓가산 또는 공제되는 매입세액 (⑳×㉑×㉒)
1				
2				
합계				

부가세는 거래시기에 세금계산서의 발행으로 과세근거를 확보함으로서 유통 및 상거래질서의 유지를 위한 가장 원시적이고 기초적인 자료가 된다. 따라서, 부가세와 관련된 가산세는 다른 세금과는 달리 가산세가 과중함으로 실무자들은 부가세의 이해와 실무 적용에 완전한 이해를 요구한다.

(1) 사업자 미등록 가산세

사업자가 사업자등록을 신청하지 않은 경우 사업개시일부터 사업자등록신청전까지의 공급가액에 대해 공급가액의 1% 의 가산세를 부과한다.

(2) 세금계산서 미교부 가산세

사업자가 과세제화나 용역을 공급하고 세금계산서를 교부하지 않은 경우나 재화나 용역을 공급하지 아니하고 세금계산서를 발행한 경우에 미교부 공급가액의 2% 의 가산세를 부과한다.

(3) 세금계산서 부실기재 가산세

사업자가 세금계산서를 필요적 기재사항을 기재하지 아니하거나 부실기재한 경우 부실기재 공급가액의 1% 의 가산세를 부과한다.

(4) 전자세금계산서 미전송과 지연전송 가산세 (공급자에게만 적용)

구분		발급자
미전송	공급시기가 속하는 과세기간 다음 달 11일까지 미전송	가산세 0.3%(법인은 2014.1.1부터 0.1%)
지연전송	발급일 다음 달이 지나서 과세기간 다음달 11일까지 전송	가산세0.1%(법인은 2014.1.1부터 0.5%)

(5) 전자세금계산서 미발급·지연발급 가산세

전자세금계산서 이외의 세금계산서를 발급하거나 전자세금계산서를 발급하지 않은 경우 공급가액의 2% 의 가산세를 적용한다.

구분		발급자	수취자
미발급	전자세금계산서 발급의무자가 전자세금계산서 미발급 또는 종이세금계산서 발급한 경우	가산세 2%	과세기간 경과 후 수취시 매입세액불공제
	종이세금계산서 발급한 경우	가산세 1%	매입세액공제
	재화·용역의 공급시기가 속하는 과세기간을 지나서 발급한 경우	가산세 1%	매입세액불공제
지연발급	발급시기를 경과 후 공급시기가 속하는 과세기간 이내에 발급한 경우	가산세 1%	가산세 1%

※ 과세기간 내 발급 : 1월~5월분은 6월 30일까지 발급, 6월분은 특별규정에 따라 7월 10일까지 발급

(6) 매출처별 세금계산서합계표 미제출 가산세

매출처별 세금계산서합계표를 예정, 확정신고시 제출하지 아니하거나 예정신고 누락분을 확정신고시 제출하지 않은 때 공급가액의 1% 의 가산세를 부과한다(수정신고 제출시 부과).

(7) 매출처별 세금계산서합계표 부실기재 가산세

예정·확정신고시 거래처등록번호, 공급가액 등이 기재되지 아니하거나 사실과 다르게 기재된 때 부실기재 공급가액의 1% 의 가산세를 부과한다(착오기재 제외).

(8) 매출처별 세금계산서합계표 지연제출 가산세

예정신고분 매출처별 세금계산세합계표를 확정신고시에 제출하는 경우 지연제출 공급가액의 0.5% 의 가산세를 부과한다.

(9) 매입처별 세금계산서합계표 불성실 가산세

사업자가 공급받은 재화나 용역에 대한 매입세금계산서에 대해 매입처별세금계산서합계표 기재사항이 공급가액을 다르게 기재했거나 사실과 다르게 기재한 때 또는 예정, 확정신고시 미제출하거나 예정누락분을 확정신고 시 미제출한 경우 해당 공급가액의 1% 의 가산세를 부과한다(수정신고나 경정청구에 의한 매입세액공제는 가산세 부과하지 않는다).

(10) 신고 불성실 가산세

사업자가 제18조 제1항 및 제2항 단서 또는 제19조 제1항의 규정에 의하여
① 예정신고(예정고지자 제외) 또는 확정신고를 하지 아니하거나(무신고)
② 신고한 납부세액이 신고하여야 할 납부세액에 미달하거나(과소신고)

③ 신고한 환급세액이 신고하여야 할 환급세액을 초과하는 때에는(초과환급신고)
그 신고하지 아니한 납부세액, 그 미달하게 신고한 경우에는 그 미달한 납부세액, 초과하여
신고한 환급세액의 10%(무신고의 경우 20%)에 상당하는 금액을 납부세액에 가산하거나 환
급세액에서 공제 한다. 6개월 내 수정신고시는 50% 경감한다(부당과소신고시 납부세액의
40%).

④ 국제거래가 수반되는 부정행위는 무신고(과소신고) 가산세율이 60%이다.

(12) 납부불성실가산세

사업자가 법 제18조 제4항 또는 제19조 제2항의 규정에 의한

① 예정신고 또는 확정신고와 함께 납부하여야 할 세액을 납부하지 아니하거나(무납부)

② 납부한 세액이 납부하여야 할 세액에 미달하는 때는(과소납부) 납부하지 아니한 세액 또
  는 미달하게 납부한 경우에는 그 미달한 세액의 1일 0.03%에 상당하는 금액을 납부세액
  에 가산하거나 환급세액에서 공제 한다(1일 10,000분지 5).

(13) 영세율 과세표준신고 불성실 가산세

영세율이 적용되는 과세표준을 예정신고나 확정신고시 신고하지 않은 경우 또는 미달하게
신고한 때 다음의 가산세를 부과한다.

- 개인·법인 : 무신고 / 미달신고 과세표준의 1%

(14) 가산세 중복적용 배제

① 사업자미등록가산세가 적용되는 경우 매출과 관련된 가산세인 세금계산서 불성실가산세
  와 매출처별세금계산서합계표 불성실 가산세가 적용되지 않는다.

② 매출처별세금계산서합계표 불성실가산세가 적용되는 부분은 세금계산서 불성실가산세
  가 적용되지 않는다.

③ 신고·납부불성실 및 영세율과세표준 신고불성실의 경우 예정신고·납부와 관련된 가산세
  가 부과되는 부분에 대해 확정신고 납부와 관련하여 가산세를 부과하지 않는다. 즉, 예
  정신고 누락분을 확정신고에도 누락한 경우 그 예정신고누락금액에 대해 신고·납부불성
  실가산세만 적용한다.

④ 전자세금계산서 지연발급 및 전자세금계산서 전송의무 위반이 중복된 경우 지연발급 가
  산세를 부과한다.

〈 가산세의 종류 〉

구 분		적 용 범 위	적용금액	가산세율	비 고
① 미 등 록 가 산 세		사업자등록을 하지 아니한 때	공급가액	1%	공급대가 간이과세자 1%
② 매 출	㉠세 금 계 산 서 미 교 부 가 산 세	세금계산서를 교부하지 아니한 때, 위장, 가공 명의발행	공급가액	2%	
	㉡세 금 계 산 서 부 실 기 재 가 산 세	교부한 세금계산서의 기재내용의 누락, 사실과 다른 때	공급가액	1%	
	㉢매 출 처 별 합 계 표 부실기재가산세	매출처별세금계산서합계표를 제출하지 아니한때	공급가액	1%	
	㉣매 출 처 별 합 계 표 부 실 기 재 가 산 세	매출처별세금계산서합계표의 기재사항누락, 사실과 다른때	공급가액	1%	
	㉤매 출 처 별 합 계 표 지 연 제 출 가 산 세	예정분을 확정신고시 제출	공급가액	0.5%	
③ 매 입 처 별 합 계 표 불 성 실 가 산 세		㉠ 공급가액을 과다하게 기재	공급가액	1%	
		㉡ 경정시 경정기관의 확인을 거쳐 세금계산서등에 의하여 매입세액공제를 받는 때(또는 수정신고시)			
④ 신 고·납 부 불 성 실 가 산 세		i) 신고불성실가산세	미납부세액	10%	6개월내 수정신고시 50% 경감, 1년 이내 수정신고시 20% 경감
		ii) 납부불성실가산세	미납부세액	1일 0.03%의 이자	
⑤ 영 세 율 과 세 표 준 신 고 불 성 실 가 산 세		영세율 과세표준의 무신고, 과소신고, 첨부서류 미제출	공급가액	1%	간이·과특자공급 대가 1%
⑥ 중 복 적 용 배 제		i) ①을 적용받는 부분②적용 배제 ii) ②의 ㉢㉣㉤적용분 ②의 ㉠㉡ 및 신용카드매출표, 매입 세액공제가산세 적용배제 iii) ④, ⑤의 경우 예정신고적용분 확정신고시 적용배제			

15장
원천세와 원천징수

1 원천세의 개요

급여 등의 소득을 지급할 때 일정액의 세금을 떼어서 그다음 달 세무서에 납부하고 그 계산 근거를 세무서에 제출하도록 하고 있는데, 소득지급 시 세금을 뗀다고 하여 이를 원천징수라 한다.

(1) 원천세의 납세의무

소득이 발생한 거주자나 비거주자 개인은 소득세를 납부할 의무가 있다. 이러한 소득은 퇴직소득과 근로소득 외에는 개인뿐만 아니라 법인에도 발생할 수 있다. 개인에게 발생하면 소득세법에 따라서 소득세 납세의무가 발생하고, 법인에 발생하면 법인세법에 따라 법인소득에 대한 법인세 납부의무가 발생한다.

이러한 소득의 분류는 소득의 귀속자가 개인인 소득세법상의 분류이므로 소득세법은 이러한 소득의 분류, 계산, 신고, 납부 등은 개인의 소득계산 시 지켜야 할 규정이다.

원천징수란 상기 소득 중 종합소득과 퇴직소득을 지급하는 자가 법인이든 개인이든 그리고 위 소득을 받는 자가 법인이든 개인이든 소득금액의 일정액을 세금으로 지급 시 차감하고 지급하여 원천징수세금이라 한다.

2 원천징수의 구분

원천징수는 원천징수납부에 의하여 납세의무가 종결되는지에 따라 완납적 원천징수와 예납적 원천징수로 나눌 수 있다.

〈 원천징수의 구분 〉

구 분	완납적 원천징수	예납적 원천징수
내 용	원천징수로 납세의무 종결	원천징수로 종결되지 않음
확 정 신 고 의 무	신고의무 없음	확정신고의무 있음
조 세 부 담	원천징수세액	기본세율로 확정신고시 정산
대 상 소 득	분리과세소득	분리과세소득 이외의 소득

(1) 완납적 원천징수

완납적 원천징수는 개인이 분리과세 되는 이자소득, 배당소득, 기타소득(소득금액이 연간 300만원 이하일 때), 일용근로자의 소득을 지급받는 경우와 비영리법인이 이자소득에 대하여 분리과세·원천징수방법을 선택한 경우와 같이 소정의 세율을 적용하여 원천징수함으로써 별도의 확정신고 절차 없이 당해 소득에 대한 납세의무가 종결되는 경우의 원천징수를 말한다.

(2) 예납적 원천징수

예납적 원천징수란 소득금액 또는 수입금액을 지급할 때에 원천징수의무자가 원천징수한 세금으로 납세의무가 종결되지 않고, 확정신고대상에 포함하여 당해 과세기간에 대한 과세표준과 세액을 산출한 다음 이미 원천납부한 세금을 기납부세액으로 공제하여 신고·납부함으로써 당해 소득에 대한 납세의무가 종결되는 경우의 원천징수를 말하며 분리과세 되는 이자소득, 배당소득, 기타소득과(소법 73조) 비영리 내국법인이 이자소득에 대하여 분리과세 원천징수방법을 채택한 경우(법법 62조①)를 제외하고는 현행 법인세법상의 원천징수는 원칙적으로 예납적인 성질을 가지고 있음을 알 수 있다.

③ 원천징수 대상과 의무자

원천징수는 원천징수의 대상이 되는 소득금액 또는 수입금액을 지급하는 자(법인 또는 개인)가 당해 금액의 지급시기에 그 금액을 지급받는 자가 법인이면 법인세법을 적용하여 법인세를 개인이면 소득세법을 적용하여 소득세를 원천징수하여야 한다.

〈 원천징수 의무자와 대상세목 〉

지 급 자 (원천징수의무자)	지급받는 자	원천징수 세목	관계법령
법인 또는 개인	법 인	법 인 세	법인세법 73조
법인 또는 개인	개 인	소 득 세	소득세법 127조

(1) 법인세의 원천징수(법인에게 지급한 경우, 법법 73조)

법인에 다음의 원천징수 대상이 되는 이자소득금액과 증권투자신탁수익의 분배금 등을 지급하는 법인이나 개인사업자는 그 금액을 지급하는 때에 법인세를 원천징수하여 그 징수일이 속하는 달의 다음 달 10일까지 이를 납세지 관할세무서 등에 내야 한다. 다만, 이자소득 등을 국가 또는 지방자치단체에 지급하는 경우에는 그 법인들이 법인세 납세의무가 없으므로 원천징수를 하지 아니한다.

① 이자소득금액

② 증권투자 신탁수익의 분배금

③ 국내사업장이 없는 외국법인에 지급한 국내원천소득(법법 98조)

(2) 소득세의 원천징수(개인에게 지급한 경우, 소법 127조)

국내에서 거주자나 비거주자에게 다음과 같은 소득금액 또는 수입금액을 지급하는 자는 그 지급하는 금액에 해당하는 원천징수세율을 적용하여 계산한 소득세를 그 거주자나 비거주자의 소득세로 원천징수하여야 한다.

〈 소득세의 원천징수 대상과 세율 〉

소득의 종류	원천징수여부	비　　　　　고
이　자　소　득	○	지급액의 14%, 비영업대금의 이익은 25%
배　당　소　득	○	지급액의 14%
특 정 사 업 소 득	○	부가가치세 면제대상인 인적용역과 의료보건용역, 사업소득 수입금액의 3%(봉사료 5%)
근　로　소　득	○	간이세액표에 의하여 원천징수하고 다음연도 2월에 연말정산
연　금　소　득	○	총연금액이 연 600만원 이하인 경우 분리과세 선택적용 할 수 있음.
기　타　소　득	○	소득금액(지급액－필요경비)의 20%
퇴　직　소　득	○	종합소득세율에 의해 원천징수
양　도　소　득	×	

❖ 소득세의 원천징수 시기

① 법 제127조의 규정에 의하여 소득세를 원천징수할 시기는 원천징수 대상이 되는 소득금액 또는 수입금액을 실제로 지급하는 때 또는 지급의제시기이다.
② 다음 각호에 규정하는 날 제1항의 규정에 의한 실제로 지급하는 때로 한다.
  1. 계약의 위약 또는 해약으로 인하여 이미 지급한 계약금 또는 계약보증금이 기타소득으로 되는 경우에는 그 계약의 위약 또는 해약이 확정된 날
  2. 원천징수 대상이 되는 소득금액을 어음으로 지급할 때에는 당해 어음이 결제된 날
  3. 원천징수 대상이 되는 소득금액으로 지급할 금액을 채권과 상계하거나 면제받은 때에는 상계한 또는 면제받은 날
  4. 원천징수 대상이 되는 소득금액을 대물로 변제하는 경우에는 그 변제하는 날
  5. 원천징수 대상이 되는 소득금액을 당사자간의 합의에 의하여 소비대차로 전환한 때에는 그 전환한 날
  6. 원천징수 대상이 되는 소득금액을 법원의 전부명령에 의하여 귀속자가 아닌 제3자에게 지급하는 경우는 그 제3자에게 지급하는 날

(3) 지방소득세(주민세)의 원천징수(특별징수, 지법 179조의 3)

주민세의 특별징수 의무자는 소득세법·법인세법·지방세법(농지세규정) 규정에 의하여 소득세, 법인세, 농지세를 원천징수하는 자로 관련법규에 따라 원천징수할 소득세액·법인세액·농지세액의 10%를 주민세로 동시에 특별징수하여 납부하며, 소득할 주민세가 특별징수 되는 것은 다음과 같다(지령 130조의 9).

① 소득세법상의 원천징수

② 소득세법상 납세조합의 원천징수

③ 법인세법 제98조의 원천징수(외국법인에 한하여 적용되고 있음)

④ 원천세의 납세지

원천징수하는 소득세의 납세지는 다음과 같다(소밥 7조, 법법 9④).

구 분	원 칙	예 외	사업장이 없는 경우
거주자가 원천징수하는 경우	그 거주자의 주된 사업장 소재지	주된 사업장 소재지 이외에서 원천징수할 경우 : 그 사업장 소재지	그 거주자의 주소지 또는 거소지
비거주자가 원천징수 하는 경우	그 비거주자의 주된 국내 사업장 소재지	주된 사업장 이외의 국내 사업장에서 원천징수한 경우 : 그 국내 사업장 소재지	그 비거주자의 거류지 또는 체류지
법인이 원천징수 하는 경우	법인의 본점 또는 주사무소의 소재지	법인의 지점·영업소·기타 사업장으로서 독립채산제에 의하여 독자적으로 회계처리하는 경우 : 그 사업장의 소재지(국외에 있는 경우 제외)	
납세조합이 원천징수 하는 경우	그 납세조합의 소재지		

⑤ 원천세의 신고와 납부

(1) 월별 신고와 납부

◎ 지급과 원천징수

원천징수의무자는 원천징수대상소득을 소득자에게 지급할 때 소득자에게 원천징수세액을 차감한 후에 소득금액을 지급하고 원천징수영수증을 발행한다.

◎ 신고와 납부

원천징수의무자는 납세의무자로부터 차감한 원천징수세액을 다음과 같이 납부한다.

① 원천징수한 달의 다음 달 10일 내 납부(세무서장의 승인을 받은 경우는 매 반기별로 납부가능, 소령 제186조 ①)

② 세무서에 원천징수이행상황신고서 제출

③ 세무서에 지급조서 제출

(2) 반기별 신고와 납부

✸ 대상자

직전 연도의 1월부터 12월까지의 매월 말일 현재 상시고용인원의 평균 인원수가 20인 이하인 원천징수의무자(금융 및 보험업(파이낸스업 등 자금대금업 포함) 제외)로서 원천징수 관할세무서장으로부터 원천징수세액을 매 반기별로 납부할 수 있도록 승인을 얻은 자이다.

✸ 지급과 원천징수

① 반기별 납부승인을 얻은 징수의무자는 당해 반기의 마지막 달의 다음 달 10일까지 반기 동안의 원천징수내용을 기재한 신고서를 제출하고 징수한 세액을 납부하여야 한다.

② 반기별로 납부할 원천징수세액은 당해 반기 중에 징수한 세액을 말하며 수정신고분과 연말정산분 및 법인세법 규정에 따라 상여 처분된 금액에 대한 징수세액을 포함한다. 다만, 수정신고분·연말정산분 및 소득 처분된 금액에 대한 신고서는 월별 납부자와 같이 당해 반기 중에 제출할 수 있으며, 이때 제출하는 신고서에 납부할 세액이 있으면 징수한 달의 다음 달 10일까지 내야 한다.

③ 연말정산분 징수세액과 수정분 징수세액을 당해 반기분 징수세액과 함께 낼 때에는 반드시 신고서를 별지로 작성하여 당해 반기분 신고서와 함께 제출하여야 한다.

(3) 지급조서 제출

국내에서 거주자에게 이자·배당·근로·기타소득 또는 원천징수대상 사업소득에 대한 수입금액을 지급하거나 비거주자에게 국내원천소득을 지급하는 자는 세법에 의한 지급조서를 원천징수 관할세무서장에게 제출하여야 한다.

✸ 지급조서의 제출시기

① 이자·배당·사업소득·기타소득, 근로소득, 퇴직소득, 비거주자 국내원천소득, 봉사료수입금액

② 해당 연도의 다음 연도 2월 말일까지

✸ 전산테이프 또는 디스켓 제출

① 지급조서를 제출하여야 하는 자는 지급조서의 기재사항을 국세기본법 제2조 제18호의 규정에 의한 정보통신망에 의하여 제출하거나 전산 처리된 테이프 또는 디스켓 등으로 제출하여야 한다.

② 지급조서를 정보통신망이나 전산테이프 또는 디스켓으로 제출하지 않고 문서로 제출할 수 있는 업종과 규모는 다음과 같다.

• 직전 연도에 제출한 지급조서의 매수가 50매 미만 자 또는 상시 근무하는 근로자의 수가 10인 이하 자

③ 업종이나 규모에 관계없이 전산으로 지급조서를 제출해야 하는 업종
  • 한국표준산업 분류상 금융보험업자
  • 국가·지방자치단체 또는 지방자치단체조합
  • 법인
  • 복식부기의무자

(4) 원천징수 관련 가산세

✸ 원천징수 불이행 가산세

원천징수의무자가 원천징수하였거나 원천징수하여야 할 세액을 그 기한 내에 납부하지 아니하였거나 미달하게 납부한 때에는 다음 중 큰 금액을 가산세로 납부하여야 한다.

① 미납부세액 × 지연납부기간 × 1일 0.003% 이율(미납부세액의 10% 한도)

② 납부하지 아니한 세액의 5%

다만, 원천징수의무자가 국가·지방자치단체 또는 시·군 조합인 때에는 가산세를 부과하지 아니한다(법법 76조 ②).

참고 원천징수 대상 소득을 이미 신고·납부한 경우 원천징수세액의 징수 : 원천징수의무자가 원천징수를 하지 아니한 경우에도 당해 원천징수의 대상이 되는 소득금액이 이미 신고·납부한 법인세의 과세표준에 포함된 경우에는 이중과세를 방지하기 위하여 원천징수 불이행가산세 10%만을 원천징수의무자로부터 징수한다(법법 71조③ 단서).

✸ 지급조서 보고불성실가산세

지급조서를 제출하여야 할 자가 당해 지급조서를 그 기한 내에 제출하지 아니하였거나 제출된 지급조서가 불분명한 경우에는 그 제출하지 아니한 분의 지급금액 또는 불분명한 분의 지급금액의 100분의 2에 상당하는 금액을 결정세액에 가산한다(소법 81조⑤, 법법 76조⑦). 다만, 제출기한 경과 후 1개월 이내에 제출하는 경우에는 100분의 1로 한다.

참고 지급조서가 불분명한 경우 : 제출된 지급조서에 지급자 또는 소득자의 주소·성명·납세번호(주민등록번호로 갈음할 때에는 주민등록번호)나 사업자등록번호·소득의 종류·소득의 귀속연도 또는

지급액을 기재하지 아니하였거나 잘못 기재하여 지급 사실을 확인할 수 없는 경우를 말한다(법령
120조 ⑥).

(5) 계산서 및 영수증의 교부

부가가치세법상 과세사업자는 재화 또는 용역을 공급하는 때에 세금계산서 또는 영수증을
공급받는 자에게 발행하여야 하나, 부가가치세가 면제되는 부가가치세면세사업자는 소득세법
규정에 따라 용역을 공급하는 때에 계산서 또는 영수증을 발행하여야 한다. 그러나 원천징수
대상사업을 영위하는 사업소득자(의료보건용역, 저술가·작곡가·음악·교정·강의 등 인적용역)
가 용역을 공급받는 자로부터 원천징수영수증을 교부받는 것에 대하여는 계산서를 발행한 것
으로 본다(소령 211조 ⑤).

6 원천징수 면제와 배제

원천징수 대상소득인 이자나 배당, 갑종근로소득, 갑종퇴직소득, 기타소득 또는 사업소득의
수입금액을 개인에게 지급하는 때에는 소득세를 원천징수해야 하지만, 법에서 정하였으면 원
천징수를 하지 아니한다.

(1) 원천징수의 면제

원천징수의무자가 원천징수 대상이 되는 소득금액 또는 수입금액으로서 소득세가 과세하지
아니하거나 면제되는 소득을 지급하는 때에는 소득세를 원천징수하지 아니한다.

● 소득세 원천징수의 면제
① 공익신탁의 이익(이자소득)
② 실비변상적인 성질의 급여(근로소득)
③ 상훈법에 의한 상금(소득세가 과세하지 않는 소득)
④ 건당 50,000원 이하인 기타소득금액을 지급하는 경우(소법 84조)
⑤ 원천징수하는 소득세가 1,000원 미만인 때(법칙 68조 ②).

● 법인세 원천징수의 면제
① 법인세가 부과되지 않거나 면제되는 소득
② 신탁회사의 신탁재산에 귀속되는 소득
③ 비영리법인이 법령이나 정관의 정하는 바에 따라 회원 또는 조합원에게 융자를 해주고
　 받는 이자수입
④ 금융보험업자에게 차입금의 이자나 할인료를 지급하는 경우. 다만, 금융보험업자나 신탁회

사가 받은 수입이라도 이자 또는 할인액을 발생시키는 모든 채권 등(예금증서, 개발신탁수익
증권, 상업어음을 제외한 각종 어음 등)의 이자소득에 대해서는 원천징수하는 것이 원칙이나
채권 등의 이자를 신탁재산에 지급하는 경우에는 원천징수 없이 지급하고, 당해 이자에 대
한 원천징수는 신탁재산을 관리하는 금융기관이 한다.

(2) 원천징수의 배제

원천징수대상이 되는 소득금액 또는 수입금액으로서 그 발생한 소득이 지급되지 아니함으로써
소득세가 원천징수되지 아니한 당해 소득이 종합소득에 합산되어 종합소득에 대한 소득세가 과
세한 경우에 당해 소득을 지급하는 때에는 소득세를 원천징수하지 아니한다.

참고 원천징수해야 할 소득이 실제로 지급되지 아니함으로써 원천징수는 하지 않았으나 그 소득이
종합소득에 합산되어 소득세가 부과되었거나, 법인이 신고한 과세표준에 이미 포함된 경우에는 그
후 실제로 그 소득을 지급하더라도 본세는 원천징수하지 않고 가산세만 징수한다.

2절 근로소득의 원천징수

근로소득은 근로를 제공하여 발생한 소득으로 세법에서 근로소득으로 분류하는 소득은 다음과 같다.

① 근로소득의 범위

급여나 임금 등의 명목으로 지급하는 소득을 근로소득이라 하며, 다음의 소득을 근로소득으로 본다.

① 근로제공으로 받는 봉급·급여·보수·세비·임금·상여·수당과 이와 유사한 성질의 급여
② 법인의 주주총회·사원총회 또는 이에 따르는 의결기관의 결의에 의하여 상여로 받는 소득
③ 법인세법에 따라 상여로 처분된 금액
④ 퇴직으로 받는 소득으로서 퇴직소득에 속하지 아니하는 소득

(1) 근로소득으로 보는 것

① 기밀비(판공비를 포함한다. 이하 같다)·교제비 기타 이와 유사한 명목으로 받는 것으로서 업무를 위하여 사용된 것이 분명하지 아니한 급여
② 종업원이 받는 공로금·위로금·개업축하금·학자금(자녀장학금 포함) 기타 이와 유사한 성질의 급여
③ 근로수당·가족수당·전시수당·물가수당·출납수당·직무수당 기타 이와 유사한 성질의 급여
④ 보험회사·증권회사 등 금융기관의 내근사원이 받는 집금수당과 보험가입자의 모집, 증권매매의 권유 또는 저축의 권장 대가 기타 이와 유사한 성질의 급여
⑤ 급식수당·주택수당·피복수당 기타 유사한 성질의 급여
⑥ 주택제공을 받음으로써 얻는 이익, 다만 주주 또는 출자자가 아닌 임원(상장법인 소액주주 임원포함)과 임원이 아닌 종업원이 사택을 제공받는 경우 제외한다.
　이 경우 기업소유사택과 임차사택을 포함하나 임차보증금이나 임차료를 공동부담하는 경우는 사택이 아님
⑦ 종업원이 주택의 구매, 임차에 소요되는 자금을 저리 또는 무상으로 대여받음으로써 얻

는 이익

⑧ 기술수당·보건수당·연구수당(대학교원 연구보조비제외)

⑨ 시간외근무수당, 통근수당, 개근수당, 특별공로금

⑩ 여비 명목의 연액 또는 월액의 금액

⑪ 벽지근무수당, 외국근무수당, 기타 유사한 성질의 급여

⑫ 종업원과 그 배우자를 수익자로 하는 보험, 신탁, 공제 등의 납부금 금액

⑬퇴직으로 받는 소득으로서 퇴직소득에 속하지 아니하는 퇴직위로금, 퇴직공로금 등 유사
   급여

⑭ 휴가비 등 기타 유사한 성질의 급여

⑮ 퇴직보험, 퇴직일시금신탁이 해지되는 경우 퇴직금 외의 종업원에게 귀속되는 환급금

⑯ 임직원의 주식매수선택권의 행사이익

※ 위의 급여를 현물로 받으면 그 지급받는 당시의 시가에 의한다.

(2) 비과세 근로소득

근로소득은 근로의 제공으로 받는 총수입금액(총급여액)에서 비과세 근로소득과 근로소득
공제를 차감하여 계산한다. 비과세소득은 다음과 같다.

● 비과세 급여

① 복무 중인 병이 받는 급여

② 법률에 따라 동원된 자가 동원직장에서 받는 급여

③ 산업재해보상보험법에 따라 수급권자가 지급받는 요양급여, 휴업급여, 장해급여, 간병급
   여, 유족급여, 유족특별급여, 장해특별급여 및 장의비 또는 사망과 관련하여 근로자나
   그 유족이 지급받는 배상, 보상 또는 위자료의 성질이 있는 급여

④ 근로기준법 또는 선원법에 따라 근로자·선원과 그 유족이 지급받는 요양보상금, 휴업보
   상금, 행불보상금, 장의비 및 장례 보조비

⑤ 고용보험법에 의한 실업급여, 육아휴직급여 등

⑥ 본인의 학자금 중 교육훈련기간 이상 근무조건일 것으로 받는 학자금

⑦ 선원들의 식료

⑧ 일직비·숙직비, 제복·제모비·피복비

⑨ 업무와 관련된 차량유지비 20만원 한도

⑩ 현물 급식 및 월 10만원 이하의 식대

⑪ 언론사 취재기자수당 월 20만원 한도 내 금액

⑫ 교육기관 교원연구보조비 특정연구소, 벤처기업연구소 연구원의 연구비 월 20만원 이내
   금액

⑬ 20만원 이내의 벽지근무수당

⑭ 근로자가 천재, 지변 기타 재해로 받는 급여

⑮ 사용자부담 의료보험료, 국민연금

⑯ 생산직 등에 종사하는 월정급여 100만원 이하의 근로자가 받는 연장시간 근로, 야간근로,
   또는 휴일근로로 받는 수당 중 연간 240만원 이내의 금액

⑰ 특수분야 근무하는 군인, 경찰 등의 특별수당

⑱ 선원법에 의한 선원의 20만원 이내의 승선수당

⑲ 광산근로자 입갱 및 발파 수당

⑳ 외국정부, 국제기관에 근무하는 사람의 급여

㉑ 국가유공자의 보훈급여 및 학습보조비

㉒ 전직 대통령 연금

㉓ 작전상 외국에 주둔 중인 군인 급여

㉔ 국외 또는 북한지역에서 근로제공 급여 중 월 100만원(선박, 건설현장은 월 300만원)

㉕ 근로자와 배우자의 출산이나 6세 이하 자녀 월 10만원 이하 보육비

(2) 일용근로자의 근로소득

일용근로자란 근로를 제공한 날 또는 시간에 따라 근로대가를 계산하거나 근로를 제공한 날 또는 시간의 근로 성과에 따라 급여를 계산하여 받는 자로서 일정한 고용주에게 3개월 이상 계속하여 고용되어 있지 아니하고 근로단체를 통하여 여러 고용주의 사용인으로 취업하는 경우에 이를 일용근로자라 한다.

다만, 건설업은 동일 고용주에게 일 년 이내의 기간 동안 근무하여도 일용근로자로 본다. 그러나 작업의 지휘·감독하는 자, 작업현장의 기술적인 업무나 사무·타자·취사·경비 등의 업무를 하는 자는 일용근로자로 보지 않는다. 일용근로자의 근로소득공제는 일당 100,000원이며 지급 시 원천징수세율은 100분의 6이며 일용근로자의 근로소득세액공제율은 55%이다.

> **참고** 일용근로자에게 일당 200,000원을 지급한 경우 원천징수세액 계산
> - 근로소득 = 200,000원 − 100,000원 = 100,000원
> - 근로소득세 = 100,000원 × 6% = 6,000원
> - 근로소득 세액공제 = 6,000원 × 55% = 3,300원
> - 원천징수세액 = 6,000원 − 3,300원 = 2,700원

일용근로자가 손수레 등 작업도구를 가지고 근로를 제공하는 경우 근로제공에 부수적인 작

업도구의 사용료는 근로의 대가에 포함되는 것으로 한다. 일용근로자의 근로소득은 분리과세
되므로 종합소득에 합산과세 되지 않는다. 따라서 근로소득지급 시 원천징수 당하는 것으로
일용근로자의 납세의무는 종결된다.

(3) 근로소득의 공제

2012.1.1 이후 소득분부터 4,500만원 초과 8,000만원 이하 분에 대해 5%를 공제하며 8,000
만원 초과 1,000만원 이하는 3%, 10,000만원 초과분에 대해서는 1%를 공제 한다. 여기서 급여
액이란 근로자가 받는 총급여액(총수입금액)에서 위의 비과세소득을 차감한 금액을 말한다.
비과세소득은 제외하며, 2 이상 사업장에서 근로소득이 발생하는 경우엔 1회 공제 한다.

〈 근로소득공제 〉

총급여액	공 제 액
500만원 이하	총급여액의 80%
500만원 초과 1,500만원 이하	400만원+500만원을 초과하는 금액의 50%
1,500만원 초과 3.000만원 이하	900만원+1,500만원을 초과하는 금액의 15%
3,000만원 초과 4,500만원 이하	1,125만원+3,000만원을 초과하는 금액의 10%
4,500만원 초과	1,275만원+4,500만원을 초과하는 금액의 5%
일용근로자	일당 100,000원

❷ 근로소득의 원천징수

경리실무자가 매월 정기적으로 해야 하는 것 중의 하나가 기업의 임직원에게 급여를 지급
하고 급여에 대해 갑근세를 계산하여 원천징수한 후 이를 세무서에 납부하는 일이다. 급여소
득을 근로소득이라 하며 근로소득은 거주자의 소득을 갑근소득, 외국기관이나 국외 외국법인
의 소득을 을근소득이라 하기 때문에 근로소득을 갑근소득이라 부르며 이에 대한 원천징수세
액을 갑근세라 한다. 소득의 지급에 대해서는 지급자가 세금을 계산하여 지급시 원천징수한
다. 이때 갑근세 대상이 되는 소득을 과세소득이라 한다.

원천징수의무자가 갑종에 속하는 매월분의 근로소득을 지급하는 때에는 '간이세액조견표'에
의해 소득세를 원천징수한다. 간이세액조견표는 근로소득에 대해서는 근로소득자가 고용주(지
급자)에게 고용되어 매월 급여를 받으므로 매월 급여 지급 시마다 원천징수영수증을 발급하는
것이 번거로우므로 매월 급여 지급 시는 간이세액조견표에 의해 세금을 징수하도록 급여수준
과 부양가족 수를 고려하여 표로 작성하여 놓은 것이다.

따라서 매월 급여 지급 시 간이세액조견표에 의해 세액을 징수한다. 간이세액조견표의 월 급여액은 비과세소득을 제외한 과세소득을 말하며, 공제대상 부양가족 수는 본인과 배우자를 각각 1인으로 하여 20세 이하의 자녀, 형제자매, 60세 이상의 직계존속과 형제자매를 포함한다.

원천징수는 급여 지급 시 원천징수하므로 회사의 자금 사정이나 부득이한 사유에 의하여 급여를 지급하지 못하였으면 원천징수할 필요가 없다. 그러나 근로소득을 지급하여야 할 원천징수의무자가 1월 1일부터 11월 31일까지의 급여액을 해당 연도의 12월 31일까지 지급하지 아니한 때에는 12월 31일에 지급한 것으로 본다. 그러나 12월분 급여를 다음 연도 1월 31일까지 지급하지 아니한 때에는 그 급여액을 1월 31일까지 지급한 것으로 보고 원천징수한다. 따라서 납부세액은 그다음 해 2월 10일까지 납부한다.

③ 상여금의 원천징수

(1) 상여금이 없는 달의 경우

상여금이 없는 경우 그달의 총지급액에서 비과세소득을 제외한 과세소득을 기준으로 하여 간이세액조견표에서 부양 가족 수를 고려한 해당 세액란을 찾으면 된다.

예제 월 급여가 2,000,000원이고 직책수당이 150,000원, 출퇴근수당이 50,000원, 식대가 100,000원이 지급된 경우 갑근세는 다음과 같다. (공제대상가족 다자녀포함 4인).

급 여(총수령액)	2,000,000원		(계)	2,280,000원
직 책 수 당	150,000원			
출 퇴 근 수 당	30,000원		- 비과세소득(식대)	100,000원
식 대	100,000원		= 과세소득	2,180,000원
(계)	2,280,000원		갑근세 원천징수 세액	10,220원

(2) 정기적인 상여금이 있는 달의 경우

상여금이 정기적으로 지급되는 경우 월 급여는 상여금과 지급대상기간의 월 급여의 합계액에서 상여금지급기간(월수)으로 나누어 계산한 금액으로 간이세액조견표에서 간이세액을 찾은 후 동 금액에 상여금지급대상 월 수를 곱한 세액에서 지급대상기간에 근로소득에 대해 이미 원천징수한 세액을 공제한 것을 그 세액으로 한다.

$$\text{상여금 지급시 갑근세} = \{(\text{상여금 지급기간 총급여} + \text{상여금}) \div \text{상여금지급기간(월)}\}\text{에 해당하는 갑근세}$$
$$\times \text{상여금지급 월 수} - \text{상여금 지급기간의 기납부한 갑근세}$$

예제 매월 급여가 1,700,000원이고 공제대상 가족 수가 미성년자포함 4인이며 상여금은 3개월에 한 번씩 지급되는 경우 1월 2월분 급여가 지급되고 3월 상여금 지급 시 원천징수세액은(1·2월 원천징수세액은 30,000원 임)

3월간 총급여(1,700,000×3)	5,100,000		월 평균급여 (÷3)	2,266,666
상여금	1,700,000		해당 갑근세 (11,850×3)	35,550
			1·2월 원천징수세액	30,000
(계)	6,800,000		3월 원천징수 세액	5,550

(3) 지급대상기간이 없는 상여

지급대상기간이 없는 상여는 지급받은 연도의 1월 1일부터 지급일이 속하는 달까지를 지급대상기간으로 하여 지급대상기간이 있는 상여와 같은 계산방식으로 갑근세를 계산하고 해당연도에 2회 이상 부정기적인 상여금을 받는 경우 직전에 지급받은 달이 속하는 달의 다음 달부터 그 후 지급받는 달이 속하는 달까지를 지급대상기간으로 하여 갑근세를 계산한다(다자녀 포함 4인).

예제 위의 예에서 4월에 특별상여금 300,000원을 지급받았을 경우의 원천징수갑근세는 다음과 같이 계산된다.

1~4월 급여총계	6,800,000		월평균 급여	8,800,000÷4 =	2,200,000
상여금(3월분)	1,700,000		해당하는 월 갑근세	10,360×4 =	41,440
특별상여금	300,000		이미 원천징수한 세액	10,000×3 =	△30,000
과세소득 계	8,800,000		당월 원천징수할 세액		△11,440

❹ 원천세 회계와 장부작성

일반적으로 급여지급 시 갑근세와 주민세 외에 의료보험료, 국민연금 등을 공제하고 지급한다. 이러한 공제액은 급여로서 기업의 비용이나 납세자인 근로자 개인이 부담하여야 하는 것을 지급자가 지급 시에 공제하고 지급하는 것이다.

```
· 급    여 :     10,000,000원
- 갑근세           550,000원  ┐
- 주민세            55,000원  │
- 의료보험료        200,000원  ├  예수금  1,105,000원
- 국민연금          300,000원  ┘
· 실지급액 :       8,895,000원
```

🕸 예제

예제 상기 예에서 급여 총지급액이 10,000,000원인데 갑근세 550,000원, 주민세 55,000원, 의료보험료 200,000원, 국민연금이 300,000원이다. 그리고 실제 회사에서 현금으로 출금되는 금액은 8,895,000원이다.

(1) 급여지급과 전표분개

현금은 8,895,000원 지급되었다 하더라도 급여로 실제 비용 발생한 것은 10,000,000원이므로 10,000,000 전액을 급여로 전표 발생시킨다. 다만, 원천징수세액을 각 직원이 부담할 세금과 보험료 및 국민연금공제액을 회사가 일시적으로 공제하여 보관하고 있는 것이므로 '예수금'으로 유동부채계정에 기재한다.

• 손익계산서 〉 판매비와관리비 〉 급여

차) 급료	10,000,000원	대) 현금	10,000,000원

• 재무상태표 〉 유동부채 〉 예수금

차) 현금	1,105,000원	대) 예수금	1,105,000원

(2) 원천세납부와 전표분개

원천세는 급여를 지급한 달의 그다음 달 10일까지 금융기관에 납부하고 세무서에 그 내용을 신고하여야 한다. 원천세 납부는 예수금인 보관세금을 대신 납부해주는 것이므로 출금전표를 발생하여 유동부채 예수금을 감소시킨다.

따라서 갑근세와 관련된 예수금은 급여지급 시 일시적으로 발생하였다가 원천세인 예수금을 그다음 달 10일에 납부하면 자동으로 상계처리 된다.

• 재무상태표 〉 유동부채 〉 예수금

차) 예수금	1,105,000원	대) 현금	1,105,000원

(3) 장부작성

급여지급과 관련된 예수금의 발생과 납부에 관련된 장부기장은 다음과 같다.

예제 20×1년 3월 25일 급여 10,000,000을 지급하고 갑근세 외 예수금 1,105,000원을 원천징수하였다가 20×1년 4월 10일 갑근세 등 예수금 1,105,000원을 납부하였다. 급여원장과 예수금 원장을 작성하자.

급 여 원 장

월	일	적 요	차 변	대 변	잔 액
3	25	3월 급여 지급	10,000,000		10,000,000
		3월 계	10,000,000		10,000,000

예 수 금 원 장

월	일	적 요	차 변	대 변	잔 액
3	25	3월분 급여 갑근세 등		1,105,000	1,105,000
		3월 계		1,105,000	1,105,000
4	10	3월분 급여갑근세 등 납부	1,105,000	–	–
		4월 계	1,105,000		–

❶ 퇴직소득의 범위

퇴직금은 사규에 의한 금액과 근로기준법에 따라 계산한 금액 중 더 많은 것을 지급한다. 상기 금액이 퇴직금이며 퇴직금에는 근로자가 조기 퇴직하는 때에 퇴직금지급규정에 따라 퇴직금에 가산하여 지급받는 가산금은 퇴직소득에 해당한다.

퇴직소득은 근로기준법이나 사규에 의해 퇴직으로 받는 다음의 소득을 말한다.

① 근로소득이 있는 자가 퇴직으로 받는 소득 중 일시금

② 각종 공무원에게 지급되는 명예퇴직수당

③ 근로기준법에 의한 해고 예고수당

④ 근로소득이 있는 자가 퇴직으로 받는 퇴직보험의 보험금 중 일시금

⑤ 국민연금법에 의한 반환일시금

⑥ 위와 유사한 소득으로서 일시금

그러나 퇴직금지급규정에 따라 지급하는 것이라도 재직기간 중의 특수한 공로에 의하여 지급하는 공로금은 근로소득으로 본다. 그리고 사용자가 30일 전에 예고하지 아니하고 근로자를 해고하는 경우 근로자에게 지급하는 해고예고수당은 퇴직소득으로 본다.

이처럼 근로소득과 퇴직소득은 엄격히 구분하는 것은 근로소득과 퇴직소득을 계산하는 방식이 다르며 각 소득에 적용되는 세율 적용방법이 달라 퇴직소득에 대해서는 세금이 근로소득보다 현저히 작기 때문이다.

❷ 퇴직소득의 계산

퇴직소득은 당해연도의 퇴직급여액(명예퇴직수당 포함)에서 퇴직소득공제액을 차감한 금액으로 한다. 퇴직소득이 당해 중에 2회 이상이면 근속연수에 의한 퇴직소득공제는 1회에 한하여 퇴직소득공제를 한다.

〈 퇴직소득공제액 계산 〉

공 제		공 제 내 역 계 산	
퇴직소득 공제액 (①+②)	① 퇴직급여 공 제	1. 각종 퇴직급여액(단체퇴직보험금·퇴직금전환금 포함)의 40% 2. 명예퇴직수당 또는 퇴직수당의 40%	
	② 근속연수 공 제	근 속 연 수	공 제 금 액
		5년 이하 5년 초과 10년 이하 10년 초과 20년 이하 20년 초과	30만원×근속연수 150만원＋50만원×(근속연수－5년) 400만원＋80만원×(근속연수－10년) 1,200만원＋120만원×(근속연수－20년)

3 퇴직소득세액의 계산

퇴직소득을 지급하는 자는 퇴직소득에 대한 퇴직소득세금을 계산하고 원천징수하여 납부하여야 한다. 퇴직소득지급 시 원천징수의무자(지급자)는 그 지급일이 속하는 달의 다음 달의 말일까지 퇴직소득계산내용 등을 기재한 퇴직소득 원천징수영수증을 퇴직소득자에게 교부하고 또한 세무서에 제출한다.

퇴직소득세는 지급한 달의 다음 달 10일까지 세무서(금융기관)에 납부한다. 그리고 퇴직소득 원천징수영수증을 교부받은 거주자(소득자)는 그 퇴직소득과세표준을 그해의 다음 연도 5월 1일부터 5월 31일까지의 기간에 퇴직소득과세표준확정신고 및 자진납부계산서를 주소지 관할 세무서에 제출한다.

퇴직소득에 대한 과세표준은 퇴직소득금액에서 퇴직소득공제를 차감한 금액으로 한다.

〈 퇴직소득세액 〉

당해연도에 2번 이상 퇴직하여 퇴직금을 2회 이상 받는 경우 근속연수는 퇴직한 근무지의 근속연수를 합계한 월 수에서 중복되는 기간의 월 수를 공제한 월 수로 계산한다.

〈퇴직소득세액 산출 사례〉

예제 홍길동은 ABC무역에 1999년 1월에 입사하여 2015년 3월에 퇴사하였다.

⬟ 퇴사 당시 홍길동의 급여 내역은 다음과 같다.

내역	1월 급여	2월 급여	3월 급여
기 본 급	1,500,000	1,500,000	1,500,000
제 수 당	100,000	150,000	200,000
일 직 비	30,000	20,000	10,000
식 대	80,000	80,000	80,000
상 여 금	-	-	1,500,000
계	1,710,000	1,750,000	3,290,000

⬟ 퇴직소득 산출세액을 산출하면 다음과 같다.

기 본 급(3월)	4,500,000
제 수 당	450,000
일 직 비	60,000
식 대	240,000
상 여 금	1,500,000
계	6,750,000

(계)	6,750,000
÷ (3월) = 월평균급여	2,250,000
× 근속년수(16년 3개월)	36,562,500
- 퇴직소득 기본공제(40%)	14,625,000
- 근속년수 공제(17년)	9,600,000
퇴직소득과세표준	12,337,500

(퇴직소득과세표준)	12,337,500
÷ 근속년수(17년)	725,735
산출세액 (종합소득산출세율)	43,544

(산출세액)	43,544
× 근속년수	(17)
퇴직소득세	740,248

④ 퇴직소득 원천징수영수증 작성

● 퇴직소득원천징수영수증을 작성하면 다음과 같다.

[별지 제24호서식(2)] 〈개정 2010.4.30〉 (1쪽)

<table>
<tr><td colspan="2" rowspan="2">관리번호</td><td colspan="4" rowspan="2">퇴직소득 원천징수영수증/지급명세서
(□소득자 보관용 □발행자 보관용 □발행자 보고용)</td><td>거주구분</td><td>거주자1 / 비거주자2</td></tr>
<tr><td>내·외국인</td><td>내국인1 / 외국인9</td></tr>
<tr><td colspan="6"></td><td>거주지국</td><td>거주지국코드</td></tr>
</table>

징수의무자	①사업자등록번호	106-81-1234	②법인명(상호)	ABC무역(주)	③대표자(성명)	홍길동
	④법인(주민)등록번호	110111-1010111	⑤소재지(주소)		서울시 용산구 한강로 2가 22-2	
소득자	⑥성 명	홍길동	⑦주민등록번호		401010-1048110	
	⑧주 소		서울시 용산구 한강로 1가 1-1			

⑨귀 속 연 도	1999.1.1 부터 / 2015.3.3 까지	⑨-1 퇴직사유	□ 정년퇴직 □ 정리해고 ☑ 자발적 퇴직 □ 임원퇴직 □ 중간정산 □ 기 타

근무처별소득명세

근 무 처 구 분		(101) 주(현)		(102) 종(전)		(103) 종(전)		(104) 합 계
		법정	법정외 (명퇴수당 등)	법정	법정외 (명퇴수당 등)	법정	법정외 (명퇴수당 등)	
⑩ 근무처명								
⑪ 사업자등록번호								
⑫ 퇴직급여		36,962,900						
⑬ 퇴직연금일시금								
⑭ 퇴직급여액 계		36,962,900						
⑮ 비과세소득								

퇴직연금명세

구 분	퇴직연금 계좌번호	⑯ 퇴직연금 일시금 총수령액	⑰퇴직연금 원리금 합계액	⑱퇴직연금 소득자 불입액	⑲퇴직연금 소득공제액	⑳퇴직연금일시금 (⑯×[1-(⑱-⑲)/⑰])
주(현)근무지						
종(전)근무지						

세액환산명세

구 분		㉑퇴직연금일시 금 지급예상액	㉑-1 과세이연금액 (퇴직연일시금 제외)	㉑-2 기수령 퇴직급여액	㉒총퇴직연금일시금 ㉑×[1-(⑱-⑲)/ ⑰])	㉓수령가능 퇴직 급 여 액 (⑫+㉑ -1+㉑-2+㉒)	㉔환산 퇴직소 득공제	㉕환산 퇴직 소득과 세표준(㉓-㉔)	㉖환산 연평 균 과 세 표 준 (㉕/㉝)	㉗환산 연평 균산출세액
법정 퇴직급여	주(현)									
	종(전)									
법정외 퇴 직급여	주(현)									
	종(전)									

근속연수

계 산 내 용		법정 퇴직급여					법정 외 퇴직급여				
구 분		㉘입사일	㉙퇴사일	㉚근속월수	㉛제외월수	㉝근속연수	㉘입사일	㉙퇴사일	㉚근속월수	㉛제외월수	㉜근속연수
주(현)근무지		1999.1.1	2015.3.3			17					
종(전)근무지						㉜중복월수					㉜중복월수

정산명세

㉞퇴직급여액(⑭ 또는 ㉓)	36,962,900
㉟퇴직소득공제	24,225,000
㊱퇴직소득과세표준	12,337,500
㊲연평균과세표준(㊱/㉝)	725,735
㊳연평균산출세액	43,544
㊴산출세액(작성방법 참조)	740,248
㊵세액공제	
㊶외국납부세액공제	

납부명세

구 분	소득세	지방소득세	농어촌특별세	계
㊷결정세액(㊴-㊵-㊶)	740,248	74,024		814,272
㊸종(전)근무지 기납부세액				
㊹차감원천징수세액(㊷-㊸)	740,248	74,024		814,272

위의 원천징수액(퇴직소득)을 영수(지급)한다.　2015 년　5 월　10 일

징수(보고)의무자　Ａ Ｂ Ｃ 무역(주)　(서명 또는 인)

용산　세무서장 귀하

기타소득은 이자·배당·부동산임대·사업·근로·일시재산소득과 퇴직·양도·산림소득 이외의 일시적이고 우발적으로 발생하는 소득으로 타인에게(법인은 제외) 상금, 강연료 등의 기타소득을 지급하는 때에는 원천징수를 하여야 한다.

1 기타소득의 범위

기타소득은 열거주의에 의하므로 기타소득으로 열거된 것에 한하여 기타소득으로 본다. 기타소득과 다른 소득이 중복되는 경우에는 다른 소득으로 본다. 즉 고용관계가 있는 경우 근로소득으로, 고용관계가 없으나 사업성이 있으면 사업소득, 그 이외는 기타소득으로 본다.

〈 인적용역의 기타·사업·근로소득 구분 〉

구분 대상	기타소득	사업소득	근로소득
계속성 여부	일시적이고 우발적으로 발생하는 비경상적 수입	사업활동으로 볼 수 있을 정도의 계속성과 반복성	고용관계에 의하여 계속적으로 근로를 제공
원천징수대상소득	총지급액 – 필요경비	총지급액	급여 – 비과세소득

(1) 원천징수 대상 기타소득

기타소득은 이자소득·배당소득·부동산임대소득·사업소득·근로소득·일시재산소득·퇴직소득·양도소득 및 산림소득 외의 소득으로 다음 표와 같다.

기타소득의 범위

기타소득은 이자소득·배당소득·사업소득·근로소득·연금소득·퇴직소득 및 양도소득 외의 소득으로서 다음 각 호에서 규정하는 것으로 한다. (개정 2010.12.27)
1. 상금, 현상금, 포상금, 보로금 또는 이에 준하는 금품
2. 복권, 경품권, 그 밖의 추첨권에 당첨되어 받는 금품
3. 「사행행위 등 규제 및 처벌특례법」에서 규정하는 행위에 참가하여 얻은 재산상의 이익
4. 「한국마사회법」에 따른 승마투표권(이하 "승마투표권"이라 한다), 「경륜·경정법」에 따른 승자투표권(이하 "승자투표권"이라 한다), 「전통소싸움경기에 관한 법률」에 따른 소싸움경기투표권(이하 "소싸움경기투표권"이라 한다) 및 「국민체육진흥법」에 따른 체육진흥투표권(이하 "체육진흥투표권"이라 한다)의 구매자가 받는 환급금

5. 저작자 또는 실연자(실연자)·음반제작자·방송사업자 외의 자가 저작권 또는 저작인접권의 양도 또는 사용의 대가로 받는 금품

6. 다음 각 목의 자산 또는 권리의 양도·대여 또는 사용의 대가로 받는 금품

가. 영화필름

나. 라디오·텔레비전방송용 테이프 또는 필름

다. 그 밖에 가목 및 나목과 유사한 것으로서 대통령령으로 정하는 것

7. 광업권·어업권·산업재산권·산업정보, 산업상 비밀, 상표권·영업권(대통령령으로 정하는 점포 임차권을 포함한다), 토사석(토사석)의 채취허가에 따른 권리, 지하수의 개발·이용권, 그 밖에 이와 유사한 자산이나 권리를 양도하거나 대여하고 그 대가로 받는 금품

8. 물품(유가증권을 포함한다) 또는 장소를 일시적으로 대여하고 사용료로서 받는 금품

9. 지역권·지상권(지하 또는 공중에 설정된 권리를 포함한다)을 설정하거나 대여하고 받는 금품

10. 계약의 위약 또는 해약으로 인하여 받는 위약금과 배상금

11. 유실물의 습득 또는 매장물의 발견으로 인하여 보상금을 받거나 새로 소유권을 취득하는 경우 그 보상금 또는 자산

12. 소유자가 없는 물건의 점유로 소유권을 취득하는 자산

13. 거주자·비거주자 또는 법인과 대통령령으로 정하는 특수관계에 있는 자가 그 특수관계로 인하여 그 거주자·비거주자 또는 법인으로부터 받는 경제적 이익으로서 급여·배당 또는 증여로 보지 아니하는 금품

14. 슬롯머신(비디오게임을 포함한다) 및 투전기(투전기), 그 밖에 이와 유사한 기구(이하 "슬롯머신 등"이라 한다)를 이용하는 행위에 참가하여 받는 당첨금품·배당금품 또는 이에 준하는 금품(이하 "당첨금품등"이라 한다)

15. 문예·학술·미술·음악 또는 사진에 속하는 창작품(「신문 등의 자유와 기능보장에 관한 법률」에 따른 정기간행물에 게재하는 삽화 및 만화와 우리나라의 창작품 또는 고전을 외국어로 번역하거나 국역하는 것을 포함한다)에 대한 원작자로서 받는 소득으로서 다음 각 목의 어느 하나에 해당하는 것

가. 원고료

나. 저작권사용료인 인세(인세)

다. 미술·음악 또는 사진에 속하는 창작품에 대하여 받는 대가

16. 재산권에 관한 알선 수수료

17. 사례금

18. 대통령령으로 정하는 소기업·소상공인 공제부금의 해지일시금

19. 다음 각 목의 어느 하나에 해당하는 인적용역(제15호부터 제17호까지의 규정을 적용받는 용역은 제외한다)을 일시적으로 제공하고 받는 대가

가. 고용관계 없이 다수인에게 강연을 하고 강연료 등 대가를 받는 용역

나. 라디오·텔레비전방송 등을 통하여 해설·계몽 또는 연기의 심사 등을 하고 보수 또는 이와 유사한 성질의 대가를 받는 용역

다. 변호사, 공인회계사, 세무사, 건축사, 측량사, 변리사, 그 밖에 전문적 지식 또는 특별한 기능을 가진 자가 그 지식 또는 기능을 활용하여 보수 또는 그 밖의 대가를 받고 제공하는 용역

라. 그 밖에 고용관계 없이 수당 또는 이와 유사한 성질의 대가를 받고 제공하는 용역

20. 「법인세법」 제67조에 따라 기타소득으로 처분된 소득

21. 「조세특례제한법」 제86조의2에 따른 연금저축에 가입하고 저축 납입계약기간 만료 전에 해지하여 일시금으로 받거나 만료 후 연금 외의 형태로 받는 소득(같은 조 제4항의 계산식에 따라 계

산한 금액을 말한다)
22. 퇴직 전에 부여받은 주식매수선택권을 퇴직 후에 행사하거나 고용관계 없이 주식매수선택권을
    부여받아 이를 행사함으로써 얻는 이익
23. 뇌물
24. 알선수재 및 배임수재에 의하여 받는 금품
25. 대통령령으로 정하는 서화(서화)·골동품의 양도로 발생하는 소득(2013.1.1 시행)

(2) 비과세되는 기타소득의 범위

① 독립유공자예우에관한법률 및 국가유공자등예우및지원에관한법률에 의하여 받는 보상
   금·학자금 및 북한이탈주민의 보호및정착지원에관한법률에 의하여 받는 정착금·보로금
   및 기타 금품
② 국가보안법에 의하여 받는 상금과 보로금
③ 상훈법에 의한 훈장과 관련하여 받는 상금과 부상
④ 종업원의 직무와 관련된 우수발명으로서 발명진흥법에 의한 직무발명으로 사용자로부터
   받는 보상금

2 필요경비의 계산

(1) 기타소득과 일시재산소득의 필요경비

기타소득의 필요경비는 당해연도의 기타소득 총수입금액에 대응하는 비용의 합계액을 필요
경비로 하는 것이 원칙이며, 다만, 한국마사회법 및 경륜·경정법에 의한 승마투표권 또는 승
자투표권의 구매자에게 지급하는 환급금에 대하여는 승마투표적중자 또는 승마투표적중자가
구입한 당해 승마투표권 또는 승자투표권의 단위투표금액의 합계액을 필요경비로 한다.

(2) 필요경비

기타소득의 필요경비는 기타소득 총수입금액에 대응하여 지출된 비용을 말한다. 기타소득 중 필요
경비를 입증하기 어려운 몇 가지 경우에는 총수입금액의 일정비율을 곱한 금액을 필요경비로 인정하
는 법정필요경비인정제도를 두고 있으며 그 내용은 다음과 같다.

◈ 법정 필요경비를 공제하는 경우

구 분	내 용	비 고
총수입금액의 80%를 필요경비로 의제	① 원작자의 원고료 등 ② 인적용역의 일시제공으로 인한 대가 1. 고용관계 없이 다수인에게 강연하고 강연료 등의 대가를 받는 용역 2. 라디오·텔레비전 방송 등을 통하여 해설·계몽 또는 연기의 심사를 하고 받는 보수 기타 이와 유사한 성질의 대가를 받는 용역 3. 변호사·공인회계사·세무사·건축사·측량사·변리사 기타 전문적 지식 또는 특별한 기능을 가진 자가 당해 지식 또는 기능을 활용하여 보수 또는 기타 대가를 받고 제공하는 용역 3. 위 이외의 용역으로서 고용관계 없이 수당 또는 이와 유사한 성질의 대가를 받고 제공하는 용역 ③ 주택입주 지체상금 ④ 지역권·지상권의 설정·대여로 인한 금품 ⑤ 공익법인이 주무관청의 승인을 얻어 시상하는 상금과 부상	
최소한 총수입금액의 80%를 필요경비로 추정	광업권·어업권·산업재산권·산업정보·산업상 비밀·상표권·점포임차권·토사석의 채취허가에 따른 권리·지하수의 개발·이용권 기타 이와 유사한 자산이나 권리의 대여 소득	필요경비가 확인되지 않거나 총수입금액의 80%에 미달하는 것에 대하여는 총수입금액의 80%를 필요경비로 본다.

◈ 실제 필요경비만 공제하는 경우

위 이외의 기타소득은 법정필요경비가 없으므로 실제 필요경비만을 공제 한다.

① 승마투표권(승자투표권 포함)의 환급금 : 구입한 당해 승마투표권 단위투표금액의 합계액

② 슬러트머신 등의 당첨금품 : 당첨 당시에 슬러트머신 등에 투입한 금액

3 원천세액의 계산

원천징수세액의 계산은 다음과 같다.

$$\text{납부할 원천징수 세액} = (\text{기타소득총지급액} - \text{필요경비}) \times \text{원천징수세율 (20\%)}$$

* 3억원 초과 복권당첨금소득은 원천징수세율 30%를 원천징수함

내국법인(국내사업장이 없는 외국법인 등에 대해 지급하는 경우에는 원천징수 하여야 함)에게 지급하는 기타소득은 원천징수하지 아니한다. (법인 46013-3335, 1998.11.3)

⊕ 소득세가 제외되는 기타소득

다음의 기타소득에 대해서는 소득세를 부과하지 않는다.

구　　　분	대　　　상
① 한국마사회의 승마투표권 　경륜·경정 승자투표권	전면표시금액 10만원이하로 단위투표금액당 환급액이 단위투표금액의 100배 이하인 때
② 슬러트머쉰 등의 당첨금품	건당 500만원 미만인 때
③ 위 이외의 기타 소득	건당 기타소득금액이 5만원 이하인 때

④ 원천징수 방법과 신고

(1) 기타소득의 원천징수방법

원천징수의무자가 기타소득을 지급하는 때에는 그 기타소득금액에 원천징수세율을 적용하여 계산한 소득세를 원천징수한다. 기타소득을 지급하는 원천징수의무자는 당해 소득을 지급받는 자의 실지명의를 확인하여 이를 지급하는 때에 그 소득금액 기타 필요한 사항을 기재한 원천징수영수증을 그 받는 자에게 교부하여야 한다.

(2) 기타소득의 원천징수 시기

기타소득의 원천징수시기는 실제로 기타소득을 지급하는 때이다. 다만, 법인세법에 의하여 처분된 기타소득은 당해 법인의 당해 사업연도 결산확정일로 한다.

> **참고**
>
> ① 계약의 위반으로 인하여 당초 계약 시 지급한 계약금 등을 위약금으로 대체하는 경우의 당해 위약금 등에 대한 수입시기는 그 계약의 해약일 또는 위약일이다.
> ② 일시재산소득의 수입시기 : 일시재산소득에 대한 총수입금액의 수입할 시기는 그 대금을 청산한 날이나, 대금청산 전에 당해 자산을 인도하거나 사용·수익하는 경우에는 인도일 또는 사용·수익일로 한다(소령 50조④).

(3) 종합과세 및 분리과세 기타소득

기타소득은 원칙적으로 종합과세하나 기타소득금액의 연간 합계액이 300만원 이하인 경우에는 선택하여 종합소득에 합산하여 신고하거나, 원천징수만으로 납세의무를 종결할 수 있다.

대 상 소 득		세율	과세구분
• 주택복권·체육복표·기술개발복권·권로복지복권·중소기업진흥복권 당첨소득 등 승마투표권 및 승마투표권의 환급금		20%	분리과세 (조특법 92조)
• 3억원 초과 복권당첨금		30%	
• 상기 이외의 기타소득금액	연간소득금액 300만원 이하 자	20%	•분리과세와 종합과세 중 선택
	연간소득금액 300만원 초과자	20%	•종합과세

사업소득은 기타소득과는 달리 독립된 자격으로 용역을 계속적으로 제공하고 그 대가를 받는 것으로 원천징수의무자가 소득자에게 사업소득에 대한 수입금액을 현실적으로 지급하는 때에 원천징수하여 납부하게 된다.

사업소득은 법인에게 지급하는 때에는 원천징수하지 않으며 총수입금액에 대하여 필요경비의 공제없이 원천징수하고 이후 다시 종합과세한다는 점에서 다른 분리과세소득과 구별된다.

1 원천징수 의무자

국내에서 거주자나 비거주자에게 원천징수대상 사업소득에 대한 수입금액을 지급하는 다음 각 호의 자는 소득세를 원천징수하여야 한다.

① 부동산임대소득·사업소득 및 산림소득이 있는 거주자

② 법인세의 납세의무가 있는 자(조특법에 의하여 법인세가 면제되는 자를 포함한다)

③ 국가·지방자치단체 또는 지방자치단체조합

④ 민법 제32조의 규정에 의하여 설립된 법인

⑤ 특별법에 의하여 설립된 법인

⑥ 법인으로 보는 법인격 없는 사단·재단 기타 단체

참고 원천징수 대상사업을 영위하는 사업소득자가 용역을 공급받는 자로부터 원천징수영수증을 교부받는 것에 대하여는 계산서를 발행한 것으로 본다(소령 211조 ⑤).

2 원천징수 세액계산

참고 봉사료의 원천징수는 계산서·세금계산서·영수증 또는 신용카드 매출전표 등에 음식대금 등과 구분하여 기재된 봉사료 금액이 공급가액의 20%를 초과하는 경우에만 적용

③ 원천징수 대상

부가가치세가 면세되는 모든 인적 용역과 의료·보건용역을 제공하는 사업자(사업자등록 여부에 관계없이 계속적으로 용역의 공급이 이루어지는 경우에 해당됨)에 대하여 수입금액을 지급할 때 수입금액의 3%(봉사료 5%)를 원천징수하도록 하였다.

(1) 인적용역

인적 용역은 독립된 사업(수개의 사업을 겸영하는 사업자가 과세사업에 필수적으로 부수되지 아니하는 용역을 독립하여 공급하는 경우를 포함한다)으로 공급하는 다음에 규정하는 용역으로 한다.

❖ 개인이 독립된 자격으로 용역을 공급하고 대가를 받는 다음에 규정하는 인적 용역
① 저술·서화·도안·조각·작곡·음악·무용·만화·삽화·만담·배우·성우·가수와 이와 유사한 용역
② 연예에 관한 감독·각색·연출·촬영·녹음·장치·조명과 이와 유사한 용역
③ 건축감독·학술용역과 이와 유사한 용역
④ 음악·재단·무용(사교무용을 포함한다)·요리·바둑의 교수와 이와 유사한 용역
⑤ 직업운동가·역사·가수·운동지도사(심판을 포함한다)와 이와 유사한 용역
⑥ 접대부·댄서와 이와 유사한 용역
⑦ 보험가입자의 모집, 저축의 장려 또는 집금 등을 하고 실적에 따라 보험회사 또는 금융기관으로부터 모집수당·장려수당·집금수당 또는 이와 유사한 성질의 대가를 받는 용역과 서적·음반 등의 외판원이 판매실적에 따라 대가를 받는 용역
⑧ 저작자가 저작권에 의하여 사용료를 받는 용역
⑨ 교정·번역·고증·속기·필경·타자·음반취입과 이와 유사한 용역
⑩ 고용관계 없는 자가 다수인에게 강연을 하고 강연료·강사료 등의 대가를 받는 용역
⑪ 라디오·텔리비전방송 등을 통하여 해설·계몽 또는 연기를 하거나 심사를 하고 사례금 또는 이와 유사한 성질의 대가를 받는 용역

❖ 개인·법인 또는 법인격 없는 사단·재단 기타 단체가 독립된 자격으로 용역을 공급하는 대가를 받는 다음에 규정하는 인적 용역
① 형사소송법 및 군사법원법 등의 규정에 의한 국선변호인의 국선변호와 법률구조법에 의한 법률구조 및 변호사법에 의한 법률구조사업을 말한다.
② 학술연구용역·기술연구용역과 전자계산조직을 이용한 시스템분석 및 프로그램개발용역

③ 상담소·직업소개소·신용조사사업 등을 경영하는 자가 공급하는 용역

④ 작명·관상·점술 또는 이와 유사한 업을 영위하는 자가 공급하는 용역

⑤ 개·닭·말 등 가축 기타 동물을 훈련하는 업을 영위하는 자가 공급하는 용역

⑥ 외국공공기관 또는 국제금융기구에의가입조치에관한법률 제2조의 규정에 의한 국제금융기구로부터 받은 차관자금으로 국가 또는 지방자치단체가 시행하는 국내사업을 위하여 공급하는 용역(국내사업장이 없는 외국법인 또는 비거주자가 공급하는 것을 포함한다). 다만, 외국공공기관 또는 국제금융기구에의가입조치에관한법률 제2조에 규정하는 국제금융기구로부터 국내사업을 위하여 받은 차관자금으로 국제경쟁입찰에 의하여 직접 공급하는 재화 또는 용역을 제외한다.

(2) 의료·보건용역

의료·보건용역은 다음에 규정하는 용역(의료법 또는 수의사법의 규정에 의하여 의료기관 또는 동물병원을 개설한 자가 제공하는 것을 포함한다)을 제공받고 대금을 지급하는 경우에 원천징수 대상이 된다.

① 의료법에 규정하는 의사·치과의사·한의사·조산사 또는 간호사가 제공하는 용역

② 의료법에 규정하는 접골사·침사·구사 또는 안마사가 제공하는 용역

③ 의료기사법에 규정하는 임상병리사·방사선사·물리치료사·작업치료사·치과기공사 또는 치과위생사가 제공하는 용역

④ 약사법에 규정하는 약사가 제공하는 의약품의 조제용역

⑤ 수의사법에 규정하는 수의사가 제공하는 용역

⑥ 장의업자가 제공하는 장의용역

⑦ 기타 다음의 의료보건위생용역

 1. 오수·분뇨및축사폐수의처리에관한법률에 의하여 분뇨관련영업의 허가를 받은 사업자가 공급하는 분뇨의 수집·운반·처리 및 정화조청소용역

 2. 의료법에 의하여 적출물처리업의 지정을 받은 사업자가 공급하는 적축물처리용역

 3. 전염병예방법에 의하여 소독업의 허가를 받은 사업자가 공급하는 소독용역

 4. 폐기물관리법에 의하여 생활폐기물의 폐기물처리업의 허가를 받은 사업자가 공급하는 생활폐기물처리용역

 5. 산업안전보건법에 의하여 작업환경의 측정을 지정받은 사업자가 공급하는 산업환경측정용역

(3) 유흥업소 등의 봉사료

사업자(법인을 포함한다)가 다음에 해당하는 용역을 제공하고 그 공급가액(간이과세자 경우에는 공급대가)과 함께 접대부·댄서와 이와 유사한 용역을 제공하는 자의 봉사료를 계산서·세금계산서·영수증 또는 신용카드매출전표 등에 그 공급가액과 구분하여 기재하는 경우(봉사료를 자기의 수입금액으로 계상하지 아니한 경우에 한한다)로서 그 구분 기재한 봉사료금액이 공급가액의 100분의 20을 초과하는 경우의 봉사료를 말한다.

① 음식·숙박용역

② 과세유흥장소에서 제공하는 용역

③ 기타 재정경제부령이 정하는 용역

4 자유직업 소득자

자유직업소득자도 사업자이기 때문에 관할세무서에 사업자등록을 신청하여 사업자등록증을 교부받아야 한다.

자유직업소득자는 일반 상공업 종사자와 달리 사업자등록을 하지 않더라도 가산세와 같이 벌칙적 성질의 세금이 추가로 부과되지는 않지만, 다음과 같은 경우 사업자등록증 또는 고유번호가 있어야 하므로 등록증을 교부받는 것이 좋다.

① 원고료나 출연료, 기타 수수료 등을 지급받을 때 사업자등록증을 제시하거나 고유번호를 그 지급자에게 알려주어야 한다.

② 사업과 관련된 물품을 구입하고 영수증(세금계산서나 계산서)을 받을 경우 사업자등록번호가 기재하여야 거래상의 확실한 증거서류도 되고 세금계산때 사업상 필요경비로 인정받을 수가 있다.

6절 이자소득의 원천징수

이자란 금전을 대여하고 받는 대가를 말하며, 법률의 규정에 근거하여 발생하는 이자를 법정이자라 하고 사자의 계약행위에 근거하여 받는 이자를 약정이자라 한다. 금전대여 등에 따른 대가를 이자라는 명칭 이외에 예금·할부금·수수료·공제금·체당금·소개료 기타의 명목으로 부른다 할지라도 그 명칭여하에 불구하고 모두 이자의 범위에 포함하여야 한다.

소득세의 과세대상이 되는 이자소득의 범위에는 이자부 소비대차에 있어서의 이자뿐 아니라 사채의 이자·유가증권의 할인료·신탁의 이익·상호신용계 또는 상호신용부금으로 인한 이익·저축성보험의 보험차익 및 금전의 사용에 따른 대가의 성격이 있는 일체의 경제적 이익이 포함된다.

1 이자소득의 종류

이자소득은 당해연도에 발생한 다음의 소득으로 한다(소법 16조 ①).

(1) 채권 또는 증권의 이자와 할인액

채권 또는 증권의 이자와 할인액은 이자소득으로 본다.

그러나 보유기간의 이자상당액은 이자소득으로 보나 채권의 순수한 매매차익이나 매매차손은 과세대상에서 제외된다.

(2) 채권 또는 증권의 환매차익

채권 증권의 양도시 금융기간이 환매기간에 따른 사전약정이율을 적용하여 환매수 또는 환매도하는 조건으로 매매함에 따라 발생하는 매매 차익은 전부 이자소득으로 본다.

(3) 예금이자와 할인액

금융기관의 적금·부금·예탁금과 우편대체를 포함한 자금의 예치로 인한 이자는 전부 이자소득으로 본다.

(4) 상호저축은행법에 의한 신용계 또는 신용부금으로 인한 이익

신용부금이나 신용계의 원금을 초과한 이익은 이자소득으로 본다.

(5) 국내에서 받는 투자신탁의 이익으로서 다음의 조건을 충족하는 것

① 간접투자자산운영업법에 의한 투자신탁일 것
② 당해 투자신탁의 결산기간 동안에 신탁자산의 평균 50% 이상을 이자소득이 발생하는 금융자산에 투자하여 운용할 것
③ 당해 투자신탁의 설정일부터 매년마다 1회 이상 결산할 것
④ 금전으로 위탁받아 금전으로 환급할 것(금전 외의 자산으로 위탁받아 환급하는 경우로서 당해 위탁가액과 환급가액이 모두 금전으로 표시된 것 포함)
　※ 위의 규정을 적용함에 있어서 국외에서 설정된 신탁은 위의 요건을 갖추지 아니하는 경우에도 이자부투자신탁으로 본다.

(6) 외국법인의 국내지점 또는 국내영업소에서 발행한 채권이나 증권의 이자와 할인액

(7) 외국법인이 발행한 채권 또는 증권의 이자와 할인액

(8) 국외에서 받는 예금의 이자와 투자신탁의 이익

(9) 다음의 조건을 충족하는 저축성 보험의 보험차익

① 저축성보험일 것 : 저축성 보험이란 피보험자의 사망·질병·부상 기타 신체상의 피해나 자산의 멸실·손괴로 인하여 보험금을 지급받는 보험 이외의 보험을 말한다.
② 보험계약에 따라 최초로 보험료를 납입한 날부터 만기일 또는 중도해지일까지의 기간이 10년 미만일 것
　* 저축성보험의 보험차익은 보험금에서 납입보험료·납입공제료를 차감하여 계산한다.

보험차익 = 보험금 － 납입보험료·납입공제료

(10) 직장공제회 초과반환금

직장공제회란 법률에 의하여 설립된 공제회, 공제조합으로서 동일 직장이나 직종에 종사하는 근로자들의 생활안정, 복리증진 또는 상호부조 등을 목적으로 구성된 단체를 말한다. 또한, 초과반환금이라 함은 근로자가 퇴직이나 탈퇴로 인하여 그 규약에 따라 직장공제회로부터 받는 반환금에서 납입공제료를 차감한 금액을 말한다.

(11) 비영업대금의 이익

비영업적으로 금전을 대여하고 받는 이익은 전액 이자소득으로 본다.

(12) 상기와 유사한 소득으로서 금전의 사용에 따른 대가의 성격이 있는 것은 전부 이자소득으로 본다.

❷ 이자소득의 필요경비

이자소득에 대하여는 필요경비가 인정되지 않는다. 따라서 이자소득은 당해연도의 총수입금액으로 한다.

❸ 이자소득의 수입시기

이자소득은 다른 소득과는 달리 그 수입이 약정된 날에 반드시 입금된다는 보장이 없으므로 다른 소득의 수익귀속시기와는 달리 규정하고 있으며 그 수입의 귀속시기는 다음과 같다.

구　분	수　입　시　기
(1)　보통예금·정기예금·적금 또는 부금의 이자	① 실제 이자지급일 ② 원본에 전입하는 뜻의 특약이 있는 이자 : 원본전입일 ③ 해약으로 인하여 지급되는 이자 : 해약일 ④ 계약기간을 연장하는 경우 : 계약연장일
(2) 통지예금의 이자	인출일
(3) 정기예금연결정기적금	정기예금의 이자는 정기예금 또는 정기적금이 해약되거나 정기적금의 저축기간이 만료되는 날
(4) 이자부투자신탁의 이익	① 투자신탁의 이익지급일, 해약일 또는 환매일 ② 원본에 전입하는 뜻의 특약이 있는 신탁은 원본전입일 ③ 신탁계약기간을 연장하는 경우 : 계약연장일
(5) 채권의 이자와 할인액	① 무기명 채권의 이자와 할인액 : 실제 지급 받은 날 ② 기명 채권의 이자와 할인액 : 약정에 의한 이자지급일
(6) 채권의 보유기간 이자 상당액	당해 채권의 매도일 또는 이자 등의 지급일
(7) 채권 또는 증권의 환매조건부 매매차익	채권 또는 증권의 환매조건부 매매차익은 환매수일 또는 환매도일
(8) 저축성보험의 보험차익	보험금 또는 환급금의 지급일 또는 중도해지일
(9) 직장공제회초과반환금	약정에 의한 공제회 반환금의 지급일

구　분	수　입　시　기
(10)　이자소득이　발생하는 　　　재산의　상속·증여	상속개시일 또는 증여일
(11)　비영업대금의　이익	약정에 의한 이자지급일. 다만, 이자지급일의 약정이 없거나 약정에 의한 이자지급일 전에 이자를 지급받는 경우 또는 회수불능으로 인하여 총수입금액 계산에서 제외하였던 이자를 지급받는 경우에는 그 이자지급일로 한다.
(12)　유형별　포괄주의에　해 　　　당하는　이자	약정에 의한 상환일. 다만, 기일 전에 상환하는 때에는 그 상환일

❖ 약정에 의한 이자 지급일

이자소득은 대부분 현금주의에 의하나, 다음의 경우에는 약정상 지급일(약정상 받기로 한 날)을 수입시기로 하는 점에 유의하여야 한다.

① 기명 채권

② 직장공제회 초과반환금

4　이자소득의 원천세율

이자소득에 대하여는 지급자가 지급시에 일정의 세율을 원천징수하여 관할세무서에 납부하여야 하는데 그 원천징수세율은 다음과 같다.

① 장기채권의 이자와 할인액 : 30%(3년 이상 보유분만)

② 비영업대금의 이익 : 25%

③ 기타 이자소득 : 14%

※ 장기채권이란 당해 채권 등의 발행일로부터 원금 전부를 일시에 상환하기로 약정한 날까지의 기간이 10년 이상인 채권 등을 말하며, 동 기간이 경과 하기 전에 주식으로 전환·교환하거나 중도상환할 수 있는 조건부 채권을 제외한다.

배당소득이란 법인이나 법인격이 없는 사단·재단·기타 단체로부터 주주나 출자자들이 투자비율에 따라 분배받는 이익으로서 그 형태에 따라 일반적인 이익배당에 속하는 것과 세법에서 배당으로 간주하여 과세되는 의제배당 및 법인세법에 의하여 배당으로 처분된 금액으로 대별하여 볼 수 있다.

1 배당소득의 구분

배당소득은 당해연도에 발생한 다음의 소득을 말한다.

① 내국법인으로부터 받는 이익이나 잉여금의 배당 또는 분배금과 당해 법률에 의한 건설이자의 배당 및 이와 유사한 성질의 배당

② 법인으로 보는 단체로부터 받는 배당 또는 분배금

③ 의제배당

④ 법인세법에 의하여 배당으로 처분된 금액

⑤ 국내에서 받는 투자신탁수익의 분배금

⑥ 외국법인으로부터 받는 이익이나 잉여금의 배당 또는 분배금과 당해 외국의 법률에 의한 건설이자의 배당 및 이와 유사한 성질의 배당

의제배당

'의제배당'이라 함은 다음의 금액을 말하며 이를 당해 주주·사원 기타 출자자에게 배당한 것으로 본다.

① 주식의 소각이나 자본의 감소로 인하여 주주가 취득하는 금전 기타 재산의 가액 또는 퇴사·탈퇴나 출자의 감소로 인하여 사원이나 출자자가 취득하는 금전 기타 재산의 가액이 주주·사원이나 출자자가 당해 주식 또는 출자를 취득하기 위하여 소요된 금액을 초과하는 금액

② 법인의 잉여금의 전부 또는 일부를 자본 또는 출자의 금액에 전입함으로써 취득하는 주식 또는 출자의 가액. 다만, 다음 각 목의 1에 해당하는 금액을 자본에 전입하는 경우는 제외한다.

- 상법 제459조 제1항 제1호 내지 제3호 및 제3호의 2의 규정에 의한 자본준비금(대통령령이 정하는 합병평가차익 등 및 분할평가차익 등을 제외하며, 자기주식 또는 자기출자지분의 소각익의 경우에는 소각당시 법인세법 제 52조 2항의 규정에 의한 시가가 취득가액을 초과하지 아니하는 경우로서 소각일로부터 2년이 경과한 후 자본에 전입하는 것에 한하고 채무의 출자전환으로 주식 또는 출자지분을 발행하는 경우로서 당해 주식 또는 출자지분의 시가가 액면가액

이상이고 발행가액 이하인 경우에는 시가에서 액면가액을 차감한 금액에 한한다)
- 자산재평가법에 의한 재평가적립금(동법 제13조 제1항 제1호의 규정에 의한 토지의 재평가 차액에 상당하는 금액을 제외한다)

③ 해산한 법인(법인으로 보는 단체를 포함한다)의 주주·사원·출자자 또는 구성원이 그 법인의 해산으로 인한 잔여재산의 분배로서 취득하는 금전 기타 재산의 가액이 당해 주식 및 출자 또는 자본을 취득하기 위하여 소요된 금액을 초과하는 금액

④ 합병으로 인하여 소멸한 법인이 주주·사원 또는 출자자가 합병 후 존속하는 법인 또는 합병으로 인하여 설립된 법인으로부터 그 합병으로 인하여 취득하는 주식 또는 출자의 가액과 금전의 합계액이 그 합병으로 인하여 소멸한 법인의 주식 또는 출자를 취득하기 위하여 소요된 금액을 초과하는 금액

⑤ 제②단서의 규정에 의한 자본전입을 함에 있어서 법인이 보유한 자기주식 또는 자기출자지분에 대한 주식 또는 출자의 가액을 그 법인이 배정받지 아니함에 따라 다른 주주 또는 출자자가 이를 배정받은 경우 그 주식 또는 출자의 가액

⑥ 법인이 분할하는 경우 분할되는 법인(이하 '분할법인'이라 한다) 또는 소멸한 분할합병의 상대방법인의 주주가 분할로 인하여 설립되는 법인 또는 분할합병의 상대방법인으로부터 분할로 인하여 취득하는 주식의 가액과 금전 기타 재산가액의 합계액(이하 '분할대가'라 한다)이 그 분할법인 또는 소멸한 분할합병의 상대방 법인의 주식(분할법인이 존속하는 경우에는 소각 등에 의하여 감소된 주식에 한한다)을 취득하기 위하여 소요된 금액을 초과하는 금액

2 배당소득금액의 계산

배당소득금액은 당해연도의 총수입금액으로 한다. 다만, 배당소득 중 다음에 해당하는 의제배당을 제외한 분에 대하여는 당해연도의 총수입금액에 동 배당소득의 11%에 상당하는 금액을 가산한 금액으로 한다.

① 자기주식 또는 자기출자지분 소각익의 자본전입으로 인한 의제배당

② 토지의 재평가차액의 자본전입으로 인한 의제배당

③ 소득세법 제17조 제2항의 제5호의 규정에 의한 의제배당

④ 조특법에 의해 최저한세가 적용되지 아니하는 법인세의 비과세, 면제, 감면 또는 소득공제를 받은 법인 중 세법이 정하는 법인으로부터 받은 배당소득이 있는 경우에는 당해 배당소득금액에 감면율을 곱하여 산출한 금액

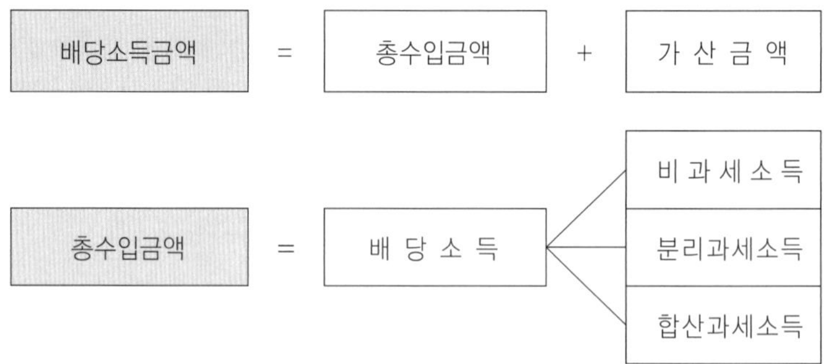

3 세액공제

법인의 소득에 대하여는 법인단계에서 법인세가 과세되고, 법인의 잉여금을 배당하는 경우 주주에게 소득세가 과세되므로 동일한 소득에 대한 이중과세 문제가 발생한다. 이러한 이중과세를 방지하기 위하여 주주단계의 소득세에서 일정한 세액을 차감하는 배당세액공제제도를 두고 있다.

배당소득금액은 배당소득에 법인단계에서 납부한 법인세 상당액을 가산하여(Gross-up; 11%) 계산하고, 종합소득세 계산시 총수입금액에 가산한 금액에 상당하는 금액을 종합소득산출세액에서 공제 한다.

> 배당세액공제 = 금융소득 중 2천만원을 초과하는 금액 중 배당수입금액 × 11%

4 배당소득의 수입시기

배당소득에 대한 총수입금액의 수입할 시기는 다음에 규정하는 날로 한다.

① 무기명주식의 이익이나 배당 : 그 지급을 받는 날

② 잉여금의 처분에 의한 배당 : 잉여금처분 결의일

③ 상법 제463조의 규정에 의한 건설이자의 배당 : 당해 법인의 건설이자배당결의일

④ 법 제17조 제2항 제1호·제2호 및 제5호의 의제배당 : 주식의 소각, 자본의 감소 또는 자본에의 전입을 결정한 날(이사회의 결의에 의하는 경우에는 상법 제461조 제3항의 규정에 의하여 정한 날을 말한다)이나 퇴사 또는 탈퇴한 날

⑤ 법 제17조 제2항 제3호·제4호 및 제6호의 의제배당

  1. 법인이 해산으로 인하여 소멸한 경우에는 잔여재산의 가액이 확정된 날

  2. 법인이 합병으로 인하여 소멸한 경우에는 그 합병등기를 한 날

3. 법인이 분할 또는 분할합병으로 인하여 소멸 또는 존속하는 경우에는 그 분할 등기 또는 분할합병등기를 한 날

⑥ 법인세법에 의하여 처분된 배당 : 당해 법인의 당해 사업연도의 결산확정일

⑦ 증권투자신탁(공채 및 사채의 증권투자신탁을 제외한다)수익의 분배금 : 신탁수익의 분배금을 지급받는 날, 신탁의 해약일 또는 증권투자신탁수익증권의 환매일. 다만, 원본에 전입하는 뜻의 특약이 있는 분배금은 그 특약에 의하여 원본에 전입된 날로 하며 신탁계약기간을 연장하는 경우에는 그 연장하는 날로 한다.

참고 외국법인의 배당소득에 대한 원천징수시기

외자도입법에 의한 외국인투자기업이 국내에 사업장 및 부동산소득이 없는 외국법인에게 배당금을 지급하는 때의 그 원천징수시기는 소득세법 제147조 제1항(배당소득지급시기의 의제)의 규정에 불구하고 그 배당소득을 실제지급하는 때로 한다.

5 배당소득의 원천세율

배당소득을 지급하는 원천징수의무자는 이를 지급하는 때에 배당소득과 기타 필요한 원천징수영수증 사항을 기재한 원천징수영수증을 그 지급자에게 교부하고 원천징수한 소득세를 징수일이 속하는 다음달의 10일까지 소득세징수액집계표와 당해 원천징수영수증 부본을 첨부하여 원천징수관할세무서에 신고하고 한국은행 또는 체신관서에 납부하여야 한다(소법 128조·133조). 법인에 대하여는 원천징수하지 않는다.

• 배당소득의 원천징수 세율 : 14%
• 법인이 잉여금 처분에 따른 배당을 결정한 날로부터 3개월이 되는 날까지 지급하지 않은 경우 3개월이 되는 날 지급한 것으로 보아 원천징수 한다.

금융소득은 종합소득 중 이자소득과 배당소득을 합하여 금융소득이라 한다. 이러한 금융소득을 무조건 종합소득에 합산 과세하는 것은 과세행정에 부담이 많고 또한 저축의 장려와 투자의 촉진을 위해서는 금융소득의 일부 금액에 대해서는 종합소득에 무조건 합산과세하는 것보다 분리과세하는 것이 과세의 편의성 측면에서 편리하다.

따라서 금융소득을 종합과세하는 금융소득과 분리과세하는 금융소득을 구분하여 과세방법을 살펴보면 다음과 같다.

1 이자소득의 범위

이자소득은 해당 과세기간에 발생한 다음의 소득을 말한다. (소법§16)

① 국가나 지방자치단체가 발행한 채권 또는 증권의 이자와 할인액

② 내국법인이 발행한 채권 또는 증권의 이자와 할인액

③ 국내에서 받는 예금(적금·부금·예탁금과 우편대체를 포함한다)의 이자

④ 「상호저축은행법」에 의한 신용계 또는 신용부금으로 인한 이익

⑤ 외국법인의 국내지점 또는 국내영업소에서 발행한 채권이나 증권의 이자와 할인액

⑥ 외국법인이 발행한 채권 또는 증권의 이자와 할인액

⑦ 국외에서 받는 예금의 이자

⑧ 채권 또는 증권의 환매조건부매매차익

⑨ 저축성보험의 보험차익

⑩ 직장공제회 초과반환금

⑪ 비영업대금의 이익

⑫ 상기 ①~⑪의 소득과 유사한 소득으로서 금전 사용에 따른 대가로서의 성격이 있는 것

2 투자신탁의 이익구분

구분	소득의 구분
일반 신탁의 이익	이자소득으로 과세
증권투자신탁 이익	공채, 사채형의 증권투자신탁의 이익 : 이자소득
	주식형 증권투자신탁의 이익 : 배당소득

참고 | 2007.1.1 이후 투자신탁부터는 자산비중에 관계없이 배당소득으로 과세하며 이에 따른 세 부담, 원천징수세액은 같다.

3 무조건 분리과세대상 금융소득

① 비실명금융소득 : 실지명의(주민등록표상의 명의, 사업자등록증 상의 명의 등)가 확인되지 아니하는 소득에 대하여는 35%(단, 금융실명거래 및 비밀보장에 관한 법률 제5조에 의하여 차등과세하는 경우 90%, 외국환평형기금채권 등 특정채권은 14%)를 소득세로 원천징수한 후 분리과세한다(소법 129②).

② 직장공제회초과반환금 : 직장공제회초과반환금은 퇴직소득과 같은 성격이므로 이를 종합과세할 경우 결집효과가 발생한다. 이에 따라 퇴직소득과 같은 방식으로 계산한 세액을 원천징수한 후 분리과세한다(소법14 조3항3호).

$$\boxed{\text{과세표준}} = \boxed{\text{직장공제회초과반환금}} - \boxed{\text{직장공제회초과반환금}} \times \boxed{40\%} - \boxed{\text{불입연수공제*}}$$

$$\boxed{\text{산출세액}} = \boxed{\text{과세표준}} \times \boxed{\frac{1}{\text{불입연수}}} \times \boxed{\text{기본세율}} \times \boxed{\text{불입연수}}$$

* 불입연수공제는 퇴직소득의 근속연수공제와 같으며, 1년 미만의 불입연수는 1년으로 한다.

③ 장기채권의 이자 중 분리과세 신청분 : 금융소득종합과세제도의 시행에 따라 발행기 간 또는 만기가 10년 이상인 장기채권의 이자에 대하여 분리과세를 선택할 수 있도록 하였다. 장기채권이자에 대하여 원천징수의무자에게 분리과세를 신청한 경우에는 30%의 소득세를 원천징수한 후 분리과세하나, 분리과세를 신청하지 않은 경우에는 14%의 소득세를 원천징수하고 조건부 종합과세대상으로 본다(소법 129 ① Ⅰ).

④ 법원 보증금 및 경락대금의 이자 : 민사집행법의 규정에 의하여 법원에 납부한 보증금 및 경락대금에서 발생하는 이자소득은 귀속자를 확인할 수 없는 경우가 많으므로 실명여부에 관계없이 14%의 소득세를 원천징수하고 분리과세한다(소법 14조3항, 129조2항).

⑤ 법인으로 보는 단체 이외의 단체의 금융수익 : 법인으로 보지 아니하는 법인격 없는 단

체 중 수익을 구성원에게 분배하지 아니하는 단체가 단체명을 표시하여 금융거래를 함
으로써 금융기관으로부터 받는 이자소득과 배당소득은 14%의 소득세를 원천징수한 후
분리과세한다(소법14조3항4호).

④ 무조건 종합과세대상 금융소득

무조건 종합과세대상 금융소득은 조건없이 종합과세하는 금융소득을 말한다. 소득세법의
원천징수규정이 적용되지 아니하는 금융소득이 무조건 종합과세대상이다(소법14조3항5호). 국
내에서 지급하는 이자·배당소득은 모두 원천징수의 대상이 되므로 국외금융소득이 무조건 종
합과세대상에 해당한다. 다만, 국내에서 대리인이 원천징수한 것은 조건부 종합과세대상으로
보는 점에 유의하여야 한다(소법127조6항).

⑤ 조건부 종합과세대상 금융소득

무조건 분리과세하는 금융소득은 분리과세 원천징수로서 납세의무가 종결되므로 조건부 종
합과세대상 소득과는 관계가 있으며 무조건 종합과세대상 소득은 무조건 종합과세하므로 조
건부 종합과세 대상 금융소득과 관계가 없다.

즉 무조건 분리과세대상이나 무조건 종합과세대상이 아닌 모든 금융소득은 조건부 종합과
세대상 금융소득이다. 이러한 조건부 금융소득은 무조건 분리과세 금융소득을 제외한 금융소
득이 2천만원을 초과하면 종합과세하고 2천만원 이하이면 분리과세하는 금융소득을 말한다.

구　　분	종합과세대상 금융소득
금융소득합계액이 2천만원을 초과하는 경우	무조건 종합과세대상과 조건부 종합과세대상 모두 종합과세
금융속득합계액이 2천만원 이하인 경우	무조건 종합과세대상만 종합과세

(2013.1.1 이후 과세기간부터 적용)

* 금융소득은 무조건 종합과세대상 금융소득과 조건부 종합과세대상 금융소득의 합계액으로서 귀속
법인세를 가산하기 전의 금액이다.

6 종합과세대상 금융소득의 세율

(1) 세율

거주자의 종합소득과세표준에 포함된 이자소득과 배당소득이 2천만원을 초과하는 경우에는 2천만원까지는 14%의 세율을 적용하고 2천만원 초과부분에 대해서는 종합소득세의 기본세율을 적용한다. 그리고 종합소득에 포함된 이자소득과 배당소득의 합계액이 2천만원 이하인 경우는 14%~25%의 원천징수세율로서 납세의무를 종결한다.

구　　　　분		세　　율
종합소득에 포함된 금융소득이 2천만원을 초과하는 경우	2천만원 이하 부분	14%
	2천만원 초과 부분	기본세율
종합소득에 포함된 금융소득이 2천만원 이하인 경우	2천만원 이하	14%~25%의 원천징수세율

● 금융소득에 대한 14% 세율 적용순서

금융소득이 2천만원을 초과하는 경우에 2천만원 이하부분에는 14% 세율을, 2천만원 초과부분에는 기본세율을 적용한다. 여러종류의 금융소득이 있는 경우 어떤 금융소득이 2천만원 이하 부분에 포함되어 14%의 세율의 적용되었는지 구분하여야 한다.

소득세법은 다음 순서에 따라 14% 세율이 적용되는 금융소득을 구분하도록 하고 있다.

> ① 이자소득 → ② 본래 Gross-up 대상이 아닌 배당소득 → ③ 본래 Gross-up 대상인 배당소득

〈종합과세 분리과세 구분〉

당연 종합과세대상	조건부 종합과세대상	분리과세대상
원천징수되지 않는 이자소득(소법 127조)	2천만원 초과 금융소득(국내, 국외에서 지급받은 분리과세대상, 비과세 대상이 아닌 이자소득)	• 분리과세 신청한 장기채권 등의 이자 • 법원보관금의 이자 • 직장공제회 초과반환금 이자 • 법인격이 없는 단체의 이자소득(종중, 아파트관리소 등, 금융소득종합과세 제외) • 2천만원 이하의 금융소득 • 비실명 이자소득 • 사회간접자본채권, 세금우대종합저축

〈 금융소득의 분류 〉

구 분	범 위	원천징수 세 율	종합과세 여부	
			과세방법	세 율
(1) 무조건 분리과세 대상 금융소득	① 비실명금융소득 ② 직장공제회초과반환금 ③ 장기채권의 이자 중 분리 과세 신청분 ④ 법원보증금 및 경락대금의 이자 ⑤ 법인으로 보는 단체 이외 의 단체의 금융수익	35%(90%) 기본세율 30% 14% 14%	분리과세	—
(2) 무조건 종합과세 대상 금융소득	원천징수규정이 적용되지 않 는 금융소득(국외금융소득)	—	종합과세	14% (2천만원 초과분은 기본세율)
(3) 조건부 종합과세 대상 금융소득	위 이외의 금융소득	14% (비영업대 금의 이익 25%)	조건충족시 종합과세	

〈 각종 분양계약의 위약금 또는 지체상금의 소득구분 〉

위약금·지체상금	소득구분	비고
부동산 매매계약시 위약금, 해약금	기타소득	필요경비 없음
계약금 등을 반환시 약정이자	이자소득	-
주택입주지체상금(입주 지연 등)	기타소득	필요경비 80% 공제 후 원천징수
분양업자가 받는 중도금 등의 연체료	기타소득	분양사업자의 사업소득에 해당
부동산입대업자가 받는 임대차계약 불 이행에 대한 위약금	사업소득	부동산임대사업자의 임대사업소득

7 배당소득 가산제도

법인소득에 대해서는 법인세를 부담하고 동일한 소득에 대해 배당을 하는 경우 배당소득을 종합소득에 합산과세하면 다시 소득세를 부담하게 되어 이중으로 세금을 부담하게 된다.

이러한 배당소득에 대한 이중과세 제도를 완화하기 위해 배당소득가산(Gross-up)제도를 두고 있다.

(1) 이중과세 조정방법

주주가 배당을 받는 경우 배당소득에는 법인세를 납부한 후의 소득이므로 법인세가 차감된 후의 소득이다. 따라서 주주가 배당소득을 종합소득에 합산하는 경우 배당소득에서 부담한 법인세 만큼을 종합소득에 합산하고 동 합산된 금액을 종합소득세 산출세액에서 차감하는 것이다. 이 경우 배당소득에 가산하는 비율을 배당소득가산율(Gross-up rate)이라 하고 종합소득 산출세액에서 차감하고 가산금액(그로스업금액)을 배당세액공제라 한다.

(2) 배당소득 가산율

배당소득가산율은 11%이다(소법 17 ③). 이는 법인세 부담률을 13%로 보고 계산한 것이다.

$$\text{가산율} = \frac{\text{법인세 부담률}}{1 - \text{법인세 부담률}} = \frac{10\%}{1 - 10\%} \fallingdotseq 11\%$$

이러한 그로스업 되는 배당소득은 모든 배당소득이 종합소득에 그로스업 되는 것이 아니고 다음의 요건이 충족되는 배당소득만 그로스업 되어 합산된다.
① 국내에서 법인세가 과세된 이익잉여금을 재원으로 하는 배당일 것
② 소득세가 기본세율로 과세되는 배당일 것

(3) 배당소득가산 대상이 아닌 배당소득

다음의 배당은 국내에서 법인세가 과세하지 아니한 잉여금이 재원인 배당이므로 그로스업 대상이 아니다.
① 자기주식소각익의 자본전입으로 인한 의제배당 : 익금불산입항목인 자본잉여금이 재원인 배당이다.
② 법인이 자기주식을 보유한 상태에서 익금불산입항목인 자본잉여금을 자본전입함으로써 법인 이외의 주주의 지분비율이 증가한 경우 증가한 지분비율에 상당하는 주식의 가액 : 익금불산입항목인 자본잉여금이 재원이다.
③ 토지재평가차액의 자본전입으로 인한 의제배당 : 압축기장충당금의 설정에 의하여 법인세의 과세가 장기간 유예된다.
④ 외국법인으로부터의 배당 : 국내에서 법인세가 과세되지 아니한다.
⑤ 배당소득공제대상법인으로부터의 배당 : 배당소득공제의 적용으로 법인세가 과세되지 아니한다.
 * 유동화전문회사, 투자회사, 사모투자전문회사, 투자목적회사, 선박투자회사, 위탁관리

부동산투자회사, 기업구조조정투자회사, 기업구조조정부동산투자회사, 기업구조조정증권투자회사, 과세특례적용인적회사

⑥ 투자신탁수익분배금 : 투자신탁회사 등의 구분경리로 법인세가 과세되지 아니한다.

⑦ 최저한세 적용배제 감면대상 법인*의 소득 중 감면된 부분을 재원으로 하는 배당 : 감면으로 인하여 일부 법인세 과세가 되지 아니한다.

$$감면소득을\ 재원으로\ 하는\ 배당 = 배당금 \times 감면비율$$

- 최저한세 적용배제 감면을 적용받는 법인이란 법인의 공장 및 본사의 수도권 외의 지역으로의 이전에 대한 임시특별세액감면(조특법 63의2). 외국인투자 및 증자에 대한 법인세 등 감면(121의2, 121의4)을 말한다.

$$감면비율 = \frac{직전\ 2개\ 사업연도\ 감면대상\ 소득금액의\ 합계액 \times 감면율}{직전\ 2개\ 사업연도의\ 총소득금액의\ 합계액}$$

- 감면비율은 100%를 한도로 하며, 감면기간이 1개 사업연도인 경우에는 당해 사업연도의 소득금액을 기준으로 계산한다.

⑧ 유형별 포괄주의에 해당하는 배당소득 : 법인단계에서 법인세가 과세되지 않는다.

⑨ 분리과세대상 배당소득

⑩ 종합과세대상 배당소득 중 14% 세율이 적용되는 배당소득

〈익명조합원에게 지급한 이익분배금의 세무처리〉

법인이 다른 법인과 익명조합계약을 체결하고 조합원으로부터 출자받은 금액에 대하여 영업이익을 분배한 경우 이자비용으로 법인의 손금에 산입하며 원천징수하여야 함

법인이 자신의 영업을 위하여 다른 법인과 상법 제78조에 해당하는 익명조합계약을 체결하고 익명조합원으로부터 출자 받은 금액에 대하여 같은법 제82조의 규정에 따라 그 영업으로 인한 이익을 분배한 경우 동 이익분배금은 당해 법인의 각사업연도 소득금액 계산상 손금(이자비용)에 산입하는 것이며, 이에 따른 원천징수방법은 법인세법 제73조의 규정을 참고하기 바람. (재법인 46012-11, 202.01.16)

그러나 2007년 소득세법의 개정으로 경영에 참여하는 업무집행공동사업자는 종전과 같이 사업소득의 분배로 보아 사업소득으로 과세하고 경영에 참여하지 않은 출자공동사업자(익명의 조합출자자)는 소득의 분배를 배당소득으로 보아 25% 세율로 원천징수하되 금융소득당연종합과세에 해당되며 이때는 14%와 비교과세한다.

- (배당소득의 지급시기 의제 : 과세기간 종료일로부터 1개월)
- (소득세법 제17조 제43조, 제62조, 제129조 참조)

따라서 2007년부터 출자공동사업장의 경우에는 업무집행공동사업자와 구분하여 공동사업으로 사업자등록을 하여야 한다. 이를 위반시 무신고 및 허위신고시 수입금액의 0.5% 변동내역에 대한 무신고 허위신고신시 수입금액의 0.1%가 가산세로서 부과된다.

법인에게 소득세법상의 이자소득·증권투자신탁수익의 분배금에 해당하는 소득금액을 지급하는 경우 그 소득금액에 원천징수세율을 곱하여 법인세를 원천징수하여 그 징수일이 속하는 달의 다음 달 10일까지 이를 납세지 관할세무서장에게 납부하여야 한다.

원천징수를 당한 법인은 법인세 과세표준을 신고할 때에 정기분 법인세액에서 이를 공제한다.

1 원천징수 대상소득

원천징수 대상소득	
내국법인	이자소득금액, 비영업대금의 이익(사채이자)
	증권투자신탁수익의 분배금, 신탁회사의 신탁재산에 귀속되는 채권·증권의 이자

2 원천징수 제외 소득

원천징수 대상 이자소득금액 및 증권투자신탁수익의 분배금에서 다음의 소득은 포함되지 아니하는 것으로 한다.

① 법인세가 부과되지 아니하거나 면제되는 소득

② 신탁업법 및 간접투자자산운용업법 적용을 받는 법인의 신탁재산에 귀속되는 소득. 다만, 소득세법 시행령 제46조 제1항의 규정에 의한 채권 등의 이자와 할인액으로서 법인세법 제73조의 규정에 의하여 원천징수되는 소득을 제외한다.

③ 신고한 과세표준에 이미 산입된 미지급소득

④ 법령 또는 정관에 의하여 비영리법인이 회원 또는 조합원에게 대부한 융자금과 비영리법인이 당해 비영리법인의 연합회 또는 중앙회에 예탁한 예탁금에 대한 이자수입

⑤ 법인세법시행령 제17조 제1항 제4호 및 제5호에 규정하는 법인 중 건강보험·연금관리 및 공제사업을 영위하는 비영리내국법인(동항 제4호에 규정하는 법인의 경우에는 당해 기금사업에 한한다)이 국채법 또는 공사채등록법의 규정에 의하여 등록한 국공채 등을

발행일로부터 이자 지급일 또는 상환일까지 계속하여 등록·보유함으로싸 발행한 이자
등

⑥ 다음에 해당하는 조합의 조합원인 법인이 당해 조합의 규약에 따라 조합원 공동으로 예탁한 자금에 대한 이자수입(99.12.31. 개정)

　1. 법인세법시행령 제7조 제1항 제6호(증권시장의 안정을 목적으로 설립된 조합)의 규정에 의한 조합

　2. 채권시장의 안정을 목적으로 설립된 조합으로서 재정경제부령이 정하는 조합

⑦ 대한주택공사법에 의한 대한주택공사가 주택법 제61조의 제2항의 규정에 의하여 국민주택기금에 예탁한 자금에 대한 이자수입(2000.3.28 개정)

⑧ 국내사업장이 없는 외국법인에게 지급하는 국내원천소득금액 중 원천징수의 대상이 되는 소득금액이 법인세법 제51조의 비과세소득과 다른 법률에 의하여 법인세가 전액 면제되는 소득일 때에는 법인세법 제98조의 규정에 의한 원천징수를 하지 아니한다(법칙 68조 ①, 99.5.25 개정).

⑨ 원천징수세액이 1,000원 미만인 경우에는 당해 법인세를 원천징수하지 아니한다(법칙 68조 ②, 99.5.24 개정).

③ 원천징수 대상 이자소득

① 법인세 원천징수대상이 되는 이자소득은 소득세법 제16조에 게기하는 이자소득으로 한다. 다만, 원천징수의 면제와 배제에서 규정하는 금액을 제외한다.

② 다음 각호에 게기하는 금액은 제1항의 규정에 의한 원천징수대상이 되는 이자소득이 아닌 것으로 한다.

　1. 채권자가 불분명한 사채의 이자로서 손금불산입된 이자. 다만, 가공차입금에 대한 이자임이 명백한 것은 제외한다.

　2. 공탁법의 규정에 의한 공탁금의 이자

　3. 금융기관의 여신관리자금에 대한 환출이자

③ 물품을 연불조건으로 매입함에 따라 이자상당액을 가산하여 지급하는 경우에는 다음 각호에 의하여 처리한다.

　1. 당초 계약내용에 의하여 이자상당액을 가산하여 매입가액을 확정하고 연불방법에 따라 이자를 포함한 가액을 매입대금으로 지급하는 경우에는 이자소득이 아닌 것으로 한다.

　2. 당초 계약내용에 의하여 매입가액이 확정된 후 그 대금의 지급지연으로 실질적인

소비대차로 전환되어 발생되는 이자는 이자소득으로 한다.

원천징수의 시기

다음의 날은 법인세법의 원천징수 규정의 '지급하는 때'로 본다.

① 이자소득금액을 어음으로 지급한 때에는 당해 어음이 결제된 날

② 이자소득금액으로 지급할 금액을 채권과 상계하거나 면제받은 때에는 상계한 날 또는 면제받는 날

③ 이자소득금액을 대물변제한 날

④ 이자소득금액을 당사자간의 합의에 의하여 소비대차로 전환한 때에는 그 전환한 날

⑤ 이자소득금액을 법원의 전부명령에 의하여 그 소득의 귀속자가 아닌 제3자에게 지급하는 경우에는 그 제3자에게 지급하는 날

⑥ 예금주가 일정한 계약기간 동안 매월 정한 날에 임의의 금액을 예입하고 금융기관은 매월 발생되는 이자를 실제로 지급하지 아니하고, 당해 예금의 예입금액으로 자동대체하여 만기에 원금과 복리로 계산한 이자를 함께 지급하는 정기예금의 경우에, 그 예입금액에 대체한 이자소득금액에 대하여는 저축기간이 만료되는 날

1 원천징수 대상

국내사업장을 가지고 있거나 부동산소득이나 산림소득이 있는 외국법인은 그 국내사업장에 귀속되는 국내원천소득 및 부동산소득, 산림소득에 대하여 법인세를 신고·납부하여야 한다.

그러나 국내사업장이 없거나 국내사업장이 있더라도 그 국내사업장에 귀속되지 않는 국내 원천소득이 발생하는 경우에는 당해 국내원천소득을 지급하는 자가 법인세를 원천징수함으로 납세의무가 종결되므로 당해 외국법인은 별도로 납세의무를 이행할 필요가 없다(소법 119조, 법법 93조).

2 원천징수 세율

원 천 징 수 대 상 소 득		세 율
국내사업장이 없는 외국법인의 국내원천소득(법법 98조)	선박·항공기·자동차·증기의 임대소득	2%
	인적용역소득	20%
	이자·배당·사용료·기타소득	20%
	주식 또는 유가증권 양도소득	양도가액 10% 양도차익 25% 중 적은 금액
	조세조약상 이자·배당·사용료소득 등	조세조약상 제한세율

⬢ 제한세율의 적용

우리나라와 조세조약을 체결하고 있는 나라로서 국내에 고정사업장이 없는 비거주자 또는 외국법인에게 국내원천소득 중 이자나 배당 또는 사용료소득을 지급하는 원천징수 의무자는 우리나라 세법에서 규정하고 있는 원천징수세율에 불구하고 그 조세조약에 규정된 제한세율 을 적용하여 소득세 등을 원천징수해야 한다.

제한세율이라 함은, 조세조약에서 상대국의 거주자에 대하여 이자·배당·사용료소득을 과세상 일정한 세율을 적용하여 계산한 금액을 넘지 않도록 규정한 경우 그 일정한 세율을 말하는 것으로, 조세조약 체결국가에 따라 다소 차이가 있으며 대개의 경우 10%에서 15%이다.

③ 주민세의 원천징수

제한세율에는 주민세율이 포함되어 있는 조세조약과 그렇지 않은 조세조약이 있다. 즉 미국, 캐나다, 필리핀 등과의 조세조약에는 주민세율이 포함되어 있지 않으나, 일본, 독일, 불란서 등과의 조세조약에는 주민세율이 포함되어 있어 원천징수세액 계산상의 차이가 있으므로 유의해야 한다. 제한세율에 주민세율이 포함된 경우에는 법인세율 또는 소득세율과 주민세율로 구분하여 계산해야 한다.

우리나라와 조세조약이 없는 국가의 비거주자 또는 외국법인의 이자·배당 및 사용료소득에 대하여는 제한세율이 없으므로 국내세법상 세율인 25%를 소득세 또는 법인세로 원천징수하고, 소득세 또는 법인세의 10%를 주민세로 별도 원천징수한다.

④ 인적용역의 과세

외국인 변호사와 회계사·건축사·세무사 등 자유직업자들로부터 용역을 제공받고 대가를 해외로 송금하는 경우, 동 용역이 국내에서 제공되거나 그 결과가 국내에서 이용되는 경우, 그 지급대가는 국내원천소득에 해당되어 원천징수를 하여야 한다.

그러나, 조세조약이 체결된 국가의 경우 인적용역소득은 제공되는 용역이 국내에서 수행되는 경우에만 과세하도록 규정되어 있어, 인적용역소득이 우리나라에서 과세되는지 여부를 판단하는 가장 중요한 기준은 외국인이 국내에 와서 일을 하는 것인지, 아니면 외국에서 일을 하는지에 대한 것이다. 따라서 우리나라와 조세조약을 체결한 국가의 거주자가 오직 외국에서만 용역을 수행하고 지급받는 대가는 국내 원천소득으로 볼 수 없기 때문에 원천징수를 하지 않아도 되는 것이고, 국내에서 수행된 용역대가만이 과세대상이 되는 것이다.

⑤ 비거주자 등의 납부세액확인서

납부할 세액확인서 발급제도는 국내에서 해외의 비거주자 등에게 국내원천소득을 은행 등을 통하여 송금하는 경우 그 국내원천소득에 대한 소득세 또는 법인세 등 관련 세금을 적정하게 원천징수 하였는지의 여부를 원천징수의무자의 관할세무서장이 사전에 확인함으로써 세금을 납부하지 아니하고 비거주자의 국내원천소득이 해외로 유출되는 것을 방지하기 위한 장치로서 외국환거래규정 및 국제조세사무처리규정에 규정되어 있다.

조세조약 및 관련 법률에 의하여 납부할 세액이 없는 경우에도 당해 증명서를 발급받을 수 있다.

비거주자 등의 국내원천소득에 대한 소득세(법인세) 납세사실 증명
Certificate for Non-resident's Tax Payment

	상호 Name of Company		사업자등록번호 Taxpayer Identification No.	
지급자 Payer	소재지(주소) Location(Address)			
	성명 Name of Representative		주민등록번호 Resident Registration No	

소 득 귀 속 년 월 Period for the Payments		지 급 년 월 일 Date of Payment	

소득의 종류 Type of Income		지 급 금 액 Amount Paid		세 율 Tax Rate	

수취인 Recipient	국 적 Nationality	
	명 칭 Name	
	주 소 Address	

원 천 징 수 세 액
Details of Tax Withhold

구 분 Classification	납부할 세액 Amount of Tax Due	납부세액 Amount of Tax Paid	미납세액 Amount of Tax Unpaid	납 부 년 월 일 Date of Tax Payment
본 세 Income (Corporation)Tax				

비거주자 등의 국내원천소득에 대한 납부세액이 위와 같음을 증명하여 주시기 바랍니다.

I hereby request you to certify that the tax amount described above is duly paid by way of tax withholding under the Korean tax laws.

20 . . .

신청인 (서명 또는 인)

Applicant_____________________.

Signature or stamp

_________________세 무 서 장 귀 하

To Director of_________________District Tax Office

위 사실을 증명한다.

The Korean Tax Authority undersigned certifies the above.

20 . . .

_________________세 무 서 장 귀 하

Director of_________________District Tax Office

Official Stamp

첨부서류 : 세액을 납부한 영수증사본 1부
Attachment : Copy of Tax Receipt attesting the amount of tax withhold.

1 지방소득세(주민세)의 종류

　지방소득세(주민세)는 균등할주민세와 소득할주민세로 나누어진다. 균등할주민세는 소득 유무에 관계없이 세대를 구성하고 있는 전 국민에게 부과하는 회비적인 성질이 있는 인세라고 하겠으나 소득할 주민세는 소득에 부과하는 소득세의 성격을 가지고 있다.

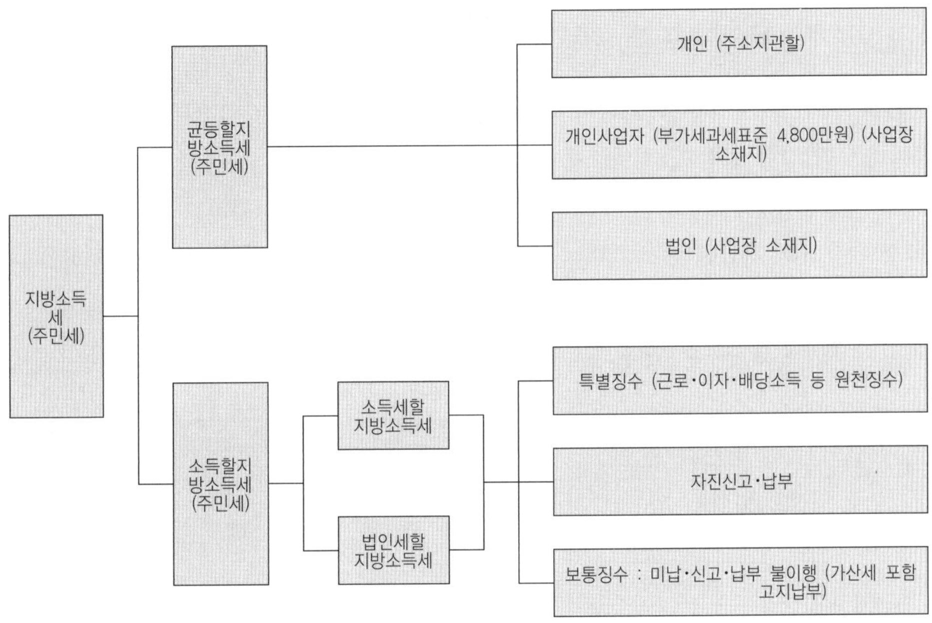

❖ 균등할 지방소득세(주민세)

　균등할주민세는 지역별로 개인 및 법인에게 부과하는 지방소득세(주민세)를 말하며 개인에게 부과하는 균등할을 개인균등할, 부가가치세 과세표준 4,800만원 이상의 개인사업자와 법인사업자의 사업장에 부과하는 균등할을 법인균등할이라고 한다.

❷ 개인균등할 지방소득세(주민세) 과세액

구 분	세 액			비 고
	지방소득세 (주민세)	교육세	합 계	
인구 500만 이상의 시(서울)	4,500원	1,125원	5,625원	교육세 25%
인구 50만 이상의 시	3,000원	750원	3,750원	교육세 25%
기타 시	1,800원	180원	1,980원	교육세 10%
군	1,000원	100원	1,100원	교육세 10%

❸ 법인(개인사업자포함)균등할 지방소득세(주민세)

직전연도 부가가치세 과세표준액이 4,800만원 이상인 개인사업자의 사업장과 법인사업자는 사업장마다 사업장할 균등할 지방소득세(주민세)를 과세한다.

이 경우 사업장이라 함은 그 건물 또는 시설이 자기소유 여부에 불문하고 인적·물적 설비를 갖추고 계속적인 사무·사업이 행하여지는 장소를 말한다. 그러므로 영리목적사업 여부에 관계없이 인적·물적 시설이 갖추어져 있으면 과세되므로 비영리법인은 물론 건설업체의 "현장사무소"의 경우도 하나의 사무소로 볼 수 있다(과세기준일 : 매년 8월 1일).

종업원수 ＼ 자본금액		100인 초과	100인 이하	비 고
개인사업자		5만원		교육세 별도
법인사업자 (본점기준)	10억 이하	5만원	5만원	교육세 별도
	10~30억	10만원		교육세 별도
	30억~50억	20만원	10만원	교육세 별도
	30억~100억	35만원	20만원	교육세 별도
	100억 초과	50만원		교육세 별도

※ 균등할 지방소득세(주민세)는 매년 고지하여 8.16~8.31까지 납부한다.

❹ 소득할 지방소득세(주민세)

소득할 지방소득세(주민세)는 소득세법·법인세법에 의하여 납부하여야 할 세액을 과세표준으로하여 부과하는 지방소득세(주민세)로 본세의 10%를 지방소득세(주민세)로 징수한다.

균등할지방소득세(주민세)가 고지에 의하여 과세되는데 비하여 소득할지방소득세(주민세)는 근로소득·이자소득·배당소득 등 지급자가 원천징수하여 납부하는 특별징수와 각 세법에

의한 신고·납부후 자진신고하는 자진신고 납부 그리고 특별징수 및 자진신고·납부를 이행하
지 않은 경우 가산세를 포함하여 징수하는 보통징수로 구분된다.

<소득분 지방소득세(주민세) 세율>

구분	세율
소득세분	소득세의 100분의 10
법인세분	법인세의 100분의 10

✿ 신고기한
① 법인세분 납세의무자는 해당 사업연도 종료일로부터 4개월 (연결법인 5개월분)
② 소득세분 그 신고기간의 만료일

✿ 가산세
① 신고불성실가산세 100분의 20
② 납세불성실가산세 1일에 1만분의 3

5 재산분 지방소득세(주민세)

재산분의 과세표준은 과세표준일 현재의 사업소 총면적 1㎡당 250원으로 한다. 재산분의
과세기준일은 7월1일로 하고, 납기는 7월31일까지 신고·납부하여야 한다.

폐수·산업폐기물 등을 배출하는 사업소는 상기 세금의 2배로 한다. 다만, 사업소 총면적이
세금의 2배로 한다. 다만, 사업소 총면적이 330㎡ 이하면 재산분을 부과하지 않는다.

6 종업원분 지방소득세(주민세)

종업원분 과세표준은 종업원에게 지급한 2달의 급여 총액의 0.5%를 납부한다. 해당 사업소
의 종업원 수가 50명 이하는 종업원분으로 부과하지 않는다. 종업원분의 납세의무자는 매월
납부할 세액을 다음달 10일까지 신고·납부한다.

7 지방소득세(주민세) 특별징수

지방소득세(주민세)의 특별징수란 국세에서 말하는 원천징수와 같은 의미이며 주민세 특별
징수의무자는 소득세법·법인세법·지방세법(농지세 규정) 규정에 의하여 소득세·법인세·농지세
를 원천징수하는 자로 관련법률에 따라 원천징수 할 소득세액·법인세액·농지세액에 10%를

주민세로 동시에 특별징수하여 납부하여야 하며, 소득할 주민세가 특별징수되는 것은 다음과 같다(지령 130조의 9).

① 소득세법상의 원천징수

② 소득세법상의 납세조합 원천징수

③ 법인세법 제59조의 원천징수(국내사업장이 없는 외국법인에 한하여 적용되고 있음)

$$\boxed{주민세특별징수세액} = \boxed{(소득세 \cdot 법인세 \cdot 원천징수세액)} \times \boxed{10\%}$$

❀ 소득세법상의 원천징수

국내에서 거주자나 비거주자에게 다음과 같은 소득금액 또는 수입금액을 지급하는 자는 그에 대한 소득세를 원천징수하여야 하고 그 소득세액을 과세표준으로 한 주민세도 특별징수하여 납부하여야 한다.

① 봉급·상여금 등의 갑종근로소득

② 퇴직급여 등의 갑종퇴직소득

③ 상금·강연료 등 일시적 성질의 기타소득

④ 원천징수 대상 사업소득

⑤ 이자소득

⑥ 배당소득

❀ 소득세법상의 납세조합 원천징수

① 소득세법 제149조의 규정에 의하여 납세조합을 조직한 경우에 납세조합은 조합원들로부터 소득세를 징수하는 바, 이때 당해 소득세액을 과세표준으로 하는 주민세도 특별징수하여야 한다(지법 179조의 3 ③).

② 납세조합을 조직할 수 있는 경우는 다음과 같다(소법 149조, 소령 204조).

  1. 을종에 속하는 근로소득이 있는 자

  2. 농·축·수산물판매업자

  3. 노점상인 등 기타 국세청장이 인정하는 자

③ 납세조합은 소득세 납세업무자 20명 이상이 관할세무서장을 거쳐 지방국세청장의 승인을 얻어 조직된다.

❀ 법인세법상 외국법인의 원천징수

국내에 사업장을 두지 아니한 외국법인에게 동법 제93조 규정상의 국내원천소득의 금액을 지급하는 자 또는 외국인에 의하여 국내사업장과 실질적으로 관련되지 아니하거나 그 국내사업장에 귀속되지 아니한 소득금액을 지급하는 자는 각사업연도의 소득에 대한 법인세로서 원천징수한다. 이때 그 원천세액을 과세표준으로 한 주민세도 특별징수하는 것이다.

8 지방소득세(주민세) 납세지

특별징수한 지방소득세(주민세)의 납세지는 다음과 같다(지법 175조 ④).

① 근로소득에 대한 소득할은 납세의무자의 근무지를 관할하는 시·군·구

② 이자소득, 배당소득 등에 대한 소득세의 원천징수사무를 본점 또는 주사무소에서 일괄처리하는 경우 그 소득에 대한 소득할은 그 소득의 지급지를 관할하는 시·군·구

③ 국세(소득세 등)의 원천징수납세지는 지방세와 차이가 있으므로 특별징수의무자(국세의 원천징수의무자)는 납세지를 정확히 판단하여 신고납입시에 유념하여야 할 것인 바, 납세지를 착오하여 다른 시·군·구에 납부하게 되면 정당한 납세지에서는 미신고한 것이 되어 10%의 가산세를 추가부담하게 된다. 물론 이 경우 착오징수한 시·군·구에서는 환부이자를 포함하여 환부한다.

④ 해외근로자에 대한 원천징수는 본점소재지가 원천세 납세지이나 주민세의 경우는 근무지가 해외이기 때문에 불분명한데, 이 경우 원천징수지인 본점소재지 등을 납세지로 해야 한다.

⑤ 또한 인정상여처분에 의한 주민세도 상여처분 받은 자의 근무지를 납세지로 해야 한다.

9 지방소득세(주민세) 신고·납부

특별징수의무자는 소득세 등을 원천징수할 때 지방소득세(주민세)도 함께 특별징수하여 특별징수한 날의 다음 달 10일까지 납세지 시·군·구에 신고·납부하여야 한다.

특별징수의무자가 주민세를 특별징수하는 때는 납부자에게 영수증서를 교부하고 그 부본을 발행일로부터 2년간 보관하여야 한다(지령 130조의 10).

신고·납부하는 때는 납부서에 계산서와 주민세 특별징수명세서를 첨부하여야 한다. 근로소득과 이자소득에 대하여는 그 명세서를 첨부하지 않을 수 있다(별지 제64호 서식).

소득세법이나 법인세법에 따라 소득세나 법인세를 원천징수할 때 원천징수 의무자는 원천징수할 세액(갑근세)을 과세표준으로 하여 동 금액의 10%를 주민세로 계산하여 갑근세(소득세)와 동시에 소득지급일 다음 달 10일까지 납부한다.

소득세법에 따라 갑근세 원천징수의무자(소득지급자)는 지방세법에 따라 주민세의 특별징수의무자가 된다.

`사례` 2015년 2월 홍길동의 급여가 1,500,000원이고 이에 대한 갑근세가 39,310원이다. 원천징수할 주민세는 얼마인가?

⇨ 갑근세 39,310×10%=3,931원

지방소득세(주민세)는 지방세로 각 지방자치단체 즉 구청이나 군청의 세수가 된다. 따라서 지방자치단체마다 납부하는 양식이 다소 다르다. 따라서 군청이나 구청의 세무과에 주민세 납부서 양식을 받아서 납부하는 것이 바람직하다.

10 가산세

특별징수의무자가 주민세를 특별징수하지 아니하거나 특별징수한 주민세를 기한 내에 신고·납부하지 아니하는 때는 특별징수의무자를 납세의무자로 하고 특별징수할 주민세액에 100분의 20의 가산세를 추가하여 보통징수방법으로 징수한다.

지방소득세(주민세) 특별징수의무자가 징수할 세액을 징수하지 아니하였거나 미달하게 징수한 경우 그 납입하지 아니한 세액의 100분의 20을 가산세로 부담한다.

11 지방소득세(주민세)의 정산

소득세는 종합소득과 분리과세소득으로 구분되는바, 종합소득세는 매년 5월 31일까지 확정신고 결정되고 특히 근로소득세는 매년 말에 해당 연도분에 대해 연말정산을 하는바, 연말정산 또는 확정신고 때에 소득세의 환급이 있거나 추가납부가 있다면 이에 따라 지방소득세(주민세)도 환급 또는 추가 징수하게 된다.

특별징수하여 납부한 주민세액 중 과오납된 세액이 있는 경우에는 특별징수의무자가 특별징수하여 납부할 주민세액에서 조정하여 되돌려주는데 즉, 다수인의 납부자 중 과오납된 납부자가 있는 때는 특별징수한 합계액에서 되돌려준다는 것이며(동 제1항) 만일 반환할 주민세만 있고 납부할 주민세가 없다면 다음 달 이후의 납입할 주민세에서 조정하여 환부하고 다음 달 이후에도 납부할 주민세가 없을 때는 과오납된 지방자치단체에서 환급한다.

원천세 신고와 납부

1 월별 신고

원천징수의무자는 원천징수한 소득세를 다음달 10일까지 납부서와 함께 관할세무서 등에 납부하고 원천징수이행상황신고서를 관할세무서장에게 제출하여야 하며, 과세미달 등 원천징수세액이 없는 자에 대한 지급액도 신고서에 포함하여야 한다. 다만, 반기납부승인자의 경우 원천징수일이 속하는 반기의 종료 월의 다음 달 10일까지 제출한다.

〈원천징수이행상황신고서 제출시기〉

구 분	신고·납부 기한		
	매월 지급분	연말정산분	소득처분의 경우
월별 납부자	다음 달 10일	다음 해 2월 10일	매월 지급분과 동일
반기별 납부자	7월 10일 (1~6월 지급분) 다음 해 1월 10일 (7~12월 지급분)	다음 해 7월 10일 (환급신청 시는 다음 해 2월 10일)	변동통지 받은 날 또는 법인세 신고기일의 다음 달 10일

2 반기별 신고

① 반기별납부승인자가 매월별로 원천징수이행상황신고서를 제출하여서는 안되며 반드시 반기별로 제출하여야 한다. 그렇지 않을 경우 전산오류 발생함.

② 반기별 납부자는 상시고용인원 20인 이하인 원천징수의무자(금융·보험업제외)로써 관할 세무서장의 승인을 받은 자이다.

3 환급세액의 신청

원천세 납부세액의 환급세액이 발생하는 경우 소득의 종류에 관계없이 납부세액과 상계하여 순액만을 이월시켜 관리한다. 따라서 원천징수이행상황신고서상에서 전월이월미환급세액에서 당기발생 환급세액을 차감한 순액으로 차월이월환급세액에 기재하여 환급신청한다.

● 작성사례 1

①신고구분				원천징수이행상황신고서	②귀속연월	2015년 4월
매월	반기	수정	연말		③지급연월	2015년 4월

원천징수의무자	법인명(상호)	(주)한국		대표자(성명)	홍길동	일괄납부 여부	여. 부
	사업자(주민)등록번호	201-81-12345	사업장소재지	서울 용산구 한강로3 31		전화번호	

1. 원천징수 내역 및 납부세액
(단위 : 원)

구 분		코드	소득지급 (과세 미달, 비과세 포함)		징수세액				⑨ 당월 조정 환급세액	납부세액	
			④인원	⑤총지급액	⑥소득세등	⑦농어촌특별세	⑧가산세			⑩소득세등 (가산세포함)	⑪농어촌특별세
근로소득	간이세액	A01	8	26,215,000	2,004,830					
	중도퇴사	A02	1	8,700,000	△82,500					
	일용근로	A03								
	연말정산	A04								
	가감계	A10	9	34,915,000	1,922,330			116,300	1,806,030	
퇴직소득		A20	1	1,276,920	1,920				1,920	
사업소득	매월징수	A25	1	500,000	15,000					
	연말정산	A26								
	가감계	A30	1	500,000	15,000				15,000	
기타소득		A40	2	331,687,000	26,663,700				26,663,700	
연금소득		A45								
이자소득		A50								
배당소득		A60								
저축해지 추징세액		A69								
비거주자 양도소득		A70								
법인원천		A80								
수정신고 (세액)		A90								
총합계		A99	13	368,378,920	28,602,950			116,300	28,486,650	

2. 환급세액조정
(단위 : 원)

전월 미환급 세액의 계산			당월 발생 환급세액			⑱ 조정대상 환급세액 (⑭+⑮+⑯+⑰)	⑲ 당월 조정 환급세액계	⑳ 차월 이월 환급세액 (⑱-⑲)
⑫ 전월미환급세액	⑬ 기환급신청세액	⑭ 차감잔액 (⑫-⑬)	⑮ 일반환급	⑯ 신탁재산 (금융기관)	⑰ 기타			
116,300		116,300				116,3000	116,300	

원천징수의무자는 「소득세법 시행령」 제185조제1항에 따라 위의 내용을 제출하며, 위 내용을 충분히 검토하였고 원천징수의무자가 알고 있는 사실 그대로를 정확하게 기재하였음을 확인한다.

20×1 년 5월 10 일

원천징수의무자 (주)한국 홍 길 동 (서명 또는 인)

세무대리인은 조세전문자격자로서 위 신고서를 성실하고 공정하게 작성하였음을 확인한다.

세무대리인 (서명 또는 인)

○○세무서장 귀하

신고서 (부표) 작성 여부	
작성하였음	( )
작성대상 아님	( )
세무대리인	
성명	
사업자 등록번호	
전화번호	

원천징수의무자 전자우편1 주소	@

※ 참고사항 : 신고서(부표) 작성 여부란에는 원천징수이행상황신고서(부표) 작성 여부를 해당란의 ( )안에 "○"표시를 한다. 다만, 이자소득(A50), 배당소득(A60), 법인원천(A80)에 해당하는 소득을 지급하거나 저축해지추징세액(A69) 및 연금저축해지가산세를 징수한 원천징수의무자 및 비거주자에게 양도소득(A70)·사업소득 및 기타소득을 지급한 원천징수의무자는 반드시 원천징수이행상황신고서(부표)를 작성하여 신고하여야 한다.

⊕ 작성사례 2

Ⅰ. 원천징수내역 및 납부세액

(단위 : 원)

구 분		코드	원 천 징 수 내 역					⑨ 당월 조정 환급 세액	납 부 세 액	
			소득지급 (과세 미달, 비과세 포함)		징수세액				⑩소득세등 (가산세포함)	⑪ 농어촌 특별세
			④인원	⑤총지급액	⑥소득세등	⑦농어촌 특별세	⑧가산세			
근로소득	가감계	A10	50	1,200,000	△5,722,000	450,000		450,000	0	
퇴직소득		A20	2	20,000,000	450,000		45,000	495,000	0	
사업소득	가감계	A30	5	2,500,000	75,000			75,000	0	
기타소득		A40								
연금소득		A45								
이자소득		A50								
배당소득		A60								
저축해지 추징세액		A69								
비거주자 양도소득		A70								
법인원천		A80	6	27,000,000	4,050,000			4,050,000	0	
수정신고(세액)		A90			△850,000	△40,000	25,000	25,000	0	
총 합 계		A99	63	1,249,500,000	4,575,000	450,000	70,000	5,095,000		

2. 환급세액조정   (단위 : 원)

전월 미환급 세액의 계산			당월 발생 환급세액			⑱ 조정대상 환급세액 (⑭+⑮+⑯+⑰)	⑲ 당월 조정 환급세액계	⑳ 차월 이월 환급세액 (⑱-⑲)
⑫ 전월미 환급세액	⑬ 기환급 신청세액	⑭ 차감잔액 (⑫-⑬)	⑮ 일반환급	⑯ 신탁재산 (금융기관)	⑰ 기타			
0	0	0	6,612,000	0	0	6,612,000	5,095,000	1,517,000

⑮ 일반환급＝5,722,000＋850,000＋40,000＝6,612,000

총합계(A99)란의

⑥ 소득세 등 ＝ 450,000＋75,000＋4,050,000＝4,575,000

⑦ 농어촌특별세 ＝ 450,000

⑧ 가산세＝45,000＋25,000＝70,000

⑨ 당월조정환급세액 ＝ 2.환급세액조정의 ⑲당월조정환급세액계＝5,095,000

16장
근로소득의 연말정산

I. 연말정산의 이해

근로소득은 그 특성상 매월 발생하므로 매월 소득세를 근로소득 간이세액표에 의해 원천징수하고 다음 해 2월에 실제 부담할 세액을 정산한다.

❶ 연말정산 대상

연말정산 대상자는 근로소득이 있는 거주자 및 비거주자(선택)이다. 다만, 일용근로자 및 근로소득이 없는 거주자는 제외한다.

✤ 계속근로자

기업(원천징수의무자)은 계속근로자에 대하여 근로소득을 지급할 때 해당 과세기간의 다음 연도 2월분의 근로소득을 지급한 때(2월분 근로소득을 2월 말일까지 지급하지 아니하거나 2월분의 근로소득이 없는 경우에는 2월 말일)에 연말정산 세액을 원천징수한다.

✤ 퇴직근로자

근로자가 중도에 퇴직하는 경우 퇴직하는 달의 근로소득을 지급하는 때에 연말정산 세액을 징수한다. 따라서 중도 퇴직하는 근로자는 퇴직하는 달의 급여를 받기 전에 원천징수의무자에게 근로소득자소득공제신고서와 해당 근무기간 동안 지출한 소득공제 영수증을 제출하여야 한다.

❷ 연말정산 시기

✤ 원천징수

매월 급여(상여금 포함) 지급시 정확한 세금을 계산하는 것이 비효율적이므로 근로소득 간이세액표에 의해 소득세를 원천징수한다.

*근로소득 간이세액표(국세청 홈페이지 〉 조회·계산 〉 간이세액표 참조)

✤ 소득 및 세액 공제

연말에 법령에서 정한 특별소득공제 및 그 밖의 소득공제 등을 반영하여 최종적으로 정확한 세액을 계산하여 이미 납부한 세액과 정산한다.

✤ 연말정산 시기

① 연도 중에 퇴직하는 경우 퇴직하는 달의 급여를 지급하는 때
② 계속 근로자는 다음 해 2월분 급여를 지급하는 때

◈ 추가 연말정산

원천징수의무자가 근로소득에 대한 연말정산을 한 후 해당 과세기간의 근로소득을 추가로 지급하는 때에는 추가로 지급하는 때에 근로소득 연말정산을 다시 하여야 한다. (소득세법 기본통칙 137-1)

③ 연말정산 신고 기한

원천징수의무자의 연말정산 신고와 서류제출 기한은 다음과 같다.

구 분	사내 연말정산 시기	신고 및 납부 기한	지급명세서 제출기한
월별 납부자	2월 말까지	3월 10일까지	3월 10일까지
반기별 납부자	2월 말까지	7월 10일까지	3월 10일까지

① 원천징수이행상황신고서는 다음 달 10일까지 제출한다.

② 근로소득지급명세서, 기타소득지급명세서, 기부금명세서, 의료비지급명세서, 보험료명세서 등의 제출기한은 과세기간 다음 해 3월 10일까지이다.

③ 반기별 납부자가 연말정산으로 발생한 환급세액이 1월에 원천징수하여 납부할 소득세를 초과하여 직접환급 신청하는 경우에는 20×1.2월분을 20×1.3.10일 신고시 원천징수이행상황신고서에 연말정산 결과를 기재하여 제출하여야 하며, 20×2.7.10일 제출하는 원천징수이행상황신고서에는 연말정산분과 기신고한 1월분을 제외하고 제출한다.

④ 휴·폐업자의 지급조서 제출은 휴·폐업일이 속하는 달의 다음 달 말일까지 제출한다.

Ⅱ. 연말정산의 절차

❶ 회사의 연말정산 절차

(1) 일정통보 (1월 초까지)

원천징수의무자는 근로자에게 연말정산 처리 일정 및 준비할 사항 등을 정리하여 1월 초까지 근로자에게 준비를 통보한다.
① 세법 개정 내용
② 소득공제용 증명자료 및 소득공제자료 제출 시 유의사항
③ 인적공제 및 소득공제 관련 유의 사항
④ 소득공제신고서 작성방법
⑤ 기타

(2) 서류검토 (2월 중순까지)

근로자가 제출한 소득공제 증명서류에 의해 소득공제신고서가 정확히 작성되었는지 확인(서류 및 자료 보완이 필요한 경우 근로자에게 요청)

(3) 원천징수영수증 발급 (2월 말까지)

근로자가 제출한 소득공제신고서 내용을 반영하여 세액을 계산하고 근로소득 원천징수영수증을 근로자에게 발급한다.
① 기부금명세서 : 기부금공제금액이 있는 근로자에 대해서는 기부금명세서를 전산매체로 작성·제출
② 의료비지급명세서 : 의료비 발생액이 있는 근로자에 대해서는 의료비지급명세서를 전산매체로 작성·제출

(4) 원천징수의무자의 연말정산 절차

<회사의 연말정산 절차>

절차	일정	업무내용
연말정산 일정통보	1월 10일	근로자에게 연말정산 일정과 준비서류 통보 · 소득공제신고서 · 의료비명세서 · 기부금명세서 · 보험료·연금명세서 · 가족관계명세서 · 기타명세서
연말정산 서류접수	1월 30일	근로자의 소득공제서류 접수
서류검토	2월 15일	소득공제신고서와 첨부서류 확인
서류보완통보	2월 20일	근로자의 첨부서류 보완통보 및 접수
원천세영수증발급	2월 28일	· 소득공제신고서 반영한 원천징수영수증 발급 · 급여지급 시 연말정산액 반영한 급여지급
연말정산신고·납부 및 환급신청	3월 10일	· 원천징수이행상황신고서 신고 및 제출 · 원천세 납부 및 환급 신청 · 지급명세서 신고 및 제출

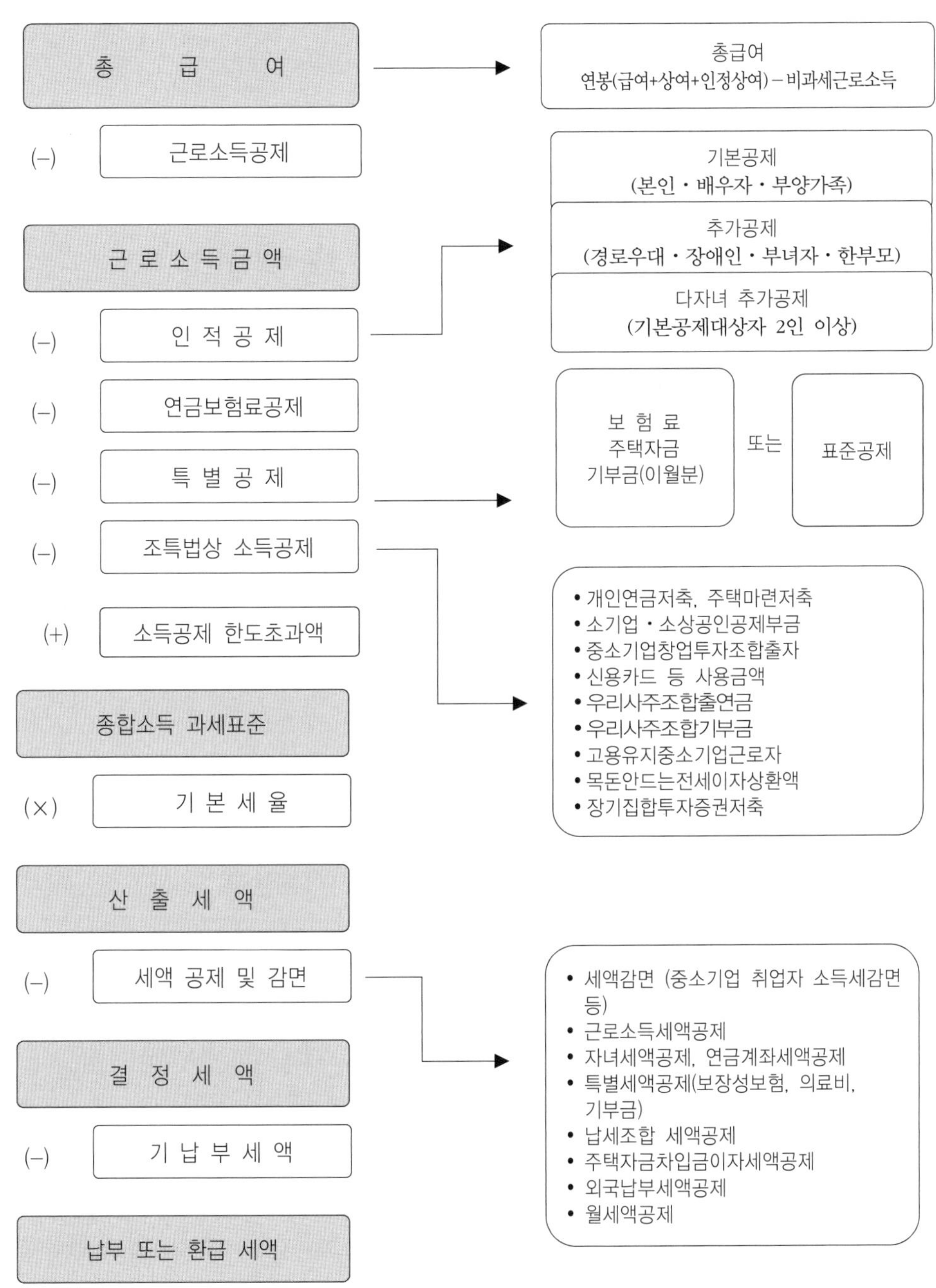

총 급 여
(−) 근로소득공제
근 로 소 득 금 액
(−) 인 적 공 제
(−) 연금보험료공제
(−) 특 별 공 제
(−) 조특법상 소득공제
(+) 소득공제 한도초과액
종합소득 과세표준
(×) 기 본 세 율
산 출 세 액
(−) 세액 공제 및 감면
결 정 세 액
(−) 기 납 부 세 액
납부 또는 환급 세액
총급여
연봉(급여+상여+인정상여) − 비과세근로소득
기본공제
(본인 · 배우자 · 부양가족)
추가공제
(경로우대 · 장애인 · 부녀자 · 한부모)
다자녀 추가공제
(기본공제대상자 2인 이상)
보 험 료
주택자금
기부금(이월분)
또는
표준공제
• 개인연금저축, 주택마련저축
• 소기업 · 소상공인공제부금
• 중소기업창업투자조합출자
• 신용카드 등 사용금액
• 우리사주조합출연금
• 우리사주조합기부금
• 고용유지중소기업근로자
• 목돈안드는전세이자상환액
• 장기집합투자증권저축
• 세액감면 (중소기업 취업자 소득세감면 등)
• 근로소득세액공제
• 자녀세액공제, 연금계좌세액공제
• 특별세액공제(보장성보험, 의료비, 기부금)
• 납세조합 세액공제
• 주택자금차입금이자세액공제
• 외국납부세액공제
• 월세액공제

Ⅲ. 연말정산의 신고서류

1 소득·세액공제신고서

근로자는 해당 연도에 지출한 비용 중 공제대상 금액과 인적공제 사항을 기재한 소득·세액공제신고서와 해당 소득·세액공제 증명서류 등을 회사에 제출해야 한다.

소득·세액공제신고서 및 해당 소득·세액공제 증명서류를 제출하지 아니한 경우 근로자 본인에 대한 인적공제 및 표준세액공제만 적용한다.

2 소득·세액공제 명세서 등

① 퇴직연금·연금저축 세액공제, 주택마련저축·장기집합투자증권저축 소득공제를 받는 근로자는 부속서류인 '연금·저축 등 소득·세액공제 명세서'를 회사에 제출한다.
② 월세액 및 거주자간 주택임차차입금 원리금 상환액 공제를 받는 근로자는 부속서류인 '월세액·거주자간 주택임차차입금 원리금상환액 소득·세액공제 명세서'를 회사에 제출한다.
③ 의료비 세액공제를 받고자 하는 경우 '의료비지급명세서'
④ 기부금 세액공제를 받고자 하는 경우 '기부금명세서'
⑤ 신용카드 공제를 받고자 하는 경우 '신용카드 등 소득공제 신청서'

3 소득·세액공제 증명서류 등

① 소득·세액공제가 가능한 해당 지출 비용에 대한 소득·세액공제 증명서류 (국세청 연말정산간소화 서비스에서 제공하는 증명서류 또는 영수증 발급기관에서 발급받는 소득·세액공제용 영수증)
② 주민등록표등본 제출 후 인적공제 등에 대한 변동사항이 없으면 매년 추가로 제출할 필요 없으나, 주택자금공제의 공제항목에 따라 증명서류에 해당하는 경우는 추가 제출하여야 한다(주민등록표등본에 의해 가족관계가 확인되지 아니한 경우 가족관계증명서 등).

연말정산에서 근로자가 회사에 제출하는 소득·세액공제신고서 첨부서류는 다음과 같다.

공 제 항 목		첨 부 서 류	발 급 처	비 고
인적공제	부양가족 증명	주민등록표등본	시·군·구청 또는 읍·면·동주민센터	
		가족관계증명서 (주민등록표로 가족관계 확인 어려운 경우)		
	일시퇴거자	일시퇴거자 동거가족 상황표	본인 작성	
		재학증명서(취학의 경우)	학교	
		요양증명서(요양의 경우)	요양기관	
		재직증명서(재직의 경우)	직장	
		사업자등록증사본(사업상 형편)	본인 보관	
	입양자	입양사실확인서 또는 입양증명서	시·군·구청 또는 입양기관	
	수급자	수급자증명서	읍·면·동주민센터	
	위탁아동	가정위탁보호확인서	시·군·구청	
인적공제	장애인	장애인복지법	장애인증명서·장애인등록증(복지카드) 사본	읍·면·동주민센터
		상이자	상이자증명서 사본	국가보훈처
		그 외	장애인증명서(소득세법 시행규칙 서식)	의료기관
주택자금	금융회사 등 차입주택임차차입금	주택자금상환등증명서	금융회사 등	국세청
		주민등록표등본	읍·면·동주민센터	
	개인간 차입 주택임차차입금	월세액·거주자간 주택임차차입금 원리금 상환액 소득·세액공제 명세서	본인 작성	
		주택자금상환등증명서	대주(貸主)	
		주민등록표등본	읍·면·동주민센터	
		임대차계약증서 사본	본인 보관	
		금전소비대차계약서 사본	본인 보관	
		원리금 상환 증명서류(계좌이체영수증 및 무통장입금증 등)	본인 보관	

공 제 항 목		첨 부 서 류	발 급 처	비 고
주택자금	장기주택저당차입금	장기주택저당차입금 이자상환증명서	금융회사 등	국세청
		주민등록표등본	읍·면·동주민센터	
		개별(공동)주택가격확인서	시·군·구청	
		건물등기부등본 또는 분양계약서 사본	등기소, 본인 보관	
		기존 및 신규차입금의 대출계약서 사본 (대환, 차환, 연장 시)	금융회사 등	
개인연금저축		개인연금저축납입증명서 또는 통장사본	금융회사 등 또는 본인 보관	국세청
소기업·소상공인공제		공제부금납입증명서	중소기업중앙회	국세청
주택마련저축		주택마련저축납입증명서 또는 통장사본	금융회사등 또는 본인 보관	국세청
		주민등록표등본	읍·면·동주민센터	
투자조합 출자공제		출자 등 소득공제신청서	본인 작성	
		출자(투자)확인서	투자조합관리자 등	
신용카드 등 사용액		신용카드 등 소득공제 신청서	본인 작성	
		신용카드 등 소득금액 확인서	카드회사	국세청
우리사주조합출연금		우리사주조합출연금액확인서	우리사주조합	
목돈 안드는 전세 이자상환액		목돈 안드는 전세 이자상환액 증명서	금융회사 등	국세청
장기집합투자증권저축		장기집합투자증권저축 납입증명서	금융회사 등	국세청
연금보험료	퇴직연금계좌	연금납입확인서	연금계좌취급자	국세청
	연금저축계좌	연금납입확인서	연금계좌취급자	국세청
보험료	보장성보험	보험료납입증명서 또는 보험료납입영수증	보험사업자	국세청
의료비	의료비명세서	의료비지급명세서	본인 작성	
	의료기관·병원	계산서·영수증, 진료비(약제비)납입확인서	병의원, 약국	국세청
	안경(콘택트렌즈)	사용자의 성명과 시력교정용임을 안경사가 확인한 영수증	구입처	국세청
	보청기, 장애인보장구	사용자의 성명을 판매자가 확인한 영수증	구입처	
	의료기기	의사·치과의사·한의사의 처방전	병의원	
		판매자 또는 임대인이 발행한 의료기기명이 기재된 의료비영수증	구입처	
	노인장기요양	장기요양급여비 납부확인서	요양기관	국세청
교육비	수업료, 등록금 등	교육비납입증명서	교육기관	국세청
	취학전아동학원비	교육비납입증명서	학원	
	교복구입비	교육비납입증명서	구입처	국세청
	학교 외 도서구입비	방과후 학교 수업용 도서 구입 증명서	교육기관	
	장애인특수교육비	교육비납입증명서	사회복지시설 등	국세청
		장애인 특수 교육시설 해당 입증 서류	사회복지시설 등	

공제항목		첨 부 서 류	발 급 처	비 고
교육비	국외교육비	교육비납입을 증명 할 수 있는 서류	국외 교육기관	
		재학증명서		
		부양가족의 유학자격 입증 서류 (근로자가 국내 근무하는 경우)	교육기관 등	
기부금		기부금명세서	본인 작성	
		정치자금기부금 영수증	중앙선관위 또는 기부처	국세청
		기부금 영수증	기부처	국세청
주택자금 차입금 이자세액공제		미분양주택확인서 (근로자는 주택자금이자세액공제 신청서 작성) 금융기관이 발행한 차입금이자 상환증명서 매매계약서 및 등기부등본	지방자치단체	
외국인기술자 세액감면		외국인 기술자의 근로소득세 감면신청서	본인 작성	
외국인근로자 세액감면		외국인 근로소득세액감면신청서	본인 작성	
중소기업 취업자 소득세 감면		중소기업 취업자 소득세 감면신청서	본인 작성	
외국납부세액공제		외국납부세액공제(필요경비산입)신청서	본인 작성	
월세액		월세액·거주자간 주택임차차입금 원리금 상환액 소득·세액공제 명세서	본인 작성	
		주민등록표등본	읍·면·동주민센터	
		임대차계약증서 사본	본인 보관	
		월세액 지급 증명서류(현금영수증, 계좌이체 영수증, 무통장입금증 등)	본인 보관	
주식매수선택권 행사이익에 대한 소득세 감면		주식매수선택권에 의한 소득세감면신청서	본인 작성	
외국인근로자 단일세율적용		외국인근로자 단일세율적용신청서	본인 작성	
외국인근로자 등		외국인등록사실증명 (주민등록표등본에 갈음)	출입국관리사무소	
		재외국민등록부등본 (국내 주민등록 없는 재외국민)	재외공관	

*출처: 국세청(2014.12.30)

Ⅳ. 소득·인적·보험료 공제

1 근로소득공제

근로소득 공제금액은 다음의 총급여액에 대하여 소득세법에서 정한 공제금액으로 한다. 근로소득금액의 계산은 해당 과세기간의 총급여액에서 근로소득공제를 차감하여 근로소득금액으로 한다.(소득세법 §47)

(1) 공제금액

총급여)	근로소득공제 금액
500만원 이하	총급여×70%
500만원 초과 1,500만원 이하	350만원 + (총급여 − 500만원)×40%
1,500만원 초과 4,500만원 이하	750만원+ (총급여 − 1,500만원)×40%
4,500만원 초과 10,000만원 이하	1,200만원 +(총급여 − 4,500만원)×5%
10,000만원 초과	1,475만원 + 10,000만원)×2%

※ 총급여액은 비과세소득을 포함하지 아니한다.

(2) 적용방법

① 과세기간이 1년 미만이거나 과세기간 중 근로기간이 1년 미만인 근로자의 경우 월할 계산하지 않고 근로소득공제에 해당하는 금액을 공제한다.

② 근로소득자의 해당 과세기간의 총급여액이 근로소득공제에 미달하는 경우 총급여액을 공제액으로 한다.

③ 일용근로자가 아닌 사람이 2인 이상으로부터 급여를 받는 경우에는 그 근로소득의 합계액을 총급여액으로 하여 근로소득공제를 총급여액에서 공제한다.

2 인적공제

근로자 본인 및 배우자, 생계를 같이하는 부양가족에 대해 당해 근로자의 생계비용 등을 고려하여 기본공제 및 추가공제 제도를 두고 있으며 이를 총괄하여 "인적공제"라 한다.

인적공제의 합계액이 근로소득금액을 초과하는 경우 그 초과하는 공제액은 제외한다.

(1) 기본공제 및 추가공제

구　분	내　용
① 기본공제	본인, 배우자, 부양가족 중 1명당 150만원씩 공제
② 추가공제	다음에 해당하는 경우 기본공제에 추가하여 공제 - 대상자 : 장애인, 경로우대자, 부녀자(근로자 본인에 한정), 한부모

※ 2014년 세법개정으로 추가공제 중 6세 이하, 출산·입양자 및 다자녀추가공제가 '자녀세액공제'로 전환됨

① 기본공제 대상은 연간 소득금액 100만원 이하여야 함

② 추가공제는 기본공제를 받는 근로자만 공제 가능

③ 배우자가 해당 과세기간에 사망하여 배우자 공제를 적용받는 경우 한부모 공제는 적용받을 수 없는 것임(한부모 공제는 배우자가 없는 근로자가 공제를 받을 수 있음)

(2) 공제대상자 판정기준

① 근로자의 인적공제대상자가 동시에 다른 근로자의 인적공제대상 가족에 해당하는 경우 1명만 인적공제를 받을 수 있다.

② 2 이상의 근로자가 공제대상가족을 서로 자기의 공제대상가족으로 근로소득자 소득·세액공제신고서에 기재하거나, 누구의 공제대상가족으로 할 것인지 알 수 없는 경우 판단기준

- 배우자 우선
- 직전연도 기본공제를 받은 근로자 우선
- 직전연도에 받지 않은 경우 당해연도 소득금액이 큰 근로자 우선

(3) 추가공제

기본공제대상자가 다음에 해당하는 경우 근로자의 당해연도 근로소득금액에서 추가로 공제한다.

추가공제대상	공제요건	공제금액
경로우대자	기본공제대상자가 만70세 이상(1944.12.31.이전)	1명당 연 100만원
장애인	기본공제대상자가 장애인	1명당 연 200만원
부녀자	근로소득금액이 3천만원 이하 자인 근로자가 다음 어느 하나에 해당하는 경우 • 배우자가 있는 여성 근로자 • 배우자가 없는 여성 근로자가 기본공제대상 부양가족이 있는 세대주	1명당 연 50만원

	다만, 근로장려금 수급자는 부녀자 추가공제 적용 배제	
한부모	배우자가 없는 자로서 기본공제대상인 직계비속 또는 입양자가 있는 경우(부녀자 공제와 중복적용 배제 → 중복 시 한부모 공제를 적용)	연 100만원

③ 연금보험료 공제

근로자 본인 명의의 연금보험료 부담분 등을 납부한 경우, 해당 연도의 근로소득금액에서 공제

● 연금보험료 공제대상

국민연금법·공무원연금법·군인연금법·사립학교교직원연금법 또는 별정우체국법에 따른 기여금 또는 개인부담금

● 연금보험료 공제한도

• 한도없이 전액 공제

④ 특별소득 공제

(1) 보험료공제

근로자가 해당 과세기간에 부담하는 건강보험료·고용보험료·노인장기요양보험료는 해당 과세기간의 근로소득금액에서 공제

● 공제 대상

공제대상 보험료	보험료 공제액
건강보험료, 고용보험료 또는 노인장기요양보험료	전액

● 공제시기 : 보험료 불입일이 속하는 과세기간에 공제

(2) 주택임차차입금 원리금상환액 공제

과세기간 종료일(12월 31일) 현재 무주택 세대의 세대주(세대주가 주택자금공제 및 주택마련저축 공제를 받지 아니한 경우에는 세대원 포함)인 근로자가 국민주택규모의 주택(오피스텔 포함)을 임차하기 위해 대출기관 또는 거주자로부터 차입하고 그 차입금의 원리금을 상환하는

경우 상환금액의 40%를 소득공제(공제한도 300만원) 한다.

　※ 1. 주택마련저축공제와 합하여 300만원 한도

　　2. 부양가족이 없는 단독세대주도 소득공제 가능

(3) 장기주택저당차입금 이자상환액 공제

무주택 또는 1주택을 보유한 세대의 세대주(예외적으로 세대원)인 근로자가 취득당시 기준 시가 4억원 이하인 주택(오피스텔 제외)을 취득하기 위하여 해당 주택에 저당권을 설정하고 금융회사·국민주택기금으로부터 차입한 자금의 이자상환액에 대해 연 500만원(이자를 고정 금리방식으로 지급하거나 원리금을 비거치식 분할상환방식으로 지급하는 경우 연 1,500만원) 한도로 공제한다.

5 기타소득공제

(1) 신용카드 등 사용액 소득공제

근로자가 사업자로부터 재화나 용역을 제공받고 신용카드 등을 사용하여 지출한 금액에 대해 총급여액의 25%를 초과하는 금액의 15%(30%)를 근로소득금액에서 공제한다.

(2) 개인연금저축공제

- 개인연금저축(소득공제) : 연간 72만원
- 연금저축(세액공제) : 연간 48만원

(3) 소기업·소상공인 공제부금 소득공제

근로자가 중소기업중앙회의 소기업·소상공인 공제('노란우산공제')에 가입하여 납부하는 금액에 대해 근로소득금액에서 연 300만원을 한도로 공제한다.

(4) 주택마련저축 소득공제

과세연도 중 주택을 소유하지 않은 세대의 세대주인 근로자가 주택마련저축에 납입한 금액의 40%를 연 300만원 한도로 공제한다.

(5) 중소기업창업투자조합 출자 등 소득공제

거주자가 중소기업창업투자조합 등에 출자·투자하는 금액의 10%(개인이 직접 또는 개인투자조합을 통해 벤처기업에 투자하는 경우 5천만원 이하분은 50%, 5천만원 초과분은 30%)를 그 출자일 또는 투자일이 속하는 과세연도부터 출자 또는 투자 후 2년이 되는 날이 속하는 과세연도까지 거주자가 선택하는 1과세연도의 종합소득금액에서 공제한다.

(6) 우리사주조합출연금 소득공제

근로자복지기본법에 의한 우리사주조합원이 우리사주를 취득하기 위하여 우리사주조합에 출연하는 금액에 대해 400만원 한도로 근로소득금액에서 공제한다.

(7) 우리사주조합기부금

우리사주조합에 지출하는 기부금(우리사주조합원이 지출하는 기부금은 제외)은 해당 과세연도의 근로소득금액에서 공제한다.
- 공제한도계산 : (근로소득금액 - 한도 내 정치자금기부금·법정기부금) × 30%

(8) 고용유지 중소기업 근로자 소득공제

중소기업이 경영상 어려움에도 사업주와 근로자 대표간 합의에 의하여 임금을 감소하여 고용을 유지하는 경우 감소된 임금의 50%를 근로자의 근로소득금액에서 공제(연간 1천만원 한도)한다.

소득공제액 = (해당 과세연도 근로자 연간임금총액) × 50%

(9) 목돈 안드는 전세 이자상환액 소득공제

거주자가 공제 요건을 갖춘 방식으로 주택을 임대하고 2015.12.31까지 해당 차입금 이자를 지급하였을 때에는 해당 과세기간에 지급한 이자상환액의 100분의 40에 해당하는 금액을 임대인의 그 과세기간의 종합소득금액에서 공제(연 300만원 한도)한다.

(10) 장기집합투자증권저축 소득공제

거주자인 근로자(일용근로자 제외)가 공제 요건을 모두 갖춘 장기집합투자증권저축에 2015.12.31.까지 가입하는 경우 가입한 날부터 10년 동안 각 과세기간에 납입한 금액의 40%에 해당하는 금액을 해당 과세기간의 종합소득금액에서 공제(연 240만원 한도) 한다.

Ⅴ. 세액 감면·공제

1 세액감면

(1) 중소기업 취업자 소득세 감면(조특법 § 30)

근로계약 체결일 현재 나이가 15세 이상 29세 이하(병역근무기간 제외 : 한도 6년)인 사람, 60세 이상인 사람, 장애인이 중소기업에 2012.1.1.(60세 이상인 사람 또는 장애인의 경우 '14.1.1.)~2015.12.31.까지 취업하는 경우 중소기업체에서 받는 근로소득세를 취업일부터 3년간 50%(100%) 세액감면

① 50% 감면비율 적용대상자 : 2014.1.1. 이후 중소기업에 (재)취업한 29세 이하 청년, 60세 이상인 사람, 장애인
② 100% 감면비율 적용대상자: 2013.12.31. 이전 중소기업에 (재)취업한 29세 이하 청년으로서 해당 중소기업 계속 근로자
③ 세액감면 신청기한 : 취업일이 속하는 달의 다음 달 말일까지 원천징수의무자에게 신청
④ 세액감면 제외대상 : 임원, 최대주주 등, 일용근로자, 국민연금·건강보험료 납부사실이 확인되지 아니하는 사람

(2) 외국인기술자 소득세 감면(조특법 § 18)

일정한 외국인기술자가 국내에서 내국인에게 근로를 제공하고 받는 근로소득으로서 그 외국인기술자가 국내에서 최초로 근로를 제공한날부터 2년이 되는 날이 속하는 달까지 발생한 근로소득과 외국인투자 촉진법에 따른 기술도입계약에 의하여 외국인 투자기업에 고도기술을 제공하고 받는 근로소득에 대해서는 소득세 50% 감면

(3) 조세조약에 따른 교직자 감면

우리나라와 조세조약을 체결한 국가에서 초청되어 인가된 교육기관(초·중·고등학교 및 대학)에서의 강의나 연구를 목적으로 입국한 강사나 교수가 받는 소득은 해당 국가와의 조세조약상 교직자 조항에 의하여 소득세를 면제(대부분 2년)

* 조세조약 체결 국가(영어권) : 미국, 영국, 남아프리카공화국, 뉴질랜드, 호주, 아일랜드
  조세조약 상 교직자 조항이 없는 국가(영어권) : 캐나다

(4) 감면세액 계산

$$\boxed{감면세액} = \boxed{근로소득\ 산출세액} \times \boxed{\dfrac{감면대상\ 근로소득금액}{근로소득금액}} \times \boxed{감면비율}$$

② 세액공제

(1) 근로소득 세액공제

산출세액	세액공제액
50만원 이하	근로소득 산출세액 × 55%
50만원 초과	275,000원 + (근로소득 산출세액 - 50만원) × 30%

❖ 공제한도

① 총급여액이 5천5백만원 이하 : 66만원

② 총급여액이 5천5백만원 초과 7천만원 이하 : 66만원 - [(총급여액 - 5천5백만원)×1/2]

　→ 63만원보다 적은 경우 63만원

③ 총급여액이 7천만원 초과 : 63만원 - [(총급여액 - 7천만원)×1/2]

　→ 50만원보다 적은 경우 50만원

◉ 중소기업 취업 청년 소득세 감면이 있는 경우의 근로소득 세액공제 계산

= 근로소득 세액공제 × (1- 감면급여비율)

※ 감면급여비율 = 감면대상 중소기업체 총급여액/해당 근로자의 총급여액

(2) 자녀세액공제

종합소득이 있는 거주자의 기본공제대상 자녀(입양자 및 위탁아동 포함)에 대해서 아래의 금액을 종합소득산출세액에서 공제(손자·손녀는 대상 아님)

- 1명 : 연 15만원
- 2명 : 연 30만원
- 3명 이상 : 연 30만원 + 2명 초과 1명당 20만원(3명 50만원, 4명 70만원)

　다만, 자녀장려금 수급자는 자녀세액공제 중복적용 배제(조특법§100의30①)

(3) 연금계좌세액공제

종합소득이 있는 거주자가 연금계좌에 납입한 금액의 12%에 해당하는 금액을 해당 과세기간의 종합소득산출세액에서 공제한다.

구 분	내 용	공제액
퇴직연금	근로자퇴직급여보장법에 따른 DC형 퇴직연금·개인형퇴직연금(IRP) 근로자 납입액	연금계좌 납입액 (연 400만원 한도) × 12%
과학기술인공제	과학기술인공제회법에 따른 퇴직연금 근로자 납입액	
연금저축	연금저축계좌 근로자 납입액	

(4) 특별세액공제

근로소득이 있는 거주자가 해당 과세기간에 아래의 항목을 지급하는 경우 해당 금액에 세액공제율을 적용한 금액을 종합소득산출세액에서 공제한다.

세액공제 항목			세액공제율
보험료(보장성, 장애인보장성)			12%
의료비			15%
교육비			15%
기부금	정지자금기부금	10만원 이하	100/110
		10만원 초과	3천만원 이하분: 15%, 초과분: 25%
	법정기부금		3천만원 이하분: 15%, 초과분: 25%
	지정기부금		

※ 표준세액공제 : 근로자로서 특별소득공제(소법 §52⑧), 특별세액공제(소법 §59의4⑥)를 신청하지 아니한 사람은 연 12만원을 종합소득산출세액에서 공제

(5) 월세액 세액공제

무주택 세대의 세대주(단독세대주 및 세대주가 주택관련 공제를 받지 않는 경우 세대원 포함)로서 근로소득이 있는 거주자가 국민주택규모의 주택(주거용 오피스텔 포함)을 임차하기 위하여 지급하는 월세액(연 750만원 한도)의 10%에 해당하는 금액을 종합소득산출세액에서 공제한다.

(6) 납세조합세액공제

원천징수 제외대상 근로소득이 있는 자가 조직한 납세조합을 통해 세액이 원천징수된 근로소득에 대해 세액공제 한다.

구 분		세액공제액
세액공제액	매월 징수	매월 징수하는 세액의 10%
	연말정산	산출세액의 10% (연말정산시 재 정산)

(7) 주택자금차입금 이자세액공제

무주택세대주 또는 1주택만을 소유한 세대주인 거주자가 1995.11.1.~ 1997.12.31. 기간 중에 미분양주택 취득과 직접 관련하여 1995.11.1. 이후 국민주택기금 등으로부터 차입한 이자상환액의 30%에 상당하는 금액을 세액공제

(8) 외국납부세액공제

거주자의 근로소득금액에 국외원천소득이 합산되어 있는 경우에는 해당 국외원천소득에 대하여 외국에서 외국정부(지방자치단체 및 지방정부 포함)에 의해 과세되어 납부하였거나 납부할 세액에 대해 종합소득산출세액에서 공제

③ 특별세액공제

(1) 보험료 세액공제

근로자가 기본공제대상자(소득요건, 나이요건 제한 있음)를 위해 해당 과세기간에 지출한 보험료의 12%에 해당하는 금액을 해당 과세기간의 종합소득산출세액에서 공제한다.

● 공제 대상

세액공제 대상 보험료	세액공제 대상금액 한도
보장성 보험료	연 100만원 한도
장애인전용보장성 보험료	연 100만원 한도

① 보장성 보험료 : 만기에 환급되는 금액이 납입보험료를 초과하지 아니하는 보험의 보험계약
② 장애인전용보장성 보험료 : 보험계약 또는 보험료 납입영수증 등에 '장애인전용 보험'으로 표시된 보험

● 공제시기 : 보험료 불입일이 속하는 과세기간에 세액공제

(2) 의료비 세액공제

근로자가 본인, 배우자 또는 생계를 같이하는 부양가족(소득요건·나이요건 제한 없음)를 위해 해당 과세기간에 지출한 의료비 중 총급여액의 3%를 초과하는 금액에 15%에 해당하는 금액을 종합소득산출세액에서 공제한다.

다만, 본인, 65세 이상자, 장애인을 위해 지출한 의료비는 총급여액의 3%를 초과하는 금액을 한도 없이 전액 세액공제하고, 그 외 부양가족은 연 700만원 한도로 공제한다.

(3) 교육비 세액공제

근로자가 해당 과세기간에 기본공제대상자(나이요건 제한 없음)를 위해 지출한 교육비의 15%에 해당하는 금액을 해당 과세기간의 종합소득산출세액에서 공제한다.

〈기본공제대상자별 세액공제 대상금액 한도〉

구 분	세액공제 대상금액 한도
근로자 본인	전액 공제가능 (대학원교육비, 직업능력개발훈련시설 수강료, 시간제 등록 포함)
장애인 특수교육비 (소득·나이 제한 없음)	전액 공제가능 (장애인재활교육을 위해 사회복지시설 등에 지급한 비용) * 장애아동 발달재활서비스 제공기관 이용료는 나이요건(만 18세 미만) 제한
기본공제대상자인(나이제한 없음) 배우자·직계비속·형제자매, 입양자 및 위탁아동	① 유치원아·보육시설의 영유아·취학전 아동, 초·중·고등학생 1명당 연 300만원 ② 대학생 〉 1명당 연 900만원 ③ 대학원생 〉 공제대상 아님

(4) 기부금 세액공제

기본공제대상자(나이요건, 소득요건 제한 있음)가 해당 과세기간에 지급한 기부금의 15%(3천만원 초과분 25%)에 해당하는 금액을 해당 과세기간의 종합소득산출세액에서 공제한다.

① 정치자금기부금 및 우리사주조합기부금은 근로자 본인이 기부한 경우에만 공제 가능

② 우리사주조합기부금은 '그 밖의 소득공제' 항목으로 근로소득금액에서 공제

〈기부금 종류 및 소득공제·세액공제대상 한도〉

종 류	세액공제 대상금액 한도	세액공제율
정치자금기부금*1	근로소득금액	15% (3천만원 초과분 25%)
법정기부금	근로소득금액	15% (3천만원 초과분 25%)*3
우리사주조합기부금	(근로소득금액 - 정치자금기부금·법정기부금 세액공제 대상금액) × 30%	-
지정기부금*2 (종교단체 제외)	(근로소득금액 - 정치자금기부금·법정기부금 세액공제 대상금액 및 우리사주조합기부금 소득공제액) × 30%	15% (3천만원 초과분 25%)*3
종교단체지정기부금	(근로소득금액 - 정치자금기부금·법정기부금 세액공제 대상금액 및 우리사주조합기부금 소득공제액) × 10%	

(5) 월세액 세액공제

과세기간 종료일(12월 31일) 현재 무주택 세대의 세대주(세대주가 주택자금공제 및 주택마련저축 공제를 받지 아니한 경우에는 세대원 포함)이며, 해당 과세기간의 총급여액이 7천만원(종합소득금액 6천만원) 이하인 근로자가 국민주택규모의 주택(오피스텔 포함)을 임차하기 위하여 월세액(사글세액 포함)을 지급하는 경우 월세액(연 750만원 한도) 10%를 종합소득산출세액에서 공제한다. (단독세대주도 월세액 세액공제 가능)

● 공제요건

① 근로자(세대주, 세대원) 본인이 임대차계약의 당사자일 것

② 임대차계약증서와 주소지와 주민등록표 등본의 주소지가 같을 것

※ 2014년 이후 '확정일자를 받을 요건' 삭제

V. 연말정산서류 사례

① 소득·세액(근로자소득·세액) 공제신고서

② 연금·저축 등 소득·세액 공제명세서

③ 월세액·거주자 간 주택임차차입금 원리금상환액 소득·세액 공제명세서

④ 의료비지급명세서

⑤ 기부금명세서

⑥ 신용카드 등 소득공제신청서

⑦ 근로소득지급명세서

소득·세액공제신고서

소득자 성명		주민등록번호	
근무처 명칭		사업자등록번호	
세대주 여부		국 적	(국적 코드 :)
근무기간		감면기간	~
거주구분	[ ]거주자 [ ]비거주자	거주지국	(거주지국 코드 :)
인적공제 항목 변동 여부	[ ]전년과 동일 [ ]변동	※ 인적공제 항목이 전년과 동일한 경우에는 주민등록표등본을 제출하지 않습니다.	

<table>
<tr><td rowspan="4">Ⅰ.
인
적
공
제
및
소
득
·
세
액
공
제
명
세</td><td colspan="5">인적공제 항목</td><td colspan="12">각종 소득·세액 공제 항목</td></tr>
<tr><td rowspan="3">관계
코드

내
·
외
국
인</td><td rowspan="3">성 명

주민등록번호</td><td>기본
공제</td><td>경로
우대</td><td rowspan="3">자료
구분</td><td colspan="2">보험료</td><td rowspan="3">의료비</td><td rowspan="3">교육비</td><td colspan="3">신용카드 등 사용액</td><td rowspan="3">전 통
시 장
사용액</td><td rowspan="3">대 중
교 통
이용액</td><td rowspan="3">기부금</td></tr>
<tr><td rowspan="2">부
녀
자</td><td>한
부
모</td><td rowspan="2">건강·
고용 등</td><td rowspan="2">보장성</td><td rowspan="2">신용카드
(전통시장
·대중교통
비 제외)</td><td rowspan="2">직불카드
등(전통시
장·대중교
통비제외)</td><td rowspan="2">현금영수증
(전통시장
·대중교통
비 제외)</td></tr>
<tr><td>장
애
인</td></tr>
<tr><td colspan="2">인적공제 항목에 해당하는
인원수를 적습니다.
(자녀 : 2 명)</td><td></td><td></td><td>국세청</td><td></td><td></td><td></td><td></td><td></td><td></td><td></td><td></td><td></td><td></td></tr>
<tr><td></td><td></td><td></td><td></td><td>기 타</td><td></td><td></td><td></td><td></td><td></td><td></td><td></td><td></td><td></td><td></td></tr>
<tr><td></td><td></td><td></td><td></td><td>국세청</td><td></td><td></td><td></td><td></td><td></td><td></td><td></td><td></td><td></td><td></td></tr>
<tr><td></td><td></td><td></td><td></td><td>기 타</td><td></td><td></td><td></td><td></td><td></td><td></td><td></td><td></td><td></td><td></td></tr>
<tr><td></td><td></td><td></td><td></td><td>국세청</td><td></td><td></td><td></td><td></td><td></td><td></td><td></td><td></td><td></td><td></td></tr>
<tr><td></td><td></td><td></td><td></td><td>기 타</td><td></td><td></td><td></td><td></td><td></td><td></td><td></td><td></td><td></td><td></td></tr>
<tr><td></td><td></td><td></td><td></td><td>국세청</td><td></td><td></td><td></td><td></td><td></td><td></td><td></td><td></td><td></td><td></td></tr>
<tr><td></td><td></td><td></td><td></td><td>기 타</td><td></td><td></td><td></td><td></td><td></td><td></td><td></td><td></td><td></td><td></td></tr>
<tr><td></td><td></td><td></td><td></td><td>국세청</td><td></td><td></td><td></td><td></td><td></td><td></td><td></td><td></td><td></td><td></td></tr>
<tr><td></td><td></td><td></td><td></td><td>기 타</td><td></td><td></td><td></td><td></td><td></td><td></td><td></td><td></td><td></td><td></td></tr>
<tr><td></td><td></td><td></td><td></td><td>국세청</td><td></td><td></td><td></td><td></td><td></td><td></td><td></td><td></td><td></td><td></td></tr>
<tr><td></td><td></td><td></td><td></td><td>기 타</td><td></td><td></td><td></td><td></td><td></td><td></td><td></td><td></td><td></td><td></td></tr>
</table>

유 의 사 항

1. 관계코드

구 분	관계 코드	구 분		구 분	관계 코드
소득자 본인 (소법 § 50 ① 1)	0	소득자의 직계존속 (소법 § 50 ① 3 가)	1	배우자의 직계존속 (소법 § 50 ① 3 가)	2
배우자 (소법 § 50 ① 2)	3	직계비속(자녀·입양자) (소법 § 50 ① 3 나)	4	직계비속(코드 4 제외) (소법 § 50 ① 3 나)*	2
형제자매 (소법 § 50 ① 3 다)	6	수급자(코드1~6제외) (소법 § 50 ① 3 라)	7	위탁아동 (소법 § 50 ① 3 마)	8

* 해당 직계비속과 그 배우자가 장애인인 경우 그 배우자를 포함
※ 관계코드 4~6은 소득자와 배우자의 각각의 관계를 포함한다.

2. 연령기준
 - 경로우대: (.   .   .) 이전 출생 (만 70세 이상: 연 100만원 공제)

3. 부녀자 공제란에는 여성근로소득자 본인에 한정하여 그 적용 여부를 표시한다.

4. 장애인 공제란에는 다음의 해당 코드를 적습니다.

구 분	「장애인복지법」에 따른 장애인	「국가유공자 등 예우 및 지원에 관한 법률」에 따른 상이자 및 이와 유사한 자로서 근로능력이 없는 자	그 밖에 항시 치료를 요하는 중증환자
해당코드	1	2	3

5. 내·외국인: 내국인=1, 외국인=9로 구분하여 적습니다. 근로소득자가 외국인에 해당하는 경우 국적을 적으며 국적코드는 거주지국코드를 참조하여 적습니다.

6. 직불카드 등란에는 「여신전문금융업법」 제2조에 따른 직불카드 등 「조세특례제한법」 제126조의2제1항제4호에 해당하는 금액(전통시장사용분과 대중교통비용분 포함된 금액은 제외)을 적습니다.

구 분		지출명세		지출구분	금 액	한도액	공 제 액
Ⅱ. 연금 보험료 공제	연금보험료 (국민연금,공무원 연금, 군인연금, 교직원연금 등)	국민연금보험료	종(전)근무지	보험료			
			주(현)근무지	보험료			
		국민연금보험료 외의 공적연금보험료	종(전)근무지	보험료			
			주(현)근무지	보험료			
		연금보험료 계					
Ⅲ. 특 별 소 득 공 제	보험료	국민건강보험 (노인장기요양보험 포함)	종(전)근무지	보험료			
			주(현)근무지	보험료			
		고용보험	종(전)근무지	보험료			
			주(현)근무지	보험료			
		보험료 계					
	주택자금	주택임차차입금	대출기관차입	원리금상환액			
			거주자 차입				
		장기 주택 저당 차입금	2011년 이전 차입분 — 15년 미만	이자 상환액			
			2011년 이전 차입분 — 15년~29년				
			2011년 이전 차입분 — 30년 이상				
			2012년 이후 차입분 (15년 이상) — 고정금리·비거치 상환 대출				
			2012년 이후 차입분 (15년 이상) — 기타 대출				
		주택자금 공제액 계					
Ⅳ. 그 밖 의 소 득 공 제		개인연금저축(2000년 이전 가입)		납입금액			
		소기업·소상공인 공제부금		납입금액			
	주택마련저축	청약저축		납입금액			
		근로자주택마련저축		납입금액			
		주택청약종합저축		납입금액			
		주택마련저축 소득공제 계					
	투자조합 출자 등	2012년 출자·투자분		출자·투자금액			
		2013년 출자·투자분		출자·투자금액			
		2014년 이후 출자·투자분		출자·투자금액			
		투자조합 출자 등 소득공제 계					
	신용카드 등 사용액	① 신용카드(전통시장·대중교통사용분 제외)		사용금액			
		② 직불·선불카드(전통시장·대중교통 사용분 제외)		사용금액			
		③ 현금영수증(전통시장·대중교통사용분 제외)		사용금액			
		④ 전통시장사용분		사용금액			
		⑤ 대중교통이용분		사용금액			
		⑥ 계(①+②+③+④+⑤)					
		⑦ 본인 신용카드등사용액(2013년)		사용금액			
		⑧ 본인 신용카드등사용액(2014년)		사용금액			
		⑨ 본인 추가공제율사용액(2013년)		사용금액			
		⑩ 본인 추가공제율사용액(2014년 하반기 또는 2015년 상반기)		사용금액			
		우리사주조합 출연금		출연금액			
		우리사주조합 기부금		기부금액			
		고용유지중소기업 근로자		임금삭감액			
		목돈 안 드는 전세 이자상환액		이자상환액			
		장기집합투자증권저축		납입금액			
		기타( )					

구　　분			세액감면·공제명세		세액감면·공제 명세			
V. 세 액 감 면 및 공 제	세액 감면	외국인 근로자	입국목적 　[　]정부간 협약 [　]기술도입계약 [　]「조세특례제한법」상 감면 [　]조세조약 상 감면					
			기술도입계약 또는 근로제공일		감면기간 만료일			
			외국인 근로소득에 대한 감면	접수일		제출일		
			근로소득에 대한 조세조약 상 면제	접수일		제출일		
			중소기업 취업자 감면	취업일		감면기간 종료일		
	세액 공제		공 제 종 류	명　세	한 도 액	공제대상금액	공제율	공제세액
		연금 계좌	과학기술인공제	납입금액			12%	
			「근로자퇴직급여 보장법」에 따른 퇴직연금	납입금액				
			연금저축	납입금액				
			연금계좌 계					
		특별세액공제	보장성	보험료	100만원		12%	
			장애인전용보장성	보험료	100만원			
			보험료 계					
			본인·65세 이상자·장애인	지출액			15%	
			그 밖의 공제대상자	지출액				
			의료비 계					
			소득자 본인	공납금(대학원 포함)	전액		15%	
			취학전 아동 (　명)	유치원·학원비 등	1명당 300만원			
			초·중·고등학교(　명)	공납금	1명당 300만원			
			대학생(대학원 불포함) (　명)	공납금	1명당 900만원			
			장애인 (　명)	특수교육비	전액			
			교육비 계					
			정치자금 기부금　10만원 이하	기부금액	작성방법 참조		100 /110	
			정치자금 기부금　10만원 초과	기부금액			15% (25%)	
			법정기부금	기부금액				
			지정기부금	기부금액				
			기부금 계					
			외국납부세액	국외원천소득				
				납세액(외화)				
				납세액(원화)		-		
				납세국명		납부일		
				신청서제출일		국외근무처		
				근무기간		직책		
			주택자금차입금이자세액공제	이자상환액		30%		
			월 세 액	지출액		10%		

신고인은 「소득세법」 제140조에 따라 위의 내용을 신고하며, 위 내용을 충분히 검토하였고 신고인이 알고 있는 사실 그대로를 정확하게 적었음을 확인한다.

20×5 년 1 월 　 일

신고인　　　(서명 또는 인)

Ⅵ. 추가 제출 서류

1. 외국인근로자 단일세율적용신청서 제출 여부(○ 또는 × 로 적습니다)			제출 (　　)	
2. 종(전)근무지 명세	종(전)근무지명		종(전)급여총액	종(전)근무지 근로소득 원천징수영수증 제출 (　)
	사업자등록번호		종(전) 결정세액	
3. 연금·저축 등 소득·세액 공제명세서 제출 여부 　(○ 또는 × 로 적습니다)			제출 (○) ※ 연금계좌, 주택마련저축 등 소득·세액공제를 신청한 경우 해당 명세서를 제출해야 한다.	
4. 월세액·거주자 간 주택임차차입금 원리금상환액 소득·세액공제 　명세서 제출여부 (○ 또는 × 로 적습니다)			제출 (　) ※ 월세액, 거주자 간 주택임차차입금 원리금상환액 소득·세액공제를 신청한 경우 해당 명세서를 제출해야 한다.	
5. 그 밖의 추가 제출 서류 ① 의료비지급명세서 (○), 　② 기부금명세서 (○), 　③ 소득·세액공제 증명서류				

유　의　사　항

1. 근로소득자가 종(전)근무지 근로소득을 원천징수의무자에게 신고하지 않은 경우에는 근로소득자 본인이 종합소득세 신고를 해야 하며, 신고하지 않은 경우 가산세 부과 등 불이익이 따릅니다.
2. 현 근무지의 연금보험료·국민건강보험료 및 고용보험료 등은 신고인이 작성하지 않아도 한다.
3. 공제금액란은 근로소득자가 원천징수의무자에게 제출하는 경우 적지 않을 수 있다.

연금·저축 등 소득·세액 공제명세서

1. 인적사항	① 상　　　　호		② 사 업 자 등 록 번 호	
	③ 성　　　　명		④ 주 민 등 록 번 호	
	⑤ 주　　　　소		(전화 :　　　　　　　)	
	⑥ 사 업 장 소 재 지		(전화 :　　　　　　　)	

2. 연금계좌 세액공제

1) 퇴직연금계좌
 * 퇴직연금계좌에 대한 명세를 작성한다.

퇴직연금 구분	금융회사 등	계좌번호 (또는 증권번호)	납입금액	세액공제금액

2) 연금저축계좌
 * 연금저축계좌에 대한 명세를 작성한다.

연금저축구분	금융회사 등	계좌번호 (또는 증권번호)	납입금액	소득·세액 공제금액

3. 주택마련저축 소득공제
 * 주택마련저축 소득공제에 대한 명세를 작성한다.

저축 구분	금융회사 등	계좌번호 (또는 증권번호)	납입금액	소득공제금액

4. 장기집합투자증권저축 소득공제
 * 장기집합투자증권저축 소득공제에 대한 명세를 작성한다.

금융회사 등	계좌번호 (또는 증권번호)	납입금액	소득공제금액

작 성 방 법

1. 연금계좌 세액공제, 주택마련저축·장기집합투자증권저축 소득공제를 받는 소득자에 대해서는 해당 소득·세액 공제에 대한 명세를 작성해야 한다. 해당 계좌별로 불입금액과 소득·세액 공제금액을 적고, 공제금액이 0인 경우에는 적지 않습니다.
2. 퇴직연금계좌에서 퇴직연금구분란은 퇴직연금(DC,IRP)·과학기술인공제회로 구분하여 적습니다.
3. 연금저축계좌에서 연금저축구분란은 개인연금저축과 연금저축으로 구분하여 적습니다.
4. 주택마련저축 공제의 저축구분란은 청약저축, 주택청약종합저축 및 근로자주택마련저축으로 구분하여 적습니다.
5. 공제금액란은 근로소득자가 적지 않을 수 있다.

[　] 월세액 · [　] 거주자 간 주택임차차입금 원리금상환액 소득 · 세액공제명세서

1. 인적사항	① 상　　호		② 사업자등록번호	
	③ 성　　명		④ 주민등록번호	
	⑤ 주　　소			(전화번호 :　　　　　　　　)
	⑥ 사업장 소재지			(전화번호 :　　　　　　　　)

2. 월세액 세액공제 명세

⑦ 임대인 성명 (상　　호)	⑧ 주민등록번호 (사업자번호)	⑨ 주택 유형	⑩ 주택계약 면적(㎡)	⑪ 임대차계약서 상 주소지	⑫ 계약서상 임대차 계약기간		⑬ 연간 월세액(원)	⑭ 세액공제 금액(원)
					개시일	종료일		

※ ⑨ 주택유형 구분코드 - 단독주택: 1, 다가구: 2, 다세대주택: 3, 연립주택: 4, 아파트: 5, 오피스텔: 6, 기타: 7
※ ⑫ 계약서상 임대차계약기간 - 개시일과 종료일은 예시와 같이 기재 (예시) 2014.01.01.

3. 거주자 간 주택임차차입금 원리금 상환액 소득공제 명세

1) 금전소비대차 계약내용

⑮ 대주(貸主)	⑯ 주민등록번호	⑰ 금전소비대차 계약기간	⑱ 차입금 이자율	원리금 상환액			㉒ 공제금액
				⑲ 계	⑳ 원금	㉑ 이자	

2) 임대차 계약내용

㉓ 임대인 성명 (상　　호)	㉔ 주민등록번호 (사업자번호)	㉕ 주택 유형	㉖ 주택계약 면적(㎡)	㉗ 임대차계약서 상 주소지	㉘ 계약서상 임대차 계약기간		㉙ 전세보증금(원)
					개시일	종료일	

※ ㉕ 주택유형 구분코드 - 단독주택: 1, 다가구: 2, 다세대주택: 3, 연립주택: 4, 아파트: 5, 오피스텔: 6, 기타: 7
※ ㉖ 계약서상 임대차계약기간 - 개시일과 종료일은 예시와 같이 기재 (예시) 2013.01.01.

작 성 방 법

1. 월세액 세액공제나 거주자 간 주택임차자금 차입금 원리금 상환액 공제를 받는 근로소득자에 대해서는 해당 소득·세액공제에 대한 명세를 작성해야 한다.
2. 해당 임대차 계약별로 연간 합계인 월세액·원리금상환액과 소득·세액공제금액을 적으며, 공제금액이 "0"인 경우에는 적지 않습니다.
3. ⑨, ㉕ 주택유형은 단독주택, 다가구주택, 다세대주택, 연립주택, 아파트, 오피스텔, 기타 중에서 해당되는 주택유형의 구분코드를 적습니다.
4. ㉙ 전세보증금은 과세기간 종료일(12.31.) 현재의 전세보증금을 적습니다.

의료비지급명세서

소득자 인적사항

① 성명 :	② 주민등록번호 : (또는 외국인등록번호)
③ 상호 :	④ 사업자등록번호 :

( )년 의료비 지급명세

의료비 공제 대상자		지급처			지급명세	
⑤ 주민등록번호	⑥ 본인등 해당 여부	⑦ 사업자등록번호	⑧ 상호	⑨ 의료 증빙 코드	⑩ 건수	⑪ 금액
			합 계			

　「소득세법」 제59조의4와 같은 법 시행령 제113조제1항 및 제118조의5제3항에 따라 의료비를 공제받기 위하여 의료비지급명세서를 제출한다.

년　　월　　일

제출자　　　　(서명 또는 인)

　　　　귀하

작 성 방 법

(의료비 공제를 받으려는 근로자는 원천징수의무자에게 이 의료비지급명세서를 제출하여야 한다.)
1. ③항과 ④항은 「조세특례제한법」 제122조의3에 따른 사업자의 경우에만 적으며, 2008년 1월 1일 이후 발생하는 분부터 적용한다.
2. 의료비 지급내용 중 의료비 공제가 가능한 내용만 적고, 동일한 의료비명세를 중복하여 적을 수 없다.
　(예) 국세청장이 연말정산간소화서비스를 통해 제공하는 의료비자료에 포함된 금액을 별도의 진료비계산서를 첨부하여 중복으로 적는 경우
3. 본인 등 해당여부란은 본인·65세이상자·장애인인 경우에 "○"표시를 하며, 그 밖의 기본공제대상자인 경우에는 "×" 표시를 한다.
4. 국세청장이 연말정산간소화서비스를 통해 제공하는 의료비자료의 경우에는 의료비 공제대상자 별로 의료비 지출 합계액을 적습니다. 따라서 지급처의 사업자등록번호, 건수를 적지 아니한다.
5. 의료증빙코드란에는 공제대상자 및 지급처별로 다음의 하나만을 선택하여 적습니다.
　· 국세청장이 연말정산간소화서비스를 통해 제공하는 의료비 자료 = 1
　· 국민건강보험공단의 의료비부담명세서 = 2
　· 진료비계산서, 약제비계산서 = 3
　· 「노인장기요양보험법 시행규칙」 별지 제24호 장기요양급여비용 명세서 = 4
　　(장기요양급여비용 명세서의'급여 본인부담금①'란의 금액만을 적습니다.
　　장기요양비급여액은 의료비공제대상이 아니므로 적는 금액에 포함할 수 없다.)
　· 기타 의료비 영수증 = 5
　※ 신용카드·현금영수증 소득공제 증명서류는 의료비 세액공제증명서류로 사용하실 수 없다.
6. 의료비 지급명세란이 부족할 때에는 별지로 작성한다.

※ 구비서류 : 작성방법 5번란의 증빙자료 ( )매 (의료비 지급명세 순서와 일치되도록 편철한다.)

기부금명세서

<table>
<tr><td rowspan="4">❶ 인적사항</td><td>① 근무지 또는
사업장 상호</td><td></td><td>사업자등록번호</td><td></td></tr>
<tr><td>③ 성　　　명</td><td></td><td>④ 주민등록번호</td><td></td></tr>
<tr><td>⑤ 주　　　소</td><td colspan="3">(전화　　　　　　　　　　　　　　　)</td></tr>
<tr><td>⑥ 사업장소재지</td><td colspan="3">(전화　　　　　　　　　　　　　　　)</td></tr>
</table>

❷ 해당연도 기부 명세

구 분		⑨ 기부내용	기 부 처		관계 코드	⑫기부자		⑬기부내역	
⑦ 유　형	⑧ 코드		⑩ 상호 (법인명)	⑪ 사업자등록번호 등		성　명	주민등록번호	건수	금액

❸ 구분코드별 기부금의 합계

기 부 자 구　분	총 계	공제대상 기부금					공 제 제 외 기부금
		법 정 기부금	정치자금 기부금	종교단체외 지정기부금	종교단체 지정기부금	우리사주조합 기 부 금	
코　드							
합　계							
본　인							
배 우 자							
직계비속							
직계존속							
형제자매							
그　외							

❹ 기부금 조정 명세

기부금코드	기부연도	⑭ 기부금액	⑮ 전년까지 공제된 금액	⑯ 공제대상 금액(⑭-⑮)	해당연도 공제금액	해당연도에 공제받지 못한 금액	
						소멸금액	이월금액

신용카드 등 소득공제신청서

소 득 자 성 명		생년월일	
근 무 처 명 칭		사업자등록번호	

1. 공제대상자 및 공제대상금액 명세

공제대상자				신용카드 등 사용금액						
① 내·외 국인 구분	② 관계	③ 성명	④ 생년월일	자료구분	⑤ 소 계 (⑥+⑦+⑧+ ⑨+⑩)	⑥ 신용카드 (전통시장· 대중교통제외)	⑦ 현금영수증 (전통시장· 대중교통제외)	⑧ 직불·선불 카드(전통시장· 대중교통제외)	⑨ 전통시장 사용분(신용카드, 직불·선불카드, 현금영수증)	⑩ 대중교통 이용분(신용카 드, 직불·선불카 드, 현금영수증)
				국세청 자료						
				그 밖의 자료						
				국세청 자료						
				그 밖의 자료						
				국세청 자료						
				그 밖의 자료						
				국세청 자료						
				그 밖의 자료						
⑤-1 합 계 액										

2. 신용카드 등 소득공제액의 계산

⑪ 전통시장 사용분 공제액 (⑨×30%)	⑫ 대중교통 이용분 공제액 (⑩×30%)	⑬ 직불·선불카드 현금영수증 사용분 공제액 (⑦+⑧)×30%	⑭ 신용카드 사용분 공제액 (⑥×15%)	⑮ 공제제외금액 계산			⑯ 체크카드 등 사용 액 증가분 공제액
				⑮-1 총급여	⑮-2 최저사용금액 (⑮-1×25%)	⑮-3 공제제외금액	

⑰ 공제가능금액 (⑪+⑫+⑬+⑭ -(⑮-3)+⑯)	⑱ 공제한도액 (3백만원과 (⑮-1) ×20% 중 작은 금액)	⑲ 일반 공제금액 (⑰과 ⑱ 중 작은 금액)	⑳ 전통시장 추가 공제금액 (⑰-⑱(음수이면 0으로 봄)과 ⑪ 중 적은 금액 (한도 : 1백만원))	㉑ 대중교통 추가 공제금액 (⑰-⑱-⑳(음수이면 0으로 봄)과 ⑫ 중 적은 금액 (한도 : 1백만원))	㉒ 최종 공제금액 (⑲+⑳+㉑)

<⑮-3 계산>

구 분	계산식	⑮-3
⑮-2 최저사용금액 ≤ 신용카드사용분(⑥)	(⑮-2) × 15%	
⑮-2 최저사용금액 > 신용카드사용분(⑥)	⑥×15% + {(⑮-2) - ⑥}×30%	

<⑯ 계산>

구 분	과세기간	금 액	⑯ 체크카드 등 사용액 증가분 공제액
본인의 신용카드 등 사용액			
본인의 추가공제율사용분			<계산식> ㉮ 20×3년 본인의 신용카드 등 사용액 ≥ 20×4년 본인의 신용카드 등 사용액 : "0" ㉯ 20×3년 본인의 신용카드 등 사용액 < 20×4년 본인의 신용카드 등 사용액 : {20×4년 하반기(20×5년 상반기) 추가공제율사용분 - 20×3년 추가공제율사용분 × 50%} × 10% <단, 음수인 경우 "0">

「조세특례제한법 시행령」 제121조의2제8항에 따라 신용카드 등 사용금액에 대한 소득공제를 신청한다.

년 월 일

신청인 : (서명 또는 인)

귀하

구비서류	신용카드 등 사용금액 확인서(별지 제74호의5서식을 말한다) 또는 국세청홈페이지에서 제공하는 신용카드 등 사용금액 명세를 출력한 서류	수수료
		없 음

<table>
<tr><td rowspan="2">관리
번호</td><td rowspan="2"></td><td rowspan="3">[　] 근로소득 원천징수영수증
[○] 근로소득 지급명세서</td><td>거주구분</td><td>거주자① 비거주자2</td></tr>
<tr><td>거주지국</td><td>거주지국코드</td></tr>
<tr><td></td><td></td><td>내·외국인</td><td>내국인① /외국인9</td></tr>
<tr><td colspan="3" rowspan="4">([　]소득자 보관용 [　]발행자 보관용 [○]발행자 보고용)</td><td>외국인단일세율적용</td><td>여 1 / 부 2</td></tr>
<tr><td>국적</td><td>국적코드</td></tr>
<tr><td>세대주여부</td><td>세대주①, 세대원2</td></tr>
<tr><td>연말정산구분</td><td>계속근로①, 중도퇴사2</td></tr>
</table>

징수 의무자	① 법인명(상　호) :	② 대표자(성　명) :
	③ 사업자등록번호 :	④ 주민등록번호 :
	⑤ 소재지(주　소) :	
소득자	⑥ 성　　　명 :	⑦ 주민등록번호 :
	⑧ 주　　　소 :	

	구　분	주(현)	종(전)	종(전)	⑯-1납세조합	합　계
I 근 무 처 별 소 득 명 세	⑨ 근무처명					
	⑩ 사업자등록번호					
	⑪ 근무기간		～	～	～	
	⑫ 감면기간		～	～	～	
	⑬ 급　　여					
	⑭ 상　　여					
	⑮ 인정상여					
	⑮-1 주식매수선택권 행사이익					
	⑮-2 우리사주조합인출금					
	⑮-3 임원퇴직소득금액한도초과액					
	⑯　　　계					
II 비 과 세 및 감 면 소 득 명 세	⑱ 국외근로　　　　　M0X					
	⑱-1 야간근로수당　　O0X					
	⑱-2 출산·보육수당　Q01					
	⑱-4 연구보조비　　　H0X					
	⑱-5 비과세학자금　　G01					
	⑱-6					
	～					
	⑱-25					
	⑱-26					
	⑲ 수련보조수당　　　Y22					
	⑳ 비과세소득 계					
	⑳-1 감면소득 계					

	구　　분		⑧ 소　득　세	⑧ 지방소득세	⑧ 농어촌특별세
III 세 액 명 세	⑭ 결　정　세　액				
	기납부 세　액	⑮종(전)근무지 (결정세액란의 세액 기재)　사업자등록번호			
		⑯ 주(현)근무지			
	⑰ 납부특례세액				
	⑱ 차 감 징 수 세 액(⑭-⑮-⑯-⑰)				

위의 원천징수액(근로소득)을 정히 영수(지급)한다.

년　월　일

징수(보고)의무자　　　　(서명 또는 인)

세무서장 귀하

Ⅵ. 연말정산소득 경정청구

근로소득의 연말정산신고 또는 결정된 과세표준 및 세액 등이 과대(또는 환급세액이 과소)한 경우 과세관청으로 하여금 이를 정정하여 결정 또는 경정하여 줄 것을 청구하는 제도이다(국세기본법 제45조의 2).

(1) 경정청구 요건

연말정산의 경정청구권 요건은 연말정산세액을 납부하고 지급조서를 법정기한 3월 말까지 제출한 경우에는 경정청구가 가능하다.

(2) 경정청구 기관

① 원천징수의무자 : 사업장 관할세무서

② 근로자 : 주소지 관할세무서

(4) 경정청구 서류

① 경정청구서

② 당초 제출한 서류(지급조서, 소득공제 신고서, 공제 관련 영수증사본)

③ 경정청구 제출서류(지급조서 수정작성분, 추가 공제 관련 증빙)

(5) 소득세신고와 경정청구

종합소득세확정신고기간(다음 해 5월 1일~31일)에는 경정청구와 확정신고 중 택일할 수 있으며, 이후 경정청구기한까지는 경정청구기한까지만 가능하다.

(6) 경정청구 기한

① 대상소득 : 연말정산을 하는 근로·연금·사업소득과 퇴직소득 등 (소득세법 제73조 제1항 제1호의 소득 중)

② 청 구 자 : 원천징수의무자 및 근로소득자 등

③ 청구기한 : 연말정산세액 또는 원천징수세액의 납부기한 경과 후 3년간

④ 경정대상 : 1. 원천징수영수증에 기재된 과세표준 및 세액

                2. 원천징수영수증에 기재된 환급세액

⑤ 청구요건 : 연말정산 세액 및 원천징수세액을 납부하고 지급조서를 법정제출기한 내에 제출한 경우

♣ 참고문헌

안상근 ; 초보자를 위한 경리실무
안상근 ; 법인세실무해설
안상근 ; 법인세신고 및 조정계산서 작성요령
안상근 ; 세무조정실무사례
국세청 ; 연말정산신고안내(2014)
한국재정경제연구소 ; 회사경리와 세무실무 과정
한국회계기준원 ; 일반기업회계기준(2014)
한국회계기준원 ; 한국채택국제회계기준(2014)

♣ 저자소개

안 상 근

성균관대학교 통계학과 졸업

성균관대학교 대학원 경영학과 졸업

전국신용평가(주) 근무

청운회계법인 근무

현) 서울 용산세무서 고충처리 심의위원

　　경기도 의정부상공회의소 자문위원

　　한국재정경제연구소 전문위원

　　안상근 세무회계사무소 대표

　　공인회계사

[저서 등]

법인세실무해설

법인세신고 및 조정계산서 작성요령

세무조정실무사례

국세조사원 문제집

[논문 등]

기업도산 예측에 관한 연구

알기쉬운 **회사경리와 세무실무**

발행일	1판1쇄 1997년 3월 25일 발행
	12판1쇄 2013년 4월 10일 발행
	13판1쇄 2015년 4월 5일 발행

저자	안 상 근
발행인	강 석 원
발행처	코페하우스(한국재정경제연구소)
출판등록	제2-584호(1988.6.1)

주소	서울특별시 강남구 테헤란로 406
전화	(02) 562-4355
팩스	(02) 552-2210
이메일	kofe@kofe.kr
홈페이지	www.kofe.kr

ISBN	978-89-93835-33-5
값	25,000원